Das neue Verbrauchervertragsrecht

*Leitfaden
für die Beratungspraxis*

von

Dr. Silke Bittner
Justiziarin, Berlin

Jochen Clausnitzer
Rechtsanwalt, Berlin

Dr. Carsten Föhlisch
Rechtsanwalt, Köln

2014

Verlag
Dr. Otto Schmidt
Köln

*Bibliografische Information
der Deutschen Nationalbibliothek*

Die Deutsche Nationalbibliothek verzeichnet diese Publikation in der Deutschen Nationalbibliografie; detaillierte bibliografische Daten sind im Internet über http://dnb.d-nb.de abrufbar.

Verlag Dr. Otto Schmidt KG
Gustav-Heinemann-Ufer 58, 50968 Köln
Tel. 02 21/9 37 38-01, Fax 02 21/9 37 38-943
info@otto-schmidt.de
www.otto-schmidt.de

ISBN 978-3-504-47107-1

©2014 by Verlag Dr. Otto Schmidt KG, Köln

Das Werk einschließlich aller seiner Teile ist urheberrechtlich geschützt. Jede Verwertung, die nicht ausdrücklich vom Urheberrechtsgesetz zugelassen ist, bedarf der vorherigen Zustimmung des Verlages. Das gilt insbesondere für Vervielfältigungen, Bearbeitungen, Übersetzungen, Mikroverfilmungen und die Einspeicherung und Verarbeitung in elektronischen Systemen.

Das verwendete Papier ist aus chlorfrei gebleichten Rohstoffen hergestellt, holz- und säurefrei, alterungsbeständig und umweltfreundlich.

Einbandgestaltung: Jan P. Lichtenford, Mettmann
Satz: WMTP, Birkenau
Druck und Verarbeitung: Betz, Darmstadt
Printed in Germany

Bittner · Clausnitzer · Föhlisch
Das neue Verbrauchervertragsrecht

Vorwort

Ab dem 13. Juni 2014 gilt ein neues Verbrauchervertragsrecht. Dies macht eine Anpassung der Verbraucherverträge bzw. -informationen erforderlich. Vor allem die (Online-)Versandhandels- und Direktvertriebsunternehmen müssen geänderte Informationspflichten und ein neues Widerrufsrecht beachten. Zudem gelten zukünftig auch für den stationären Handel allgemeine Informationspflichten bei Verbraucherverträgen. Die Änderungen basieren auf der Umsetzung der bereits im Jahr 2011 erlassenen Verbraucherrechterichtlinie 2011/83/EU. Der vorliegende Praxisleitfaden stellt die neuen Regeln vor und gibt Unternehmen und beratenden Rechtsanwälten wertvolle Hinweise, was bei den neuen Vorschriften zu beachten ist. Die Einleitung gibt einen Überblick über die wesentlichen Änderungen, stellt die Verbraucherrechterichtlinie vor und gibt einen Ausblick auf anstehende Regulierungsvorhaben. Kapitel II des Praxisleitfadens geht auf den Anwendungsbereich der allgemeinen Pflichten und Grundsätze bei Verbraucherverträgen, die neuen Informationspflichten sowie das geänderte Widerrufsrecht ein. Kapitel III und IV behandeln die sonstigen Gesetzesänderungen sowie die Übergangsvorschriften. Außerdem enthält dieses Buch die gesetzliche Muster-Widerrufsbelehrung und eine Synopse der alten und neuen Rechtslage.

Die Autoren danken Frau Eva-Maria Delfs und Frau Tanya Stariradeff für ihre hilfreichen juristischen Recherchen für dieses Buch sowie Frau Verena Coscia für die wertvollen Korrekturarbeiten.

Berlin, im April 2014
Silke Bittner
Jochen Clausnitzer
Carsten Föhlisch

Inhaltsverzeichnis

	Seite
Vorwort	V
Literaturverzeichnis	XIII

Teil A
Das neue Verbrauchervertragsrecht

	Rz.	Seite
I. Einleitung	1	1
1. Wesentlicher Inhalt des neuen Verbrauchervertragsrechts	3	1
a) Änderungen bei den Informationspflichten	4	2
b) Änderungen beim Widerrufsrecht	7	3
c) Sonstige Änderungen	8	3
d) Umsetzungskosten	10	4
2. Die EU-VerbraucherrechteRL	12	6
a) Vollharmonisierungsansatz und Anwendungsbereich der RL	13	7
b) Verhältnis zu anderen Rechtsakten	18	12
c) Bedeutung der Erwägungsgründe der RL	19	12
d) Zwingendes Recht der RL	21	13
3. Rechtstechnische Umsetzung der EU-VerbraucherrechteRL	22	13
4. Ausblick	23	14
II. Das neue Recht der Verbraucherverträge	25	15
1. Verbraucherverträge	25	15
a) Unternehmer- und Verbraucherbegriff	27	16
b) Beweislast	30	17
2. Bereichsausnahmen	31	17
a) Reichweite der Ausnahmetatbestände	32	17
b) Schutz kraft besonderen Rechts	34	18
aa) Verträge über Finanzdienstleistungen	35	18
bb) Verträge über Versicherungen	37	19
cc) Verträge über Pauschalreisen	38	19
dd) Verträge über die Beförderung von Personen	39	19
ee) Behandlungsverträge	41	20
ff) Verträge zur Nutzung einzelner Telefon-, Internet- oder Telefaxverbindungen	42	20
gg) Verträge über Teilzeitwohnrechte	43	21

	Rz.	Seite
hh) Verträge über soziale Dienstleistungen	44	21
ii) Verträge über die Vermietung von Wohnraum	45	21
c) Unzumutbarkeit	46	22
aa) Verträge über die Lieferung von Gegenständen des täglichen Bedarfs	47	22
bb) Unter Verwendung von Warenautomaten geschlossene Verträge	48	22
cc) Unter Verwendung von Telefonautomaten geschlossene Verträge	49	22
dd) Notariell beurkundete Verträge	50	23
ee) Verträge über die Übertragung von Rechten an Grundstücken und über die Errichtung von Bauvorhaben	51	23
ff) Direktvertriebsgeschäfte bis 40 Euro	52	24
gg) Verkauf im Wege der Zwangsvollstreckung	53	24
3. Allgemeine Grundsätze	54	24
a) Telefonische Kommunikation, § 312a Abs. 1 BGB nF	55	25
b) Kostenfreies Zahlungsmittel für den Verbraucher, § 312a Abs. 4 BGB nF	56	25
c) Kostenfreie telefonische Auskünfte, § 312a Abs. 5 BGB nF	59	26
d) Entgeltliche Nebenabreden, § 312a Abs. 3 BGB nF	64	27
e) Kündigungen, § 312h BGB nF	67	28
f) Abweichende Vereinbarung und Beweislast, § 312k BGB	68	28
4. Vertragstypen	70	29
a) Direktvertriebsverträge	71	29
b) Fernabsatzverträge	79	32
5. Verträge im elektronischen Geschäftsverkehr	90	35
6. Informationspflichten im Direktvertrieb und im Fernabsatz	92	35
a) Inhalt	96	37
aa) Informationen zum Unternehmer	98	37
bb) Informationen zum Produkt	104	39
cc) Informationen zum Preis und weiteren Kosten	108	40
dd) Informationen zu Zahlungs- und Lieferbedingungen	111	41
ee) Informationen zum Widerrufsrecht	114	43
ff) Gültigkeitsdauer	116	43
b) Erleichterte Informationspflichten bei Reparatur- und Instandsetzungsarbeiten	117	43

	Rz.	Seite
c) Zeitpunkt der Informationserteilung	118	44
d) Form	120	45
aa) Vorvertragliche Informationserteilung	120	45
bb) Erleichterte Informationspflichten bei begrenzter Darstellungsmöglichkeit	127	46
cc) Bestätigungen und Abschriften	130	47
7. Informationspflichten im elektronischen Geschäftsverkehr	135	49
a) Anwendungsbereich	135	49
b) Form und Zeitpunkt der Informationserteilung	136	50
8. Informationspflichten im stationären Handel	141	52
a) Anwendungsbereich	142	52
b) Form	143	52
c) Inhalt	144	52
9. Verletzung von Informationspflichten	154	55
a) Partielle Unwirksamkeit des Vertrags	155	55
b) Verlängerung der Widerrufsfrist	159	57
c) Weitere Sanktionsmöglichkeiten	160	57
10. Die Muster-Widerrufsbelehrung	161	57
a) Angaben zum Fristbeginn in der Widerrufsbelehrung	167	59
b) Angaben zu den Rücksendekosten in der Widerrufsbelehrung	178	64
c) Form der Widerrufsbelehrung	186	66
d) Muster für die Widerrufsbelehrung bei außerhalb von Geschäftsräumen geschlossenen Verträgen und bei Fernabsatzverträgen mit Ausdnahme von Verträgen über Finanzdienstleistungen (Anlage 1 zu Art. 246a § 1 Abs. 2 Satz 2 EGBGB)	186a	67
11. Widerrufsrecht und Widerrufsfolgen bei Verbraucherverträgen	187	69
a) Regelungstechnik	187	69
b) Voraussetzungen/Ausnahmen	193	70
aa) Recht zum Widerruf	193	70
(1) Direktvertriebs- und Fernabsatzverträge	194	71
(a) Ausnahmen vom Widerrufsrecht	195	71
(b) Verhältnis zu anderen Widerrufsrechten	212	78
(2) Ratenlieferungsverträge	215	78
bb) Ausübung des Widerrufs	216	79
(1) Grundsatz	216	79
(a) Widerrufserklärung	216	79
(b) Widerrufsfrist	219	80

	Rz.	Seite
(c) Erlöschen des Widerrufsrechts	222	81
(2) Besonderheiten bei Direktvertriebs- und Fernabsatzverträgen	223	81
(a) Widerrufserklärung	223	81
(b) Widerrufsfrist	225	82
(c) Regelmäßiges Erlöschen des Widerrufsrechts	230	83
(d) Vorzeitiges Erlöschen des Widerrufsrechts bei Dienstleistungen	231	84
(e) Vorzeitiges Erlöschen des Widerrufsrechts bei nicht auf einem körperlichen Datenträger befindlichen digitalen Inhalten	232	84
(3) Besonderheiten bei Teilzeit-Wohnrechteverträgen, Verträgen über langfristige Urlaubsprodukte, Vermittlungsverträgen und Tauschsystemverträgen	234	85
(4) Besonderheiten bei Verbraucherdarlehensverträgen und Finanzierungshilfen	238	86
(5) Besonderheiten bei Ratenlieferungsverträgen	242	87
c) Widerrufsfolgen	244	88
aa) Grundsatz	244	88
(1) Ende der Verpflichtungen	244	88
(2) Rückgewähr der empfangenen Leistungen, Gefahr der Rücksendung	245	88
bb) Besonderheiten bei Direktvertriebs- und Fernabsatzverträgen	246	89
(1) Höchstfrist für Rückgewähr der empfangenen Leistungen	246	89
(2) Zahlungsmittel für Rückzahlung	247	89
(3) Hinsendekosten	249	90
(4) Zurückbehaltungsrecht	250	90
(5) Rücksendekosten	252	91
(6) Rücksendung auch nicht paketversandfähiger Waren	254	91
(7) Wertersatz	255	92
(8) Weitere Ansprüche	261	94
cc) Besonderheiten bei Verbraucherdarlehensverträgen und entgeltlichen Finanzierungshilfen	263	95
(1) Höchstfrist und weitere Besonderheiten für die Rückgewähr der empfangenen Leistungen	264	95
(2) Wertersatz	266	96

	Rz.	Seite
(3) Herausgabe des Gebrauchsvorteils	270	97
(4) Weitere Ansprüche	271	97
dd) Besonderheiten bei Teilzeit-Wohnrechteverträgen, Verträgen über ein langfristiges Urlaubsprodukt, Vermittlungsverträgen und Tauschsystemverträgen	272	98
ee) Besonderheiten bei Ratenlieferungsverträgen	273	98
d) Verbundene Verträge	274	99
e) Einwendungen bei verbundenen Verträgen	281	101
f) Zusammenhängende Verträge	282	101
g) Abweichende Vereinbarungen	288	102
III. Besonderheiten im Kaufrecht, bei der Wohnungsvermittlung und bei Fernunterrichtsverträgen	289	103
1. Neues Garantierecht	289	103
2. Begriff des Verbrauchsgüterkaufrechts und anwendbare Vorschriften	293	104
3. Neugestaltung des Rücktrittsrechts wegen nicht oder nicht vertragsgemäß erbrachter Leistung	300	107
4. Änderung des Fernunterrichtsschutzgesetzes	303	108
5. Änderung des Gesetzes zur Regelung der Wohnungsvermittlung	307	110
IV. Übergangsvorschriften	308	110
1. Allgemeine Rechtslage für Altverträge	308	110
2. Übergangsvorschrift/Erlöschensregel beim Widerrufsrecht bei Altverträgen	309	111

Teil B
Synopse – Die Verbraucherschutzvorschriften
(neuer und alter Gesetzestext)

	Seite
BGB	113
EGBGB	175
FernUSG	233
Stichwortverzeichnis	243

Literaturverzeichnis

Amereller/Müller, Neues Widerrufsrecht 2014, https://www.it-recht-kanzlei.de/fb/PDF/Neues_Widerrufsrecht_2014.pdf, abgerufen am 16.1.2014 (zit: *Amereller/Müller*, Neues Widerrufsrecht 2014)

Artz, Stellungnahme zu dem Gesetzentwurf zur Umsetzung der VerbraucherrechteRL und zur Änderung des Gesetzes zur Regelung der Wohnungsvermittlung v. April 2013, http://www.bundestag.de/bundestag/ausschuesse17/a06/anhoerungen/archiv/44_Verbraucherrechtrichtinie/04_Stellungnahmen/Stellungnahme_Artz.pdf l, Stand: 7.1.2014 (zit. *Artz*, Stellungnahme v. April 2013)

Bamberger/Roth (Hrsg.), Beck'scher Online-Kommentar BGB, Stand: 1.8.2013, Edition: 28 (zit. *Bamberger/Roth/Bearbeiter*)

Becker/Föhlisch, Von Dessous, Deorollern und Diabetes-Streifen – Ausschluss des Widerrufsrechts im Fernabsatz, NJW 2008, 3751

Bierekoven/Crone, Umsetzung der VerbraucherrechteRL – Neuerungen im deutschen Schuldrecht – Ein erster Überblick, MMR 2013, 687

Bittner, Gesetz zur Umsetzung der VerbraucherrechteRL: Informationspflichten und Widerrufsrecht im Direktvertrieb, ZVertriebsR 2014, 2

Brönneke, Stellungnahme der Hochschule Pforzheim v. 16.4.2013 zu ausgewählten Aspekten des Gesetzentwurfs der Bundesregierung für ein Gesetz zur Umsetzung der VerbraucherrechteRL und zur Änderung des Gesetzes zur Regelung der Wohnungsvermittlung, http://www.bundestag.de/bundestag/ausschuesse17/a06/anhoerungen/archiv/44_Verbraucherrechtrichtinie/04_Stellungnahmen/Stellungnahme_Br__nneke.pdf, Stand: 18.11.2013 (zit. *Brönneke*, Stellungnahme v. 16.4.2013)

Brönneke/Fezer, Stellungnahme der *Verbraucherkommission Baden-Württemberg* v. 5.11.2012 zu ausgewählten Aspekten des Referentenentwurfs des Bundesministeriums der Justiz für ein Gesetz zur Umsetzung der VerbraucherrechteRL, zur Änderung des Verbrauchsgüterkaufrechts und zur Änderung des Gesetzes zur Regelung der Wohnungsvermittlung, http://www.verbraucherkommission.de/servlet/PB/show/2931698/VK-Stellungnahme%20VerbraucherrechteRL%20Umsetzung%20Brnneke_Fezer%2005.1, Stand: 18.11. 2013 (zit. *Brönneke/Fezer*, Stellungnahme v. 5.11.2012)

Brönneke/Schmidt, Der Anwendungsbereich der Vorschriften über die besonderen Vertriebsformen nach Umsetzung der Verbraucherrechterichtlinie, 2014, 3

Buchmann, Aktuelle Entwicklungen im Fernabsatzrecht 2009/2010, K&R 2010, 533

Bydlinski/Lurger (Hrsg.), Die RL über die Rechte der Verbraucher, 1. Aufl. 2012 (zit. *Bydlinski/Lurger/Bearbeiter*)

Clausnitzer/Woopen, Internationale Vertragsgestaltung – Die neue EG-Verordnung für grenzüberschreitende Verträge (Rom I-VO), BB 2008, 1798

Dauses, Handbuch des EU-Wirtschaftsrechts, Band 1, Stand: Oktober 2013 (34. EL), 2014 (zit. *Bearb.* in Dauses)

Dehißelles, Kommentar (zu OLG Hamm 4 U 212/09), K&R 2010, 413

Erman, Bürgerliches Gesetzbuch, 14. Aufl. 2014 (zit. *Erman/Bearbeiter*)

Fausten, Grenzen der Inhaltskontrolle Allgemeiner Versicherungsbedingungen, VersR 1999, 413

Föhlisch, Das Widerrufsrecht im Online-Handel, 2009

Föhlisch/Dyakova, Das Widerrufsrecht im Onlinehandel – Änderungen nach dem Referentenentwurf zur Umsetzung der VerbraucherrechteRL, MMR 2013, 71

Föhlisch/Dyakova, Fernabsatzrecht und Informationspflichten im Onlinehandel – Anwendungsbereich nach dem Referentenentwurf zur Umsetzung der VerbraucherrechteRL, MMR 2013, 3

Gößmann, Electronic Commerce – Die EU-FernabsatzRL und ihre Auswirkungen auf den Handel über neue Medien, MMR 1998, 88

Grube/Karsten, Neues EU-Vertriebsrecht für die Lebensmittelwirtschaft – Unionsrechtliche Vorgaben für den nicht-ladengeschäftsgebundenen („multichannel") Lebensmitteleinzelhandel: Onlinehandel, Teleshopping, Direktvertrieb, Automatenverkäufe, LMuR 2012, 129

Grundmann, Die EU-Verbraucherrechte-RL – Optimierung, Alternative oder Sackgasse, JZ 2013, 53

Halm, Die Umsetzung der EU-Verbraucherrechterichtlinie – Kommt ein grundlegender Umbruch im neuen Jahr?, VuR 2014, 1

Härting, Internetrecht, 5. Aufl. 2014

Heinig, Neuregelungen bei den Vorschriften zum Widerrufs- und Rückgaberecht im BGB, JR 2010, 461

Hoeren/Föhlisch, Ausgewählte Praxisprobleme des Gesetzes zur Umsetzung der Verbraucherrechterichtlinie, CR 2014, 242.

Hoeren/Sieber/Holznagel (Hrsg.), Handbuch Multimedia-Recht, 33. EL 2012 (Stand: 12/2012), (zit. *Hoeren/Sieber/Holznagel/Bearbeiter*).

jurisPraxiskommentar-BGB (zit. *JurisPK/Bearbeiter*)

Lehmann, E-Commerce in der EU und die neue RL über die Rechte der Verbraucher, CR 2012, 261

Leier, Die Rückabwicklung des widerrufenen Vertrags – Neuerungen durch das Gesetz zur Umsetzung der Verbraucherrechterichtlinie, VuR 2013, 457

Lorscheid-Kratz/Wendt, Das Widerrufsrecht bei „zusammenhängenden Verträgen", BB 2013, 2434

Mand/Könen, Widerrufsrecht des Verbrauchers beim Versandhandelskauf von Arzneimitteln, WRP 2007, 841

Mand/Könen, Widerrufsrecht des Verbrauchers beim Versandhandelskauf von Arzneimitteln und Medizinprodukten, WRP 2007, 1405

Mankowski, Apps und fernabsatzrechtliches Widerrufsrecht, CR 2013, 508

Micklitz/Tonner, Vertriebsrecht, Handkommentar, 2002 (zit. Hk-VertriebsR/*Bearbeiter*)

Müller, Kundenhotline zum „Grundtarif" – Auswirkung von § 312c Abs. 4 BGB-E auf Mehrwertdienste, MMR 2013, 76

Münchener Kommentar zum Bürgerlichen Gesetzbuch, 6. Aufl. 2012 (zit. MünchKomm-BGB/*Bearbeiter*)

Palandt, Bürgerliches Gesetzbuch, 73. Auflage 2014 (zit. *Palandt/Bearbeiter*)

Purnhagen, Die Auswirkungen der E-Commerce-Regelungen der EU-RL über Verbraucherrechte auf das BGB, JIPITEC 2012, 93

Purnhagen, Die Auswirkungen der neuen EU-RL auf das deutsche Verbraucherrecht, ZRP 2012, 36

Rätze, Verbraucherschutz im E-Commerce, in Solmecke (Hrsg.), Handel im Netz, 2014, im Erscheinen (zit. *Rätze*, Handel im Netz)

Rose/Taeger, Reduzierte Informationspflichten für den M-Commerce, K&R 2010, 159

Schirmbacher/Grasmück, Neues Verbraucherrecht: Muster-Widerrufsformular und Online-Widerrufserklärung, ITRB 2014, 20

Schirmbacher/Schmidt, Verbraucherrecht 2014 – Handlungsbedarf für den E-Commerce, CR 2014, 107

Schmidt/Brönneke, Das Widerrufsrecht bei Fernabsatz- und Haustürgeschäften – Neuerungen durch das Gesetz zur Umsetzung der Verbraucherrechterichtlinie, VuR 2013, 448

Schmidt-Kessel, Stellungnahme zum Entwurf eines Gesetzes zur Umsetzung der VerbraucherrechteRL und zur Änderung des Gesetzes zur Regelung der Wohnungsvermittlung, http://www.bundestag.de/bundestag/ausschuesse17/a06/anhoerungen/archiv/44_Verbraucherrechtrichtinie/04_Stellungnahmen/Stellungnahme_Schmidt-Kessel.pdf, Stand: 18.11.2013 (zit. *Schmidt-Kessel*, Stellungnahme)

Schmittmann/Görris, Steuerliche Aspekte des Fernabsatzrechts, 2002

Schomburg, Mehr Verbraucherschutz bei Kosten für Nebenleistungen – Die Regelungen des neuen § 312a Absatz 2 bis 6 BGB, VuR, 2014, 18

Schulte-Nölke, Stellungnahme v. 16.4.2013 zum Gesetzentwurf der Bundesregierung zum Entwurf eines Gesetzes zur Umsetzung der VerbraucherrechteRL, http://www.bundestag.de/bundestag/ausschuesse17/a06/anhoerungen/archiv/44_Verbraucherrechtrichtinie/04_Stellungnahmen/Stellungnahme_Schulte-N__lke.pdf, Stand: 18.11.2013 (zit. *Schulte-Nölke*, Stellungnahme v. 16.4.2013)

Schwab/Giesemann, Die Verbraucherrechte-RL: Ein wichtiger Schritt zur Vollharmonisierung im Binnenmarkt, EuZW 2012, 253

Spindler/Schuster (Hrsg.), Recht der elektronischen Medien, 2. Aufl. 2011 (zit. Spindler/Schuster/*Bearbeiter*)

Staudinger, BGB, Buch II: Recht der Schuldverhältnisse, §§ 311, 311a, 312, 312a–f, 2005 (zit. Staudinger/*Bearbeiter*)

Stellungnahme des *Bundesverbandes Direktvertrieb Deutschland (BDD)* v. 12.4.2013 zum Gesetzentwurf zur Umsetzung der VerbraucherrechteRL und zur Änderung des Gesetzes zur Regelung der Wohnungsvermittlung, http://www.bundestag.de/bundestag/ausschuesse17/a06/anhoerungen/archiv/44_Verbraucherrechtrichtinie/04_Stellungnahmen/Stellungnahme_Clausnitzer.pdf, Stand: 18.11.2013 (zit. *BDD*-Stellungnahme v. 12.4.2013)

Stellungnahme des *Bundesverbandes Informationswirtschaft, Telekommunikation und neue Medien e.V. (BITKOM)* v. 1.11.2012 zum Referentenentwurf eines Gesetzes zur Umsetzung der VerbraucherrechteRL und zur Änderung des Verbrauchsgüterkaufrechts, http://www.bitkom.org/files/documents/20121101_BITKOM-Stellungnahme_zum_Referentenentwurf_eines_Gesetzes_zur_U__.pdf, Stand: 18.11.2013 (zit. *BITKOM*-Stellungnahme v. 1.11.2012)

Stellungnahme des *Bundesverbandes Informationswirtschaft, Telekommunikation und neue Medien e.V. (BITKOM)* v. 12.4.2013 zum Gesetzentwurf zur Umsetzung der VerbraucherrechteRL, http://www.bitkom.org/files/documents/20121101_BITKOM-Stellungnahme_zum_Referentenentwurf_eines_Gesetzes_zur_U__.pdf, Stand: 18.11.2013 (zit. *BITKOM*-Stellungnahme v. 12.4.2013)

Stellungnahme des *bvh (Bundesverband des Deutschen Versandhandels e.V.)* zum Entwurf eines Gesetzes zur Umsetzung der VerbraucherrechteRL, zur Änderung des Verbrauchsgüterkaufrechts und zur Änderung des Gesetzes zur Regelung der Wohnungsvermittlung, http://bvh.info/uploads/media/01112012_Stellungnahme_bvh_Umsetzung_VRRiLi.pdf, Stand: November 2012 (zit. *bvh*-Stellungnahme)

Stellungnahme des *Deutschen Anwaltvereins* v. 17.4.2013 Zusammenfassung der Stellungnahmen zum Entwurf eines Gesetzes zur Umsetzung der VerbraucherrechteRL, zur Änderung des Verbrauchsgüterkaufrecht und zur Änderung des Gesetzes zur Regelung der Wohnungsvermittlung, http://www.bundestag.de/bundestag/ausschuesse17/a06/anhoerungen/archiv/44_Verbraucherrechtrichtinie/04_Stellungnahmen/Stellungnahme_Kaufhold.pdf, Stand: 18.11.2013 (zit. *DAV*-Stellungnahme v. 17.4.2013)

Stellungnahme des *Deutschen Anwaltvereins* durch die *Ausschüsse Zivilrecht* sowie *Miet- und Wohnrecht* zum Referentenentwurf des *BMJ* für ein Gesetz zur Umsetzung der VRRL (2011/83/EU), zur Änderung des Verbrauchsgüterkaufrechts und zur Änderung des Gesetzes zur Regelung der Wohnungsvermittlung, http://anwaltverein.de/downloads/Stellungnahmen-11/ohne-LogoDAV-SN-78-2012Umsetzung-

VerbrReRiL.pdf, Stand 18.11.2013 (zit. *DAV*-Stellungnahme Nr. 78/ 2012)

Stellungnahme des *Deutschen Industrie- und Handelskammertages (DIHK)* v. 5.11.2012 zum Referentenentwurf eines Gesetzes zur Umsetzung der VerbraucherrechteRL, zur Änderung des Verbrauchsgüterkaufrechts und zur Änderung des Gesetzes zur Regelung der Wohnungsvermittlung, http://www.dihk.de/themenfelder/recht-steuern/rechtspolitik/nationale-stellungnahmen/, Stand 18.11.2013 (zit. *DIHK*-Stellungnahme v. 5.11.2012)

Stellungnahme des *Verbraucherzentrale Bundesverbandes e.V.* v. 9.4.2013 zum Gesetzentwurf der Bundesregierung zur Umsetzung der VerbraucherrechteRL, http://www.bundestag.de/bundestag/ausschuesse17/a06/anhoerungen/archiv/44_Verbraucherrechtrichtinie/04_Stellungnahmen/Stellungnahme_Gurkmann.pdf, Stand: 18.11.2013 (zit. *vzbv*-Stellungnahme v. 9.4.2013)

Stellungnahme des *Zentralverbands des Deutschen Handwerks e.V. (ZDH)* zum Referentenentwurf zur Umsetzung der VerbraucherrechteRL v. Oktober 2012, http://www.zdh.de/fileadmin/user_upload/themen/Recht/Rundschreiben_2012/ANLAGE%201_Rs.%2031-10-2012.pdf (zuletzt abgerufen am 9.12.2013), Stand 9.12.2013 (zit. *ZDH*-Stellungnahme v. Oktober 2012)

Tamm, Informationspflichten nach dem Umsetzungsgesetz zur Verbraucherrechterichtlinie, 2014, 9

Tonner, Das Gesetz zur Umsetzung der Verbraucherrechterichtlinie – unionsrechtlicher Hintergrund und Überblick, VuR 2013, 443

Tonner, Die Umsetzung der Verbraucherrechterichtlinie – Auswirkungen der Vollharmonisierung, VuR 2014, 23

Unger, Die RL über die Rechte der Verbraucher – Eine systematische Einführung, ZEuP 2012, 270

Wendehorst, Das neue Gesetz zur Umsetzung der Verbraucherrechterichtlinie, NJW 2014, 577

Wildemann, Das Widerrufsrecht bei verbundenen Geschäften – Richtlinienwidrigkeit der §§ 358, 359a BGB, VuR 2011, 55

Teil A
Das neue Verbrauchervertragsrecht

I. Einleitung

Ab dem 13. Juni 2014 gelten **neue Verbraucherschutzvorschriften im Vertragsrecht**.[1] Diese basieren auf der Umsetzung der bereits im Jahr 2011 erlassenen EU-VerbraucherrechteRL[2]. Das neue Recht macht für Versandhändler, Direktvertriebsunternehmen und den stationären Handel eine Anpassung der Kundenverträge bzw. -informationen erforderlich. Der vorliegende Praxisleitfaden stellt die neuen Regeln vor und gibt Unternehmen und beratenden Rechtsanwälten Hinweise, was dabei zu beachten ist. Kapitel II stellt Anwendungsbereich und Grundsätze bei Verbraucherverträgen, die neuen Informationspflichten sowie das geänderte Widerrufsrecht vor. Kapitel III und IV behandeln die sonstigen Änderungen des Gesetzes sowie die Übergangsvorschriften. Außerdem enthält dieses Buch die gesetzliche Muster-Widerrufsbelehrung und eine Synopse mit dem gesamten neuen und dem noch bis 12.6.2014 geltenden, alten Gesetzestext.

1

Diese Einleitung enthält einen Überblick über die wesentlichen Änderungen im neuen Verbrauchervertragsrecht sowie eine Darstellung der diesen Änderungen zugrunde liegenden EU-VerbraucherrechteRL, Hinweise zu deren rechtstechnischer Umsetzung und einen Ausblick auf künftige Vorhaben auf dem Gebiet des Verbraucherschutzes.

2

1. Wesentlicher Inhalt des neuen Verbrauchervertragsrechts

Neu ist, dass die Informationspflichten und die Widerrufsvorschriften für den Versandhandel und den Direktvertrieb europaweit angeglichen werden. Die **europaweite Vollharmonisierung** der Vorschriften soll den Verbraucherschutz erhöhen und den grenzüberschreitenden Handel stärken.[3] Die Vereinheitlichung der Regelungen im Versandhandel und

3

---

1 Gesetz zur Umsetzung der Verbraucherrechterichtlinie und zur Änderung des Gesetzes zur Regelung der Wohnungsvermittlung v. 20.9.2013, BGBl l, 3642.
2 Richtlinie 2011/83/EU des Europäischen Parlaments und des Rates v. 20.11.2011 über die Rechte der Verbraucher, zur Abänderung der RL 93/13/EWG des Rates und der RL 1999/44/EG des Europäischen Parlaments und des Rates sowie zur Aufhebung der RL 85/577/EWG des Rates und der RL 97/7/EG des Europäischen Parlaments und des Rates (ABl. L 304 S. 64).
3 Die positive Wirkung des Gesetzes zur Umsetzung der VerbraucherrechteRL für den grenzüberschreitenden Handel wurde bei der Aussprache in Deutschen Bundestag fraktionsübergreifend von dem CDU-Berichterstatter Marco Wanderwitz, Marianne Schieder (SPD) sowie der damaligen Bundesjustizministerin Sabine Leutheusser-Schnarrenberger (FDP) hervorgehoben, Deutscher Bundestag Stenografischer Bericht, 228. Sitzung, S. 28 541 ff.

im Direktvertrieb hat auch Vorteile für Multikanalunternehmen, die sowohl im Direktvertrieb als auch im Versandhandel tätig sind. Diese können nun einfacher und rechtssicherer informieren bzw. über das Widerrufsrecht belehren. Unterschiede bestehen lediglich noch bei der Form der Informationserteilung und den nachvertraglichen Pflichten. So können Versandhandelsunternehmen Verbraucher per E-Mail über ihre Rechte informieren, während Direktvertriebsunternehmen hierfür das ausdrückliche Einverständnis des Verbrauchers benötigen und ansonsten Informationen in Papierform übergeben müssen.

a) Änderungen bei den Informationspflichten

4 Erstmalig im europäischen und deutschen Recht wird auch der Einzelhandel generell verpflichtet, den Verbraucher vor dem Vertragsschluss u.a. über die wesentlichen Eigenschaften der Waren und Dienstleistungen, mögliche Beschwerdeverfahren und das Bestehen eines gesetzlichen Gewährleistungsrechts zu informieren.[1] Der bestehende **Katalog der Informationspflichten wird** für den Versandhandel und den Direktvertrieb **erweitert**. So muss bei beiden Vertriebsformen zukünftig zu den derzeit geltenden Informationspflichten u.a. über das Bestehen von Verhaltenskodizes bzw. eines außergerichtlichen Schlichtungsverfahrens sowie über das Verfahren zum Umgang mit Beschwerden informiert werden. Es kann als sicher gelten, dass die Vertragswerke aufgrund dieser Regelung sperriger und unübersichtlicher werden. Ob dies im Verbraucherinteresse ist, mag bezweifelt werden.[2] Für zusätzliche Bürokratie wird die Pflicht des Unternehmers sorgen, dem Verbraucher bei im Direktvertrieb oder Fernabsatz geschlossenen Verträgen eine Vertragsbestätigung bzw. eine Abschrift des unterzeichneten Vertrags zur Verfügung zu stellen.

5 Positiv hingegen ist, dass es zukünftig möglich ist, mit einer **einheitlichen Musterbelehrung** (s. Rz. 161 ff.) **europaweit** über das Widerrufs-

---

[1] Art. 5 RL 2011/83/EU. Bisher bestand eine solche Informationspflicht nur bei einer Aufforderung zum Kauf, Art. 7 Abs. 4 RL 2005/29/EG über unlautere Geschäftspraktiken im binnenmarktinternen Geschäftsverkehr zwischen Unternehmen und Verbrauchern.

[2] Je intransparenter ein Vertrag durch zu viele Informationen ist, desto leichter wird es für unseriöse Unternehmen, nachteilige Klauseln darin zu verstecken. Auch die Europäische Kommission sieht inzwischen das „Überhäufen" der Verbraucher mit Informationen kritisch und erkennt an, dass Verbraucher sich zunehmend auf wenige zentrale Informationen beschränken: „(...) Verbraucher [werden] oft mit Informationen überhäuft, doch sind dies nicht unbedingt auch die Informationen, die die Verbraucher benötigen. Angesichts der zunehmenden Komplexität der Informations- und Entscheidungsmöglichkeiten verlassen sich Verbraucher immer häufiger auf Gütesiegel oder auf Vermittler und Filter (...)", Mitteilung der Europäischen Kommission: *Eine Europäische Verbraucherschutzagenda für mehr Vertrauen und mehr Wachstum* (COM[2012] 225 final), S. 5.

recht zu belehren. Allerdings ist die neue Muster-Widerrufsbelehrung komplexer als die bisher geltende und damit in der praktischen Anwendung komplizierter. Wenn die Widerrufsbelehrung fehlt oder unrichtig ist, erlischt das Widerrufsrecht spätestens nach einem Jahr und zwei Wochen. Die bis 12.6.2014 geltende Rechtslage, die im Fall fehlender oder unrichtiger Belehrung ein unendliches Widerrufsrecht vorsah, wird somit korrigiert.

Erstmals werden **Regeln für Verträge über digitale Inhalte** eingeführt. Bislang waren digitale Inhalte im Verbraucherrecht nicht ausdrücklich geregelt, was zu Rechtsunsicherheit führte.[1]

b) Änderungen beim Widerrufsrecht

Das Widerrufsrecht wird neu konzipiert. Der Verbraucher kann mittels eines **neuen Muster-Widerrufsformulars**[2] (s. Rz. 223 ff.) einen Vertrag widerrufen – in jedem Fall muss er seinen Widerruf ausdrücklich erklären, was Missverständnisse bei dem bisher möglichen konkludenten Widerruf durch Rücksendung der Produkte verhindern wird. Dem Unternehmen bleiben zudem Kosten erspart. So muss der Verbraucher die Rücksendekosten selber tragen, wenn er darüber informiert wurde. Vom Widerrufsrecht vollständig ausgenommen werden u.a. Maßanfertigungen nach den persönlichen Bedürfnissen des Verbrauchers. Eine weitere wichtige Änderung ist, dass das Widerrufsrecht bei einer Dienstleistung vorzeitig erlischt, wenn diese vollständig erbracht und der Verbraucher über das vorzeitige Erlöschen informiert wurde.

c) Sonstige Änderungen

Der **Verbraucherbegriff in § 13 BGB** wird **neu definiert** und damit die Grenzziehung bei der gemischten Verwendung (für den gewerblichen und privaten Gebrauch) der Ware bzw. der Dienstleistungen angepasst. Ausgeweitet wird auch der Anwendungsbereich der Direktvertriebsverträge. So sind ab dem 13. Juni 2014 auch bei sog. bestellten Besuchen die neuen Informationspflichten und das geänderte Widerrufsrecht zu beachten.

Das neue Gesetz regelt zudem eine **Höchstfrist** von 30 Tagen, in denen die **Lieferung** zu erfolgen hat. Sollte dies im Einzelfall zu Problemen führen, kann mit dem Verbraucher eine längere Frist vereinbart werden. Darüber hinaus gelten neue **Schutzvorschriften für besondere Gefährdungslagen**, vor allem bei Internetverkäufen. So ist es Onlineverkäufern zukünftig verboten, aufgrund von Voreinstellungen (pre-clicked-boxes) Zusatzkosten zu verlangen. Außerdem dürfen keine zusätzlichen Entgelte bei Verwendung bestimmter Zahlungsmittel erhoben werden, die

---
1 Vgl. hierzu *Micklitz/Rott* in Dauses, EU-Wirtschaftsrecht, Rz. 246 mwN.
2 Vgl. hierzu ausführlich *Schirmbacher/Grasmück*, ITRB 2014, 20 ff.

über die Kosten hinausgehen, die dem Unternehmen für die Nutzung der Zahlungsmittel entstehen. Des Weiteren wird die Definition der **Textform** an den Wortlaut der VerbraucherrechteRL angeglichen. Im Kaufrecht werden Änderungen bei den Garantievorschriften und der Regeln zur Lieferung und zum Gefahrübergang vorgenommen.

d) Umsetzungskosten

10 Der Wirtschaft entsteht nach Schätzungen der Bundesregierung durch einmalige Umstellungskosten ein Erfüllungsaufwand von 7,6 Millionen Euro.[1] Wenn man jedoch davon ausgeht, dass in Deutschland allein über 160 000 Onlinehändler[2], 400 000 Einzelhandelsunternehmen[3] sowie über eine Million Direktvertriebsunternehmen[4] aktiv sind und alle ihre Vertragswerke anpassen müssen, wird von weit höheren Kosten auszugehen sein.

11

Zentrale Änderungen im Überblick

- Europaweit sollen durch die vollharmonisierende EU-RL **einheitliche Regelungen zum Verbraucherschutz** gelten. Darüber hinaus werden die Regeln für den **Direktvertrieb** und für **Fernabsatzverträge** (z.B. E-Commerce) vereinheitlicht. Das hat Vorteile sowohl für Unternehmen als auch für Verbraucher. Bisher galten unterschiedliche Bestimmungen.
- Auch für den Einzelhandel werden grundlegende **vertragliche Informationspflichten** eingeführt. Das bedeutet, dass Einzelhändler ihre Kunden z.B. über wesentliche Produkteigenschaften, Kontaktdaten und Liefer- und Leistungsbedingungen informieren müssen.
- Nach neuem Recht sind die Unternehmen verpflichtet, ihren Kunden eine Vertragsbestätigung bzw. eine Abschrift des unterzeichneten Vertrags zur Verfügung zu stellen. Dies gilt für den Direktvertrieb und für Fernabsatzverträge.

---

1 BT-Drs. 17/12637, S. 37.
2 http://www.shopbetreiber-blog.de/2010/03/10/e-commerce-in-deutschland-rund-400000-unternehmen-sind-aktiv/, zuletzt abgerufen am 22.1.2014.
3 http://www.einzelhandel.de/index.php/presse/zahlenfaktengrafiken/item/110175-derdeutscheeinzelhandel.html, zuletzt abgerufen am 6.1.2014.
4 In Deutschland gibt es über eine Millionen Handwerksbetriebe, die nunmehr auf unter die erweiterte Direktvertriebsdefinition fallen, http://www.hwk-do.de/index.php?id=628&no_cache=1&tx_ttnews%5Btt_news%5D=969&tx_ttnews%5BbackPid%5D=633, zuletzt abgerufen am 20.1.2013, sowie über 600 klassische Direktvertriebsunternehmen, Studie der Universität Mannheim im Auftrag des Bundesverbandes Direktvertrieb Deutschland e.V.: Situation der Direktvertriebsbranche in Deutschland 2012, http://www.direktvertrieb.de/Studien.78.0.html, zuletzt abgerufen am 9.1.2014.

- Eine europaweit **einheitliche Muster-Widerrufsbelehrung** wird für Direktvertriebs- und Fernabsatzverträge eingeführt. Unternehmen können somit die gleiche Muster-Widerrufsbelehrung in ganz Europa verwenden und erhalten damit eine höhere Rechtssicherheit.
- Das **Widerrufsrecht** verlängert sich nur noch um ein Jahr bei unterlassener und fehlender Belehrung.
- Verbraucher müssen den Widerruf ausdrücklich erklären und können dafür ein europaweit **einheitliches Muster-Widerrufsformular** verwenden.
- Verbraucher müssen nach dem neuen Gesetz die **Rücksendekosten** beim Widerruf von Fernabsatz- und Direktvertriebsverträgen selbst tragen.[1]
- Die **Definition des Direktvertriebs** wird erweitert. Auch Verträge, die aufgrund des Besuchs eines Vertreters, der vom Kunden bestellt wurde (sog. bestellte Besuche)[2], geschlossen wurden, unterliegen dem Widerrufsrecht, und es müssen besondere Informationspflichten beachtet werden. Auch wenn ein Ladenbesitzer den Kunden vor seinem Laden anspricht und der Vertrag danach in seinem Laden geschlossen wird, gelten die Direktvertriebsvorschriften.
- Erstmalig werden auch **Regelungen für digitale Inhalte im Verbraucherschutzrecht** festgelegt. Unter digitalen Inhalten versteht man z.B. Computerprogramme, Anwendungen (Apps), Spiele, Musik, Videos oder Texte.
- Die sog. **pre-klicked-boxes** werden bei der Geltendmachung von Zusatzkosten **verboten**. Der Kunde muss aktiv bestätigen (opt-in), wenn das vereinbarte Entgelt auf eine über die Hauptleistung hinausgehende Zahlung gerichtet ist, also Mehrkosten anfallen.
- Unternehmen wird es zudem verboten, zusätzliche Entgelte bei Verwendung bestimmter Zahlungsmittel zu erheben. Die Zahlung per Kreditkarte darf also nicht mehr kosten, als die Transaktion selbst.
- Waren müssen grundsätzlich spätestens innerhalb von 30 Tagen geliefert werden.
- Bei Kundenhotlines dürfen Unternehmen nur noch den Grundtarif berechnen.

---

[1] Dies gilt nicht für Direktvertriebsverträge über nicht paketversandfähige Ware, wenn das Unternehmen die Ware zur Wohnung des Verbrauchers geliefert hat.

[2] Vgl. hierzu ausführlich *Bittner*, ZVertriebsR 2014, 2 (3 f.).

2. Die EU-VerbraucherrechteRL

12 Alle oben angesprochenen Änderungen des in diesem Buch vorgestellten Gesetzes basieren auf der VerbraucherrechteRL 2011/83/EU.[1] Durch diese RL werden die HaustürwiderrufsRL[2] und die FernabsatzRL[3] abgelöst.[4] Die von der Europäischen Kommission geplante Überarbeitung[5] der VerbrauchsgüterkaufRL[6] und der KlauselRL[7] wurde nicht durch die VerbraucherrechteRL realisiert. Der EU-Gesetzgeber konnte sich nicht über den Grad der Vollharmonisierung bzw. das Verbraucherschutzniveau einigen.[8] Die RL beschränkt sich deshalb darauf, das **Verbrauchsgüterkaufrecht** um Regelungen zur Lieferung[9] und zum Gefahrübergang[10] **zu ergänzen**.[11] Die neuen Informationspflichten in Ladengeschäften[12], die Vorschriften der Entgelte für die Verwendung bestimmter Zahlungsmittel[13] und das Verbot der Voreinstellungen[14] rechtfertigen jedoch den einen breiteren Ansatz suggerierenden Namen der VerbraucherrechteRL.

---

1 Vgl. hierzu *Grundmann*, JZ 2013, 53; *Micklitz/Rott* in Dauses, EU-Wirtschaftsrecht, Rz. 207 ff.; *Purnhagen*, JIPITEC 2012, 2; *Schwab/Giesemann*, EuzW 2012, 253; *Unger*, ZEuP 2012, 270.
2 RL 85/577/EWG des Rates vom 20.12.1985 betreffend den Verbraucherschutz im Falle von außerhalb von Geschäftsräumen geschlossenen Verträgen.
3 RL 97/7/EG des Europäischen Parlaments und des Rates v. 20.5.1997 über den Verbraucherschutz bei Vertragsabschlüssen im Fernabsatz.
4 Art. 31 S. 1 RL 2011/83/EU.
5 Vorschlag für eine RL über die Rechte der Verbraucher vom 8.10.2008 (KOM [2008] 614 endgültig). Im Jahr 2006 plante die Europäische Kommission die Überarbeitung weiterer Verbraucherschutzrichtlinien wie z.B. die RL über Pauschalreisen oder die Timesharing-RL, vgl. Grünbuch *Die Überprüfung des gemeinschaftlichen Besitzstands im Verbraucherschutz* v. 8.2.2007 (KOM [2006] 744 endgültig).
6 RL 1999/44/EG des Europäischen Parlaments und des Rates v. 25.5.1999 zu bestimmten Aspekten des Verbrauchsgüterkaufs und der Garantien für Verbrauchsgüter.
7 Richtlinie 93/13/EWG des Rates v. 5.4.1993 über missbräuchliche Klauseln in Verbraucherverträgen.
8 Unter schwedischer Ratspräsidentschaft waren u.a. eine 10-jährige Gewährleistungsfrist und eine Beweislastumkehr von zwei Jahren im Gespräch.
9 Art. 18 RL 2011/83/EU.
10 Art. 20 RL 2011/83/EU.
11 BT-Drs. 17/12637, S. 33. In EG 62 RL 2011/83/EU fordern der EU-Ministerrat und das Europäische Parlament die EU-Kommission auf zu überprüfen, ob eine Überarbeitung der beiden genannten RLn erforderlich ist.
12 Art. 5 RL 2011/83/EU.
13 Art. 19 RL 2011/83/EU.
14 Art. 22 RL 2011/83/EU.

a) Vollharmonisierungsansatz und Anwendungsbereich der RL

Ein wesentliches Ziel der RL ist, wie bereits im Mai 2002 angekündigt,[1] ein gleichmäßig hohes Verbraucherschutzniveau in der gesamten EU. Dies bedeutet eine Abkehr vom Mindestharmonisierungsansatz der VorgängerRLn hin zu einer Vollharmonisierung.[2] Der Mindestharmonisierungsansatz, der es den EU-Staaten erlaubte, ein höheres Verbraucherschutzniveau festzulegen oder beizubehalten als das in der jeweiligen RL vorgesehene, führte zu einer Rechtszersplitterung. Diese hat es vor allem Onlinehändlern erschwert, grenzüberschreitend Kunden zu beliefern.[3] Mit der Vollharmonisierung will die RL die Rechtssicherheit erhöhen und zum besseren Funktionieren des EU-Binnenmarkts für Geschäfte zwischen Unternehmen und Verbrauchern beitragen.[4] Aufgrund des Vollharmonisierungsansatzes dürfen die EU-Mitgliedstaaten das Verbraucherschutzniveau der RL grundsätzlich weder über- noch unterschreiten. Nur in wenigen Punkten wird der **Vollharmonisierungsansatz durch Öffnungsklauseln aufgeweicht**.[5] So können z.B. die EU-Mitgliedstaaten über die RL hinausgehende vorvertragliche Informationspflichten für Ladengeschäfte einführen bzw. im Fernabsatz sprachliche Anforderungen in Bezug auf die Vertragsinformationen aufrechterhalten oder einführen, um damit sicherzustellen, dass diese Angaben vom Verbraucher ohne Weiteres verstanden werden.[6] Die VerbraucherrechteRL lässt zudem Bestimmungen über die Wirksamkeit, das Zustandekommen oder die Wirkungen eines Vertrags unberührt, soweit Aspekte des all-

13

---

[1] Vgl. Verbraucherpolitische Strategie 2002–2006 (KOM[2002] 208 endgültig) S. 13.
[2] Art. 4, 7 Abs. 5, 11 Abs. 1 S. 3 RL 2011/83/EU. Da sich die Vollharmonisierung im Wesentlichen auf zwei für den Binnenmarkt besonders relevante Vertragstypen beschränkt, sprechen der für die VerbraucherrechteRL zuständige Berichterstatter im Europäischen Parlament *Andreas Schwab* und seine wissenschaftliche Referentin *Amelie Giesemann* von einer „gezielten vollständigen Harmonisierung", *Schwab/Giesemann*, EuzW 2012, 253.
[3] Vgl. EG 6 RL 2011/83/EU. Nach geltendem Recht sind bei vielen internationalen Verträgen trotz grundsätzlicher Rechtswahlfreiheit die zwingenden Verbraucherschutzvorschriften des Kundenlandes zu beachten, Art. 6 Verordnung (EG) 593/2008 über das auf vertragliche Schuldverhältnisse anzuwendende Recht (Rom I-VO), vgl. hierzu *Clausnitzer/Woopen*, BB 2008, 1798, 1801 ff. Zudem müssen Onlinehändler gerichtliche Auseinandersetzungen mit ausländischen Verbrauchern zumeist in deren Heimatland durchführen, Art. 15 Verordnung (EU) 1215/2012 über die gerichtliche Zuständigkeit und die Anerkennung und Vollstreckung von Entscheidungen in Zivil- und Handelssachen (Brüssel I-VO). Vgl. zur Auslegung von Art. 15 Brüssel I-VO EuGH v. 7.12.2010 – C-585/08 und C-144/09 (Alpenhof und Pammer), EuZW 2011, 98 (105) m. Anm. *Clausnitzer*. EuGH v. 17.10.2013 – C-218/12 (Emrek).
[4] EG 5 und 7 RL 2011/83/EU.
[5] Art. 3 Abs. 4, 5 Abs. 3 und 4, 6 Abs. 7 und 8, 7 Abs. 4, 8 Abs. 6, 9 Abs. 3 S. 2, 18 Abs. 4 RL 2011/83/EU.
[6] Art. 5 Abs. 4, 6 Abs. 7 RL 2011/83/EU.

gemeinen Vertragsrechts betroffen sind, die in dieser RL nicht geregelt werden.[1]

14 Der deutsche Gesetzgeber berücksichtigt den Vollharmonisierungsansatz der VerbraucherrechteRL und verzichtet im Geltungsbereich der RL im Wesentlichen auf zusätzlichen Verbraucherschutz bei der Umsetzung ins nationale Recht. Selbst von den Öffnungsklauseln, die die VerbraucherrechteRL enthält, hat der Deutsche Bundestag nur geringfügig Gebrauch gemacht (vgl. hierzu Rz. 6). So wird die sinnvolle Regel beibehalten, dass im Direktvertrieb geschlossene Verträge im Wert von unter 40 Euro, bei denen die Leistung bei Abschluss der Verhandlungen sofort erbracht und bezahlt wird, von den Informationspflichten und dem Widerrufsrecht ausgenommen sind.[2]

15 Die VerbraucherrechteRL **nimmt verschiedene Vertragstypen vom Anwendungsbereich aus** (vgl. hierzu Rz. 17).[3] Dies bedeutet, dass der nationale Gesetzgeber in diesen Bereichen frei ist, Regelungen zu treffen bzw. beizubehalten. Die Vorschriften müssen demnach auch nicht im Einklang mit der RL sein. Der Deutsche Bundestag hat entschieden, einen Teil dieser Vertragstypen von den besonderen Informationspflichten und dem Widerrufsrecht für den Versandhandel und den Direktvertrieb auszunehmen. Für folgende Verträge gelten die besonderen Informationspflichten und das Widerrufsrecht nicht:

– Bau- und Umbauverträge,
– Immobilienverträge,
– Verträge, die unter Verwendung von Warenautomaten geschlossen werden,
– Verträge über die regelmäßige Lieferung von Lebensmitteln, Getränken oder sonstigen Haushaltsgegenständen des täglichen Bedarfs,
– Verträge, die mit Betreibern von Telekommunikationsmitteln mit Hilfe öffentlicher Telefone zu deren Nutzung geschlossen werden,
– Call-by-Call-Dienstleistungen,
– im Direktvertrieb geschlossene Bagatellverträge im Wert von unter 40 Euro, bei denen die Leistung bei Abschluss der Verhandlungen sofort erbracht und bezahlt wird.

16 Im Übrigen hat der deutsche Gesetzgeber von seiner Gestaltungsmöglichkeit Gebrauch gemacht bzw. bisher geltende Regelungen unverändert belassen. So findet z.B. auf im Direktvertrieb bzw. im Fernabsatz geschlossene Mietverträge das Widerrufsrecht Anwendung, wenn der Verbraucher die Wohnung nicht besichtigt hat. Die bisher für den Fernabsatz geltenden Informationspflichten und das Widerrufsrecht entspre-

---

1 Art. 3 Abs. 5 RL 2011/83/EU.
2 Die Öffnungsklausel findet sich in Art. 3 Abs. 4 RL 2011/83/EU.
3 Art. 3 Abs. 3 RL 2011/83/EU.

chend der FernabsatzfinanzdienstleistungsRL werden auf den Direktvertrieb ausgeweitet.

Wie der deutsche Gesetzgeber im Einzelnen die sich ihm bietenden Freiräume genutzt bzw. diese beibehalten hat, zeigt die folgende Übersicht: 17

Ausnahmen vom Anwendungsbereich der VerbraucherrechteRL[1]	Besondere Informationspflichten und Widerrufsrecht nach deutschem Recht ab dem 13. Juni 2014
Verträge über soziale Dienstleistungen	Es gelten ein Widerrufsrecht und die Pflicht zur Information über das Widerrufsrecht.
Verträge über Gesundheitsdienstleistungen	Bisherige Informationspflichten für Behandlungsverträge bleiben unverändert (§§ 630a ff. BGB).
Verträge über Glücksspiele	Für Wett- und Lotteriedienstleistungen: Informationspflichten, aber kein Widerrufsrecht für Fernabsatzverträge (Ausnahme bilden telefonisch abgeschlossene Verträge).
Verträge über Finanzdienstleistungen	**Finanzdienstleistungen (außer Versicherungsverträgen):** Bisher für den Fernabsatz geltende, aus der FernabsatzfinanzdienstleistungsRL resultierende Informationspflichten und das Widerrufsrecht werden auf den Direktvertrieb ausgeweitet. Die sich aus der VerbraucherkreditRL ergebenden Regeln bestehen unvermindert fort. **Versicherungsverträge:** Hier gelten unverändert das VVG und die VVG-InfoV.
Immobilienverträge	Ausgenommen, unabhängig davon, ob eine notarielle Beurkundung erforderlich ist.
Bau- und Umbauverträge	Ausgenommen.
Mietverträge	Es gelten ein Widerrufsrecht und die Informationspflicht darüber. Das Widerrufsrecht ist ausgeschlossen, wenn der Mieter die Wohnung zuvor besichtigt hat.

---
1 Vgl. Art. 3 Abs. 3 RL 2011/83/EU.

Ausnahmen vom Anwendungsbereich der VerbraucherrechteRL	Besondere Informationspflichten und Widerrufsrecht nach deutschem Recht ab dem 13. Juni 2014
Pauschalreiseverträge	Fernabsatz: Ausgenommen. Direktvertrieb: Ausgenommen bei bestellten Besuchen.
Teilzeit-Wohnrechteverträge, Verträge über langfristige Urlaubsprodukte, Vermittlungsverträge, Tauschsystemverträge	Dis bisherigen Vorschriften der §§ 481 ff. BGB werden beibehalten.
Notariell beurkundete Verträge	Ausgenommen sind notariell beurkundete Verträge a) über Finanzdienstleistungen, die außerhalb von Geschäftsräumen geschlossen werden, b) die keine Verträge über Finanzdienstleistungen sind; für Verträge, für die das Gesetz die notarielle Beurkundung des Vertrags oder einer Vertragserklärung nicht vorschreibt, gilt dies nur, wenn der Notar darüber belehrt, dass die Informationspflichten und das Widerrufsrecht entfallen.
Verträge über die regelmäßige Lieferung von Lebensmitteln, Getränken oder sonstigen Haushaltsgegenständen des täglichen Bedarfs	Ausgenommen.
Eingeschränkte Ausnahme für Personenbeförderungs- und Autovermietungsverträge[1]	Personenbeförderungsverträge sind grundsätzlich ausgenommen. Für Autovermietungsverträge gelten die besonderen Informationspflichten, wie sonst im Direktvertrieb und Fernabsatz, jedoch kein Widerrufsrecht.
Verträge, die unter Verwendung von Warenautomaten geschlossen werden	Ausgenommen.

---

[1] Autovermietungsverträge gelten nach der EuGH-Rechtsprechung als Personenbeförderungsverträge, vgl. EG 27 RL 2011/83/EU, *Palandt/Grüneberg*, § 312 nF BGB Rz. 13, *Micklitz/Rott* in Dauses, EU-Wirtschaftsrecht, Rz. 210. Art. 8 Abs. 2 und Art. 19 und 21 RL 2011/83/EU gilt auch für Personenbeförderungsverträge, Art. 3 Abs. 3k) RL 2011/83/EU.

Ausnahmen vom Anwendungsbereich der VerbraucherrechteRL	Besondere Informationspflichten und Widerrufsrecht nach deutschem Recht ab dem 13. Juni 2014
Verträge, die mit Betreibern von Telekommunikationsmitteln mit Hilfe öffentlicher Fernsprecher zu deren Nutzung geschlossen werden oder Call-By-Call Dienstleistungen	Ausgenommen.

Öffnungsklauseln in der VerbraucherrechteRL	Umsetzung in deutsches Recht ab dem 13. Juni 2014
Bagatellverträge im Wert von unter 50 Euro, Art. 3 Abs. 4 VerbraucherrechteRL	Im Direktvertrieb geschlossene Bagatellverträge im Wert von unter 40 Euro, bei denen die Leistung bei Abschluss der Verhandlungen sofort erbracht und bezahlt wird, sind ausgenommen.
Verträge des täglichen Lebens, die zum Zeitpunkt des Vertragsschlusses sofort erfüllt werden, können ausgenommen werden, Art. 5 Abs. 3 VerbraucherrechteRL	Ausnahme von den Informationspflichten.
Weitere Informationspflichten bei Ladengeschäften, Art. 5 Abs. 4 VerbraucherrechteRL	Keine zusätzlichen Informationspflichten außer den bestehenden, z.B. Preisangabenverordnung.
Sprachliche Anforderungen bei den Informationspflichten im Fernabsatz und im Direktvertrieb, Art. 6 Abs. 7 VerbraucherrechteRL	Keine zusätzlichen Anforderungen, außer dem aus der KlauselRL resultierende Gebot der Verständlichkeit.
Informationspflichten nach der E-Commerce- und der DienstleistungsRL, Art. 6 Abs. 8 VerbraucherrechteRL	Verschiedene bestehende Informationspflichten, wie z.B. die Preisangabenverordnung, werden beibehalten.
Reduzierte Informationspflichten bei Direktvertriebsverträgen über dringende Reparatur- und Instandsetzungsarbeiten im Wert von weniger als 200 Euro, Art. 7 Abs. 4 VerbraucherrechteRL	Reduzierte Informationspflichten.
Schriftliche Bestätigung bei telefonisch geschlossenen Verträgen, Art. 8 Abs. 6 VerbraucherrechteRL	Bestätigungslösung im Fall der unerlaubten Telefonanrufe ist geplant.

Öffnungsklauseln in der VerbraucherrechteRL	Umsetzung in deutsches Recht ab dem 13. Juni 2014
Aufrechterhaltung eines Verbots der Entgegennahme von Zahlungen innerhalb eines bestimmten Zeitraums im Direktvertrieb, Art. 9 Abs. 3 VerbraucherrechteRL	Ein solches Verbot bestand nicht und wird auch nicht eingeführt.
Zusätzliche Rechtsbehelfe im Fall verspäteter Lieferung, Art. 18 Abs. 4 VerbraucherrechteRL	Keine Einführung zusätzlicher Rechtsbehelfe.

b) Verhältnis zu anderen Rechtsakten

18 Sofern sich zwischen der VerbraucherrechteRL und anderen EU-Rechtsnormen Konflikte ergeben, stellt sich die Frage, welche Vorschriften **Vorrang** haben. Die VerbraucherrechteRL klärt ausdrücklich das Verhältnis zu der sog. DienstleistungsRL 2006/123/EG und der sog. E-Commerce-RL 2000/31/EG. Die Informationspflichten dieser beiden RLn gehen den Informationspflichten der VerbraucherrechteRL vor.[1] Der EU-Gesetzgeber will den Mitgliedstaaten somit die Möglichkeit geben, den in ihrem Hoheitsgebiet niedergelassenen Dienstleistungserbringern zusätzliche Informationspflichten im Einklang mit diesen RLn aufzuerlegen.[2] Es ist nicht auszuschließen, dass einzelne Mitgliedsstaaten dies zum Anlass nehmen, den Vollharmonisierungsansatz bei den Informationspflichten in der VerbraucherrechteRL aufzuweichen.[3] In Deutschland wurde auf die Einführung neuer Informationspflichten verzichtet. Allgemeine Pflichten, wie die Preisangabenverordnung, bleiben unverändert bestehen.

c) Bedeutung der Erwägungsgründe der RL

19 Erwägungsgründe von EU-Vorschriften haben grundsätzlich keinen Gesetzesrang. Allerdings sind sie wichtig für die **Auslegung** der Vorschriften durch die nationalen und europäischen Gerichte. So stellt Erwägungsgrund 47 der VerbraucherrechteRL klar, dass der Verbraucher *„wenn er Beschaffenheit, Eigenschaften und Funktionsweise der Waren feststellen will, (...) mit ihnen nur so umgehen und sie nur so in Augenschein nehmen [sollte], wie er das in einem Geschäft tun dürfte. So sollte der Verbraucher beispielsweise ein Kleidungsstück nur anprobieren, nicht jedoch tragen dürfen."* Diesem Erwägungsgrund kommt

---

1 Art. 6 Abs. 8, 8 Abs. 9 RL 2011/83/EU. Kritisch hierzu u.a. *Purnhagen*, JIPTEC 2012, 93 (105).
2 EG 12 RL 2011/83/EU.
3 Die einzige Öffnungsklausel bei den Informationspflichten im Fernabsatz besteht ansonsten in Art. 6 Abs. 7 RL 2011/83/EU.

im Fall des Widerrufs und möglicher Wertersatzansprüche des Unternehmens entscheidende Bedeutung zu.

Ein anderer Erwägungsgrund der VerbraucherrechteRL hat sogar zu einer Gesetzesänderung im nationalen Recht geführt. So erläutert Erwägungsgrund 17 der VerbraucherrechteRL zum Verbraucherbegriff: *„Wird der Vertrag jedoch teilweise für gewerbliche und teilweise für nichtgewerbliche Zwecke abgeschlossen (Verträge mit doppeltem Zweck) und ist der gewerbliche Zweck im Gesamtzusammenhang des Vertrags nicht überwiegend, so sollte diese Person auch als Verbraucher betrachtet werden."* Diese von der bisherigen EuGH-Rechtsprechung abweichende Grenzziehung ist nun in § 13 BGB nF aufgenommen worden.[1]

20

d) Zwingendes Recht der RL

Die Normen der VerbraucherrechteRL und damit auch die des Umsetzungsgesetzes sind zwingendes Recht. Unternehmen können somit die Verbraucherschutzbestimmungen nicht zum Nachteil des Verbrauchers in den Allgemeinen Geschäftsbedingungen oder durch individuell ausgehandelte Verträge verändern.[2] Einen über die gesetzlichen Normen hinaus gehenden Schutz hingegen können Unternehmen Verbrauchern selbstverständlich gewähren.

21

3. Rechtstechnische Umsetzung der EU-VerbraucherrechteRL

Rechtstechnisch wurden die neuen Verbraucherschutzvorschriften – entgegen zum Teil anderslautenden Forderungen nach Schaffung eines eigenen Verbrauchergesetzbuchs[3] – in das Bürgerliche Gesetzbuch integriert. Untertitel 2 des Buches 2 Abschnitt 3 Titel 1 BGB wurde dabei in *„Grundsätze bei Verbraucherverträgen und besondere Vertriebsformen"* umbenannt, in vier Kapitel unterteilt (*„Anwendungsbereich und Grundsätze bei Verbraucherverträgen"*, *„Außerhalb von Geschäftsräumen geschlossene Verträge und Fernabsatzverträge" „Verträge im elektronischen Geschäftsverkehr"* und *„Abweichende Vereinbarungen und Beweislast"*) und **vollständig neu gefasst**. Darüber hinaus wurden die Vorschriften über das **Widerrufsrecht** und die **Rückabwicklung bei Verbraucherverträgen** (§§ 355 – 361 BGB nF) neu konzipiert. Die bislang bei den einzelnen Vertragstypen normierten Regelungen fasst das Gesetz somit an einer zentralen Stelle zusammen. Des Weiteren wurde die **Definition der Textform** in § 126b BGB nF an den Wortlaut der VerbraucherrechteRL angeglichen. Im **Kaufrecht** gelten neue Vorschriften zur Garantie, zur Lieferung und zum Gefahrübergang. Im EGBGB wurden die Regelungen über die Informationspflichten und die das Widerrufs-

22

---

1 Vgl. hierzu ausführlich *Purnhagen*, ZRP 2012, 36.
2 Art. 29 RL 2011/83/EU.
3 Z.B. DAV-Stellungnahme Nr. 78/2012 S. 3 f.; *Föhlisch/Dyakova*, MMR 2013, 3 (3).

recht betreffenden Muster geändert und ergänzt. Außerdem wurden im FernUSG und im UWG notwendige Anpassungen vorgenommen.[1] Eine Gegenüberstellung der neuen und alten Vorschriften beinhaltet die **Synopse im Anhang**.

4. Ausblick

23 Die Anpassungen, die Versandhandels- und Direktvertriebsunternehmen durch die VerbraucherrechteRL vornehmen müssen, sind erheblich. Allerdings dürften nunmehr für länger Zeit keine größeren rechtlichen Änderungen bei den Informationspflichten und beim Widerrufsrecht im Fernabsatz und im Direktvertrieb zu erwarten sein. Die Brüsseler Mühlen mahlen langsam: Bevor die EU-Kommission die Überarbeitung eines Rechtsaktes vorschlägt, wird in der Regel die Umsetzung in nationales Recht evaluiert. Erst wenn diese eine Novellierung erforderlich macht, schlägt die EU-Kommission einen Entwurf zur Überarbeitung des Rechtsaktes vor. So hat es 26 bzw. 14 Jahre gedauert, bis die Haustürwiderrufs-[2] bzw. die FernabsatzRL[3] in die VerbraucherrechteRL überführt wurden. Der Vollharmonisierungsansatz der VerbraucherrechteRL lässt darüber hinaus relativ wenig Spielraum für nationale Gesetzgebung im Bereich des Widerrufsrechts und der Informationspflichten. Dies bietet **europaweit Rechts- und Planungssicherheit** für die Unternehmen.

24 Die Europäische Kommission hat in jüngerer Zeit einige **weitere Initiativen im Verbrauchervertragsrecht** angekündigt bzw. bereits vorgelegt. So steht möglicherweise eine Überarbeitung des AGB-Rechts an, denn die Europäische Kommission will die KlauselRL[4] einem „Fitnesstest" unterziehen.[5] Der EU-Ministerrat und das Europäische Parlament verhandeln zudem bereits über den Vorschlag eines Gemeinsamen Europäischen Kaufrechts, das Unternehmen vor allem bei grenzüberschreitenden Geschäften freiwillig anbieten können sollen.[6] Bei diesem Gesetzgebungsvorhaben überrascht das Verbraucherschutzniveau. So hat die Europäische Kommission u.a. eine 10-jährige Gewährleistungs-

---

1 BT-Drs. 17/12637, S. 34.
2 RL 85/577/EWG des Rates v. 20.12.1985 betreffend den Verbraucherschutz im Falle von außerhalb von Geschäftsräumen geschlossenen Verträgen.
3 RL 97/7/EG über den Verbraucherschutz bei Vertragsabschlüssen im Fernabsatz.
4 RL 93/13/EG über missbräuchliche Klauseln in Verbraucherverträgen.
5 Anhang zur Mitteilung der Europäischen Kommission: Effizienz und Leistungsfähigkeit der Rechtsetzung (REFIT): Ergebnisse und Ausblick (COM [2013] 685 final) S. 7. Weitere Vorhaben im Verbraucherschutzbereich können der Mitteilung der Europäischen Kommission: Eine Europäische Verbraucherschutzagenda für mehr Vertrauen und mehr Wachstum (COM [2012] 225 final) entnommen werden.
6 Vorschlag für eine Verordnung über ein Gemeinsames Europäisches Kaufrecht (KOM [2011] 635 endgültig).

frist in den Entwurf aufgenommen.[1] Diese wurde unter schwedischer Ratspräsidentschaft im 2. Halbjahr 2009 bereits im Rahmen der Verhandlungen über die VerbraucherrechteRL vorgeschlagen, aufgrund der kontroversen Diskussion hierüber wurden die gesamten Garantievorschriften herausgenommen. Auch wenn die Anwendung des Gemeinsamen Europäischen Kaufrechts als optionales Recht in das Ermessen der Unternehmen gestellt werden soll, ist das Vorhaben aus zwei Gründen wichtig. Zum einen kann es vom EuGH zur Auslegung der hier vorgestellten Vorschriften herangezogen werden, zum anderen hat die derzeitige Diskussion über dieses Vorhaben durchaus Signalwirkung für ein anderes Projekt: 2013 hat die Europäische Kommission die Überprüfung der VerbrauchsgüterkaufRL[2] angekündigt.[3] Unter den hier beschriebenen Vorzeichen ist eine weitere Erhöhung des Verbraucherschutzniveaus im Gewährleistungsrecht zu erwarten.[4] Damit würde sich der mit der VerbraucherrechteRL zuletzt nochmals bestätigte Trend einer kontinuierlichen Erhöhung des Verbraucherschutzniveaus bei der EU-Gesetzgebung bestätigen.

II. Das neue Recht der Verbraucherverträge

1. Verbraucherverträge

§ 312 Abs. 1 BGB nF definiert den Anwendungsbereich für die allgemeinen Pflichten und Grundsätze bei Verbraucherverträgen sowie die direktvertriebs- und fernabsatzrechtlichen Vorschriften. Die Vorschrift verweist auf § 310 Abs. 3 BGB, wonach die Verbraucherverträge als **Verträge zwischen einem Unternehmer und einem Verbraucher** legal definiert sind. Systematisch konsequenter wäre es, den Verweis umgekehrt laufen zu lassen.[5] So hat der Gesetzgeber die Gelegenheit versäumt, die Legaldefinition der Verbraucherverträge passenderweise in den neu strukturierten Untertitel 2 aufzunehmen, anstatt ihn weiterhin bei den Regeln über die AGB zu belassen.

---

[1] Der federführende Rechtsausschuss des Europäischen Parlaments befürwortete am 25.9.2013 immerhin eine Gewährleistungsfrist von sechs Jahren, vgl. Entwurf eines Berichtes über den Vorschlag für eine Verordnung des Europäischen Parlaments und des Rates über ein Gemeinsames Europäisches Kaufrecht (A/-0301/2013).
[2] RL 1999/44/EG zu bestimmten Aspekten des Verbrauchsgüterkaufs und der Garantien für Verbrauchsgüter.
[3] Anhang zur Mitteilung der Europäischen Kommission: Effizienz und Leistungsfähigkeit der Rechtsetzung (REFIT): Ergebnisse und Ausblick (COM[2013] 685 final), S. 6.
[4] Wirtschaftsverbände und Unternehmensvertreter haben in diesem Zusammenhang verschiedentlich darauf hingewiesen, dass ein überzogener Verbraucherschutz auch innovationshemmende Wirkung entfalten kann.
[5] So auch *Schmidt-Kessel*, Stellungnahme, S. 27 f.

26 Der Anwendungsbereich wird gem. § 312 Abs. 1 BGB nF insoweit eingeschränkt, als die Vorschriften der §§ 312a – 312h BGB nur auf Verbraucherverträge Anwendung finden, die eine **entgeltliche Leistung des Unternehmers** zum Gegenstand haben. Die VerbraucherrechteRL enthält keine entsprechenden Beschränkungen und erfasst damit auch unentgeltliche Zusendungen im Fernabsatz oder Direktvertrieb.[1] Der nationale Gesetzgeber zieht hingegen als Begründung die Legaldefinitionen des Kaufvertrags und des Dienstleistungsvertrags in Art. 2 Nr. 5 und 6 VerbraucherrechteRL heran, wo eine Entgeltzahlung des Verbrauchers vorgesehen ist.

a) Unternehmer- und Verbraucherbegriff

27 In Art. 2 Nr. 1 und 2 VerbraucherrechteRL finden sich eigenständige Definitionen der Begriffe „Verbraucher" und „Unternehmer". Im Zuge deren Umsetzung wird im deutschen Recht nur die Legaldefinition des Verbrauchers in § 13 BGB aF modifiziert.

28 Nach der Legaldefinition in Art. 2 Nr. 1 VerbraucherrechteRL erfasst der europäische Verbraucherbegriff die „handwerkliche" und „geschäftliche" Tätigkeit einer Person. Diese umschreibt § 13 BGB nF durch das Tatbestandsmerkmal „gewerblich".[2] Der **deutsche Verbraucherbegriff** ist **weiter** als jener der VerbraucherrechteRL, da er lediglich die „selbständige berufliche" Tätigkeit ausschließt. Diese Abweichung ist jedoch trotz des Vollharmonisierungsgebots des Art. 4 VerbraucherrechteRL zulässig, da der Verbraucherschutz auf Bereiche, die außerhalb des Vollharmonisierungsbereichs liegen, erweitert wird (Erwägungsgrund 13 VerbraucherrechteRL).[3]

29 Diese Abweichungen wurden auch in der Legaldefinition nach § 13 BGB nF nicht beseitigt. Die Vorschrift[4] lautet: „*Verbraucher ist jede natürliche Person, die ein Rechtsgeschäft zu Zwecken abschließt, die überwiegend weder ihrer gewerblichen noch ihrer selbständigen beruflichen Tätigkeit zugerechnet werden können.*" In § 13 BGB nF wird allerdings der praktisch wichtige Fall der sog. Dual-use-Produkte geregelt. Bei Verträgen, die sowohl zu gewerblichen als auch zu nichtgewerblichen Zwecken geschlossen werden, soll es auf den überwiegenden Zweck ankommen.[5] Vor dem Hintergrund der bisherigen Unsicherheiten in Bezug auf die sog. Dual-use-Verträge und im Hinblick auf den Erwägungsgrund 17 der VerbraucherrechtRL (s. Rz. 19) ist diese Regelung besonders erfreulich.

---

1 *Schmidt-Kessel*, Stellungnahme, S. 28.
2 *Föhlisch/Dyakova*, MMR 2013, 3 (4); *Purnhagen*, ZRP 2012, 36 (36 f.).
3 *Föhlisch/Dyakova*, MMR 2013, 3 (4); *Purnhagen*, ZRP 2012, 36, 37; *Rätze*, Handel im Netz, Rz. 4.
4 Vgl. Art. 2 Nr. 1 RL 2011/83/EU.
5 BT-Drs. 17/13951, S. 96.

b) Beweislast

Wünschenswert wäre im Zuge dessen auch eine ausdrückliche Regelung über die Beweislast für die Verbrauchereigenschaft gewesen, welche der Rechtsprechung des BGH Rechnung trägt. Dieser hatte entschieden, dass, wenn eine natürliche Person ein Rechtsgeschäft objektiv zu einem Zweck abschließt, der weder ihrer gewerblichen noch ihrer selbständigen beruflichen Tätigkeit zugerechnet werden kann, eine Zurechnung entgegen dem mit dem rechtsgeschäftlichen Handeln objektiv verfolgten Zweck nur dann in Betracht kommt, wenn die dem Vertragspartner erkennbaren Umstände eindeutig und zweifelsfrei darauf hinweisen, dass die natürliche Person in Verfolgung ihrer gewerblichen oder selbstständigen beruflichen Tätigkeit handelt.[1] Die Änderungen in der Legaldefinition des Verbraucherbegriffs in § 13 BGB nF lösen das Problem nicht. Vielmehr wird nach der neuen Rechtslage der **überwiegende Nutzungszweck** zur **Beweisfrage**. 30

2. Bereichsausnahmen

§ 312 Abs. 2 bis 4 BGB nF normiert **Ausnahmen vom Anwendungsbereich** der allgemeinen Pflichten und Grundsätze bei Verbraucherverträgen sowie der direktvertriebs- und fernabsatzrechtlichen Vorschriften (§§ 312a – 312h BGB nF).[2] Für den **Fernabsatz** modifiziert das Umsetzungsgesetz lediglich einige bestehende Ausnahmen und führt wenige neue Ausnahmetatbestände ein. Die Ausnahmetatbestände für den **Direktvertrieb** werden hingegen wesentlich ausgeweitet. Nach wie vor sind allerdings die Unübersichtlichkeit und die Abgrenzungsschwierigkeit der Regelungen der § 312 Abs. 2 bis 4 BGB nF zu kritisieren.[3] 31

a) Reichweite der Ausnahmetatbestände

Kein Vertragstyp wird gänzlich vom Anwendungsbereich der allgemeinen Pflichten und Grundsätze bei Verbraucherverträgen nach § 312a BGB nF **ausgenommen**. Auf die in § 312 Abs. 2 bis 5 BGB nF genannten Vertragstypen bleiben die allgemeinen Pflichten und Grundsätze aus § 312a Abs. 1, 3, 4 und 6 BGB nF über die Regelungen zur Offenlegung des geschäftlichen Zwecks und der Identität des Unternehmers bei Telefonanrufen, über Extrazahlungen an den Unternehmer, zur Wirksamkeit eines Entgelts für die Nutzung von Zahlungsmitteln sowie zur Wirksamkeit des Vertrags im Übrigen grundsätzlich anwendbar. 32

---

1 *Föhlisch/Dyakova*, MMR 2013, 3 (4); BGH MMR 2010, 92 m. Anm. *Föhlisch*; vgl. auch AG Berlin Köpenick MMR 2010, 753; MüKo-BGB/*Wendehorst*, § 312b Rz. 46; BGH MMR 2010, 92 (94) m. Anm. *Föhlisch*; *Buchmann*, K&R 2010, 37 (40).
2 Vgl. Art. 3 Abs. 3 RL 2011/83/EU.
3 *Brönneke*, Stellungnahme v. 16.4.2013, S. 2.

33 Die Abweichung von Art. 3 Abs. 3 VerbraucherrechteRL ist zulässig und gewährleistet ein höheres Verbraucherschutzniveau außerhalb des vollharmonisierten Bereichs.[1] Zugleich wird deutlich, dass die Rechtszersplitterung in der EU gerade bei den ausgenommenen Vertragstypen weiterhin bestehen bleiben wird. Anders als im Direktvertrieb führt dies dazu, dass ein einheitlicher Online-Shop für ganz Europa zumindest aus rechtlicher Sicht schwierig zu realisieren bleibt.

b) Schutz kraft besonderen Rechts

34 Bestimmte Bereiche, in denen auf Grund anderer gesetzlicher Bestimmungen ein ähnlicher oder weiterreichender Schutz des Verbrauchers besteht, bleiben von der Anwendung der §§ 312a Abs. 2, 5, 312b – 312h BGB nF ausgenommen. Gestrichen wurde die Ausnahme für Fernunterrichtsverträge, die im Wege des Fernabsatzrechts geschlossen wurden. Anders als nach der bis 12.6.2014 geltenden Rechtslage ist das Widerrufsrecht nach § 4 FernUG nF inhaltlich dem des BGB gleich und geht nicht mehr darüber hinaus. Eine Ausnahme für Fernunterrichtsverträge wird somit entbehrlich.

aa) Verträge über Finanzdienstleistungen

35 Bei Verträgen über Finanzdienstleistungen, bei denen sich Vorgänge an eine erstmalige Vereinbarung anschließen oder aufeinander folgen, sind die Pflichten und Grundsätze bei Verbraucherverträgen sowie der direktvertriebs- und fernabsatzrechtlichen Vorschriften **nur auf die erste Vereinbarung** anzuwenden, § 312a Abs. 5 S. 1 BGB nF. Für die der ersten Vereinbarung folgenden Einzelvorgänge gelten gem. § 312a Abs. 5 S. 2 BGB nF allein die Bestimmungen des § 312a Abs. 1, 3, 4 und 6 BGB nF.[2] Dies entspricht im Wesentlichen § 312b Abs. 4 BGB aF. Allerdings wird die Regelung auf Finanzdienstleistungen beschränkt, aber somit auch auf im Direktvertrieb geschlossene Finanzdienstleistungsverträge erstreckt.[3]

36 Die Vorschrift bewirkt, dass die allgemeinen fernabsatzrechtlichen Vorschriften von den Regeln über die Finanzdienstleistungen abgekoppelt werden, was dazu führt, dass unangemessene Sanktionen wie das unbefristete Widerrufsrecht bei den sonstigen Fernabsatzverträgen beseitigt werden. Neu hinzugekommen ist der Umstand, dass die Grundsätze der VerbraucherrechteRL über den Fernabsatz von Finanzdienstleistungen an Verbraucher (FARLFDL) zukünftig auf sämtliche Finanzdienst-

---

1 *Föhlisch/Dyakova*, MMR 2013, 3 (5); *Brönneke/Fezer*, Stellungnahme v. 5.11.2012, S. 5; *Brönneke*, Stellungnahme v. 16.4.2013, S. 2; zweifelnd an der vollständigen Umsetzung DAV-Stellungnahme Nr. 78/2012, S. 7.
2 Vgl. Art. 1 Abs. 2 der RL 2002/65/EG v. 23.9.2002 über den Fernabsatz von Finanzdienstleistungen an Verbraucher.
3 BT-Drs. 17/12637, S. 48.

leistungsverträge, ungeachtet der Art des Vertragsschlusses, anzuwenden sind.[1]

bb) Verträge über Versicherungen

In Bezug auf Verträge über Versicherungen und deren Vermittlung bleibt festzuhalten, dass die Ausnahme für diese Verträge in der Neufassung des § 312 Abs. 6 BGB sowohl für den Direktvertrieb als auch für den Fernabsatz beibehalten wird. Der Gesetzgeber betont, dass sich die Ausnahme auch auf die in § 312 Abs. 5 BGB nF genannten Dienstleistungen im Zusammenhang mit einer Versicherung bezieht und insofern Absatz 6 vorgeht.[2]

37

cc) Verträge über Pauschalreisen

Nach § 312 Abs. 2 Nr. 4 BGB nF werden im Fernabsatz oder Direktvertrieb geschlossene Verträge über Pauschalreisen vom Anwendungsbereich der §§ 312a Abs. 2, 5, 312b – 312h BGB nF ausgeschlossen. Für den **Direktvertrieb** gilt die **Ausnahme nur dann**, „*wenn die mündlichen Verhandlungen auf denen der Vertragsschluss beruht, auf vorhergehende Bestellung des Verbrauchers geführt worden sind*". Der Tatbestand ist auf Art. 3 Abs. 3 lit. g VerbraucherrechteRL zurückzuführen. Danach finden die Vorschriften der VerbraucherrechteRL nicht auf Verträge Anwendung, „*die in den Geltungsbereich der RL 90/314/EWG des Rates vom 13. Juni 1990 über Pauschalreisen fallen*". Dies entspricht der geltenden Rechtslage im Direktvertrieb und im Fernabsatz.

38

dd) Verträge über die Beförderung von Personen

Modifiziert und auf Direktvertriebsverträge erstreckt wird § 312b Abs. 3 Nr. 6 BGB aF. Dieser erfasste Fernabsatzverträge über die Erbringung von Dienstleistungen in den Bereichen Unterbringung, Beförderung, Lieferung von Speisen und Getränken sowie Freizeitgestaltung, wenn sich der Unternehmer bei Vertragsschluss verpflichtet, die Dienstleistungen zu einem bestimmten Zeitpunkt oder innerhalb eines genau angegebenen Zeitraums zu erbringen. Nach neuem Recht werden **nur Verträge über die Beförderung von Personen insgesamt** vom Anwendungsbereich der §§ 312a Abs. 2, 5, 312b – 312h BGB nF **ausgenommen** (§ 312 Abs. 2 Nr. 5 BGB nF).[3] Die **übrigen Vertragstypen** bleiben lediglich **vom Widerrufsrecht ausgenommen** (§ 312g Abs. 2 Nr. 9 BGB nF), sofern sie nicht – wie die Verträge über Pauschalreisen – unter einen anderen Ausnahmetatbestand fallen.

39

---

1 Vgl. *Föhlisch/Dyakova*, MMR 2013, 3 (4); BT-Drs. 17/12637, S. 48.
2 Vgl. BT-Drs. 17/12637, S. 49.
3 Vgl. Art. 3 Abs. 3 lit. k RL 2011/83/EU.

40 Die differenzierte Behandlung der Personenbeförderungsverträge wird damit begründet, dass sie entweder bereits im Rahmen anderer Unionsvorschriften oder auf nationaler Ebene geregelt werden.[1] Zu nennen ist als Beispiel die Verordnung 261/2004/EG über die Fluggastrechte.

ee) Behandlungsverträge

41 Auch für Verträge über die medizinische Behandlung eines Patienten gem. § 630a BGB sieht § 312 Abs. 2 Nr. 7 BGB nF eine Bereichsausnahme vor. Die §§ 630c, 630e und 630 f. BGB enthalten spezielle Informations-, Aufklärungs- und Dokumentationspflichten, neben denen die Informationspflichten gem. § 312a Abs. 2 BGB nF i.V.m. Art. 246 EGBG nF bzw. § 312d Abs. 1 BGB nF i.V.m. Art. 246a EGBG nF nicht passen.[2] Darüber hinaus ist ein Widerrufsrecht bei Behandlungsverträgen, die im Fernabsatz oder Direktvertrieb geschlossen werden, regelmäßig nicht erforderlich.[3] Für Verträge über die Abgabe von Arzneimitteln und den Vertrieb von Medizinprodukten sollen die §§ 312a – 312h BGB nF jedoch gelten.[4]

ff) Verträge zur Nutzung einzelner Telefon-, Internet- oder Telefaxverbindungen

42 Neu eingeführt wird die Ausnahme für Verträge zur Nutzung einer einzelnen von einem Verbraucher hergestellten Telefon-, Internet- oder Telefaxverbindung in § 312 Abs. 2 Nr. 11 BGB nF, die bisher nur vom Widerrufsrecht im Fernabsatzrecht ausgenommen waren.[5] Die Regelung wird im Direktvertrieb keine Anwendung finden können. Hierunter fallen insbesondere sog. **Call-by-Call-Dienstleistungen**, die auf Veranlassung des Verbrauchers unmittelbar und in einem Mal erbracht und über die Telefonrechnung abgerechnet werden. Nach der Natur des Vertragsgegenstandes scheiden sowohl die Bestätigung der zu erteilenden Informationen, als auch Rückabwicklung des Vertrags aus.[6] Für diese Verträge enthält das Telekommunikationsgesetz (TKG) verbraucherschützende Sonderregelungen, z.B. § 66b TKG.[7] Die Ausnahmebestimmung **gilt nicht für Verträge zur Erbringung telekommunikationsgestützter Dienste** i.S.d. § 3 Nr. 25 TKG.[8]

---

1 *Föhlisch/Dyakova*, MMR 2013, 3 (5); Erwägungsgrund 27 Satz 2 RL 2011/83/EU.; krit. hierzu *Brönneke/Fezer*, Stellungnahme v. 5.11.2012, S. 2; hierzu *Brönneke*, Stellungnahme v. 16.4.2013, S. 3.
2 BT-Drs. 17/12637, S. 47.
3 Vgl. hierzu BT-Drs. 17/12637, S. 47.
4 BT-Drs. 17/12637, S. 47. Kritisch dazu *Schmidt-Kessel*, Stellungnahme, S. 20.
5 Vgl. *Föhlisch/Dyakova*, MMR 2013, 3 (5 f.); BITKOM-Stellungnahme v. 1.11.2012, S. 3.
6 *BITKOM*-Stellungnahme v. 12.4.2013, S. 3.
7 BT-Drs. 17/12637, S. 47.
8 *Föhlisch/Dyakova*, MMR 2013, 3 (6); RefE S. 73.

gg) Verträge über Teilzeitwohnrechte

Die Ausnahme von Verträgen über die Teilzeitnutzung von Wohngebäuden, langfristige Urlaubsprodukte sowie Vermittlungsverträge oder Tauschsystemverträge (§ 312 Abs. 2 Nr. 6 BGB nF) wird gegenüber § 312b Abs. 3 Nr. 2 BGB aF redaktionell modifiziert und auf im **Direktvertrieb** geschlossene Verträge **erweitert**.

43

hh) Verträge über soziale Dienstleistungen

Eine weitere Ausnahme betrifft soziale Dienstleistungen, vgl. § 312 Abs. 3 BGB nF. Zu den Sozialdienstleistungen gehören nach Erwägungsgrund 29 der VerbraucherrechteRL zum einen Dienstleistungen für besonders benachteiligte oder einkommensschwache Personen sowie Dienstleistungen für Personen und Familien, die bei routinemäßigen Handlungen und alltäglichen Verrichtungen auf Hilfe angewiesen sind, und zum anderen Dienstleistungen für alle Menschen, die in einer besonderen Phase ihres Lebens Hilfe, Unterstützung, Schutz oder Zuspruch benötigen. Als Beispiele für soziale Dienstleistungen können die Dienstleistungen für Kinder und Jugendliche, Dienstleistungen zur Unterstützung von Familien, Alleinerziehenden und älteren Menschen sowie Dienstleistungen für Migranten, wie Dienstleistungen der Kurzzeit- und Langzeitpflege sowie die Kinderbetreuung genannt werden, wobei sowohl die vom Staat erbrachten, als auch die von privaten Anbietern ausgeführten Sozialdienstleistungen umfasst sind.[1] Soziale Dienstleistungen unterliegen besonderen rechtlichen Anforderungen außerhalb des Bürgerlichen Rechts, so dass die in § 312d BGB nF genannten Informationspflichten grundsätzlich nicht passen. Allerdings ist es sachgerecht, dem Verbraucher bei im Direktvertrieb oder Fernabsatz geschlossenen Verträgen ein Widerrufsrecht einzuräumen und daher die **Information über das Widerrufsrecht** zu verlangen.[2]

44

ii) Verträge über die Vermietung von Wohnraum

Auf Verträge über die Vermietung von Wohnraum sind gem. § 312 Abs. 4 S. 1 BGB nF nur die Vorschriften über die Pflicht zur Offenlegung bei Telefonanrufen nach § 312a Abs. 1 BGB nF, über Extrazahlungen an den Unternehmer, § 312a Abs. 3 BGB nF, zur Wirksamkeit der Vereinbarung eines Entgelts für die Nutzung von Zahlungsmitteln, § 312a Abs. 4, sowie zur Wirksamkeit des Vertrags im Übrigen, § 312a Abs. 6 BGB nF, grundsätzlich anwendbar. Darüber hinaus soll dem Verbraucher gegenüber dem **gewerblichen Vermieter** ein **Widerrufsrecht** zustehen, wenn der Vertrag im **Direktvertrieb** oder im **Fernabsatz** geschlossen wird. **Kein** Bedürfnis für ein **Widerrufsrecht** besteht, wenn ein **Wohnraum-Mietvertrag nach einer Besichtigung der Mietsache** ge-

45

---
1 *Bydlinski/Lurger/Cap*, S. 9.
2 BT-Drs. 17/12637, S. 48.

schlossen wird. § 312 Abs. 4 S. 2 BGB nF sieht daher eine Ausnahme vor für die Begründung eines Wohnraum-Mietverhältnisses, der eine Besichtigung der Wohnung vorausgegangen ist. Spätere Vertragsänderungen eines so zustande gekommenen Vertrags, wie z.B. Abreden über Mieterhöhungen oder der Abschluss von Aufhebungsverträgen, werden von der Ausnahmevorschrift nicht erfasst. Hier bleibt es beim Widerrufsrecht nach Satz 1.[1]

c) Unzumutbarkeit

46 Die Vorschriften des §§ 312a Abs. 2, 5, 312b – 312h BGB nF sollen auch auf Verträge keine Anwendung finden, bei denen deren Einhaltung für den Unternehmer unzumutbar wäre.

aa) Verträge über die Lieferung von Gegenständen des täglichen Bedarfs

47 Die bislang allein für **den Fernabsatz bestehende Ausnahme** für Haushaltsgegenstände des täglichen Bedarfs, die am Wohnsitz, am Aufenthaltsort oder am Arbeitsplatz eines Verbrauchers von Unternehmern im Rahmen häufiger und regelmäßiger Fahrten geliefert werden, § 312b Abs. 3 Nr. 5 BGB aF, wird trotz Kritik[2] auch **auf Direktvertriebsverträge ausgeweitet**, vgl. § 312 Abs. 2 Nr. 8 BGB nF.[3]

bb) Unter Verwendung von Warenautomaten geschlossene Verträge

48 Der bisherige **fernabsatzrechtliche Ausnahmetatbestand** für Verträge, die unter Verwendung von Warenautomaten oder automatisierten Geschäftsräumen geschlossen werden, wird beibehalten[4] und auf **Direktvertriebsverträge erstreckt**. Er findet sich trotz der Ähnlichkeit mit dem Vertragsschluss im M-Commerce[5] in § 312b Abs. 2 Nr. 9 BGB nF.

cc) Unter Verwendung von Telefonautomaten geschlossene Verträge

49 Geändert wird ferner der Wortlaut des § 312b Abs. 3 Nr. 7 lit. b BGB aF. Das Tatbestandsmerkmal des „öffentlichen Fernsprechers" wird in § 312b Abs. 2 Nr. 10 BGB nF durch *„öffentliche Münz- und Kartentelefone"* ersetzt.[6] Damit soll nur ein Gleichlauf mit § 3 Nr. 15 TKG hergestellt werden, der ein Münz- und Kartentelefon legal definiert.[7]

---

1 BT-Drs. 17/12637, S. 48.
2 *Brönneke*, Stellungnahme v. 16.4.2013, S. 2; Vzbv-Stellungnahme v. 9.4.2013, S. 4.
3 Vgl. Art. 3 Abs. 3 lit. j RL 2011/83/EU.
4 Vgl. Art. 3 Abs. 3 lit. l RL 2011/83/EU.
5 BT-Drs. 17/12637, S. 47; *Föhlisch/Dyakova*, MMR 2013, 3 (5); *Brönneke/Fezer*, Stellungnahme v. 5.11.2012, S. 2.
6 Vgl. § 312 Abs. 2 Nr. 10 BGB nF, Art. 3 Abs. 3 lit. m RL 2011/83/EU.
7 *Föhlisch/Dyakova*, MMR 2013, 3 (5); RefE S. 73.

Zugleich wird die **Ausnahme auch auf Direktvertriebsverträge ausgeweitet.**

dd) Notariell beurkundete Verträge

Eine **neue Ausnahme** hinsichtlich bestimmter im Beurkundungsverfahren geschlossener Verträge („*notariell beurkundete Verträge a) über Finanzdienstleistungen, die außerhalb von Geschäftsräumen geschlossen werden, b) die keine Verträge über Finanzdienstleistungen sind; für Verträge für die das Gesetz die notarielle Beurkundung des Vertrags oder einer Vertragserklärung nicht vorschreibt, gilt dies nur, wenn der Notar darüber belehrt, dass die Informationspflichten nach § 312d Abs. 1 und das Widerrufsrecht nach § 312g Absatz 1 entfallen",*) findet sich in § 312 Abs. 2 Nr. 1 BGB nF.[1] Sollte der Notar auf die Bereichsausnahme nicht hinweisen, so finden im Fall des lit. b auf die notariell beurkundeten, aber nicht beurkundungspflichtigen Verträge u.a. auch die Vorschriften der §§ 312d, 312 f. BGB nF Anwendung. Dies wird als wenig zielführend kritisiert. So dürften die Anforderungen des § 312 f. BGB nF bereits durch die Beurkundung erfüllt werden, während § 312d Abs. 1 S. 2 BGB nF die zu erteilenden Informationen beurkundungsbedürftig macht.[2] Weiterhin wird hiermit die Notarpraxis unnötig erschwert, so dass eine generelle Ausnahme von notariell beurkundeten Verträgen sinnvoller erscheint.[3]

50

ee) Verträge über die Übertragung von Rechten an Grundstücken und über die Errichtung von Bauvorhaben

Modifiziert wurde der bisher nur im Fernabsatz geltende Ausnahmetatbestand der Grundstücks- und Immobiliengeschäfte sowie der Verträge über die Errichtung von Bauwerken. Der Anwendungsbereich des § 312 Abs. 2 Nr. 2 und 3 BGB nF wird zugleich **auf Direktvertriebsverträge erweitert.**[4] Danach gelten die Vorschriften der §§ 312a Abs. 2, 5, 312b – 312h BGB n.F nicht für Verträge über die Begründung, den Erwerb oder die Übertragung von Eigentum oder anderen Rechten an Grundstücken[5] sowie Verträge über den Bau von neuen Gebäuden oder erhebliche Umbaumaßnahmen an bestehenden Gebäuden.[6] Erfasst werden sollen nur solche Umbaumaßnahmen, die dem Bau eines neuen Gebäudes vergleichbar sind, wie beispielsweise die Entkernung eines Gebäudes.[7] Verträge zur **Errichtung von Anbauten** (wie einer Garage oder eines Wintergartens) sowie zur **Instandsetzung bzw. Renovierung** von Gebäuden **sind**

51

---

1 Art. 3 Abs. 3 lit. i RL 2011/83/EU.
2 *Schmidt-Kessel*, Stellungnahme, S. 21 f.
3 *Schulte-Nölke*, Stellungnahme v. 16.4.2013, S. 4 f.
4 Vgl. *Föhlisch/Dyakova*, MMR 2013, 3 (5); *Brönneke/Fezer*, Stellungnahme v. 5.11.2012, S. 2.
5 § 312 Abs. 2 Nr. 2 BGB nF, Art. 3 Abs. 3 lit. e RL 2011/83/EU.
6 § 312 Abs. 2 Nr. 3 BGB nF, Art. 3 Abs. 3 lit. f RL 2011/83/EU.
7 *Bydlinski/Lurger/Cap*, S. 11.

von der Ausnahme hingegen **nicht erfasst**.[1] Die Abgrenzung kann im Einzelfall schwierig ausfallen. Zudem ist wegen der im Regelfall anfallenden hohen Kosten eine besondere Schutzbedürftigkeit anzunehmen.[2]

ff) Direktvertriebsgeschäfte bis 40 Euro

52   Im Direktvertrieb geschlossene Verträge, bei denen die Leistung bei Abschluss der Verhandlungen sofort erbracht und bezahlt wird und das vom Verbraucher zu zahlende Entgelt 40 Euro nicht überschreitet, sind nach § 312 Abs. 2 Nr. 12 BGB nF vom Anwendungsbereich der §§ der §§ 312a Abs. 2, 5, 312b – 312h BGB nF ausgenommen.[3] Dies entspricht der Rechtslage gem. § 312 Abs. 3 Nr. 2 BGB aF.[4]

gg) Verkauf im Wege der Zwangsvollstreckung

53   § 312a Abs. 2 Nr. 13 enthält eine Ausnahme für bewegliche Sachen, die aufgrund von Zwangsvollstreckungsmaßnahmen oder anderen gerichtlichen Maßnahmen verkauft werden. Diese fallen gem. Art. 2 Nr. 3 VerbraucherrechteRL nicht in den Anwendungsbereich der RL.[5]

3. Allgemeine Grundsätze

54   Die Aufnahme einer Vorschrift über allgemeine Pflichten und Grundsätze bei Verbraucherverträgen ins allgemeine Schuldrecht trägt dem Umstand Rechnung, dass die VerbraucherrechteRL mehrere Vorschriften enthält, die für Verträge im stationären Handel bzw. für alle Verträge zwischen einem Unternehmer und einem Verbraucher gelten. Dazu gehören die allgemeinen Informationspflichten des Art. 5 der VerbraucherrechteRL, die der Unternehmer gegenüber einem Verbraucher im stationären Handel erfüllen muss. Diese Pflichten werden in § 312a Abs. 2 BGB nF umgesetzt. Weitere Regelungen, die nach Art. 17 Abs. 2 der VerbraucherrechteRL allgemein gelten sollen, enthalten die Art. 19 (Entgelte für die Verwendung bestimmter Zahlungsmittel), 21 (Telefonische Kommunikation) und 22 (Zusätzliche Zahlungen) der VerbraucherrechteRL. Sie werden in § 312a Abs. 3 bis 6 umgesetzt. Darüber hinaus wird die Regelung des Art. 8 Abs. 5 der VerbraucherrechteRL auf alle telefonischen Kontaktaufnahmen des Unternehmers mit einem Verbraucher zwecks eines Vertragsschlusses erweitert, § 312a Abs. 1 BGB nF.[6]

---

1 BT-Drs. 17/12637, S. 46.
2 *Brönneke*, Stellungnahme v. 16.4.2013, S. 3; Vzbv-Stellungnahme v. 9.4.2013, S. 3.
3 Vgl. Art. 3 Abs. 4 RL 2011/83/EU.
4 BT-Drs. 17/12637, S. 47 f.; BDD-Stellungnahme v. 12.4.2013, S. 1.
5 BT-Drs. 17/12637, S. 48.
6 BT-Drs. 17/12637, S. 51.

a) Telefonische Kommunikation, § 312a Abs. 1 BGB nF

Neu gefasst wurde § 312a Abs. 1 BGB nF[1] Dort heißt es: „*Ruft der Unternehmer oder eine Person, die in seinem Namen oder Auftrag handelt, den Verbraucher an, um mit diesem einen Vertrag zu schließen, hat der Anrufer zu Beginn des Gesprächs seine Identität und gegebenenfalls die Identität der Person, für die er anruft, sowie den geschäftlichen Zweck des Anrufs offenzulegen.*" Diese Regelung entspricht weitgehend der in § 312c Abs. 2 BGB aF. Die neue Regelung verlangt zusätzlich, dass vom Anrufer auch Angaben zu derjenigen Person gemacht werden müssen, in deren Auftrag der Anruf erfolgt. Zu beachten ist, dass § 312a Abs. 1 BGB nF **keine Rechtsgrundlage für Werbeanrufe** durch Unternehmer schafft. Vielmehr wird diese vorausgesetzt.

b) Kostenfreies Zahlungsmittel für den Verbraucher, § 312a Abs. 4 BGB nF

§ 312a Abs. 4 BGB nF[2] betrifft die Kosten der Zahlungsart. Die Vorschrift stellt klar, dass eine Vereinbarung, durch die ein Verbraucher verpflichtet wird, ein Entgelt zu zahlen, wenn er für die Erfüllung seiner vertraglichen Pflichten ein bestimmtes Zahlungsmittel nutzt, unwirksam ist, wenn „*1. für den Verbraucher keine gängige und zumutbare unentgeltliche Zahlungsmöglichkeit besteht oder 2. das vereinbarte Entgelt über die Kosten hinausgeht, die dem Unternehmer durch die Nutzung des Zahlungsmittels entstehen*". Der Unternehmer darf seinen Gewinn also ausschließlich über den Preis der Hauptleistung erzielen und nicht auch noch an den Zahlungsmodalitäten verdienen.[3]

Mit dieser Regelung hat der Gesetzgeber auf Forderungen im Schrifttum[4] reagiert und die Gelegenheit genutzt, die in diesem Zusammenhang thematisch passende Rechtsprechung des Bundesgerichtshofs zur Klauselkontrolle nach § 307 BGB aF[5], wonach eine Pflicht des Unternehmers statuiert wird, dem Verbraucher eine kostenlose Zahlungsart zur Verfügung zu stellen, für die auch keine Jahresgebühren o.Ä. anfallen, ausdrücklich im BGB zu regeln. Dies ist auch nach Erwägungsgrund 54 und Art. 19 VerbraucherrechteRL geboten, um der Notwendigkeit Rechnung zu tragen, den Wettbewerb und die Nutzung effizienter Zahlungsinstrumente zu fördern.[6]

---

[1] Vgl. Art. 8 Abs. 5 RL 2011/83/EU.
[2] Vgl. Art. 19 RL 2011/83/EU.
[3] *Bydlinski/Lurger/Bydlinski*, S. 118.
[4] *Föhlisch/Dyakova*, MMR 2013, 3 (8); *Brönneke/Fezer*, Stellungnahme v. 5.11.2012, S. 5; vgl. BGH MMR 2010, 677; a.A. *BITKOM*-Stellungnahme v. 1.11.2012, S. 6 f.
[5] BGH NZV 2010, 562 = NJW 2010, 2719.
[6] *Föhlisch/Dyakova*, MMR 2013, 3 (8).

58 Der Begriff des Zahlungsmittels wird in der Gesetzesbegründung näher konkretisiert. Erfasst ist **jede Art der Zahlung**, die der Schuldner mit dem Gläubiger für die Erfüllung einer Geldschuld vereinbaren kann, wie z.B. Lastschriften, Überweisungen, Kartenzahlungen sowie sonstige mobile oder elektronische Zahlungen.[1]

c) Kostenfreie telefonische Auskünfte, § 312a Abs. 5 BGB nF

59 Mit der Neuregelung zu kostenpflichtigen Kundenhotlines in § 312a Abs. 5 BGB nF wurde Art. 21 VerbraucherrechteRL umgesetzt. Unwirksam ist demnach eine Vereinbarung „*durch die ein Verbraucher verpflichtet wird, ein Entgelt dafür zu zahlen, dass der Verbraucher den Unternehmer wegen Fragen oder Erklärungen zu einem zwischen ihnen geschlossenen Vertrag über eine Rufnummer anruft, die der Unternehmer für solche Zwecke bereithält, (...) wenn das vereinbarte Entgelt das Entgelt für die bloße Nutzung des Telekommunikationsdienstes übersteigt.*"

60 Hieran wird deutlich, dass **kostenpflichtige Hotlines nicht generell verboten** werden, sondern lediglich diejenigen Rufnummern betroffen sind, unter denen sich der Verbraucher über Themen im Zusammenhang mit einem bereits geschlossenen Vertrag informiert. Darunter fallen beispielsweise Anrufe des Verbrauchers, mit denen sich dieser über den Status der Bestellung oder einer Retoure informiert, Gewährleistungsrechte geltend macht oder eine Rechnung des Unternehmers rügt.[2] Davon **ausgenommen** sind hingegen **gesonderte Entgelte für im Rahmen eines Telefonats erbrachte Leistungen des Unternehmers**, mit denen dieser seine Verpflichtungen aus dem Vertragsverhältnis mit dem Verbraucher gerade erfüllt. Gemeint ist beispielsweise die telefonische Rechtsberatung durch einen Anwalt.[3]

61 Das Verbot kostenpflichtiger Kundenhotlines gilt **nur für Kunden** und ist nicht auf Rufnummern für Interessenten anzuwenden. Nicht betroffen sind also beispielsweise Anrufe, mit denen sich der Kunde über Produkte oder Services informieren möchte, die er aber noch nicht gekauft hat (z.B. zur Warenverfügbarkeit im Ladengeschäft) oder eine generelle Auskunft zum Händler haben möchte. Solche Kundenhotlines dürfen nach wie vor kostenpflichtig angeboten werden.

○ **Praxistipp:** Bei Telefon-Hotlines für Kunden darf das Unternehmen nur den Grundtarif berechnen. Bei Interessenten können jedoch höhere Entgelte erhoben werden.

---

1 BT-Drs. 17/12637, S. 52.
2 Vgl. BT-Drs. 17/12637, S. 52.
3 BT-Drs. 17/12637, S. 52; a.A. *Schulte-Nölke*, Stellungnahme v. 16.4.2013, S. 6 f.

Fraglich ist, was unter dem Begriff des **Grundtarifs** zu verstehen ist. In den Erwägungsgründen der VerbraucherrechteRL wird der Begriff des Grundtarifs nicht näher umschrieben. Überwiegend[1] wird darunter das ortsübliche Festnetzentgelt verstanden. Dafür spricht zunächst die Systematik der VerbraucherrechteRL. Art. 6 lit. f VerbraucherrechteRL nutzt gleichfalls den Begriff des Grundtarifs. Wenn hier eine Pflicht zur Information über „*die Kosten für den Einsatz der für den Vertragsabschluss genutzten Fernkommunikationstechnik, sofern diese nicht nach dem Grundtarif berechnet werden*" genannt wird, so kann damit schwerlich etwas anderes gemeint sein als die gewöhnlichen Kosten der Telefonverbindung. Ein Grund für ein abweichendes Verständnis in Art. 21 VerbraucherrechteRL ist nicht ersichtlich. 62

Heranzuziehen sind zudem die Entstehungsgeschichte[2] sowie Sinn und Zweck der Regelung, die für den Verbraucher durch die Kontaktaufnahme zu dem Unternehmer entstehenden Kosten einzuschränken.[3] Ein weiteres Argument ergibt sich als Umkehrschluss aus der Aufzählung der „richtlinienkonformen" Nummern in der Gesetzesbegründung.[4] Diese sind entgeltfreie, ortsgebundene Rufnummern für mobile Dienste (015, 016 oder 017), Rufnummern für Service-Dienste im Sinne von § 3 Nr. 8b TKG, wenn von dem Anbieter des Telekommunikationsdienstes für das Gespräch kein Entgelt an den Unternehmer abgeführt wird, persönliche (0700) und nationale Teilnehmerrufnummern (032). 63

d) Entgeltliche Nebenabreden, § 312a Abs. 3 BGB nF

Der neu eingefügte § 312a Abs. 3 BGB nF regelt die Wirksamkeit von bestimmten Vereinbarungen und setzt damit Art. 22 der VerbraucherrechteRL um. So heißt es in § 312a Abs. 3 S. 1 BGB nF: „*Eine Vereinbarung, die auf eine über das vereinbarte Entgelt für die Hauptleistung hinausgehende Zahlung des Verbrauchers gerichtet ist, kann ein Unternehmer mit einem Verbraucher nur ausdrücklich treffen.*" Diese Regelung soll verhindern, dass der Unternehmer durch die Verwendung von Voreinstellungen bewirkt, dass der Verbraucher ungewollt entgeltpflichtige Extras hinzukauft. Einer Extrazahlung, die über das vereinbarte Entgelt für die Hauptleistungspflicht des Unternehmers hinausgeht, muss allerdings nicht unbedingt eine Nebenleistung des Unternehmers gegenüberstehen. Vielmehr werden auch Bearbeitungs- oder Verwaltungsgebühren erfasst. 64

---

1 *Rätze*, Handel im Netz, Rz. 27; *Müller*, MMR 2013, 76; Vzbv-Stellungnahme v. 9.4.2013, S. 6 f.
2 Vgl. ausführlich hierzu *Müller*, MMR 2013, 76 (79): Im Europäischen Parlament wurde die Einräumung einer angemessenen Kontaktmöglichkeit für einen bestimmten Zeitraum gefordert.
3 *Müller*, MMR 2013, 76.
4 BT-Drs. 17/12637, S. 72.

65 In der Praxis tritt diese Konstellation häufig im elektronischen Geschäftsverkehr auf, wenn beispielsweise auf Internetseiten innerhalb des Bestellvorganges über eine Hauptleistung eine Zusatzleistung (z.B. Reiserücktrittsversicherung, Garantieerweiterung etc.) durch eine Voreinstellung hinzugefügt wird (z.B. in Form eines standardmäßig gesetzten Häkchens; sog. pre-ticked-boxes), ohne dass der Verbraucher dies bemerkt. Hierbei musste das Häkchen aktiv herausgenommen werden (sog. Opt-out), damit die entgeltpflichtige Zusatzleistung nicht Vertragsbestandteil wird.

66 Aus der Entstehungsgeschichte der Regelung ist schließlich anzunehmen, dass der Unternehmer die **Beweislast** für das Vorliegen einer ausdrücklichen Vereinbarung trägt.[1]

e) Kündigungen, § 312h BGB nF

67 Die Regelungen zur Kündigung und Vollmacht zur Kündigung in § 312h BGB nF entsprechen denen des § 312h BGB aF. Diese Vorschrift wurde bereits 2009 im Zuge des Gesetzes zur Bekämpfung unerlaubter Telefonwerbung eingefügt und dient dem Schutz des Verbrauchers vor bestimmten unseriösen Geschäftspraktiken. Dieser Regelung bedarf es, da es in bestimmten Branchen (z.B. Energielieferungsverträge, Verträge mit Telefonnetzbetreibern usw.) üblich ist, dass der Unternehmer dem Verbraucher bei einem Anbieterwechsel neben dem Abschluss eines Neuvertrags gleichzeitig anbietet, den entsprechenden Altvertrag des Verbrauchers in dessen Namen für ihn zu kündigen.

f) Abweichende Vereinbarung und Beweislast, § 312k BGB

68 § 312k BGB nF entspricht in Absatz 1 dem § 312i BGB aF. So sind in § 312k Abs. 1 BGB nF wie bisher einerseits die Regelung zur Unabdingbarkeit (Satz 1), nach der nicht zu Lasten des Verbrauchers oder Kunden von dem vorgegebenen Verbraucherschutzrecht in den §§ 312 bis 312k BGB nF abgewichen werden darf, enthalten und andererseits die Regeln zum Umgehungsverbot (Satz 2), wonach die dort enthaltenen Schutznormen nicht umgangen werden dürfen.

69 Neu hinzugekommen ist die ausdrückliche Regelung zur Beweislast bei Verbraucherverträgen in § 312i Abs. 2 BGB nF. Danach trägt der Unternehmer gegenüber dem Verbraucher „*die Beweislast für die Erfüllung der in diesem Untertitel geregelten Informationspflichten.*" Diese Vorschrift ergibt sich aus Art. 6 Abs. 9 der VerbraucherrechteRL und ist auf Verbraucherverträge beschränkt.[2]

---

1 Vzbv-Stellungnahme v. 9.4.2013, S. 7.
2 Vgl. BT-Drs. 17/12637, S. 58.

4. Vertragstypen

Gegenstand des Umsetzungsgesetzes sind Direktvertriebsverträge, Fernabsatzverträge sowie Verträge im elektronischen Geschäftsverkehr.

70

a) Direktvertriebsverträge

Zu den besonderen Vertriebsformen gehört der „*außerhalb von Geschäftsräumen geschlossene*" Vertrag i.S.d. § 312b Abs. 1 BGB nF (Direktvertriebsvertrag), der das bisherige Haustürgeschäft i.S.d. § 312 BGB aF ersetzt.[1] Der Begriff des außerhalb von Geschäftsräumen geschlossenen Vertrags stellt allgemein darauf ab, ob der Verbrauchervertrag bei gleichzeitiger körperlicher Anwesenheit der Vertragsparteien an einem Ort verhandelt oder geschlossen wird, der kein Geschäftsraum des Unternehmers oder einer in seinem Namen oder Auftrag[2] handelnden Person ist.[3] Der Anwendungsbereich der direktvertriebsspezifischen Vorschriften ist damit gegenüber dem alten Recht, welches nur bestimmte Vertragsschlusskonstellationen aufzählt, deutlich weiter gefasst.

71

Nach der Legaldefinition in § 312b Abs. 2 BGB nF[4] sind **Geschäftsräume** sowohl **unbewegliche Gewerberäume**, in denen der Unternehmer seine Tätigkeit dauerhaft ausübt, als auch **bewegliche Geschäftsräume**, in denen der Unternehmer seine Tätigkeit für gewöhnlich ausübt. Als Beispiele werden in der Gesetzesbegründung Ladengeschäfte, Stände und Verkaufswagen genannt. Auch Verkaufsstätten, in denen der Unternehmer seine Tätigkeit saisonal ausübt (z.B. während der Fremdenverkehrssaison an einem Ski- oder Badeort), sollen als Geschäftsräume gelten.[5]

72

Vertragsschlüsse auf **Märkten** und **Messen** werden nach neuem Recht ebenfalls grundsätzlich als Direktvertriebsgeschäfte angesehen. Als Geschäftsräume sollen Markt- und Messestände i.S.d. §§ 64, 65 GewO dagegen nur dann behandelt werden, wenn der Unternehmer sein Gewer-

73

---

1 Vgl. hierzu auch *Bittner*, ZVertriebsR 2014, 2.
2 Gemeint ist hierbei nicht der „Auftrag" i.S.v. § 662 BGB, sondern das Handeln „auf Rechnung" des Unternehmers, vgl. englische Version von Art. 2 Nr. 2 RL 2011/83/EG: „*acting in his name or on his behalf*" sowie EG 16 („*Vorschriften zu der Person, die im Namen des Unternehmers oder auf dessen Rechnung handelt [beispielsweise ein Handelsvertreter oder ein Treuhänder]*" bzw. in der englischen Version: „*legal representation such as the rules relating to the person who is acting in the name of the trader or on his behalf [such as an agent or a trustee]*") und EG 22 S. 4 („*Person, die im Namen oder für Rechnung des Unternehmers gemäß dieser RL handelt*" bzw. in der englischen Version: „*person acting in the name or on behalf of a trader as defined in this directive*"). RL 85/577/EWG spricht in Art. 2 S. 2 ebenfalls von „Person, die im Namen und für Rechnung eines Gewerbetreibenden handelt" („*anyone acting in the name or on behalf of a trader*").
3 BT-Drs. 17/12637, S. 49.
4 Vgl. Erwägungsgrund 22 RL 2011/83/EU.
5 BT-Drs. 17/12637, S. 49 f.

be dort für gewöhnlich betreibt.¹ Denkbar wäre, dass der Unternehmer dieses Kriterium bereits dann erfüllt, wenn er regelmäßig, i.S. einer in periodischen Abständen wiederkehrenden Verkaufstätigkeit, auf einer bestimmten Messe oder einem Markt mit einem Stand vertreten ist. Bei Unternehmern, die das erste Mal auf einem Markt oder eine Messe verkaufen, stellt sich in diesem Zusammenhang allerdings die Frage, ob bereits die Absicht der regelmäßigen Teilnahme an dem jeweiligen Markt oder der jeweiligen Messe ausreicht. Der Gesetzgeber scheint weiter danach zu differenzieren, ob für den Markt oder die Messe **typische Waren** verkauft werden. Verbraucher sollen, so die Begründung des Gesetzentwurfs, insbesondere in Fällen, in denen sie mit einem Vertragsschluss über bestimmte Waren nicht rechnen mussten, vor übereilten Vertragsschlüssen geschützt werden. Eine solche Situation könne bei einem überraschend fachfremden, für den Markt oder die Messe untypischen Warenangebot vorliegen.² Ob neben einem regelmäßigen Auftritt auf einem bestimmten Markt oder einer bestimmten Messe oder Ausstellung noch ein konkreter fachlicher Bezug zur Veranstaltung verlangt werden darf, darf angesichts der insoweit eindeutigen Vorgaben der VerbraucherrechteRL bezweifelt werden.

74 **Keine Geschäftsräume** sind Orte, die der Öffentlichkeit zugänglich sind. Die Gesetzesbegründung nennt hier beispielhaft Restaurants, Kurhäuser, allgemein zugängliche Verkehrsflächen, Einkaufszentren, Strände, Sportanlagen und öffentliche Verkehrsmittel, die der Unternehmer ausnahmsweise für seine Geschäftstätigkeiten nutzt, sowie die Privatwohnung oder den Arbeitsplatz. Auch Ladengeschäfte anderer Unternehmer, in denen der Unternehmer lediglich einmalig oder sporadisch einen Stand aufstellt und Kunden anspricht, sind keine Geschäftsräume.³ Gewerberäume, die keine Räume des Unternehmers sind, stehen Geschäftsräumen jedoch gleich, wenn die Person, die im Namen oder Auftrag des Unternehmers handelt, ihre Tätigkeit dort dauerhaft ausübt, § 312b Abs. 2 S. 2 BGB nF⁴

75 Ein Direktvertriebsvertrag ist zunächst ein Vertrag, der bei **gleichzeitiger körperlicher Anwesenheit der Vertragsparteien** außerhalb von Geschäftsräumen geschlossen wird, § 312b Abs. 1 Nr. 1 BGB nF, oder bei dem der Verbraucher unabhängig vom Ort des Vertragsschlusses unter den genannten Umständen jedenfalls ein **bindendes Angebot** abgegeben hat, § 312b Abs. 1 Nr. 2 BGB nF. Erfasst werden sollen darüber hinaus Verträge, bei denen der Verbraucher außerhalb der Geschäftsräume des Unternehmers **persönlich und individuell angesprochen**, der Vertrag allerdings in unmittelbarem Anschluss in den Geschäftsräumen des Unternehmers oder über Fernkommunikationsmittel geschlossen wird,

---

1 Vgl. Erwägungsgrund 22 RL 2011/83/EU; BT-Drs. 17/12637, S. 50.
2 BT-Drs. 17/12637, S. 50.
3 BT-Drs. 17/12637, S. 50; vgl. auch Erwägungsgrund 22 RL 2011/83/EU.
4 BT-Drs. 17/12637, S. 50.

§ 312b Abs. 1 Nr. 3 BGB nF. Die persönliche und individuelle Ansprache ist abzugrenzen von allgemeinen Werbemaßnahmen, die sich an einen nicht spezifizierten Personenkreis richten.[1] Erforderlich sein dürfte ein **konkretes Angebot** oder eine ähnliche kommerzielle Kommunikation, die in unmittelbarem Anschluss in den Geschäftsräumen des Unternehmers mit einem Vertragsschluss endet.

⇨ **Praxistipp:** Einzelhändler, die verbindliche Verkaufsgespräche vor den Geschäftsräumen führen, sollten die direkt vertriebsspezifischen Informationspflichten beachten und ggf. ein Widerrufsrecht einräumen.

Nicht von § 312b Abs. 1 Nr. 3 BGB nF wird der Fall erfasst, dass der Unternehmer zunächst in die Wohnung des Verbrauchers kommt, um ohne jede Verpflichtung des Verbrauchers lediglich Maße aufzunehmen oder eine Schätzung vorzunehmen, der Vertrag selbst aber erst zu einem späteren Zeitpunkt in den Geschäftsräumen des Unternehmers auf Grundlage der Schätzung geschlossen wird. Hatte der Verbraucher vor Vertragsschluss ausreichend Zeit, um die Schätzung und das Angebot des Unternehmers zu überprüfen, ist nach der Gesetzesbegründung nicht davon auszugehen, dass der Vertrag unmittelbar, nachdem der Unternehmer den Verbraucher angesprochen hat, geschlossen worden ist.[2]

76

⇨ **Praxistipp:** Wenn ein Handwerker zum Maßaufnehmen in die Wohnung des Verbrauchers kommt und den Vertrag aber erst zu einem späteren Zeitpunkt in den Geschäftsräumen des Unternehmens abschließt, gelten die Direktvertriebsvorschriften nicht. Hier kann es sich aus Beweisgründen anbieten, das Datum des Handwerkerbesuches in der Wohnung des Verbrauchers schriftlich von dem Kunden bestätigen zu lassen.

Gem. § 312b Abs. 1 Nr. 4 BGB nF werden außerdem Verträge als im Direktvertrieb geschlossen angesehen, die während eines vom Unternehmer oder mit dessen Hilfe **organisierten Ausflugs** geschlossen werden, in dessen Verlauf Waren oder Dienstleistungen beworben und verkauft werden sollen. Gemeint sind hier insbesondere die klassischen Kaffeefahrten.[3]

77

Nach § 312b Abs. 1 S. 2 BGB nF stehen dem Unternehmer Personen gleich, die in seinem Namen oder Auftrag[4] handeln. Erfasst werden sollen Fälle, in denen der Unternehmer nicht selbst, sondern durch eine andere Person handelt.[5]

78

---

1 Entgegen der Gesetzesbegründung (vgl. BT-Drs. 17/12637, S. 49) dürfte die bloße Verteilung von Flugblättern keine persönliche und individuelle Ansprache in diesem Sinne darstellen.
2 BT-Drs. 17/12637, S. 49; Erwägungsgrund 21 RL 2011/83/EU.
3 BT-Drs. 17/12637, S. 49.
4 Besser: „auf Rechnung", vgl. S. 29, Fn. 1.
5 BT-Drs. 17/12637, S. 49.

b) Fernabsatzverträge

79 § 312c Abs. 1 BGB nF[1] definiert Fernabsatzverträge als *„Verträge, bei denen der Unternehmer oder eine in seinem Namen oder Auftrag handelnde Person und der Verbraucher für die Vertragsverhandlungen und den Vertragsschluss ausschließlich Fernkommunikationsmittel verwenden, es sei denn, dass der Vertragsschluss nicht im Rahmen eines für den Fernabsatz organisierten Vertriebs- oder Dienstleistungssystems erfolgt."* Die bisherigen Regelungen sind an die Vorgaben von Art. 2 Nr. 7 der VerbraucherrechteRL angepasst worden.[2] Es wurde darauf verzichtet, den Vertragsgegenstand wie noch in § 312b BGB aF in die Definition einzubeziehen. Die Einordnung der Vertragsgegenstände entweder als Ware oder als Dienstleistung entfällt.[3]

80 Der Begriff des Fernabsatzvertrags erfasst neben denjenigen Verträgen, die durch die ausschließliche **Verwendung von Fernkommunikationsmitteln** zustande kommen, auch solche mit **persönlichen Kontakten vor Vertragsschluss**. Entscheidend ist dabei die Qualität des persönlichen Kontakts zwischen Verbraucher und Unternehmer. Zur Beurteilung ob ein Fernabsatzvertrag vorliegt, ist somit die **Phase der Vertragsanbahnung einzubeziehen**.[4] Entsprechend Erwägungsgrund 20 VerbraucherrechteRL gelten auch solche Verträge als Fernabsatzverträge, *„in denen der Verbraucher die Geschäftsräume lediglich zum Zwecke der Information über die Waren oder Dienstleistungen aufsucht und anschließend den Vertrag aus der Ferne verhandelt und abschließt"*. Dagegen soll kein Fernabsatzvertrag vorliegen, wenn sich der Verbraucher bei den persönlichen Vorverhandlungen über alle für den Vertragsschluss wesentlichen Umstände informiert, der Vertragsschluss dann aber über ein Fernkommunikationsmittel erfolgt.

81 Die Frage, ob zwischen den persönlichen Vorverhandlungen und dem Vertragsschluss auch ein enger zeitlicher Zusammenhang bestehen muss, um einen Fernabsatzvertrag zu verneinen, beantworten weder die RL noch § 312c BGB nF. Für § 312b BGB aF hat das Amtsgericht Frankfurt aM[5] zumindest einen Zeitraum von sechs Wochen zwischen persönlichem Kontakt und Vertragsschluss via Fernkommunikationsmittel als zu lang angesehen und damit das Vorliegen eines Fernabsatzvertrags bejaht. Unabhängig von der Frage, ob Vertragsverhandlungen durchgeführt wurden, läge aufgrund des Zeitrahmens von sechs Wochen kein unmittelbarer Zusammenhang zwischen dem persönlichen Kontakt und dem Vertragsschluss mehr vor. Da die **Vornahme der vertragsrelevanten Handlungen** entscheidend ist, trägt der Unternehmer

---

1 Vgl. Art. 2 Nr. 7 RL 2011/83/EU.
2 Vgl. BT-Drs. 17/12637, S. 50.
3 Vgl. *Föhlisch/Dyakova*, MMR 2013, 3 (3).
4 *Palandt/Grüneberg*, § 312c nF, Rz. 4.
5 AG Frankfurt/M. Urt. v. 6.6.2011 – 31 C 2577/10, MMR 2011, 804.

insoweit die Beweislast über den früheren persönlichen Kontakt und dessen Inhalt.[1]

Der deutsche Gesetzgeber hat den Wortlaut des Erwägungsgrundes 20 zum Anlass genommen, den Anwendungsbereich des Fernabsatzrechts zulasten des Unternehmers auszuweiten. In Anlehnung an eine Anregung des Bundesrates wurde die ursprüngliche Formulierung aus dem Gesetzentwurf der Bundesregierung bis einschließlich des Vertragsschlusses in *„für die Vertragsverhandlung und den Vertragsschluss"* geändert, um damit deutlich zu machen, dass das Erfordernis der ausschließlichen Verwendung von Fernkommunikationsmitteln sowohl für die Vertragsanbahnung, als auch für den Vertragsschluss selbst gilt.[2] Nach anderer Ansicht ist das Fehlen jeglichen persönlichen Kontakts zwischen den Vertragsparteien entscheidend. Im Begriff der „Verhandlung" komme hier das Erfordernis eines persönlichen Kontakts auch im Sinne lediglich eines Informationsaustausches bzw. einer Vertragsanbahnung zum Ausdruck.[3]

82

Diese Ausweitung ist allerdings insofern problematisch, als das Abstellen auf die Qualität der geführten Verhandlungsgespräche keine Stütze in der Legaldefinition des Fernabsatzvertrags in Art. 2 Nr. 7 VerbraucherrechteRL findet. Diese erfasst jeden Vertrag, *„der zwischen dem Unternehmer und dem Verbraucher ohne gleichzeitige körperliche Anwesenheit des Unternehmers und des Verbrauchers im Rahmen eines für den Fernabsatz organisierten Vertriebs- bzw. Dienstleistungssystems geschlossen wird, wobei bis einschließlich zum Zeitpunkt des Vertragsabschlusses ausschließlich ein oder mehrere Fernkommunikationsmittel verwendet wird/werden."* Art. 2 Nr. 7 VerbraucherrechteRL enthält somit – anders als Erwägungsgrund 20 – eine zeitliche, jedoch keine qualitative Einschränkung für den vorvertraglichen persönlichen Kontakt zwischen Verbraucher und Unternehmer, die in keiner Weise durch Erwägungsgrund 20 näher konkretisiert wird. Erwägungsgründe gehören jedoch nicht zum Umsetzungsinhalt der RL – erst recht nicht, wenn sie wie hier dem RLntext widersprechen.[4]

83

Neben der fragwürdigen Umsetzung der Legaldefinition aus Art. 2 Nr. 7 VerbraucherrechteRL ist die Regelung auch wenig sinnvoll. Wenn sich der Verbraucher über das Produkt beim Unternehmer vor Ort informieren lässt, ist er nicht den typischen Risiken eines Fernabsatzgeschäfts ausgesetzt und insoweit nicht schutzwürdig, auch wenn der eigentliche Vertragsschluss über Fernkommunikationsmittel erfolgt. In der Praxis könnten zudem Information und Verhandlung kaum abzugrenzen

84

---

1 *Palandt/Grüneberg*, § 312c nF Rz. 4.
2 Vgl. BR-Drs. 817/1/12, S. 7.
3 DAV-Stellungnahme v. 17.4.2013, S. 7 f.
4 *Föhlisch/Dyakova*, MMR 2013, 3 (4); zustimmend *Rätze*, Handel im Netz, Rz. 2; *Fausten*, VersR 1999, 413 (418).

sein.¹ Eine Ausnahme von diesem Grundsatz kann angenommen werden, wenn die Bestellung nicht kausal auf den Gesprächen mit dem Unternehmer beruht, wenn über das Fernkommunikationsmittel also eine **neue Geschäftsbeziehung** begründet wird. Ob dafür eine zeitliche Zäsur von sechs Wochen ausreichend ist (wie im Fall vom AG Frankfurt), ist eine Frage des Einzelfalls.

85 Allerdings erscheint es im umgekehrten Fall unangemessen, dass, wenn ein Verbraucher einen Kaufvertrag online anbahnt und in einem Online-Shop verbindlich bestellt, der Unternehmer dann jedoch erst bei Abholung der Ware im stationären Geschäft persönlich die Annahme erklärt, der Verbraucher nicht durch ein Widerrufsrecht geschützt ist.² In diesem praktisch durchaus häufigen Fall werden nicht beide Erklärungen mittels Fernkommunikationsmittel abgegeben, der Verbraucher hat jedoch die Ware, die er verbindlich bestellt hat, zuvor nicht begutachten können und ist deswegen schutzbedürftig. Erwägungsgrund 20 VerbraucherrechteRL behandelt nur den Fall der Anbahnung über ein Fernkommunikationsmittel, nicht jedoch den Fall, dass die verbindliche Vertragserklärung des Verbrauchers bereits über ein solches erklärt wird. In diesem Punkt ist indes keine Abweichung des deutschen Gesetzes möglich.

86 Wird der Vertrag **konkludent durch bloße Annahme der Leistung** durch den Verbraucher geschlossen (z.B. bei der Grundversorgung mit Energie, Wasser oder Fernwärme), so liegt mangels Verwendung eines Fernkommunikationsmittels kein Fernabsatzvertrag vor.³

87 Der Begriff des **Fernkommunikationsmittels** wird in § 312c Abs. 2 1. Hs BGB nF definiert. Die Definition entspricht weitgehend der Rechtslage nach § 312b Abs. 2 BGB aF. So heißt es in § 312c Abs. 2 1. Hs BGB nF: *„Fernkommunikationsmittel (...) sind alle Kommunikationsmittel, die zur Anbahnung oder zum Abschluss eines Vertrags eingesetzt werden können, ohne dass die Vertragsparteien gleichzeitig körperlich anwesend sind"*. Diese Definition wird durch die nicht abschließende Aufzählung bekannter Kommunikationsmittel im zweiten Halbsatz *„wie Briefe, Kataloge, Telefonanrufe, Telekopien, E-Mails, über den Mobilfunkdienst versendete Nachrichten (SMS) sowie Rundfunk und Telemedien"* konkretisiert. Die VerbraucherrechteRL selbst enthält zwar im Regelungsteil keine Definition des Fernkommunikationsmittels, allerdings entsprechen die in § 312c Abs. 2 BGB nF aufgeführten Fernkommunikationsmittel den in Erwägungsgrund 20 der VerbraucherrechteRL beispielhaft genannten Fernkommunikationsmitteln, sodass die Legaldefinition im deutschen Umsetzungsgesetz zulässig ist.

---

1 *Föhlisch/Dyakova*, MMR 2013, 3 (4); MünchKomm-BGB/*Wendehorst*, § 312b Rz. 55; *Rätze*, Handel im Netz, Rz. 2.
2 *Föhlisch/Dyakova*, MMR 2013, 3 (4).
3 Vgl. BT-Drs. 17/12637, S. 50.

Neu hinzugekommen sind *„über den Mobilfunk versendete Nachrichten (SMS)"*. Im Zuge der Umsetzung der VerbraucherrechteRL hat der deutsche Gesetzgeber ferner die Gelegenheit genutzt und den bisherigen Begriff der Tele- und Mediendienste durch den neuen Begriff der *„Telemedien"* ersetzt und damit die längst fällige Anpassung an § 1 des Telemediengesetzes (TMG) vorgenommen.[1] Aus Erwägungsgrund 20 der VerbraucherrechteRL geht hervor, dass Webseiten, die lediglich Informationen über den Unternehmer, seine Waren oder Dienstleistungen sowie seine Kontaktdaten bereithalten, nicht den Vertriebs- und Dienstleistungssystemen unterfallen.

88

Beibehalten wird nach dem Wortlaut der Regelung die **Beweisverteilung** bezüglich des Tatbestandsmerkmals des organisierten Vertriebs- oder Dienstleistungssystems.[2] Praktische Bedeutung dürfte diesem Merkmal jedoch nicht zukommen.

89

5. Verträge im elektronischen Geschäftsverkehr

Verträge im elektronischen Geschäftsverkehr zählen ebenfalls zu den **besonderen Vertriebsformen**. Nach der Legaldefinition in § 312i Abs. 1 BGB nF sind dies Verträge, bei denen sich der Unternehmer *„zum Zwecke des Abschlusses eines Vertrags über die Lieferung von Waren oder über die Erbringung von Dienstleistungen der Telemedien"* bedient. Die Regelung entspricht § 312g Abs. 1 BGB aF.

90

Zutreffend wird die Aufnahme der Verträge im elektronischen Geschäftsverkehr in die Regelungen zum Verbrauchervertragsrecht in systematischer Hinsicht kritisiert.[3] Denn E-Commerce-Verträge können auch solche zwischen Unternehmer und Unternehmer sein.

91

6. Informationspflichten im Direktvertrieb und im Fernabsatz

Im Zuge der Umsetzung der VerbraucherrechteRL wurden die **Informationspflichten im EGBGB neu gefasst und umstrukturiert**. Anders als nach der bisherigen Systematik werden die jeweiligen Informationspflichten nun getrennt nach der entsprechenden Vertriebsform in den Art. 246 bis 246c des EGBGB nF separat aufgeführt. So enthält Art. 246 EGBGB[4] nF die Informationspflichten für Verbraucherverträge, die **im stationären Handel** abgeschlossen werden. Art. 246a EGBGB[5] führt die Informationspflichten für im **Fernabsatz oder Direktvertrieb** geschlossene Verbraucherverträge auf. Des weiteren regelt Art. 246b EGBGB die besonderen Informationspflichten für im Direktvertrieb und Fernabsatz

92

---

1 Vgl. BT-Drs. 17/12637, S. 50.
2 In diesem Zusammenhang wird ein Verstoß gegen die VerbraucherrechteRL gerügt, DAV-Stellungnahme v. 04.2013, S. 8 f.
3 DAV-Stellungnahme v. 17.4.2013, S. 4 f.
4 Vgl. Art. 5 RL 2011/83/EU.
5 Vgl. Art. 6 RL 2011/83/EU.

geschlossene **Verträge über Finanzdienstleistungen**, die sich im Hinblick auf Fernabsatzverträge aus der FernabsatzfinanzdienstleistungsRL ergeben. Zu guter Letzt enthält der neu eingefügte Art. 246c EGBGB die bisher in Art. 246 § 3 EGBGB aF geregelten Informationspflichten bei **Verträgen im elektronischen Geschäftsverkehr**.[1]

93 In Umsetzung der VerbraucherrechteRL wurden die Regelungen der Informationspflichten und des Widerrufsrechts bei Direktvertriebs- und Fernabsatzverträgen einander weitgehend angeglichen, weshalb die Informationspflichten für diese beiden Vertriebsformen nun in Art. 246a EGBGB nF zusammengefasst sind.[2] Im Gleichklang mit der bisherigen Systematik wird in § 312d Abs. 1 BGB nF auf die Informationspflichten in Art. 246a EGBGB nF verwiesen, welche aus Art. 6 der VerbraucherrechteRL abgeleitet sind. § 312d Abs. 1 S. 2 BGB nF stellt klar, dass die in Erfüllung der Informationspflichten gemachten Angaben des Unternehmers Inhalt des Vertrags werden, es sei denn, die Vertragsparteien haben ausdrücklich etwas anderes vereinbart. Darüber hinaus wird in § 312k Abs. 2 BGB nF klargestellt, dass dem **Unternehmer die Beweislast** in Bezug auf die Erfüllung der Informationspflichten obliegt.

94 In Art. 246a § 1 Abs. 1 EGBGB nF sind zunächst die **grundlegenden Informationspflichten** aufgeführt und darüber hinaus in Abs. 2 die Anforderungen an die **Belehrung** im Falle eines bestehenden Widerrufsrechts. Der neugefasste Art. 246a § 2 EGBGB enthält die erleichterten Informationspflichten bei **Reparatur- und Instandhaltungsarbeiten**. In Art. 246a § 3 EGBGB sind die erleichterten Informationspflichten bei begrenzter Darstellungsmöglichkeit enthalten. Art. 246a § 4 EGBGB nF normiert, wie die Informationspflichten der §§ 1 bis 3 zu erfüllen sind, wobei bedauerlicherweise an anderen Stellen in im BGB weitere formale Anforderungen an die zu erteilenden Informationen zu finden sind, z.B. §§ 312 f. Abs. 2, 312j Abs. 1 BGB nF. Anstatt sämtliche Informationspflichten und die entsprechenden Formvorschriften komplett in das EGBGB auszulagern, ist die Struktur der Informationspflichten weitaus unübersichtlicher und intransparenter geworden.

95 Es wäre insbesondere zu begrüßen gewesen, wenn man die übereinstimmenden Teile der inhaltlichen Informationspflichten für alle Verbraucherverträge sowie der formalen Anforderungen für Fernabsatz- und Direktvertriebsverträge und für außerhalb von Geschäftsräumen abgeschlossene Verträge jeweils „vor die Klammer gezogen" und damit die Informationspflichten insgesamt stringenter und übersichtlicher geregelt hätte.[3]

---

[1] Vgl. BT-Drs. 17/12637, S. 73.
[2] Vgl. BT-Drs. 17/12637, S. 33.
[3] DAV-Stellungnahme v. 17.4.2013, S. 3.

a) Inhalt

Die **grundlegenden Informationspflichten bei im Direktvertrieb und Fernabsatz geschlossenen Verträgen** sind für beide Vertriebsformen einheitlich im neuen Art. 246a § 1 EGBGB geregelt. Bereits nach Art. 246 EGBGB aF hatte der Unternehmer zahlreiche Informationspflichten im Fernabsatz gegenüber dem Verbraucher zu erfüllen. Im Direktvertrieb hingegen musste der Unternehmer den Verbraucher lediglich über sein Widerrufsrecht belehren, vgl. § 312 Abs. 2 BGB aF.

96

Die Vorgaben der VerbraucherrechteRL sind mit den alten Informationspflichten aber nur in Teilen identisch.[1] Bedauerlicherweise wurde die von der Literatur mehrfach geforderte Reduzierung der vorvertraglichen Informationen nicht umgesetzt, sondern deren Umfang sogar erweitert. So sind **zahlreiche neue Informationspflichten** hinzugekommen. Eine sinnvolle Aufklärung des Verbrauchers erfolgt durch die Informationsüberflutung nicht. Vielmehr ist es dem Verbraucher kaum zuzumuten, sich in der Vielzahl an Informationen zurechtzufinden. Gerade bei neuen Informationspflichten besteht ein erhöhtes Interesse des Rechtsanwenders, den Inhalt und Umfang der Informationen erfassen zu können. Die Entwurfsbegründung ist diesbezüglich zu kurz geraten.[2]

97

aa) Informationen zum Unternehmer

Der Unternehmer hat wie bisher seine **Identität** anzugeben, Art. 246a § 1 Abs. 1 S. 1 Nr. 2 EGBGB nF[3]. Daneben ist die **Niederlassungsanschrift** aufzuführen, die eine ladungsfähige Anschrift i.S.d. Art. 246 § 1 Abs. 1 S. 1 Nr. 3 EGBGB aF darstellt. Neu hinzugekommen ist allerdings, dass gegebenenfalls **Anschrift und Identität des Auftraggeberunternehmers** zu nennen sind, Art. 246a § 1 Abs. 1 S. 1 Nr. 2 EGBGB nF[4]. Diesbezüglich bleibt die Frage offen, ob die Regelung nur einschlägig ist, wenn ein Auftragsverhältnis i.S.d. §§ BGB § 662 ff. BGB gegeben ist.[5] Eine neue Informationspflicht wird hiermit allerdings nicht statuiert. Denn auch bisher handelte derjenige nach § 5a Abs. 3 Nr. 2 UWG wettbewerbswidrig, der die Identität und Anschrift des Unternehmers, für den er handelte, nicht angegeben hat.

98

Im deutschen Umsetzungsgesetz ist in Art. 246a § 1 Abs. 1 S. 1 Nr. 2 EGBGB nF eine Pflicht zur Nennung einer **Telefonnummer** zu finden. Dies sorgt für Verwirrung, da für diese Pflicht keine Grundlage im europäischen Recht vorliegt.[6] Zwar besteht eine Pflicht zur Angabe der Telefonnummer, allerdings befindet sich diese nur in Art. 5 der Verbraucher-

99

---

1 Vgl. BT-Drs. 17/12637, S. 74.
2 *Föhlisch/Dyakova*, MMR 2013, 3 (7).
3 Vgl. Art. 6 Abs. 1 lit. b RL 2011/83/EU.
4 Vgl. Art. 6 Abs. 1 lit. c RL 2011/83/EU.
5 *Föhlisch/Dyakova*, MMR 2013, 3 (7).
6 *Rätze*, Handel im Netz, Rz. 9.

rechteRL, der bei Fernabsatzverträgen keine Anwendung findet. Der für die Informationspflichten bei Fernabsatz- und Direktvertriebsverträgen maßgebliche Art. 6 Abs. 1 der VerbraucherrechteRL spricht hingegen von *„und gegebenenfalls seine Telefonnummer"*. In der Abweichung von den Vorgaben der VerbraucherrechteRL liegt hier ein Verstoß gegen den Vollharmonisierungsgrundsatz vor, da in Bezug auf die Angabe einer Telefonnummer eine Informationspflicht statuiert wird, die so weder in der VerbraucherrechteRL vorgesehen ist noch in der E-Commerce-RL existiert.[1] Es ist zuletzt auch durch die Europäische Kommission klargestellt worden, dass die Telefonnummer nicht zu nennen ist, wenn der Unternehmer in seiner Geschäftstätigkeit kein Telefon verwendet. Ist jedoch eine Telefonnummer vorhanden, ist diese anzugeben.[2] Des Weiteren sind gegebenenfalls auch eine **Telefaxnummer** und **E-Mail-Adresse** anzugeben (Art. 246a § 1 Abs. 1 S. 1 Nr. 2 EGBGB nF[3]), wobei allerdings in der Gesetzesbegründung nicht näher ausgeführt wird, was unter *„gegebenenfalls"* zu verstehen ist.[4]

100 Neu hinzugekommen ist die Pflicht zur Angabe der **Geschäftsanschrift des Unternehmers** bzw. der **Anschrift des Auftraggeberunternehmers**, an die sich ein Verbraucher mit jeder Beschwerde wenden kann, sofern diese Anschrift von der Unternehmensanschrift abweicht, Art. 246a § 1 Abs. 1 S. 1 Nr. 3 EGBGB nF.[5]

101 Die Information über das Verfahren des Unternehmers zum **Umgang mit Beschwerden** ist als neu hinzugekommene Informationspflicht in Art. 246a § 1 Abs. 1 S. 1 Nr. 7 EGBGB nF[6] aufgeführt. Ferner müssen gegebenenfalls die Möglichkeit des Zugangs zu einem **außergerichtlichen Beschwerde- und Rechtsbehelfsverfahren**, dem sich der Unternehmer unterworfen hat, sowie die Voraussetzungen für diesen Zugang gem. Art. 246a § 1 Abs. 1 S. 1 Nr. 16 EGBGB nF[7] angegeben werden.

102 Die schon bisher bestehende Pflicht zur Angabe über das **Bestehen bestimmter Verhaltenskodizes** bei Verträgen im elektronischen Geschäftsverkehr ist in Art. 246a § 1 Abs. 1 S. 1 Nr. 10 EGBGB nF[8] als Informationspflicht nun auch für Fernabsatz- und Direktvertriebsverträge eingeführt worden.

---

1 Zu der wettbewerbsrechtlichen Relevanz eines Verstoßes hiergegen vgl. *Rätze*, Handel im Netz, Rz. 9.
2 3rd Expert Meeting on the Consumer Rights Directive, 19.9.2013, Non-Paper, Questions so far raised by Memberstates, Article 6(1)(c) – information about the telephone number and e-mail address, S. 19.
3 Vgl. Art. 6 Abs. 1 lit. c RL 2011/83/EU.
4 Vgl. *Föhlisch/Dyakova*, MMR 2013, 3 (7).
5 Vgl. Art. 6 Abs. 1 lit. d RL 2011/83/EU.
6 Vgl. Art. 6 Abs. 1 lit. g RL 2011/83/EU.
7 Vgl. Art. 6 Abs. 1 lit. t RL 2011/83/EU.
8 Vgl. Art. 6 Abs. 1 lit. n RL 2011/83/EU.

Im Zuge der Umsetzung der VerbraucherrechteRL sind allerdings auch einige **Informationspflichten weggefallen**: So müssen das Unternehmensregister und die Registernummer nicht mehr genannt werden. Darüber hinaus entfällt die Pflicht aus Art. 246 § 1 Abs. 1 S. 1 Nr. 2 EGBGB aF, die Identität eines Vertreters des Unternehmers in dem Mitgliedstaat, in dem der Verbraucher seinen Wohnsitz hat, anzugeben.[1] Zusätzlich entfällt bei juristischen Personen, Personenvereinigungen oder Personengruppen die Pflicht zur Angabe des Namens eines Vertretungsberechtigten aus Art. 246 § 1 Abs. 1 S. 1 Nr. 3 EGBGB aF. Ferner entfällt die Pflicht zur Angabe über das Zustandekommen des Vertrags, die in Art. 246 § 1 Abs. 1 S. 1 Nr. 4 EGBGB aF geregelt war.

103

➲ **Praxistipp:** Versandhandelsunternehmen können vorvertragliche Informationen auch in einigen Punkten verschlanken. So sind zukünftig folgende Angaben entbehrlich:
- Name des Unternehmensregisters
- Registernummer
- Identität des Vertreters des Unternehmens, in dem der Verbraucher seinen Wohnsitz hat
- Bei juristischen Personen: Name des Vertretungsberechtigten
- Hinweis zum Zustandekommen des Vertrags

bb) Informationen zum Produkt

In Bezug auf die anzugebenden Informationen zum Produkt bleibt die Pflicht zur **Nennung der wesentlichen Eigenschaften** der Waren oder Dienstleistungen bestehen (Art. 246a § 1 Abs. 1 S. 1 Nr. 1 EGBGB nF). Insoweit ist die Rechtsprechung über das Tatbestandsmerkmal der wesentlichen Merkmale aus Art. 246 § 1 Abs. 1 S. 1 Nr. 4 EGBGB aF weitestgehend übertragbar. Darunter fallen Produktbezeichnung und Produktabbildung, Qualitätsmerkmale, die das Produkt charakterisieren, Fehler, die den Wert der angebotenen Ware mindern (z.B. bei Gebrauchtware, Retourenware), Hersteller, Typenbezeichnung und wichtige technische Daten. Allerdings ist dabei stets der neu hinzugefügte Zusatz *„in dem für das Kommunikationsmittel und für die Waren und Dienstleistungen angemessenen Umfang"* zu berücksichtigen.

104

Auch bei den Informationspflichten wird der technologischen Entwicklung Rechnung getragen. So ist in Art. 246a § 1 Abs. 1 S. 1 Nr. 14 EGBGB nF[2] die Pflicht aufgenommen worden, gegebenenfalls über die **Funktionsweise digitaler Inhalte**, einschließlich anwendbarer technischer Schutzmaßnahmen für solche Inhalte, zu informieren. In

105

---

1 Vgl. *Föhlisch/Dyakova*, MMR 2013, 3 (7).
2 Vgl. Art. 6 Abs. 1 lit. r RL 2011/83/EU.

Art. 246a § 1 Abs. 1 S. 1 Nr. 15 EGBGB nF[1] wird darüber hinaus eine Informationspflicht über die **Interoperabiliät und die Kompatibilität digitaler Inhalte** mit Hard- und Software eingeführt.

106 Die schon bisherige Pflicht zur Nennung der Mindestlaufzeit des Vertrags, wenn dieser eine dauernde oder regelmäßig wiederkehrende Leistung zum Inhalt hat, hat sich in Umsetzung der VerbraucherrechteRL dahingehend geändert, dass im neuen Art. 246a § 1 Abs. 1 S. 1 Nr. 11 EGBGB nF[2] gegebenenfalls die **Vertragslaufzeit** sowie die **Bedingungen der Kündigung unbefristeter Verträge** oder sich **automatisch verlängernder Verträge** anzugeben sind.[3] Daneben verpflichtet Art. 246a § 1 Abs. 1 S. 1 Nr. 12 EGBGB nF[4] den Unternehmer, gegebenenfalls die **Mindestdauer der Verpflichtungen**, die der Verbraucher mit dem Vertrag eingeht, anzugeben. In diesem Zusammenhang erscheint allerdings der eigenständige Anwendungsbereich von Art. 246a § 1 Abs. 1 S. 1 Nr. 12 EGBGB nF neben Art. 246a § 1 Abs. 1 S. 1 Nr. 11 EGBGB nF unklar.[5]

107 Die Informationen über **Kundendienst** und geltende **Gewährleistungs- und Garantiebedingungen** nach Art. 246a § 1 Abs. 1 S. 1 Nr. 8 und 9 EGBGB nF[6] müssen neuerdings bereits vor Vertragsschluss erteilt werden.[7]

cc) Informationen zum Preis und weiteren Kosten

108 Nach Art. 246a § 1 Abs. 1 S. 1 Nr. 4 EGBGB nF muss der Unternehmer *„den Gesamtpreis der Waren oder Dienstleistungen einschließlich aller Steuern und Abgaben, oder in den Fällen, in denen der Preis auf Grund der Beschaffenheit der Waren oder Dienstleistungen vernünftigerweise nicht im Voraus berechnet werden kann, die Art der Preisberechnung sowie gegebenenfalls alle zusätzlichen Fracht-, Liefer- oder Versandkosten und alle sonstigen Kosten, oder in den Fällen, in denen diese Kosten vernünftigerweise nicht im Voraus berechnet werden können, die Tatsache, dass solche zusätzlichen Kosten anfallen können"*, nennen. Auch künftig bleibt die Nennung von Überführungskosten beim Kfz-Handel[8] oder von Vorverkaufs- und Systemgebühren beim Ticketverkauf als Preisbestandteile Pflicht. Unklar ist allerdings, wie der unbestimmte Rechtsbegriff *„vernünftigerweise"* auszulegen ist. Die englische Fassung (*„reasonable"*) könnte auch als *„zumutbar"* und *„angemessen"* übersetzt werden. Dies dürfte dann der Fall sein, wenn der

---

1 Vgl. Art. 6 Abs. 1 lit. s RL 2011/83/EU.
2 Vgl. Art. 6 Abs. 1 lit. o RL 2011/83/EU.
3 Vgl. *Föhlisch/Dyakova*, MMR 2013, 3 (7).
4 Vgl. Art. 6 Abs. 1 lit. p RL 2011/83/EU.
5 Vgl. *Föhlisch/Dyakova*, MMR 2013, 3 (7).
6 Vgl. Art. 6 Abs. 1 lit. m RL 2011/83/EU.
7 Vgl. auch *Rätze*, Handel im Netz, Rz. 18.
8 *Föhlisch/Dyakova*, MMR 2013, 3 (7); LG Krefeld MMR 2008, 125; OLG Schleswig MD 2007, 505; LG Wuppertal MD 2008, 336.

Preis noch von unbestimmten Faktoren abhängt.[1] Gerade im Online-Handel ist ein Anwendungsfall der Regelung schwer vorstellbar, da mit Angabe der Lieferadresse und aller bestellten Produkte keine für den Unternehmer unbestimmten Faktoren mehr bestehen dürfen.

Eine klarstellende Bedeutung kommt Art. 246a § 1 Abs. 1 S. 1 Nr. 5 EGBGB nF[2] zu. Danach erfasst der Gesamtpreis, der bei einem unbefristeten Vertrag oder einem Abonnement-Vertrag zu nennen ist, die pro Abrechnungszeitraum anfallenden Gesamtkosten und, wenn für einen solchen Vertrag Festbeträge in Rechnung gestellt werden, ebenfalls die monatlichen Gesamtkosten.

109

Eine Ergänzung erfährt auch die Informationspflicht hinsichtlich der **Liefer- und Versandkosten**. Hier wird die Möglichkeit eingeführt, (nur) die Berechnungsgrundlage zu nennen, sofern die genauen Kosten noch nicht bekannt sind. Durch Verträge mit Versanddienstleistern und Speditionen kennt der Unternehmer allerdings seine Kosten. Spätestens wenn der Verbraucher im Rahmen des Bestellprozesses seine Adressdaten eingegeben hat, wird es daher in den meisten Fällen möglich sein, die konkreten Versandkosten zu berechnen und darzustellen.[3] Zugleich entfällt die Verpflichtung, weitere Steuern oder Kosten zu nennen, die nicht über den Unternehmer abgeführt oder von ihm in Rechnung gestellt werden. Hierunter fallen z.B. Nachnahmekosten (Übermittlungsentgelt) und Zölle.[4] Unklar ist in diesem Zusammenhang das Verhältnis zwischen Art. 246a § 1 Abs. 1 S. 1 Nr. 4 ff. EGBGB nF und der Preisangabenverordnung (PAngV). Diese enthält in §§ 1 Abs. 2 und 6, 2 weitaus strengere Transparenzvorgaben, wie Preisangaben zu gestalten sind. Bis 12.6.2014 gilt rsp. galt die PAngV neben dem allgemeinen Fernabsatzrecht über § 312c Abs. 4 BGB aF, wonach weitergehende Informationspflichten auf Grund anderer Vorschriften unberührt bleiben. Durch das Umsetzungsgesetz wird rsp. wurde § 312c Abs. 4 BGB aF allerdings gestrichen. Im Umkehrschluss aus § 9 Abs. 3 PAngV-E ergibt sich zugleich, dass die PAngV nach wie vor auf die Fernabsatzverträge anwendbar bleibt.

110

dd) Informationen zu Zahlungs- und Lieferbedingungen

Im Rahmen der Umsetzung der VerbraucherrechteRL ist in Art. 246a § 1 Abs. 1 S. 1 Nr. 13 EGBGB nF[5] die Pflicht des Unternehmers hinzugekommen, den Verbraucher darüber zu informieren, dass er (der Un-

111

---

1 *Föhlisch/Dyakova*, MMR 2013, 3 (7); *DIHK*-Stellungnahme v. 5.11.2012, S. 12.
2 Vgl. Art. 6 Abs. 1 lit. e RL 2011/83/EU.
3 *Rätze*, Handel im Netz, Rz. 12.
4 *Föhlisch/Dyakova*, MMR 2013, 3 (7 f.); *Schmittmann/Görris*, Steuerliche Aspekte des Fernabsatzrechts, S. 172 f.
5 Art. 6 Abs. 1 lit. g RL 2011/83/EU.

ternehmer) gegebenenfalls die Stellung einer **Kaution** oder die Leistung **anderer finanzieller Sicherheiten** vom Verbraucher verlangen kann. Laut Erwägungsgrund 33 der VerbraucherrechteRL fallen darunter auch *„Modalitäten, bei denen ein Betrag auf der Kredit- oder Debitkarte des Verbrauchers gesperrt wird."* Gleichzeitig hat der Unternehmer den Verbraucher über die diesbezüglichen Bedingungen zu informieren.

112 Der in Art. 246 § 1 Abs. 1 S. 1 Nr. 6 EGBGB aF geregelte Vorbehalt, eine in Qualität und Preis gleichwertige Leistung (Ware oder Dienstleistung) zu erbringen, sowie der Vorbehalt, die versprochene Leistung im Falle ihrer Nichtverfügbarkeit nicht zu erbringen, finden im europäischen Recht keine Entsprechung und entfallen somit zukünftig. Der **Wegfall des Austausch- und Leistungsvorbehalts** ist sehr zu begrüßen, da aufgrund von AGB-rechtlichen Vorschriften solche Leistungsvorbehalte gar nicht vereinbart werden können und somit die Erfüllung dieser Informationspflicht bislang problembehaftet war.[1]

113 Die **Lieferzeit** ist eine für den Verbraucher besonders wichtige Angabe. So regelt Art. 246a § 1 Abs. 1 S. 1 Nr. 7 EGBG nF,[2] dass der Unternehmer dem Verbraucher die Information über *„den Termin, bis zu dem der Unternehmer die Waren liefern oder die Dienstleistung erbringen muss"*, zur Verfügung zu stellen hat. Der Begriff des Termins hat für Diskussionen gesorgt, in denen es darum ging, ob neuerdings ein konkretes Datum für die Lieferung anzugeben sei oder ob wie bisher die Angabe eines Zeitraums ausreichend ist. So hieß es in der vom Europäischen Parlament verabschiedeten Fassung zunächst *„the date, by which the trader undertakes to deliver the goods"*.[3] In den darauffolgenden Verhandlungen zwischen Rat und Parlament hat man sich stattdessen aber auf *„the time, by which the trader..."* verstanden, so wie es letztendlich auch in der verkündeten Fassung heißt.[4] Demnach ist darunter nicht nur ein Zeitpunkt, sondern auch ein Zeitraum bzw. eine Frist zu verstehen.[5] Obwohl diese Änderung in der deutschen Übersetzung bedauerlicherweise nicht übernommen worden ist, ist der Begriff des **Termins** nach europarechtlicher Auslegung nicht als konkretes Datum, sondern wie bisher als **Angabe eines Zeitraums** anzusehen. Dies ist auch sachgerecht, denn der genannte Termin wird Bestandteil des Vertrags und der Unternehmer haftet für etwaige Verzögerungen, auch wenn diese in der Sphäre des Transporteurs entstehen und obwohl keine Bringschuld vereinbart worden ist.[6]

---

1 Vgl. *Föhlisch/Dyakova*, MMR 2013, 3 (8).
2 Vgl. Art. 6 Abs. 1 lit g RL 2011/83/EU.
3 Art. 5 Abs. 1 lit. d European Parliament legislative resolution on the proposal for a directive of the European Parliament and of the Council on consumer rights (P7_TA(2011)0116).
4 RL 2011/83/EU ABl. L 304/64.
5 Vgl. *Rätze*, Handel im Netz, Rz. 14 f.
6 Vgl. *Föhlisch/Dyakova*, MMR 2013, 3 (8).

ee) Informationen zum Widerrufsrecht

Eine Differenzierung zwischen vorvertraglicher und vertraglicher Belehrung besteht nach dem Umsetzungsgesetz nicht mehr, sodass sämtliche Informationen dem Verbraucher bereits **vorvertraglich zur Verfügung zu stellen** sind. Bedauerlich ist der Wegfall der ausdrücklich in Art. 246 § 2 Abs. 3 S. 2 EGBGB aF vorgesehenen Möglichkeit, die Widerrufsbelehrung in die AGB zu integrieren. Aus der Entwurfsbegründung ergibt sich nicht, ob eine solche Integration insgesamt unzulässig wird oder ob lediglich eine Hervorhebung der Widerrufsbelehrung nicht mehr erforderlich ist. Dabei ist zu berücksichtigen, dass der Verbraucher durch eine Zusammenfassung von Pflichtinformationen und AGB nicht schlechter gestellt ist. Im Gegenteil: Neben dem Transparenzgebot des Fernabsatzrechts ist er zusätzlich durch jenes in § 307 Abs. 1 S. 2 BGB geschützt. Es dient dem Verbraucherschutz, wenn möglichst viele Pflichtinformationen auf einer Seite gebündelt und nicht über verschiedene Seiten verstreut werden.[1]

114

Nach § 312 f. Abs. 3 BGB nF ist bei Verträgen über die Lieferung von nicht auf einem körperlichen Datenträger befindlichen digitalen Inhalten auf der Vertragsbestätigung gegebenenfalls auch zu bestätigen, dass der Verbraucher der Ausführung des Vertrags vorher ausdrücklich zugestimmt und zur Kenntnis genommen hat, dass er sein Widerrufsrecht verliert, sobald der Unternehmer mit seiner vorherigen ausdrücklichen Zustimmung mit der Ausführung des Vertrags beginnt.

115

ff) Gültigkeitsdauer

Der Unternehmer ist nach dem Umsetzungsgesetz nicht mehr verpflichtet, im Fernabsatz den Verbraucher auf eine Befristung der Gültigkeitsdauer der zur Verfügung gestellten Informationen hinzuweisen. Der geschäftliche Zweck ist nur noch bei telefonischer Kontaktaufnahme seitens des Unternehmers anzugeben, § 312a Abs. 1 BGB nF.

116

b) Erleichterte Informationspflichten bei Reparatur- und Instandsetzungsarbeiten

Gem. Art. 246a § 2 Abs. 1 und 2 EGBGB nF gelten erleichterte Informationspflichten bei einem im Direktvertrieb geschlossenen Vertrag über Reparatur- und Instandhaltungsarbeiten.[2] Hiernach muss der Unternehmer dem Verbraucher lediglich folgende Informationen zur Verfügung stellen: seine **Identität** und **Kontaktdaten**, den **Preis** bzw. die Art der Preisberechnung zusammen mit einem Kostenvoranschlag, Art. 246a § 2 Abs. 1 EGBGB nF,[3] sowie die **wesentlichen Eigenschaften der Waren**

117

---
1 *Föhlisch*, Das Widerrufsrecht im Onlinehandel, S. 205; Hk-VertriebsR/*Micklitz*, § 312c R. 35; *Staudinger/Thüsing*, § 312c Rz. 32.
2 Vgl. Art. 7 Abs. 4 RL 2011/83/EU.
3 Vgl. Art. 7 Abs. 4 lit. a RL 2011/83/EU.

oder **Dienstleistungen**, ein bestehendes oder nicht bestehendes **Widerrufsrecht** und das **Muster-Widerrufsformular**, Art. 246a § 2 Abs. 2 EGBGB nF. Voraussetzung hierfür ist, dass die Leistungen von beiden Seiten sofort erfüllt werden, die zu leistende Vergütung 200 Euro nicht übersteigt und der Verbraucher die Dienste des Unternehmers ausdrücklich angefordert hat. Die vom Unternehmer anschließend zur Verfügung zu stellende Bestätigung des Vertrags nach § 312 f. Abs. 1 BGB nF muss dann allerdings alle gem. Art. 246a § 1 EGBGB nF zu erteilenden Informationen enthalten,[1] Art. 246a § 2 Abs. 3 BGB nF.

c) Zeitpunkt der Informationserteilung

118 Nach Art. 246a § 4 Abs. 1 EGBGB nF müssen dem Verbraucher die Informationen *„vor Abgabe von dessen Vertragserklärung"* zur Verfügung gestellt werden. Dem Verbraucher müssen die notwendigen Informationen zu einem Zeitpunkt mitgeteilt werden, in dem er sich noch in keiner Weise zur Eingehung eines Vertrags verpflichtet oder gar schon vertraglich gebunden fühlt.[2] Der Verbraucher soll nicht durch zu kurze Überlegungsfristen unter Druck gesetzt werden.[3] Bei Internetangeboten, die mit extrem kurzen Angebotsphasen operieren, müssen die Informationen schon abrufbar sein, bevor der Verbraucher sich auf der Bestellseite befindet und nur noch wenige Minuten Zeit zur Kenntnisnahme hat.

119 Der Unternehmer muss dem Verbraucher den Vertrag **bestätigen**, § 312 f. Abs. 2 S. 1 BGB nF. Für den Inhalt dieser Bestätigung verweist Satz 2 auf Art. 246a EGBGB nF: *„Die Bestätigung nach Satz 1 muss die in Artikel 246a des Einführungsgesetzes zum Bürgerlichen Gesetzbuche genannten Angaben enthalten, es sei denn, der Unternehmer hat dem Verbraucher diese Informationen bereits vor Vertragsschluss in Erfüllung seiner Informationspflichten nach § 312d Absatz 1 auf einem dauerhaften Datenträger zur Verfügung gestellt."* Allerdings darf in der Bestätigung nur auf die Informationen nach Art. 246a EGBGB nF verzichtet werden, wenn der Unternehmer dem Verbraucher diese **mit Bezug zu einem konkreten Vertrag** bereits zur Verfügung gestellt hat. So gelten die Informationen beispielsweise als nicht zur Verfügung gestellt, wenn der Unternehmer ohne Bezug zum konkreten Vertragsschluss einen Werbeprospekt mit allgemeinen Angaben zu den Informationspflichten beim Verbraucher eingeworfen hat.[4]

---

1 Vgl. Art. 7 Abs. 4 lit b RL 2011/83/EU.
2 Zum frühesten Zeitpunkt vgl. *Föhlisch*, Das Widerrufsrecht im Onlinehandel, S. 387.
3 BT-Drs. 14/2658, S. 38.
4 Vgl. BT-Drs. 17/13951, S. 99.

d) Form

aa) Vorvertragliche Informationserteilung

Bezüglich der Form der Informationserteilung schreibt Art. 246a § 4 Abs. 2 S. 1–3 EGBGB nF[1] für **im Direktvertrieb** geschlossene Verträge vor: *„Bei einem außerhalb von Geschäftsräumen geschlossenen Vertrag muss der Unternehmer die Informationen auf Papier oder, wenn der Verbraucher zustimmt, auf einem anderen dauerhaften Datenträger zur Verfügung stellen. Die Informationen müssen lesbar sein. Die Person des erklärenden Unternehmers muss genannt sein."* Darüber hinaus sieht Art. 246a § 4 Abs. 2 S. 4 EGBGB nF eine **Erleichterung für Informationspflichten bei Reparatur- und Instandhaltungsarbeiten** vor, indem der Unternehmer dem Verbraucher die Informationen über wesentliche Eigenschaften der Waren oder Dienstleistungen sowie Einzelheiten zum Widerrufsrecht in einer anderen Form, als auf Papier oder auf einem anderen dauerhaften Datenträger zur Verfügung stellen kann, falls sich der Verbraucher damit ausdrücklich einverstanden erklärt. 120

Im Rahmen der Umsetzung der VerbraucherrechteRL ist das Transparenzgebot für den Direktvertrieb und den Fernabsatz nun in Art. 246a § 4 EGBGB nF zu finden und weicht im Wortlaut von den früheren Vorgaben ab.[2] Allerdings muss der Unternehmer dem Verbraucher nach wie vor *„die Informationen nach den §§ 1 bis 3 vor Abgabe von dessen Vertragserklärung in klarer und verständlicher Weise zur Verfügung stellen"*, Art. 246a § 4 Abs. 1 EGBGB nF. Diese Anforderungen gehen aus Art. 7 Abs. 1 und Art. 8 Abs. 1 der VerbraucherrechteRL hervor, die klarstellen, dass die Informationen lesbar und darüber hinaus in einer für den Verbraucher klaren und verständlichen Sprache gefasst sein müssen.[3] 121

Bei Verträgen, die im **Direktvertrieb** geschlossen werden, muss der Unternehmer dem Verbraucher die Informationen gem. Art. 246a EGBGB nF auf **Papier** zur Verfügung stellen. Ist dieser einverstanden so kann auch ein **dauerhafter Datenträger** für die Informationsübergabe verwendet werden, Art. 246a § 4 Abs. 2 EGBGB. 122

Im Vergleich zur alten Rechtslage sieht Art. 246a § 4 Abs. 3 EGBGB nF[4] für die Erteilung der vorvertraglichen Informationspflichten im **Fernabsatzrecht** keine Änderung vor.[5] So heißt es in Art. 246a § 4 Abs. 3 EGBGB nF in Satz 1 zunächst: *„Bei einem Fernabsatzvertrag muss der Unternehmer dem Verbraucher die Informationen in einer den benutzten Fernkommunikationsmitteln angepassten Weise zur Verfügung* 123

---
1 Vgl. Art. 7 Abs. 1 RL 2011/83/EU.
2 Vgl. *Föhlisch/Dyakova*, MMR 2013, 3 (6).
3 Vgl. BT-Drs. 17/12637, S. 75.
4 Vgl. Art. 8 Abs. 1 RL 2011/83/EU.
5 Vgl. *Föhlisch/Dyakova*, MMR 2013, 3 (6).

stellen." Diese Vorgaben werden durch die folgende Formulierung in Satz 3 relativiert: *„Abweichend von Satz 1 kann der Unternehmer dem Verbraucher die in § 3 Satz 2 genannten Informationen in geeigneter Weise zugänglich machen."* Hierdurch wird eine Verknüpfung zu Art. 246a § 3 EGBGB nF über die erleichterten Informationspflichten bei begrenzter Darstellungsmöglichkeit hergestellt, der seinerseits wiederrum einen Verweis auf § 4 Abs. 3 herstellt.

124 Der deutsche Gesetzgeber hat von der Ermächtigung des Art. 6 Abs. 7 VerbraucherrechteRL, sprachliche Anforderungen in Bezug auf die Vertragsinformationen einzuführen, keinen Gebrauch gemacht. Der Unternehmer ist jedoch auch ohne ausdrückliche Regelung verpflichtet, Angebot und Informationspflichten in einer Sprache zu halten. Ansonsten liegt ein Verstoß gegen das Verständlichkeitsgebot vor.[1]

125 Ein besonderes Augenmerk legt Erwägungsgrund 34 der VerbraucherrechteRL auf **Verbraucher, die** aufgrund ihrer geistigen oder körperlichen Behinderung, ihrer psychischen Labilität, ihres Alters oder ihrer Leichtgläubigkeit in einer Weise **besonders schutzbedürftig sind.** Bei der Bereitstellung der Informationen sollte der Unternehmer den besonderen Bedürfnissen dieser Verbrauchergruppe Rechnung tragen, soweit diese vernünftigerweise für ihn erkennbar sind.

126 Der auf Art. 6 Abs. 5 VerbraucherrechteRL basierende § 312d Abs. 1 S. 2 a.E. BGB nF, wonach die in Erfüllung der Informationspflicht gemachten Angaben dann kein Vertragsbestandteil werden, wenn die Vertragsparteien ausdrücklich etwas anderes vereinbart haben, dürfte kaum einen praktischen Anwendungsfall haben. Es wird kaum möglich sein, in lauterer Weise ohne einen Verstoß gegen das Transparenzgebot eine von den Informationen abweichende Vereinbarung z.B. zu Lieferkosten oder Lieferterminen zu treffen, weil auch das Wettbewerbsrecht hier klare und widerspruchsfreie Angaben fordert.[2]

bb) Erleichterte Informationspflichten bei begrenzter Darstellungsmöglichkeit

127 Eine ausdrückliche Regelung des **M-Commerce** sieht Art. 246a § 3 EGBGB nF[3] vor. Soll ein Fernabsatzvertrag mittels eines Fernkommunikationsmittels geschlossen werden, das nur begrenzten Raum oder begrenzte Zeit für die dem Verbraucher zu erteilenden Informationen bietet, ist der Unternehmer nur verpflichtet, dem Verbraucher mittels dieses Fernkommunikationsmittels zumindest die wesentlichen Merkmale der Waren oder Dienstleistungen, seine Identität, den Gesamtpreis, das Bestehen eines Widerrufsrechts, die Vertragslaufzeit und die

---

1 *Spindler/Schuster/Micklitz/Schirmbacher*, Recht der elektronischen Medien, § 312c Rz. 33.
2 Vgl. *Föhlisch/Dyakova*, MMR 2013, 3 (6).
3 Vgl. Art. 8 Abs. 4 RL 2011/83/EU.

Bedingungen für die Kündigung eines Dauerschuldverhältnisses zur Verfügung zu stellen. Die weiteren Pflichtinformationen hat der Unternehmer dem Verbraucher in geeigneter Weise unter Beachtung von Art. 246a § 4 Abs. 3 EGBGB nF zur Verfügung zu stellen.

Aus dem aufgezeigten Zusammenhang wird deutlich, dass es bei Vertragsschluss über ein Fernkommunikationsmittel mit begrenzten Darstellungsmöglichkeiten ausreichend ist, wenn der Unternehmer dem Verbraucher die jeweiligen Informationen lediglich in einer dem Fernkommunikationsmittel angepassten Weise zugänglich macht. Aus der Gesetzesbegründung geht hervor, dass beispielsweise eine **gebührenfreie Telefonnummer** oder etwa ein **Hyperlink zu einer Webseite** des Unternehmers denkbar wäre, auf der die Informationen unmittelbar abrufbar und leicht zugänglich sind.[1] Falls der Unternehmer die Informationen auf einem dauerhaften Datenträger zur Verfügung stellen sollte, müssen diese lesbar sein, und die Person des erklärenden Unternehmers muss genannt sein, Art. 246a § 4 Abs. 2 S. 2 und 3 BGB nF.

128

Die Vorschrift setzt Art. 8 Abs. 4 VerbraucherrechteRL um, ist jedoch kaum geeignet, den M-Commerce tatsächlich zu fördern. Ihr **Anwendungsbereich bleibt unbestimmt**, da unklar ist, was begrenzter Raum in diesem Sinne bedeutet. Erwägungsgrund 36 der VerbraucherrechteRL nimmt als Maßstab die Anzahl der Zeichen auf bestimmten Displays von Mobiltelefonen. Somit werden nicht alle Mobiltelefone von der Regelung erfasst,[2] sodass eine **erhebliche Grauzone** entsteht. Moderne Smartphones, wie das Apple iphone, Samsung Galaxy oder Google Nexus fallen gerade nicht unter die Vorschrift, da hier der Platz nicht eingeschränkt ist. Gleichwohl muss der Unternehmer damit rechnen, dass der Verbraucher auch ein mobiles Endgerät mit begrenztem Raum verwendet und seine Website entsprechend umgestalten.[3] Sinnvoller wäre es, eine klare Trennung vorzunehmen. So müssten nicht alle Unternehmer ihre Internetauftritte für Anfragen aus Geräten mit beschränkter Anzeigemöglichkeit aufrüsten. Vielmehr stünde Ihnen die Möglichkeit zur Verfügung, den Zugang über solche Geräte zu sperren.[4]

129

cc) Bestätigungen und Abschriften

§ 312 f. BGB nF ist eine der wenigen Vorschriften, die unterschiedliche Regelungen für den Direktvertrieb und den Fernabsatz vorsehen. So heißt es nach Abs. 1 für Verträge, die im **Direktvertrieb** geschlossen wurden, dass der Unternehmer verpflichtet ist, *„dem Verbraucher alsbald auf Papier zur Verfügung zu stellen 1. eine Abschrift des Vertragsdokuments, das von den Vertragsschließenden so unterzeichnet wurde,*

130

---

1 Vgl. BT-Drs. 17/12637, S. 76.
2 *Föhlisch/Dyakova*, MMR 2013, 3 (7); *Rose/Taeger*, K&R 2010, 159 (163).
3 *Föhlisch/Dyakova*, MMR 2013, 3 (7); *Rose/Taeger*, K&R 2010, 159 (163).
4 *Föhlisch/Dyakova*, MMR 2013, 3 (7); *Rose/Taeger*, K&R 2010, 159 (165 f.).

dass ihre Identität erkennbar ist, oder 2. eine Bestätigung des Vertrags, in der der Vertragsinhalt wiedergegeben ist". Ist der Verbraucher einverstanden, so kann die Bestätigung oder Abschrift auf einem dauerhaften Datenträger, z.B. einer E-Mail, übergeben werden.

131 Die Bestätigung des Vertrags, in der der Vertragsinhalt wiedergegeben ist, muss nach § 312 f. Abs. 2 BGB nF[1] **spätestens bei** der **Lieferung** der Waren oder **vor Beginn** der Ausführung **der Dienstleistung** erfolgen – und nicht wie noch bis 12.6.2014 im Fernabsatz bis zur vollständigen Erfüllung des Dienstleistungsvertrags.[2] Gem. § 312 f. Abs. 2 S. 2 BGB nF muss die Bestätigung die in Art. 246a EGBGB genannten Angaben enthalten, es sei denn, der Unternehmer stellt diese dem Verbraucher bereits vor Vertragsschluss in Erfüllung seiner Informationspflichten nach § 312d Abs. 1 BGB nF auf einem dauerhaften Datenträger zur Verfügung.

132 Für die Art und Weise der Erteilung der vorvertraglichen Informationen im **Fernabsatzrecht** macht der Gesetzgeber keine Vorgaben. Die Bestätigung des Vertrags hat nach § 312 f. Abs. 2 BGB nF auf einem dauerhaften Datenträger zu erfolgen.

133 Der Begriff des „**dauerhaften Datenträgers**" ist in § 126b BGB nF legal definiert.[3] Er erfasst z.B. solche Webseiten, die persönlich an den Verbraucher gerichtet sind. Ein bekanntes Beispiel ist der Login-Bereich bei eBay. Auf diesen hat nur der jeweilige Verbraucher Zugriff. Hier wird die Widerrufsbelehrung eine bestimmte Zeit lang gespeichert.[4] Diese Auslegung vertritt auch der EFTA-Gerichtshof[5] zum Begriff des „dauerhaften Datenträgers" i.S.d. Art. 2 Nr. 12 RL 2002/92/EG; seine Definition ist wortgleich mit Art. 2 Nr. 10 VerbraucherrechteRL. Dieser Auffassung hat sich auch der EuGH[6] angeschlossen und ergänzt,[7] dass der Begriff des „dauerhaften Datenträgers" in der FernabsatzRL mit dem Begriff aus der VerbraucherrechteRL identisch verwendet wird. Die Voraussetzungen des Art. 5 Abs. 1 FernabsatzRL sind dagegen nicht erfüllt, wenn in einer an den Verbraucher gerichteten E-Mail lediglich ein Hyperlink auf die Widerrufsbelehrung auf der Unternehmerseite enthalten ist. Daraus folgt, dass eine entsprechende **Belehrung mittels Hyperlink** auch nach der VerbraucherrechteRL **nicht ausreichend** sein

---

1 Vgl. Art. 8 Abs. 7 RL 2011/83/EU.
2 *Föhlisch/Dyakova*, MMR 2013, 3 (6); Krit. zu den Auswirkungen auf dem Markt für TK-Dienste und digitale Inhalte *BITKOM*-Stellungnahme v. 1.11.2012, S. 9 ff.
3 *Föhlisch/Dyakova*, MMR 2013, 3 (6); krit. zum Wegfall des Tatbestandmerkmals des Schriftzeichens DAV-Stellungnahme Nr. 78/2012, S. 5.
4 *Föhlisch/Dyakova*, MMR 2013, 3 (6); *BITKOM*-Stellungnahme v. 1.11.2012, S. 2 f.
5 EFTA-Gerichtshof MMR-Aktuell 2010, 307127.
6 EuGH MMR 2012, 730.
7 *Föhlisch/Dyakova*, MMR 2013, 3 (6); A.A. *Brönneke/Fezer*, Stellungnahme v. 5.11.2012, S. 5 f.; *Schmidt-Kessel*, Stellungnahme, S. 27.

dürfte.[1] Anders sollte es liegen, wenn die Webseite des Verkäufers, auf die der dem Verbraucher mitgeteilte Link verweist, dem Verbraucher ermöglicht, an ihn persönlich gerichtete Informationen so zu speichern, dass er während einer angemessenen Dauer auf sie zugreifen und sie originalgetreu wiedergeben kann, ohne dass die Möglichkeit einer einseitigen Änderung ihres Inhalts durch den Verkäufer bestünde.

Mit Rücksicht auf die Neudefinition der Textform ist allerdings unverständlich, warum zum Zwecke der Umsetzung der RL dann doch nie auf diesen Begriff abgestellt wird, sondern ausschließlich direkt auf den Begriff des „dauerhaften Datenträgers" (z.B. § 312f Abs. 1 und 2 BGB nF, Art. 246 § 4 Abs. 2 und 3 EGBGB nF). In zahlreichen Vorschriften des BGB soll das bisherige Erfordernis der Textform sogar durch das der Erteilung auf einem dauerhaften Datenträger ersetzt werden. Ein Nebeneinander von Textform und dauerhaftem Datenträger als weitere Formen der „Schriftlichkeit" im BGB führt jedoch zu Verwirrung und ist zur Umsetzung der RL nicht erforderlich. 134

7. Informationspflichten im elektronischen Geschäftsverkehr

a) Anwendungsbereich

Im Wesentlichen sind die bisherigen Informationspflichten übernommen worden, wobei die Pflichten an einigen Stellen auch darüber hinausgehen. Die „Allgemeinen Pflichten im elektronischen Geschäftsverkehr", die der Unternehmer unabhängig vom Vorliegen eines Verbrauchervertrags zu erfüllen hat, finden sich in § 312i BGB nF neu zusammengefasst. Daneben wurden alle Pflichten, die der Unternehmer **zusätzlich zu den allgemeinen Pflichten im elektronischen Geschäftsverkehr** bei Vorliegen von **Verbraucherverträgen** zu erfüllen hat, im neuen § 312j BGB nF als „Besondere Pflichten im elektronischen Geschäftsverkehr gegenüber Verbrauchern" eingefügt.[2] Wird ein **Fernabsatzvertrag** unter Einsatz von Telemedien **mit einem Verbraucher** geschlossen, so sind die §§ 312 ff. BGB nF und die §§ 312i und 312j BGB nF nebeneinander anzuwenden. Wird dagegen ein **Fernabsatzvertrag mit einem Unternehmer** unter Einsatz von Telemedien geschlossen, so fällt dieser Vertrag allein unter den Anwendungsbereich von § 312i BGB nF. Liegt ein Fernabsatzvertrag mit einem Verbraucher vor, der nicht mittels Telemedien abgeschlossen wurde, so sind allein die §§ 312 ff. BGB nF heranzuziehen.[3] 135

---

1 EuGH MMR 2012, 730 Rz. 46.
2 Vgl. BT-Drs. 17/12637, S. 58.
3 *Palandt/Grüneberg*, § 312i nF Rz. 4.

b) Form und Zeitpunkt der Informationserteilung

136 § 312i Abs. 1 S. 1 Nr. 2 BGB nF verpflichtet den Unternehmer, dem Kunden „*rechtzeitig vor Abgabe von dessen Bestellung*" die in Art. 246a EGBGB nF genannten Angaben mitzuteilen. Der Begriff der „Bestellung" wird zutreffend weiter als „Vertragserklärung" ausgelegt, da die Informationspflichten gerade dazu dienen, für den Kunden erkennbar zu machen, ob er eine unverbindliche Anfrage stellt oder eine verbindliche Vertragserklärung abgibt. „**Bestellung**" bedeutet daher jede Art der Kontaktaufnahme, die dem Vertragsschluss vorgelagert ist, z.B. eine Anfrage nach der Verfügbarkeit.

137 Eine Besonderheit gegenüber dem alten Recht enthält § 312j Abs. 1 BGB nF.[1] Danach hat der Unternehmer **spätestens bei Beginn des Bestellvorgangs** und somit früher als nach bis zum 12.6.2014 geltenden Recht klar und deutlich anzugeben, ob **Lieferbeschränkungen** bestehen und welche **Zahlungsmittel** akzeptiert werden. Die Regelung bezweckt, dass der Unternehmer den Verbraucher rechtzeitig darüber informiert, „welche Zahlungsmittel er nach seinem Geschäftsmodell im Allgemeinen akzeptiert (z.B. Kauf auf Rechnung, vorherige Überweisung, Lastschrift, Zahlung per Kreditkarte)."[2] Problematisch ist diese Vorschrift unter dem Aspekt, dass der Unternehmer möglicherweise Zahlungsmittel anbieten möchte, bei denen er in Vorleistung tritt (z.B. Kauf auf Rechnung) und aus diesem Grund eine Bonitätsprüfung durchführen möchte, bevor er dem Verbraucher dieses Zahlungsmittel zur Verfügung stellt. Dieses Interesse des Unternehmers kollidiert mit den gesetzlichen Vorgaben, da der Unternehmer den Verbraucher spätestens bei Beginn des Bestellvorgangs über die möglichen Zahlungsmittel zu informieren hat und eine solche Bonitätsprüfung nicht bereits zu diesem frühen Zeitpunkt erfolgen kann.[3]

> ⇨ **Praxistipp:** Soll der Kauf auf Rechnung erst nach positiver Bonitätsprüfung möglich sein, so bieten sich folgende Lösungen an: Der Unternehmer kann entweder unter Vorbehalt eines positiven Bonitätsergebnisses dieses Zahlungsmittel nennen.[4] Oder er unterrichtet zunächst abstrakt und anschließend (nach erfolgter Bonitätsprüfung) konkret über die angebotenen Zahlungsmittel.[5]

---

1 Vgl. Art. 8 Abs. 3 RL 2011/83/EU.
2 BT-Drs. 17/12637, S. 58.
3 Vgl. BT-Drs. 17/12637, S. 58.
4 *Föhlisch/Dyakova*, MMR 2013, 3 (6); bvh-Stellungnahme, S. 3 f.; *Palandt/Grüneberg*, § 312j nF Rz. 3.
5 Die Zulässigkeit einer solchen Nennung der Zahlungsmittel unter dem Vorbehalt einer Bonitätsprüfung wird weder in der VerbraucherrechteRL noch im BGB angesprochen. Gleiches gilt für eine zunächst abstrakte und dann konkrete Nennung der Zahlungsmittel.

Informationspflichten im elektronischen Geschäftsverkehr

Nach § 312j Abs. 2 BGB nF[1] muss der Unternehmer dem Verbraucher bei einem entgeltlichen Verbrauchervertrag im elektronischen Geschäftsverkehr, unmittelbar bevor der Verbraucher seine Bestellung abgibt, klar und verständlich in hervorgehobener Weise bestimmte Informationen zur Verfügung stellen. Diese Informationen sind in Form eines Verweises auf den neu gefassten Art. 246a § 1 Abs. 1 S. 1 Nr. 1, 4, 5, 11 und 12 EGBGB vorgegeben. Die Absätze 3 bis 5 des § 312j BGB nF entsprechen inhaltlich den Absätzen 3 bis 5 des § 312g BGB aF. Damit der Unternehmer seinen Informationspflichten wirksam nachkommt, müssen diese unbedingt **oberhalb des Bestellbuttons** stehen.

138

Die in § 312j Abs. 2 bis 4 BGB nF enthaltenen Regelungen zur sog. Button-Lösung wurden im deutschen Recht bereits zum 1. August 2012[2] vorab umgesetzt. Ihren Ursprung hat die Button-Lösung in Art. 8 Abs. 2 S. 2 der VerbraucherrechteRL. Diesbezüglich enthält § 312j Abs. 3 S. 2 BGB nF folgende Regelung: „Erfolgt die Bestellung über eine Schaltfläche, ist die Pflicht des Unternehmers aus Satz 1 nur erfüllt, wenn diese Schaltfläche gut lesbar mit nichts anderem als den Wörtern ‚zahlungspflichtig bestellen' oder mit einer entsprechenden eindeutigen Formulierung beschriftet ist."

139

⇨ **Praxistipp:** Bei der **Beschriftung des Bestellbuttons** ist es ratsam, sich strikt an die gesetzlichen Vorgaben zu halten. Insbesondere längere Beschriftungen können von vornherein unzulässig sein, da sie die Eindeutigkeit beeinträchtigen.[3] Für den Fall, dass die Button-Beschriftung nicht den gesetzlichen Vorgaben entsprechen sollte, folgt aus § 312j Abs. 4 BGB nF, dass der Vertrag dann nicht zustande kommt.

§ 312j Abs. 5 BGB nF schränkt den Anwendungsbereich der Absätze 2 bis 4 ein. Diese sind dann nicht anzuwenden, wenn der Vertrag ausschließlich durch **individuelle Kommunikation** geschlossen wird. Die Pflichten aus den Absätzen 1 und 2 gelten weder für Webseiten, die Finanzdienstleistungen betreffen, noch für Verträge über Finanzdienstleistungen. Wird der Vertrag mit dem Kunden durch individuelle Kommunikation geschlossen (z.B. durch wechselseitigen E-Mail-Verkehr), so ist dieser partiell von den Regelungen ausgenommen.[4]

140

---

[1] Angelehnt an § 312g Abs. 2 BGB aF.
[2] Durch Gesetz zur Änderung des Bürgerlichen Gesetzbuchs zum besseren Schutz der Verbraucherinnen und Verbraucher vor Kostenfallen im elektronischen Geschäftsverkehr und zur Änderung des Wohnungseigentumsgesetzes v. 10.5.2012, BGBl. I S. 1084.
[3] LG Berlin VuR 2013, 474 m. Anm. *Rätze*.
[4] Bisher waren Verträge über Finanzdienstleistungen nur von den Pflichten aus Abs. 2 befreit. Da die RL 2011/83/EU jedoch Finanzdienstleistungen nicht umfasst (s. Art. 3 Abs. 3 lit. d RL 2011/83/EU), bezieht sich die Ausnahme nun auch auf die Pflichten in Abs. 1.

8. Informationspflichten im stationären Handel

141 In Anlehnung an Art. 5 der VerbraucherrechteRL führt der neue § 312a Abs. 2 BGB allgemeine Informationspflichten ein, die der Unternehmer gegenüber einem Verbraucher im stationären Handel erfüllen muss. Zugleich wird Gleichklang mit Art. 7 Abs. 4 der UGP-RL geschaffen, der bereits durch § 5a Abs. 3 UWG in deutsches Recht umgesetzt worden ist; somit sind die nun eingeführten Informationspflichten auf alle Verbraucherverträge anwendbar.[1]

a) Anwendungsbereich

142 Die allgemeinen Informationspflichten haben einen **eingeschränkten Anwendungsbereich**. Zum einen sind die Bereichsausnahmen zu beachten, zum anderen kommen die Informationspflichten für die besonderen Vertriebsformen vorrangig zur Anwendung. Die VerbraucherrechteRL sieht in Art. 5 Abs. 3 eine fakultative Ausnahme von den Informationspflichten für Geschäfte des täglichen Lebens vor. Der deutsche Gesetzgeber hat von dieser Möglichkeit in Art. 246 Abs. 2 EGBG nF Gebrauch gemacht und schließt Verträge über Geschäfte des täglichen Lebens, die bei Vertragsschluss sofort erfüllt werden, von den Informationspflichten aus. Dadurch wird verhindert, dass **Alltagsgeschäfte** durch die Informationspflichten übermäßig mit Aufwand belastet werden. Ob ein Geschäft als Geschäft des täglichen Lebens zu klassifizieren ist, richtet sich dabei nach der Verkehrsauffassung.[2]

b) Form

143 Diese Informationen müssen dem Verbraucher ohne aufwendiges Suchen zur Verfügung gestellt werden.[3]

c) Inhalt

144 Inhaltlich sind die Informationspflichten für den stationären Handel an die Informationspflichten für die besonderen Vertriebsformen angelehnt. Die Ausgestaltung orientiert sich an Art. 5 Abs. 1 der VerbraucherrechteRL. Liegen alle Voraussetzungen vor, so hat der Unternehmer bei einem Verbrauchervertrag im stationären Handel ab dem 13. Juni 2014 die **Informationspflichten aus Art. 246 EGBGB nF** zu erfüllen.

145 In Art. 246 Abs. 1 EGBGB nF[4] heißt es: *„Der Unternehmer ist, sofern sich diese Informationen nicht aus den Umständen ergeben, nach § 312a Absatz 2 des Bürgerlichen Gesetzbuchs verpflichtet, dem Verbraucher vor Abgabe von dessen Vertragserklärung folgende Informa-*

---

1 *Schwab/Giesemann*, EuZW 2012, 253.
2 Vgl. BT-Drs. 17/12637, S. 74.
3 Vgl. BT-Drs. 17/12637, S. 74.
4 Vgl. Art. 5 Abs. 1 RL 2011/83/EU.

tionen in klarer und verständlicher Weise zur Verfügung zu stellen: (...)"

Gem. Art. 246 Abs. 1 S. 1 Nr. 1 EGBGB nF[1] sind zunächst die **wesentlichen Eigenschaften** der Waren oder Dienstleistungen *„in dem für den Datenträger und die Waren oder Dienstleistungen angemessenen Umfang"* anzugeben. In Bezug auf die zum Unternehmer zu erteilenden Informationen bestimmt Art. 246 Abs. 1 S. 1 Nr. 2 EGBGB,[2] dass dieser *„seine* **Identität***, beispielsweise seinen Handelsnamen und die Anschrift des Ortes, an dem er niedergelassen ist, sowie seine* **Telefonnummer***"* anzugeben hat.

146

In Art. 246 Abs. 1 S. 1 Nr. 3 EGBGB nF[3] sind wichtige Informationspflichten zu den **Kosten** sowie deren **Berechnung** festgelegt: Der Unternehmer hat zu informieren über *„den Gesamtpreis der Waren und Dienstleistungen einschließlich aller Steuern und Abgaben oder in den Fällen, in denen der Preis auf Grund der Beschaffenheit der Ware oder Dienstleistung vernünftigerweise nicht im Voraus berechnet werden kann, die Art der Preisberechnung sowie gegebenenfalls alle zusätzlichen Fracht-, Liefer- oder Versandkosten oder in den Fällen, in denen diese Kosten vernünftigerweise nicht im Voraus berechnet werden können, die Tatsache, dass solche zusätzlichen Kosten anfallen können"*.

147

➲ **Praxistipp:** In Verbindung mit § 312a Abs. 2 S. 2 BGB nF ist es für den Unternehmer besonders wichtig, wirksam über die **Fracht-, Liefer- oder Versandkosten** sowie die **sonstigen Kosten** zu informieren, da er sie andernfalls nicht vom Verbraucher verlangen kann.

Darüber hinaus hat der Unternehmer den Verbraucher gegebenenfalls gem. Art. 246 Abs. 1 S. 1 Nr. 4 EGBGB nF[4] über folgende Bedingungen zu informieren: *„die Zahlungs-, Liefer- und Leistungsbedingungen, den Termin, bis zu dem sich der Unternehmer verpflichtet hat, die Waren zu liefern oder die Dienstleistungen zu erbringen, sowie das Verfahren des Unternehmers zum Umgang mit Beschwerden"*.

148

Des Weiteren ist der Verbraucher nach Art. 246 Abs. 1 S. 1 Nr. 5 EGBGB nF[5] über *„das Bestehen eines gesetzlichen Mängelhaftungsrechts für die Waren und gegebenenfalls das Bestehen und die Bedingungen von Kundendienstleistungen und Garantien"* zu informieren.

149

Zum besseren Schutz des Verbrauchers schreibt Art. 246 Abs. 1 S. 1 Nr. 6 EGBGB nF[6] Informationen über *„gegebenenfalls die Laufzeit des*

150

---

1 Vgl. Art. 5 Abs. 1 lit. a RL 2011/83/EU.
2 Vgl. Art. 5 Abs. 1 lit. b RL 2011/83/EU.
3 Vgl. Art. 5 Abs. 1 lit. c RL 2011/83/EU.
4 Vgl. Art. 5 Abs. 1 lit. d RL 2011/83/EU.
5 Vgl. Art. 5 Abs. 1 lit. e RL 2011/83/EU.
6 Vgl. Art. 5 Abs. 1 lit. f RL 2011/83/EU.

Vertrags oder die Bedingungen der Kündigung unbefristeter Verträge oder sich automatisch verlängernder Verträge" vor.

151 Das Gesetz berücksichtigt auch die technologische Entwicklung der vergangenen Jahre: Gem. Art. 246 Abs. 1 S. 1 Nr. 7 EGBGB nF[1] ist gegebenenfalls über *„die Funktionsweise digitaler Inhalte, einschließlich anwendbarer technischer Schutzmaßnahmen für solche Inhalte"* zu informieren. Definiert werden *„**digitale Inhalte**"* als *„nicht auf einem körperlichen Datenträger befindlichen Daten, die in digitaler Form hergestellt und bereitgestellt werden"*, § 312 f. Abs. 3 BGB nF. Aus Erwägungsgrund 19 der VerbraucherrechteRL geht hervor, dass mit diesem Begriff Daten gemeint sind, die in digitaler Form hergestellt und bereitgestellt werden. Als Beispiele werden Computerprogramme, Anwendungen (Apps), Spiele, Musik, Videos oder Texte genannt, auf die durch Herunterladen oder Herunterladen in Echtzeit (Streaming) von einem körperlichen Datenträger oder in sonstiger Weise zugegriffen wird. In Bezug auf die Angaben zur Funktionsweise der digitalen Inhalte muss darüber informiert werden, wie die digitalen Inhalte verwendet werden können.[2] Mit dem Begriff der **technischen Schutzmaßnahmen** ist laut Erwägungsgrund 19 der VerbraucherrechteRL der Schutz mittels digitaler Rechteverwaltung oder Regionalcodierungen gemeint.

152 Weitere technische Neuerungen werden in Art. 246 Abs. 1 S. 1 Nr. 8 EGBGB nF[3] aufgegriffen, der die Informationspflicht erstreckt auf *„gegebenenfalls, soweit wesentlich, Beschränkungen der Interoperabilität und der Kompatibilität digitaler Inhalte mit Hard- und Software, soweit diese Beschränkungen dem Unternehmer bekannt sind oder bekannt sein müssen."* Mit dem Begriff der **Interoperabilität** ist laut Erwägungsgrund 19 der VerbraucherrechteRL die Information in Bezug auf die standardmäßige Umgebung an Hard- und Software gemeint, mit der die digitalen Inhalte kompatibel sind. Als Beispiele sind das Betriebssystem, die notwendige Version und bestimmte Eigenschaften der Hardware aufgeführt. Besonderere Bedeutung kommt in diesem Zusammenhang der Einschränkung „soweit wesentlich" zu, da hiermit deutlich gemacht wird, dass nur für den Verbraucher üblicherweise wichtige Informationen über die Interoperabilität angegeben werden müssen. So greift die Einschränkung, etwa wenn der Verbraucher ein veraltetes, kaum noch gebräuchliches Betriebssystem verwendet.[4]

153 Falls gesetzlich ein Widerrufsrecht vorgesehen ist, enthält Art. 246 Abs. 3 EGBGB nF[5] die entsprechenden Vorgaben über **Art und Umfang einer Belehrung über ein bestehendes Widerrufsrecht**. Inhaltlich ent-

---

1 Vgl. Art. 5 Abs. 1 lit. g RL 2011/83/EU.
2 Vgl. BT-Drs. 17/12637, S. 73.
3 Vgl. Art. 5 Abs. 1 lit. h RL 2011/83/EU.
4 Vgl. BT-Drs. 17/12637, S. 74.
5 Vgl. Art. 5 Abs. 4 RL 2011/83/EU.

sprechen diese Vorgaben weitgehend denen des § 360 Abs. 1 BGB aF, allerdings mit dem großen Unterschied, dass die bisherigen Regelungen zum Rückgaberecht entfallen, da dieses mit Umsetzung der VerbraucherrechteRL abgeschafft worden ist.

9. Verletzung von Informationspflichten

Gem. Art. 24 VerbraucherrechteRL ist die Ausgestaltung der **Sanktionen** für die Verletzung der vorvertraglichen Informationspflichten den Mitgliedsstaaten überlassen. Einzige Vorgabe ist, dass sie wirksam, angemessen und abschreckend sein müssen.[1] Zugleich enthält die VerbraucherrechteRL jedoch selbst Sanktionen für die Verletzung bestimmter Informationspflichten.

154

a) Partielle Unwirksamkeit des Vertrags

Die **Verletzung bestimmter Informationspflichten** führt zu partieller Unwirksamkeit des Vertrags. So sind Vereinbarungen über Kosten und Entgelte, wie z.B. für die Lieferung/Fracht oder Kontaktaufnahme mit dem Unternehmer, unwirksam, sofern der Verbraucher nicht explizit auf diese hingewiesen wurde. Teilweise ist sogar die ausdrückliche Einverständniserklärung für eine wirksame Einbeziehung in den Vertrag erforderlich. Zu den einzelnen Informationspflichten:

155

In Bezug auf **Facht-, Liefer- oder Versandkosten** und **sonstige Kosten** ordnet § 312a Abs. 2 S. 2 BGB nF an: *„Der Unternehmer kann von dem Verbraucher Fracht-, Liefer- oder Versandkosten und sonstige Kosten nur verlangen, soweit er den Verbraucher über diese Kosten entsprechend den Anforderungen aus Artikel 246 Absatz 1 Nummer 3 des Einführungsgesetzes zum Bürgerlichen Gesetzbuche informiert hat."* Hier hat der deutsche Gesetzgeber die Gelegenheit genutzt, die Sanktionsregelung für Fernabsatz- und Direktvertriebsverträge aus Art. 6 Abs. 6 der VerbraucherrechteRL[2] auch auf die Verletzung der Informationspflichten im stationären Handel auszudehnen. In der Gesetzesbegründung heißt es dazu: „Hierbei handelt es sich um eine wirksame, angemessene und abschreckende Sanktion im Sinne von Artikel 24 der RL."[3] Jedenfalls kann der Unternehmer den Betrag nicht vom Verbraucher verlangen, so dass im Fall einer Informationspflichtverletzung „nach allgemeinen Grundsätzen ein Anspruch des Verbrauchers auf Schadensersatz aufgrund einer Pflichtverletzung in Betracht kommen (§§ 280 Absatz 1, 241 Absatz 2 BGB)" kann.[4]

156

---

1 *Hoeren/Sieber/Holznagel/Föhlisch*, Handbuch Multimedia-Recht, Teil 13.4, Rz. 216; *Lehmann*, CR 2012, 261.
2 Umgesetzt in § 312e BGB nF.
3 BT-Drs. 17/12637, S. 51.
4 BT-Drs. 17/12637, S. 51.

157 Unwirksam ist auch eine Vereinbarung, „*die auf eine* **über das** *vereinbarte* **Entgelt für die Hauptleistung hinausgehende Zahlung** *des Verbrauchers gerichtet ist*", sofern sie nicht ausdrücklich mit dem Verbraucher getroffen wurde, § 312a Abs. 3 S. 1 BGB nF.[1] Noch strengere Maßstäbe gelten für den Fall, dass der Vertrag im elektronischen Geschäftsverkehr geschlossen wurde: *„Schließen der Unternehmer und der Verbraucher einen Vertrag im elektronischen Geschäftsverkehr, wird eine solche Vereinbarung nur Vertragsbestandteil, wenn der Unternehmer die Vereinbarung nicht durch eine Voreinstellung herbeiführt."*, § 312a Abs. 3 S. 2 BGB nF. Ziel dieser Neuregelung ist es, **den Verbraucher vor ungewollten vertraglichen Verpflichtungen zu schützen**. Die Regelung des Satzes 2 ist neben derjenigen des Satzes 1 erforderlich, weil eine vom Unternehmer verwendete Voreinstellung häufig auf eine „ausdrückliche Zustimmung" des Verbrauchers zum Bezug einer weiteren Leistung ausgerichtet ist. Gerade in einem solchen Fall ist der Verbraucher schutzwürdig, weil er die Voreinstellung des Unternehmers nicht in jedem Fall bemerkt und nachträglich von seiner nach objektivem Empfängerhorizont gegebenen Zustimmung überrascht wird. Der Verbraucher sieht sein Erklärungsverhalten in solchen Fällen nicht selten als manipuliert und die „Zustimmung" als ihm untergeschoben an. Verwendet der Unternehmer sie gleichwohl, wird eine entgeltliche Nebenleistung nur Vertragsbestandteil, wenn der Unternehmer auf einem anderen Wege eine ausdrückliche Vereinbarung mit dem Verbraucher hierüber herbeiführt, etwa in Form einer Erklärung des Verbrauchers in einer gesonderten E-Mail.[2]

158 Nach § 312a Abs. 5 BGB nF[3] ist außerdem eine Vereinbarung, durch die ein Verbraucher verpflichtet wird, dem Unternehmer für eine **Auskunft oder eine sonstige während eines Anrufs erbrachte Leistung** ein Entgelt zu zahlen, unwirksam, wenn der Verbraucher mit dem Unternehmer im Zusammenhang mit einem zwischen ihnen geschlossenen Vertrag über eine für solche Anrufe vom Unternehmer bereitgehaltene Rufnummer Kontakt aufnimmt.[4]

---

1 Vgl. Art. 22 RL 2011/83/EU.
2 BT-Drs. 17/12637, S. 53.
3 Vgl. Art. 21 RL 2011/83/EU.
4 § 312a Abs. 5 BGB nF setzt Art. 21 RL 2011/83/EU um. Entsprechend Art. 21 RL 2011/83/EU sollen die Mitgliedstaaten dafür sorgen, dass der Verbraucher nicht verpflichtet ist, bei einer telefonischen Kontaktaufnahme mit dem Unternehmer mehr als den Grundtarif zu zahlen, wenn der Unternehmer eine Telefonleitung eingerichtet hat, um mit ihm im Zusammenhang mit dem geschlossenen Vertrag telefonisch Kontakt aufzunehmen. Klarzustellen ist in diesem Zusammenhang, dass die Regelung nicht mit der Vorschrift des § 312a Abs. 5 BGB nF deckungsgleich ist, was zur Auslegungsschwierigkeiten in der Praxis führen wird.

b) Verlängerung der Widerrufsfrist

Nach § 356 Abs. 3 BGB nF beginnt die Widerrufsfrist nicht, bevor der Unternehmer den Verbraucher entsprechend den Anforderungen des Art. 246a § 1 Abs. 2 S. 1 Nr. 1 EGBGB nF unterrichtet hat. Mit der Verlängerung des Widerrufsrechts wird daher ein Verstoß gegen die Pflicht, die Widerrufsbelehrung in Textform zu erteilen sanktioniert. Z.T. wird dies als unzureichend erachtet,[1] da eine Widerrufsbelehrung in Textform keine Voraussetzung für den Beginn der Widerrufsfrist darstellt. Dabei wird allerdings übersehen, dass bereits die vorvertragliche Verletzung der Informationspflichten nach Erwägungsgrund 43 VerbraucherrechteRL eine Fristverlängerung nach sich zieht.[2]

159

c) Weitere Sanktionsmöglichkeiten

Im Übrigen erfährt das deutsche Sanktionssystem keine Änderungen. Verletzungen der Informationspflichten begründen darüber hinaus **Unterlassungsansprüche** nach dem Unterlassungsklagegesetz (UKlaG) und dem Gesetz gegen den unlauteren Wettbewerb (UWG)[3], ggf. **vertragliche Schadensersatzansprüche** der Verbraucher. Der Schaden des Verbrauchers kann z.B. im ungünstigen Inhalt des Vertrags liegen. Dies kann zu einem **Anspruch auf Vertragsanpassung** führen. Ein finanzieller Nachteil kann dem Unternehmer z.B. entstehen, wenn er seinen Informationspflichten gem. § 312d Abs. 1 BGB nF i.V.m. Art. 246a § 1 Abs. 1 S. 1 Nr. 4 bzw. Abs. 2 S. 1 Nr. 2 EGBGB nF nicht nachkommt. So kann der Unternehmer vom Verbraucher **Fracht-, Liefer- oder Versandkosten** sowie sonstige Kosten nur verlangen, soweit er ihn entsprechend Art. 246a § 1 Abs. 1 S. 1 Nr. 4 EGBGB nF informiert hat, § 312e BGB nF. Außerdem muss der Verbraucher die **Kosten für die Rücksendung der Waren** nur tragen, wenn er hierauf entsprechend Art. 246a § 1 Abs. 2 S. 1 Nr. 2 EGBGB nF hingewiesen worden ist, § 357 Abs. 6 BGB nF.

160

10. Die Muster-Widerrufsbelehrung

Wie bisher muss das Unternehmen den Verbraucher über sein Widerrufsrecht informieren, Art. 246a § 1 Abs. 2 S. 1 EGBGB nF (vgl. hierzu Rz. 114 f.). Ab dem 13. Juni 2014 können Unternehmen hierfür eine europaweit **einheitliche Muster-Widerrufsbelehrung** verwenden. Diese muss dem Verbraucher in Textform übermittelt werden.[4] Der Vorteil

161

---

1 *Brönneke/Fezer*, Stellungnahme v. 5.11.2012, S. 3.
2 *Föhlisch/Dyakova*, MMR 2013, 9.
3 Kritisch hierzu *Brönneke*, Stellungnahme v. 16.4.2013, S. 5 f.; a.A. DAV-Stellungnahme v. 17.4.2013, S. 3.
4 Art. 246a § 1 Abs. 2 S. 2 EGBGB nF. Es ist nicht ausreichend, dass das Unternehmen auf eine Webseite verweist, auf der die Widerrufsbelehrung heruntergeladen werden kann, Urt. des EFTA-Gerichtshofs v. 27.1.2010, Rechtssache E-4/09; Urt. des EuGH v. 5.7.2012, Rechtssache C- 49/11, vgl. BT-Drs. 17/12637, S. 75.

der Muster-Widerrufsbelehrung ist, dass Unternehmen aufgrund einer Gesetzlichkeitsfunktion[1] europaweit rechtssicher belehren können. Art. 246a § 1 Abs. 2 S. 2 EGBGB nF stellt in Übereinstimmung mit der VerbraucherrechteRL[2] eindeutig klar, dass die Muster-Widerrufsbelehrung nicht zwingend verwendet werden muss: *„Der Unternehmer* **kann** *diese Informationspflichten dadurch erfüllen, dass er das in der Anlage 1 vorgesehene Muster für die Widerrufsbelehrung zutreffend ausgefüllt in Textform übermittelt."*

162 Ein Abweichen von der Muster-Widerrufsbelehrung bedeutet also nicht automatisch, dass die Widerrufsbelehrung fehlerhaft ist bzw. dass ein Verstoß gegen Lauterkeitsrecht anzunehmen ist.[3] Die Erfahrung zeigt jedoch, dass zumindest die deutschen Gerichte selbst bei geringfügigsten Abweichungen von der Muster-Widerrufsbelehrung nach altem Recht der Ansicht waren, dass die Widerrufsbelehrung fehlerhaft war.[4] Insofern riskiert ein Unternehmen, das die Muster-Widerrufsbelehrung nicht verwendet, eine um ein Jahr verlängerte Widerrufsfrist und ggf. sogar eine Abmahnung.[5] Für die unternehmerische Praxis ist somit die Verwendung der Muster-Widerrufsbelehrung anzuraten.[6]

➲ **Praxistipp:** Für eine rechtssichere Belehrung empfiehlt sich die Verwendung der Muster-Widerrufsbelehrung. Unternehmen, die ihre Waren oder Dienstleistungen in mehreren EU-Mitgliedstaaten anbieten und dabei die jeweilige Landessprache[7] verwenden, können die Muster-Widerrufsbelehrung der VerbraucherrechteRL 2011/83/EU in allen EU-Amtssprachen im Internet abrufen: http://eur-lex.europa.eu/de/index.htm.

163 Voraussetzung für eine rechtssichere Belehrung ist hierbei, dass das belehrende Unternehmen die Muster-Widerrufsbelehrung *„zutreffend ausgefüllt in Textform übermittelt"*, Art. 246a § 1 Abs. 2 S. 2 EGBGB nF. Dabei darf nach Ansicht der Bundesregierung die Muster-Widerrufsbelehrung **nicht verändert** werden, sie ist entsprechend den Gestaltungshinweisen auszufüllen und zu verwenden.[8]

---

1 Vgl. BGH Urt. v. 15.8.2012 – VIII ZR 378/11.
2 Vgl. Art. 6 Abs. 4 RL 2011/83/EU.
3 Bei einer Widerrufsbelehrung sind jedoch in jedem Fall die Anforderungen des Art. 6 Abs. 1 Buchst. h, i und j RL 2011/83/EU zu berücksichtigen.
4 Vgl. u.a. BGH Urt. v. 22.5.2012 – II ZR 1/11, NJW-RR 2012, 1197 und OLG München Urt. v. 10.10.2013 – 14 U 1804/13.
5 Falls ein Unternehmen dennoch von der Musterwiderrufsbelehrung abweichen möchte, bietet es sich an, sehr nahe an der Muster-Widerrufsbelehrung zu bleiben. In jedem Falle müssen die Anforderungen der Art. 6 Absatz 1 Buchst. h, i und j RL 2011/83/EU berücksichtigt werden.
6 Vgl. Anlage 1 zu Art. 246a § 1 Abs. 2 S. 2 BGBGB nF bzw. Rz. 186.
7 Das französische Recht schreibt z.B. vor, dass Verbraucherverträge in französischer Sprache abgefasst sein müssen.
8 BT-Drs. 17/12637, S. 75.

Der Unternehmer muss den Verbraucher über die Bedingungen, Fristen und das Verfahren für die Ausübung des Widerrufs sowie das Muster-Widerrufsformular informieren, Art. 246a § 1 Abs. 2 Nr. 1 EGBGB nF. Auch besteht die Pflicht zur Information darüber, dass der Verbraucher die Kosten für die Rücksendung der Waren zu tragen hat, Art. 246a § 1 Abs. 2 Nr. 2, 1. Alt. EGBGB nF. Wenn die Waren aufgrund ihrer Beschaffenheit nicht auf dem normalen Postweg zurückgesendet werden können, muss der Unternehmer bei Fernabsatzverträgen zusätzlich die Kosten für die Rücksendung der Waren angeben, Art. 246a § 1 Abs. 2 Nr. 2, 2. Alt. EGBGB nF.

164

Die Herausforderung dabei besteht darin, dass die Muster-Widerrufsbelehrung zum Teil dazu zwingt, sich zwischen verschiedenen Alternativen zu entscheiden, obwohl in manchen Fällen zum Zeitpunkt des Vertragsschlusses noch gar nicht feststehen kann, welche der Alternativen zum Zeitpunkt der Auslieferung der Ware vorliegen wird.[1] Nach dem bis 12.6.2014 geltenden Recht bestand dieses Problem nicht. So konnten die Unternehmen eine einheitliche Muster-Widerrufsbelehrung verwenden, ohne besondere Anpassungen vorzunehmen.

165

Besonders problematisch sind die nunmehr erforderlichen Angaben zum Beginn der Widerrufsfrist und zu den Rücksendekosten. Was in diesen Fällen beachtet werden sollte, wird im Folgenden erläutert.

166

a) Angaben zum Fristbeginn in der Widerrufsbelehrung

Für den Beginn der Widerrufsfrist sieht die Muster-Widerrufsbelehrung[2] zu Art. 246a § 1 Abs. 2 S. 2 EGBGB nF folgende alternative Belehrungsmöglichkeiten vor:

167

Die Widerrufsfrist beträgt vierzehn Tage ab dem Tag [1]

...

a) [...]

b) im Falle eines Kaufvertrags: „„an dem Sie oder ein von Ihnen benannter Dritter, der nicht der Beförderer ist, die Waren in Besitz genommen haben bzw. hat.";

c) im Falle eines Vertrags über mehrere Waren, die der Verbraucher im Rahmen einer einheitlichen Bestellung bestellt hat und die getrennt geliefert werden: „„an dem Sie oder ein von Ihnen benannter Dritter, der nicht der Beförderer ist, die letzte Ware in Besitz genommen haben bzw. hat.";

---

1 Vgl. hierzu kritisch *Hoeren/Föhlisch*, CR 2014, 242; *Amereller*, Die neue Musterwiderrufsbelehrung 2014, 22.5.2013, http://www.it-recht-kanzlei.de/muster-neue- widerrufsbelehrung-2014.html, zuletzt abgerufen am 16.1.2014, BDD-Stellungnahme v. 12.4.2013, S. 5.
2 Vollständiger Abdruck unten Rz. 186.

d) im Falle eines Vertrags über die Lieferung einer Ware in mehreren Teilsendungen oder Stücken: „"an dem Sie oder ein von Ihnen benannter Dritter, der nicht der Beförderer ist, die letzte Teilsendung oder das letzte Stück in Besitz genommen haben bzw. hat."";

e) im Falle eines Vertrags zur regelmäßigen Lieferung von Waren über einen festgelegten Zeitraum hinweg: „"an dem Sie oder ein von Ihnen benannter Dritter, der nicht der Beförderer ist, die erste Ware in Besitz genommen haben bzw. hat.""

168 Wird im Rahmen eines **Kaufvertrags nur eine Ware** bestellt oder werden **im Rahmen einer einheitlichen Bestellung mehrere Waren bestellt**, die **zusammen geliefert** werden, ist Textbaustein **1b)** einzufügen.

169 Werden **im Rahmen einer einheitlichen Bestellung mehrere Waren bestellt**, die **getrennt geliefert** werden, ist Textbaustein **1c)** einzufügen. Ausnahmsweise kann allerdings auch unter diesen Umständen Textbaustein **1b)** zum Zuge kommen, wenn die Auslegung der Willenserklärung zum Ergebnis führt, dass trotz des einheitlichen Bestellvorgangs zwei oder mehrere getrennte Kaufverträge vorliegen, weil es beispielsweise an einem erkennbaren Zusammenhang zwischen den verschiedenen Waren fehlt.

170 Wird **eine Ware bestellt, die in mehreren Teilsendungen oder Stücken geliefert** wird, kommt Formulierung **1d)** zum Tragen.

171 Sollen **regelmäßig Waren über einen festgelegten Zeitraum hinweg geliefert** werden (Abonnement), gilt Formulierung **1e)**.

⊃ **Problem**: Wenn der Verbraucher in **einer Bestellung mehrere Waren** bestellt, müsste der Unternehmer also bereits zum Zeitpunkt der Bestellung die Liefersituation kennen. Dies wird nicht immer gegeben sein. So ist es beispielsweise möglich, dass bei mehreren bestellten Waren ein Produkt sich nicht mehr im Lager befindet und deshalb nachgeliefert werden muss. Denkbar ist auch, dass bei einer Sammelbestellung der Händler aufgrund der Größe oder des Gewichts die Lieferung auf mehrere Pakete verteilen muss.

172 Würden kumulativ mehrere Textbausteine in eine einzige Widerrufsbelehrung übernommen, würde die gesetzliche Privilegierung der Muster-Widerrufsbelehrung entfallen. So sehen die Gestaltungshinweise zur Muster-Widerrufsbelehrung vor, dass nur eine der genannten Alternativen verwendet werden darf. Es ist somit nicht möglich, die unterschiedlichen Anknüpfungspunkte für den Fristbeginn in eine einheitliche Widerrufsbelehrung aufzunehmen. In Gestaltungshinweis 1 heißt es eindeutig, dass **einer** der Textbausteine eingefügt werden soll.[1]

---

1 Vgl. auch hierzu BT-Drs. 17/12637, S. 75.

(1) Als Lösungsmöglichkeit ist eine „Nachbelehrung" des Verbrauchers für den Fall, dass sich die zunächst erteilte Belehrung als unzutreffend erweist, denkbar. Diese könnte **mit Auslieferung der Ware** erfolgen. Allerdings sollten hierbei in Form eines „**Vorspanns**" die Änderungen zur ursprünglichen Belehrung klar und deutlich erläutert werden. Erforderlich hierfür ist sicher die Erarbeitung einer intelligenten Softwarelösung. 173

(2) Ein zweiter Lösungsansatz ist es, in Zukunft mehrere Widerrufsbelehrungen vorzuhalten, die unter einer deutlich sichtbaren Überschrift voneinander abgegrenzt werden. 174

(3) Als dritte Lösungsmöglichkeit ist es denkbar, von der Muster-Widerrufsbelehrung abzuweichen. Das ist jedoch aus den oben dargestellten Gründen bedenklich. Allenfalls wenn die Europäische Kommission in den für Frühjahr 2014 erwarteten Leitlinien zur Umsetzung der EU-VerbraucherrechteRL diese Lösung empfiehlt, sollte von dieser Lösungsmöglichkeit Gebrauch gemacht werden.[1] 175

(4) Eine vierte Lösungsmöglichkeit besteht darin, immer den Textbaustein 1c) zu verwenden.[2] Auch wenn nur eine Ware bestellt worden ist, wird die Widerrufsbelehrung dadurch nicht falsch. Es besteht auch keine Irreführungsgefahr, da dem durchschnittlich informierten und angemessen aufmerksamen Verbraucher deutlich wird, dass das Widerrufsrecht immer mit Erhalt der letzten Ware zu laufen beginnt. Wenn nur eine Ware geliefert wird, dann ist für den Kunden ebenfalls unmissverständlich klar, dass die Widerrufsfrist zu laufen beginnt. Für diese Lösung sprechen auch Ziel und Zweck der RL, die Rechtssicherheit durch eine europaweit einheitliche Muster-Widerrufsbelehrung zu erhöhen. Diese Lösung kommt zudem dem Verbraucherinteresse sehr entgegen, denn im Fall einer Doppelbelehrung oder einer Nachbelehrung erhöht sich der Umfang des von dem Verbraucher zu lesenden Textes. Dies kann dazu führen, dass die wesentlichen Informationen vom Verbraucher weniger wahrgenommen werden.[3] In der Praxis würde sich dieser

---

1 Unter anderem der Bundesverband Direktvertrieb Deutschland (BDD) hierzu eine Eingabe bei der Europäischen Kommission gemacht, BDD-Stellungnahme v. 10.1.2014, http://www.direktvertrieb.de/index.php?eID=tx_nawsecu redl&u=0&file=fileadmin/user_upload/MAIN-dateien/Manfredi_Leitlinien_ VerbraucherrechteRL.pdf&t=1390040400&hash=851c162ba63829970aa5d7 c17f760a51c0cb0164, zuletzt abgerufen am 17.1.2014.
2 Dieser Lösungsvorschlag wird u.a. in Regierungskreisen befürwortet – dies stellt jedoch keine formale Stellungnahme der Bundesregierung dar.
3 Je intransparenter ein Vertrag durch zu viele Informationen ist, desto leichter wird es für unseriöse Unternehmen, nachteilige Klauseln darin zu verstecken. Auch die Europäische Kommission sieht inzwischen das „Überhäufen" der Verbraucher mit Informationen kritisch und erkennt an, dass Verbraucher sich zunehmend auf wenige zentrale Informationen beschränken: „(...) Verbraucher [werden] oft mit Informationen überhäuft, doch sind dies nicht unbedingt auch die Informationen, die die Verbraucher benöti-

Lösungsvorschlag wohl als der für die Unternehmen und Verbraucher geeignetste erweisen.[1]

➲ **Praxistipp:** Unternehmen sollten zur Fristberechnung sicherstellen, dass die Kundenserviceabteilungen den Zeitpunkt der Warenzustellung kennen. Dabei ist zu beachten, dass z.B. DHL die Daten der Übergabe nur sechs Monate vorhält. Dies kann im Fall einer verlängerten Widerrufsfrist problematisch werden. Insofern kann es sich anbieten, mit dem Vertragsdokument auch das Datum Warenzustellung zu vermerken.

176 Welche der aufgezeigten Alternativen im Einzelfall zu empfehlen ist, kann derzeit noch nicht endgültig entschieden werden, da die Europäische Kommission die für das erste Halbjahr 2014 erwarteten Leitlinien zur Umsetzung der EU-VerbraucherrechteRL noch nicht verabschiedet hat. Der BDD und Trusted Shops werden jedoch auf Ihren Internetseiten www.direktvertrieb.de und http://www.shopbetreiber-blog.de/Hinweise hierzu veröffentlichen, sobald die Europäische Kommission ihre Leitlinien veröffentlicht hat.

177 Folgendes **Beispiel** verdeutlicht die Gestaltungsmöglichkeiten der Muster-Widerrufsbelehrung für die Lösungsansätze (1), (2) und (4) (Nachbelehrung, doppelte Belehrung bzw. alleinige Verwendung des Textbausteins 1c):

Der Kunde bestellt

– **Alternative 1**: eine Ware, die als eine Sendung geliefert werden kann bzw. mehrere Waren, die in einer Lieferung verschickt werden können;

– **Alternative 2**: mehrere Waren, die nicht in einer Lieferung verschickt werden können. Beachte: Es wird nicht unterschieden, ob trotz des einheitlichen Bestellvorgangs im Ergebnis doch mehrere getrennte Kaufverträge vorliegen, weil es z.B. an einem erkennbaren Zusammenhang zwischen den verschiedenen Waren fehlt.

Das Unternehmen räumt dem Verbraucher nicht die Wahl ein, die Widerrufserklärung auf der Webseite des Unternehmens elektronisch auszufüllen und zu übermitteln. Außerdem bietet das Unternehmen dem Kunden nicht an, im Fall des Widerrufs die Waren selbst abzuholen oder die Rücksendekosten zu übernehmen. Es liegt kein Fall vor, in dem die Waren aufgrund ihrer Beschaffenheit nicht normal mit der Post zurückgesandt werden können und zum Zeitpunkt des Vertragsschlusses zur Wohnung des Verbrauchers geliefert worden sind. Die Ware soll an das Unternehmen zurückgesendet werden.

---

gen. Angesichts der zunehmenden Komplexität der Informations- und Entscheidungsmöglichkeiten verlassen sich Verbraucher immer häufiger auf Gütesiegel oder auf Vermittler und Filter (...)", Mitteilung der Europäischen Kommission: *Eine Europäische Verbraucherschutzagenda für mehr Vertrauen und mehr Wachstum* (COM[2012] 225 final), S. 5.

1 S. auch *Schirmbacher/Schmidt*, CR 2014, 107 (116).

Bei **Alternative 1** würde die Widerrufsbelehrung mit eingesetztem Textbaustein 1b) beispielsweise so aussehen.

Widerrufsbelehrung

Widerrufsrecht

Sie haben das Recht, binnen vierzehn Tagen ohne Angabe von Gründen diesen Vertrag zu widerrufen.

Die Widerrufsfrist beträgt vierzehn Tage ab dem Tag, an dem Sie oder ein von Ihnen benannter Dritter, der nicht der Beförderer ist, die Waren in Besitz genommen haben bzw. hat.

Um Ihr Widerrufsrecht auszuüben, müssen Sie uns (Ihr Namen, Ihre Anschrift und, soweit verfügbar, Ihre Telefonnummer, Telefaxnummer und E-Mail-Adresse) mittels einer eindeutigen Erklärung (z.B. ein mit der Post versandter Brief, Telefax oder E-Mail) über Ihren Entschluss, diesen Vertrag zu widerrufen, informieren. Sie können dafür das beigefügte Muster-Widerrufsformular verwenden, das jedoch nicht vorgeschrieben ist.

Zur Wahrung der Widerrufsfrist reicht es aus, dass Sie die Mitteilung über die Ausübung des Widerrufsrechts vor Ablauf der Widerrufsfrist absenden.

Folgen des Widerrufs

Wenn Sie diesen Vertrag widerrufen, haben wir Ihnen alle Zahlungen, die wir von Ihnen erhalten haben, einschließlich der Lieferkosten (mit Ausnahme der zusätzlichen Kosten, die sich daraus ergeben, dass Sie eine andere Art der Lieferung als die von uns angebotene, günstigste Standardlieferung gewählt haben), unverzüglich und spätestens binnen vierzehn Tagen ab dem Tag zurückzuzahlen, an dem die Mitteilung über Ihren Widerruf dieses Vertrags bei uns eingegangen ist. Für diese Rückzahlung verwenden wir dasselbe Zahlungsmittel, das Sie bei der ursprünglichen Transaktion eingesetzt haben, es sei denn, mit Ihnen wurde ausdrücklich etwas anderes vereinbart; in keinem Fall werden Ihnen wegen dieser Rückzahlung Entgelte berechnet. Wir können die Rückzahlung verweigern, bis wir die Waren wieder zurückerhalten haben oder bis Sie den Nachweis erbracht haben, dass Sie die Waren zurückgesandt haben, je nachdem, welches der frühere Zeitpunkt ist.

Sie haben die Waren unverzüglich und in jedem Fall spätestens binnen vierzehn Tagen ab dem Tag, an dem Sie uns über den Widerruf dieses Vertrags unterrichten, an uns zurückzusenden oder zu übergeben. Die Frist ist gewahrt, wenn Sie die Waren vor Ablauf der Frist von vierzehn Tagen absenden. Sie tragen die unmittelbaren Kosten der Rücksendung der Waren. Sie müssen für einen etwaigen Wertverlust der Waren nur aufkommen, wenn dieser Wertverlust auf einen zur Prüfung der Beschaffenheit, Eigenschaften und Funktionsweise der Waren nicht notwendigen Umgang mit ihnen zurückzuführen ist.

Zu **Alternative 2:** Widerrufsbelehrung mit eingesetztem Textbaustein 1c):
Bei Alternative 2 lautet Satz 2 der Widerrufsbelehrung wie folgt:
„Die Widerrufsfrist beträgt vierzehn Tage ab dem Tag, an dem Sie oder ein von Ihnen benannter Dritter, der nicht der Beförderer ist, die letzte Ware in Besitz genommen haben bzw. hat."

b) Angaben zu den Rücksendekosten in der Widerrufsbelehrung

178 Der Unternehmer muss den Verbraucher darüber informieren, dass dieser im Fall des Widerrufs die **Rücksendekosten** trägt. Andernfalls kommt er seinen Informationspflichten nicht nach.[1] Auch wenn das Unternehmen sich bereit erklärt, die Rücksendekosten zu übernehmen, muss es ebenfalls darüber informieren. In der Widerrufsbelehrung über die Rücksendekosten muss differenziert werden, ob die zurückzusendenden Waren paketversandfähig sind oder nicht. Außerdem sind bei nicht paketversandfähiger Ware die Kosten für die Rücksendung anzugeben bzw. zu schätzen.

⬤ **Praxistipp:** In die Widerrufsbelehrung sollten unbedingt Informationen über die Rücksendekosten aufgenommen werden. Wenn die Angabe fehlt, muss das Handelsunternehmen die Rücksendekosten selbst tragen. Außerdem riskiert das Unternehmen aufgrund der Abweichung von der Muster-Widerrufsbelehrung eine um ein Jahr verlängerte Widerrufsfrist bzw. möglicherweise sogar eine Abmahnung.

179 Die Muster-Widerrufsbelehrung zu Art. 246a § 1 Abs. 2 S. 2 EGBGB nF sieht in Gestaltungshinweis [5] b) folgende vier Optionen vor:

– „Wir tragen die Kosten der Rücksendung der Waren.";
– „Sie tragen die unmittelbaren Kosten der Rücksendung der Waren.";
– Wenn Sie bei einem Fernabsatzvertrag nicht anbieten, die Kosten der Rücksendung der Waren zu tragen und die Waren aufgrund ihrer Beschaffenheit nicht normal mit der Post zurückgesandt werden können: „Sie tragen die unmittelbaren Kosten der Rücksendung der Waren in Höhe von ... Euro [Betrag einfügen].", oder, wenn die Kosten vernünftigerweise nicht im Voraus berechnet werden können: „Sie tragen die unmittelbaren Kosten der Rücksendung der Waren. Die Kosten werden auf höchstens etwa ... Euro [Betrag einfügen] geschätzt." oder
– Wenn die Waren bei einem außerhalb von Geschäftsräumen geschlossenen Vertrag aufgrund ihrer Beschaffenheit nicht normal mit der Post zurückgesandt werden können und zum Zeitpunkt des Vertragsschlusses zur Wohnung des Verbrauchers geliefert worden sind: „Wir holen die Waren auf unsere Kosten ab."

---

1 Art. 246a § 1 Abs. 2 Nr. 2 EGBGB nF. Wenn der Unternehmer den Verbraucher nicht davon unterrichtet, trägt er zudem die Rücksendekosten, § 357 Abs. 6 S. 1 BGB nF, vgl. Art. 6 Abs. 6, Art. 14 Abs. 1 Uabs. 2 RL 2011/83/EU.

Wie an der Formulierung „oder" in Gestaltungshinweis 5 b) dritter 180
Spiegelstrich der Muster-Widerrufsbelehrung deutlich wird, muss sich
das belehrende Unternehmen für eine der angebotenen Varianten entscheiden.

Wenn ein Unternehmen **nur paketversandfähige Ware** versendet, ist die 181
Gestaltung der Widerrufsbelehrung einfach. Das Unternehmen muss
nur entscheiden, ob es die Rücksendekosten übernehmen möchte oder
nicht. In die Widerrufsbelehrung können somit alternativ folgende
Textbausteine übernommen werden.

– Für den Fall, dass das Unternehmen die Kosten trägt: *„Wir tragen die Kosten der Rücksendung der Waren."*
– Für den Fall, dass der Verbraucher die Kosten tragen soll: *„Sie tragen die unmittelbaren Kosten der Rücksendung der Waren."*

Gestaltungshinweis 5b, erster und zweiter Spiegelstrich
(Muster-Widerrufsbelehrung)

Die Gesetzesbegründung stellt eindeutig klar, dass Unternehmen im 182
Fall des **Paketversandes keine Kostenschätzung** in die Muster-Widerrufsbelehrung aufnehmen müssen.[1]

Im Falle von **Direktvertriebsverträgen** über **nicht paketversandfähige** 183
Ware, bei denen die Waren zum Zeitpunkt des Vertragsabschlusses zur
Wohnung des Verbrauchers geliefert worden sind, holt der Unternehmer
die Waren auf eigene Kosten ab.[2] In diesem Fall gibt Gestaltungshinweis 5 b) vierter Spiegelstrich der Muster-Widerrufsbelehrung eine eindeutige Handlungsanweisung, wie zu informieren ist: *„Wir holen die*
Waren auf unsere Kosten ab."

Weniger einfach ist hingegen die Anwendung der Muster-Widerrufs- 184
belehrung bei **nicht-paketversandfähiger Ware im Fernabsatz**. Wenn der
Verbraucher bei nicht-paketversandfähiger Ware im Versandhandel die
Rücksendekosten tragen soll, so muss das Unternehmen die Kosten be-
ziffern bzw., wenn dies nicht möglich ist, schätzen. Die Gesetzesbegründung erläutert hierzu: „In den Fällen, in denen die Kosten für die
Rücksendung der Waren vom Unternehmer vernünftigerweise nicht im
Voraus berechnet werden können, beispielsweise weil der Unternehmer
nicht anbietet, die Rücksendung der Waren selbst zu organisieren, sollte
der Unternehmer erklären, dass Kosten zu entrichten sind und diese
Kosten hoch sein können, einschließlich einer **vernünftigen Schätzung**
der Höchstkosten, die auf den Kosten der Lieferung an den Verbraucher
basieren könnte. Daneben hat der Unternehmer zu informieren, dass
der Verbraucher gegebenenfalls einen angemessenen Betrag für die er-

---
1 BT-Drs. 17/12637, S. 75.
2 § 357 Abs. 6 S. 3 BGB nF; vgl. Art. 14 Abs. 1 UAbs. 3 RL 2011/83/EU.

brachte Dienstleistung zu entrichten hat, wenn er den Vertrag widerruft, nachdem er ausdrücklich erklärt hat, dass mit der Ausführung der Dienstleistung begonnen werden soll. Dies gilt auch für die leitungsgebundene Lieferung von Wasser und Energie."[1]

185 Eine genaue Bezifferung der Rücksendekosten kann aus vielfältigen Gründen schwierig sein.[2] So weiß der Unternehmer in der Regel nicht, welches Unternehmen der Verbraucher mit der Rücksendung beauftragt. Zudem hängen die Kosten für die Rücksendung auch von den Wohnverhältnissen des Verbrauchers ab. Ist die Wohnung ebenerdig, wird die Abholung günstiger sein als wenn er im Dachgeschoss eines Altbaus ohne Aufzug wohnt. Wenn deshalb das belehrende Unternehmen im Sinne einer rechtssicheren Belehrung die Rücksendekosten sehr hoch schätzt, kann dies den Verbraucher vom Kauf bzw. vom Widerruf abschrecken. Es ist deshalb erfreulich, dass die Gesetzesbegründung darauf hinweist, dass bei der Schätzung der Rücksendekosten die „Kosten der Lieferung" angegeben werden können und, dass die Kostenschätzung „vernünftig" sein soll.[3]

c) Form der Widerrufsbelehrung

186 Anders als bisher sieht die Verbraucherrechterichtlinie nicht vor, dass die Widerrufsbelehrung z.B. durch einen Rahmen optisch hervorgehoben wird. Insofern ist ein solcher Rahmen nicht mehr zwingend vorgeschrieben. Allerdings bietet es sich an, diesen aus Gründen der Übersichtlichkeit weiter zu verwenden, da auch der Zusatz „Ende der Widerrufsbelehrung" entfällt. Im Rahmen der nationalen Umsetzung hat der deutsche Gesetzgeber in der Anlage 1 Art. 246a § 1 Abs. 2 S. 3 EGBGB nF fälschlicherweise einen Rahmen um die Muster-Widerrufsbelehrung eingefügt. Dieser ist jedoch auch nach Auskunft der verantwortlichen Referatsleiterin im Bundesministerium der Justiz und für Verbraucherschutz nur aus Gründen der Einheitlichkeit so eingefügt worden, da auch die anderen Musterwiderrufsbelehrungen im Bundesgesetzblatt mit einem Rahmen abgedruckt sind.[4] Der Rahmen kann insofern lediglich als eine Gestaltungsempfehlung, nicht jedoch als verpflichtend angesehen werden. In keinem Fall kann das Fehlen des Rahmens dazu führen, dass die Widerrufsbelehrung fehlerhaft wird. Dies würde dem Vollharmonisierungsansatz der EU-Verbraucherrechte-RL widersprechen, Art. 4, 7 Abs. 5 RL 2011/83/EU.[5]

---

1 BT-Drs. 17/12637, S. 75.
2 Vgl. hierzu ausführlich mit weiteren Beispielen und Lösungsvorschlägen *Amereller/Müller*, Neues Widerrufsrecht 2014, S. 20 ff.
3 BT-Drs. 17/12637, S. 75.
4 Auskunft gegenüber dem Autor im Rahmen eines vzbv-Seminars zur Umsetzung der Verbraucherrechterichtlinie am 13.2.2014 in Berlin.
5 Am Beispiel des Widerrufsformulars wird in EG 44 RL 2011/83/EU nochmals besonders hervorgehoben, dass die Mitgliedsstaaten keine besonderen

Die Muster-Widerrufsbelehrung

⮕ **Praxistipp:** In den Kundeninformationen bzw. -verträgen sollte wie bisher die Widerrufsbelehrung umrahmt werden. Auch wenn dies unionsrechtlich nicht mehr vorgeschrieben ist, könnten Gerichte fälschlicherweise davon ausgehen, dass der im deutschen Recht vorgesehene Rahmen zwingend ist. Außerdem erhöht die Umrahmung der Widerrufsbelehrung die Übersichtlichkeit und der Vertrag bzw. die Kundeninformationen werden damit in der Gestaltung kundenfreundlicher.

d) **Muster für die Widerrufsbelehrung bei außerhalb von Geschäftsräumen geschlossenen Verträgen und bei Fernabsatzverträgen mit Ausnahme von Verträgen über Finanzdienstleistungen (Anlage 1 zu Art. 246a § 1 Abs. 2 Satz 2 EGBGB)**

Widerrufsbelehrung 186a

Widerrufsrecht

Sie haben das Recht, binnen vierzehn Tagen ohne Angabe von Gründen diesen Vertrag zu widerrufen.

Die Widerrufsfrist beträgt vierzehn Tage ab dem Tag [1].

Um Ihr Widerrufsrecht auszuüben, müssen Sie uns ([2]) mittels einer eindeutigen Erklärung (z.B. ein mit der Post versandter Brief, Telefax oder E-Mail) über Ihren Entschluss, diesen Vertrag zu widerrufen, informieren. Sie können dafür das beigefügte Muster-Widerrufsformular verwenden, das jedoch nicht vorgeschrieben ist. [3]

Zur Wahrung der Widerrufsfrist reicht es aus, dass Sie die Mitteilung über die Ausübung des Widerrufsrechts vor Ablauf der Widerrufsfrist absenden.

Folgen des Widerrufs

Wenn Sie diesen Vertrag widerrufen, haben wir Ihnen alle Zahlungen, die wir von Ihnen erhalten haben, einschließlich der Lieferkosten (mit Ausnahme der zusätzlichen Kosten, die sich daraus ergeben, dass Sie eine andere Art der Lieferung als die von uns angebotene, günstigste Standardlieferung gewählt haben), unverzüglich und spätestens binnen vierzehn Tagen ab dem Tag zurückzuzahlen, an dem die Mitteilung über Ihren Widerruf dieses Vertrags bei uns eingegangen ist. Für diese Rückzahlung verwenden wir dasselbe Zahlungsmittel, das Sie bei der ursprünglichen Transaktion eingesetzt haben, es sei denn, mit Ihnen wurde ausdrücklich etwas anderes vereinbart; in keinem Fall werden Ihnen wegen dieser Rückzahlung Entgelte berechnet. [4]
[5]
[6]

Anforderungen an die optische Gestaltung der der in der Richtlinie vorgesehenen Muster stellen dürfen.

Gestaltungshinweise:

[1] Fügen Sie einen der folgenden in Anführungszeichen gesetzten Textbausteine ein:

   a) im Falle eines Dienstleistungsvertrags oder eines Vertrags über die Lieferung von Wasser, Gas oder Strom, wenn sie nicht in einem begrenzten Volumen oder in einer bestimmten Menge zum Verkauf angeboten werden, von Fernwärme oder von digitalen Inhalten, die nicht auf einem körperlichen Datenträger geliefert werden: „des Vertragsabschlusses.";

   b) im Falle eines Kaufvertrags: „, an dem Sie oder ein von Ihnen benannter Dritter, der nicht der Beförderer ist, die Waren in Besitz genommen haben bzw. hat.";

   c) im Falle eines Vertrags über mehrere Waren, die der Verbraucher im Rahmen einer einheitlichen Bestellung bestellt hat und die getrennt geliefert werden: „, an dem Sie oder ein von Ihnen benannter Dritter, der nicht der Beförderer ist, die letzte Ware in Besitz genommen haben bzw. hat.";

   d) im Falle eines Vertrags über die Lieferung einer Ware in mehreren Teilsendungen oder Stücken: „, an dem Sie oder ein von Ihnen benannter Dritter, der nicht der Beförderer ist, die letzte Teilsendung oder das letzte Stück in Besitz genommen haben bzw. hat.";

   e) im Falle eines Vertrags zur regelmäßigen Lieferung von Waren über einen festgelegten Zeitraum hinweg: „, an dem Sie oder ein von Ihnen benannter Dritter, der nicht der Beförderer ist, die erste Ware in Besitz genommen haben bzw. hat."

[2] Fügen Sie Ihren Namen, Ihre Anschrift und, soweit verfügbar, Ihre Telefonnummer, Telefaxnummer und E-Mail-Adresse ein.

[3] Wenn Sie dem Verbraucher die Wahl einräumen, die Information über seinen Widerruf des Vertrags auf Ihrer Webseite elektronisch auszufüllen und zu übermitteln, fügen Sie Folgendes ein: „Sie können das Muster-Widerrufsformular oder eine andere eindeutige Erklärung auch auf unserer Webseite [Internet-Adresse einfügen] elektronisch ausfüllen und übermitteln. Machen Sie von dieser Möglichkeit Gebrauch, so werden wir Ihnen unverzüglich (z.B. per E-Mail) eine Bestätigung über den Eingang eines solchen Widerrufs übermitteln."

[4] Im Falle von Kaufverträgen, in denen Sie nicht angeboten haben, im Fall des Widerrufs die Waren selbst abzuholen, fügen Sie Folgendes ein: „Wir können die Rückzahlung verweigern, bis wir die Waren wieder zurückerhalten haben oder bis Sie den Nachweis erbracht haben, dass Sie die Waren zurückgesandt haben, je nachdem, welches der frühere Zeitpunkt ist."

[5] Wenn der Verbraucher Waren im Zusammenhang mit dem Vertrag erhalten hat:

   a) Fügen Sie ein:
   – „Wir holen die Waren ab." oder
   – „Sie haben die Waren unverzüglich und in jedem Fall spätestens binnen vierzehn Tagen ab dem Tag, an dem Sie uns über den Widerruf dieses Vertrags unterrichten, an … uns oder an [hier sind gegebenenfalls der Name und die Anschrift der von Ihnen zur Entgegennahme der Waren ermächtigten Person einzufügen] zurückzusenden oder zu übergeben. Die Frist ist gewahrt, wenn Sie die Waren vor Ablauf der Frist von vierzehn Tagen absenden."

   b) Fügen Sie ein:
   – „Wir tragen die Kosten der Rücksendung der Waren.";
   – „Sie tragen die unmittelbaren Kosten der Rücksendung der Waren.";

- Wenn Sie bei einem Fernabsatzvertrag nicht anbieten, die Kosten der Rücksendung der Waren zu tragen und die Waren aufgrund ihrer Beschaffenheit nicht normal mit der Post zurückgesandt werden können: „Sie tragen die unmittelbaren Kosten der Rücksendung der Waren in Höhe von ... EUR [Betrag einfügen].", oder wenn die Kosten vernünftigerweise nicht im Voraus berechnet werden können: „Sie tragen die unmittelbaren Kosten der Rücksendung der Waren. Die Kosten werden auf höchstens etwa ... EUR [Betrag einfügen] geschätzt." oder
- Wenn die Waren bei einem außerhalb von Geschäftsräumen geschlossenen Vertrag aufgrund ihrer Beschaffenheit nicht normal mit der Post zurückgesandt werden können und zum Zeitpunkt des Vertragsschlusses zur Wohnung des Verbrauchers geliefert worden sind: „Wir holen die Waren auf unsere Kosten ab." und

c) fügen Sie ein: „Sie müssen für einen etwaigen Wertverlust der Waren nur aufkommen, wenn dieser Wertverlust auf einen zur Prüfung der Beschaffenheit, Eigenschaften und Funktionsweise der Waren nicht notwendigen Umgang mit ihnen zurückzuführen ist."

[6] Im Falle eines Vertrags zur Erbringung von Dienstleistungen oder der Lieferung von Wasser, Gas oder Strom, wenn sie nicht in einem begrenzten Volumen oder in einer bestimmten Menge zum Verkauf angeboten werden, oder von Fernwärme fügen Sie Folgendes ein: „Haben Sie verlangt, dass die Dienstleistungen oder Lieferung von Wasser/Gas/Strom/Fernwärme [Unzutreffendes streichen] während der Widerrufsfrist beginnen soll, so haben Sie uns einen angemessenen Betrag zu zahlen, der dem Anteil der bis zu dem Zeitpunkt, zu dem Sie uns von der Ausübung des Widerrufsrechts hinsichtlich dieses Vertrags unterrichten, bereits erbrachten Dienstleistungen im Vergleich zum Gesamtumfang der im Vertrag vorgesehenen Dienstleistungen entspricht."

11. Widerrufsrecht und Widerrufsfolgen bei Verbraucherverträgen

a) Regelungstechnik

Die Vorschriften über das Widerrufsrecht und die Rückabwicklung bei Verbraucherverträgen (§§ 355 – 361 BGB aF) werden durch das Gesetz zur Umsetzung der VerbraucherrechteRL neu konzipiert. Die bislang bei den einzelnen Vertragstypen normierten Regelungen werden nun an **einer zentralen Stelle zusammengefasst**. Die §§ 355 ff. BGB nF regeln grundsätzlich abschließend die Rückabwicklung des widerrufenen Vertrags. Das anstelle des Widerrufsrechts mögliche **Rückgaberecht** gem. § 356 BGB aF **entfällt**. 187

§ 355 BGB nF, der sich im Aufbau an § 355 BGB aF orientiert, enthält alle Verbraucherverträge betreffende **grundlegende Regelungen** über das Widerrufsrecht. Die Vorschrift begründet selbst kein Recht zum Widerruf, sondern setzt die gesetzliche Einräumung eines Widerrufsrechts voraus.[1] Absatz 1 befasst sich mit den Wirkungen des Widerrufs und der Ausübung des Widerrufsrechts. Absatz 2 regelt die Dauer und den Beginn der Widerrufsfrist. Absatz 3 beschäftigt sich schließlich mit den Rechtsfolgen des Widerrufs. 188

---

1 *Palandt/Grüneberg*, BGB, Vorb v § 355 nF Rz. 5.

189 In den §§ 356 bis 356c BGB nF finden sich **spezielle Vorschriften** in Bezug auf die **Voraussetzungen für die Ausübung des Widerrufsrechts** im Hinblick auf einzelne Verbraucherverträge, die die allgemeinen Regelungen des § 355 BGB nF modifizieren. Hervorzuheben ist, dass das Widerrufsrecht bei im Direktvertrieb und im Fernabsatz geschlossenen Verträgen weitgehend vereinheitlicht wird.[1] Darüber hinaus werden die Vorgaben der FernabsatzRL über Finanzdienstleistungen 2002/65/EG weitgehend auch auf im Direktvertrieb geschlossene Verträge über Finanzdienstleistungen erstreckt (§§ 312d Abs. 2, 312g, 356 Abs. 3 und 4, 357a BGB nF). Hierdurch soll eine Regelungslücke geschlossen werden.

190 Nach Widerrufsgrundlagen getrennt werden die **Rechtsfolgen des widerrufenen Vertrags** in den §§ 357–357c BGB nF abschließend geregelt. Auf die Rücktrittsvorschriften wird nicht mehr verwiesen.

191 In den §§ 358–360 BGB nF werden die **Regelungen über verbundene Verträge** neu gefasst. Vereinfacht und zusammengeführt werden in § 360 BGB nF insbesondere die Regelungen über hinzugefügte, akzessorische und angegebene Verträge.[2]

192 Außerdem wird in das EGBGB ein europaweites Muster für die Widerrufsbelehrung bei Verträgen im Direktvertrieb und im Fernabsatz[3] sowie ein Muster für ein Widerrufsformular (Anlagen 1 und 2 EGBGB) aufgenommen (vgl. hierzu Rz. 161 ff., 223).

b) Voraussetzungen/Ausnahmen

aa) Recht zum Widerruf

193 § 355 Abs. 1 S. 1 BGB nF setzt voraus, dass dem Verbraucher per Gesetz ein „*Widerrufsrecht nach dieser Vorschrift*" eingeräumt wird. Auf § 355 BGB nF verweisen deshalb folgende Vorschriften:
– § 312g Abs. 1 BGB nF für Direktvertriebs- und Fernabsatzverträge (s. Rz. 194 ff.),
– § 485 BGB nF für Teilzeit-Wohnrechteverträge, Verträge über langfristige Urlaubsprodukte, Vermittlungsverträge, Tauschsystemverträge,
– § 495 BGB nF für Verbraucherdarlehensverträge, ggf. i.V.m. § 506 Abs. 1 BGB nF für entgeltliche Finanzierungshilfen,
– § 510 Abs. 2 BGB nF für Ratenlieferungsverträge (s. Rz. 215) sowie
– § 4 Abs. 1 FernUG nF für Fernunterrichtsverträge.

---

1 *Palandt/Grüneberg*, BGB, Vorb v § 355 nF Rz. 4.
2 BT-Drs. 17/12637, S. 34.
3 Mit Ausnahme von Verträgen über Finanzdienstleistungen.

(1) Direktvertriebs- und Fernabsatzverträge

§ 312g Abs. 1 BGB nF räumt dem Verbraucher bei im Direktvertrieb und im Fernabsatz geschlossenen Verträgen ein Widerrufsrecht gem. § 355 BGB nF ein. Die in den §§ 312 Abs. 1 S. 1 und 312d Abs. 1 S. 1 BGB aF jeweils getrennt geregelten Widerrufsrechte werden damit in einer Vorschrift vereint. 194

(a) Ausnahmen vom Widerrufsrecht

Die gesetzlichen **Ausnahmen vom Widerrufsrecht** bei im Direktvertrieb und im Fernabsatz geschlossenen Verträgen finden sich in § 312g Abs. 2 BGB nF.[1] Im **Direktvertrieb** war das Widerrufsrecht bislang nur bei Versicherungsverträgen (§ 312 Abs. 3 BGB aF), bestellten Vertreterbesuchen (§ 312 Abs. 3 Nr. 1 BGB aF), Bagatellgeschäften (§ 312 Abs. 3 Nr. 2 BGB aF) und einer notariellen Beurkundung der Willenserklärung des Verbrauchers (§ 312 Abs. 3 Nr. 3 BGB aF) ausgeschlossen. Durch § 312g Abs. 2 S. 1 BGB nF wird der Ausnahmenkatalog von Vertragstypen, bei denen der Verbraucher im Direktvertrieb kein Widerrufsrecht hat, erheblich ausgeweitet. Auch für den **Fernabsatz** kommen mit § 312g Abs. 2 S. 1 Nr. 5 und 11 BGB nF neue Ausnahmen vom Widerrufsrecht hinzu. Die Ausnahme für Verträge über auf Grund ihrer Beschaffenheit nicht zur Rücksendung geeignete Ware (§ 312d Abs. 4 Nr. 1 Fall 3 BGB aF) wird ersetzt durch § 312g Abs. 2 Nr. 3 BGB nF („*Verträge über versiegelt gelieferte Waren, die aus Gründen des Gesundheitsschutzes oder der Hygiene nicht zur Rückgabe geeignet sind, wenn ihre Versiegelung nach der Lieferung entfernt wurde*") und Nr. 4 BGB nF („*Verträge zur Lieferung von Waren, wenn diese nach der Lieferung aufgrund ihrer Beschaffenheit untrennbar mit anderen Gütern vermischt wurden*"). 195

Versicherungsverträge und **Bagatellgeschäfte im Direktvertrieb** werden nach der Neuregelung bereits vom Anwendungsbereich der direktvertriebsrechtlichen Vorschriften ausgenommen (s. Rz. 37, 52). Dagegen sollen **bestellte Vertreterbesuche** zukünftig nur noch dann vom Widerrufsrecht ausgeschlossen sein, wenn der Unternehmer vom Verbraucher 196

– für dringende Reparatur- oder Instandhaltungsarbeiten
– zur Buchung einer Pauschalreise[2]

---

[1] Vgl. Art. 16 RL 2011/83/EU. § 312g Abs. 2 BGB nF enthält darüber hinaus die bestehenden Ausnahmen vom Widerrufsrecht bei im Fernabsatz geschlossenen Verträgen über Finanzdienstleistungen und überträgt diese auf im Direktvertrieb geschlossenen Verträge über Finanzdienstleistungen, BT-Drs. 17/12637, S. 56.
[2] Nach § 312 Abs. 2 Nr. 4 lit. b BGB nF fallen im Direktvertrieb infolge eines bestellten Vertreterbesuchs geschlossene Pauschalreiseverträge allerdings schon nicht in den Anwendungsbereich der direktvertriebsrechtlichen Vorschriften.

bestellt wurde. Eine generelle Ausnahme für bestellte Vertreterbesuche, wie sie in § 312 Abs. 3 Nr. 1 BGB aF vorgesehen war, ist nach der VerbraucherrechteRL nicht mehr zulässig.

197 Soweit die Parteien nichts anderes vereinbart haben, soll in den folgenden Fällen keine Widerrufsmöglichkeit bestehen:

- **Kundenspezifikation, Zuschnitt auf persönliche Bedürfnisse**

198 § 312g Abs. 2 S. 1 Nr. 1 BGB nF schließt das Widerrufsrecht bei der Lieferung von Waren aus, die nicht vorgefertigt sind und für deren Herstellung eine individuelle Auswahl oder Bestimmung durch den Verbraucher maßgeblich ist (nach Verbraucherspezifikation angefertigte Waren)[1] oder die eindeutig auf die persönlichen Bedürfnisse des Verbrauchers zugeschnitten sind.[2] Die Ausnahme folgt § 312d Abs. 4 Nr. 1 Alt. 1 und 2 BGB aF. Maßgeblich für einen Ausschluss des Widerrufsrechts dürfte sein, ob die Waren bei einer Rückgabe an den Unternehmer von diesem noch sinnvoll verwertet werden können.[3] Zu denken wäre hierbei beispielsweise an nach Maß gefertigte Vorhänge[4] oder Anzüge[5] sowie individuell angefertigte Rezepturarzneimittel.[6] Auch besonders zubereitete und zusammengestellte Lebensmittel („customized food"[7]) können unter diese Ausnahme fallen. Unklar ist, ob die Reglung auch die Zusammensetzung von Standardbauteilen nach den Wünschen des Kunden („built to order"-Konstellation) erfassen soll.[8] Der Wortlaut der Vorschrift nimmt ausdrücklich nur Bezug auf die individuelle Herstellung der Ware.[9] Die Vorschrift ist als Ausnahme von der generellen Regel der Widerrufbarkeit von im Direktvertrieb und im Fernabsatz geschlossenen Verträgen jedoch **eng auszulegen**. Eine Anfertigung nach

---

1 Vgl. die in Art. 2 Nr. 4 RL 2011/83/EU enthaltene Legaldefinition.
2 Vgl. Art. 16 lit. c RL 2011/83/EU.
3 *Bamberger/Roth/Schmidt-Räntsch*, BGB, § 312d Rz. 39; *Erman/Koch*, BGB, § 312g Rz. 7. *Palandt/Grüneberg*, BGB, § 312g nF Rz. 4 will ein Widerrufsrecht ausschließen, wenn die Ware nur mit einem unzumutbaren Preisnachlass weiter veräußert werden kann.
4 Vgl. EG 49 RL 2011/83/EU.
5 Für weitere Beispiele vgl. *Föhlisch*, Widerrufsrecht, S. 128.
6 LG Halle MMR 2013, 711 mit Anm. *Föhlisch*; *Becker/Föhlisch*, NJW 2008, 3751 (3754); *Mand/Könen*, WRP 2007, 1405 (1408).
7 Z.B. online zusammengestellte Müslimischungen oder Schokoladenkreationen, vgl. *Grube/Karsten*, LMuR 2012, 129 (146).
8 *Föhlisch/Dyakova*, MMR 2013, 71; *Palandt/Grüneberg*, BGB, § 312g nF Rz. 4 verneint die Anwendbarkeit von Nr. 1, wenn die zu liefernde Sache auf Bestellung des Verbrauchers aus vorgefertigten Serienbauteilen zusammengefügt wird, die ohne Beeinträchtigung der Substanz mit geringem Aufwand wieder getrennt werden können; ähnlich *Schirmbacher/Schmidt*, CR 2014, 107 (112).
9 Art. 2 Nr. 4 RL 2011/83/EU spricht in der englischen Fassung ganz deutlich von „*non-prefabricated goods made on the basis of an individual choice or decision by the consumer*".

Kundenspezifikation liegt daher nur dann vor, wenn die Angaben des Verbrauchers, nach denen die Ware angefertigt wird, die Sache so individualisieren, dass die **Ware einzigartig** ist. Wenn der Verbraucher sein individuelles Produkt dagegen nur aus verschiedenen Standardkomponenten, Farben, Größen etc. zusammenstellt, kann nicht von Spezifikation oder Personalisierung im engeren Sinne gesprochen werden. Verträge, nach denen dem Verbraucher verschiedene Varianten eines Produktes in einem Baukastensystem angeboten werden, dürften daher auch weiterhin widerrufbar sein.[1]

- **Verderblichkeit, Verfallsdatum**

Verträge zur Lieferung von Waren, die **schnell verderben** können oder deren Verfallsdatum schnell überschritten würde,[2] sind gem. § 312g Abs. 2 S. 1 Nr. 2 BGB nF ebenfalls vom Widerruf ausgenommen. Zuvor fand sich diese Ausnahme für den Fernabsatz in § 312d Abs. 4 Nr. 1 Alt. 4 und 5 BGB aF. Gemeint sind hier neben Schnittblumen[3] vor allem Lebensmittel.[4] Auch Arzneimittel können von dieser Ausnahme erfasst sein.[5]

199

- **Gesundheitsschutz oder Hygiene, Entsiegelung**

Der Verbraucher hat kein Widerrufsrecht bei **versiegelt gelieferten Waren**, die aus Gründen des Gesundheitsschutzes oder der Hygiene nicht zur Rückgabe geeignet sind, wenn der Verbraucher die Versiegelung nach der Lieferung entfernt.[6] Hierdurch wird der für Fernabsatzgeschäfte in § 312d Abs. 4 Nr. 1 Fall 3 BGB aF geregelte Ausnahmetatbestand nicht zur Rücksendung geeigneter Ware weiter spezifiziert.[7] Nicht näher bestimmt wird, welche Produkte konkret von dieser Ausnahme erfasst sein sollen. Zu denken ist sicherlich an Arzneimittel, deren erforderliche fachgerechte Lagerung und Behandlung durch den Verbraucher vom Unternehmer nicht sichergestellt und überprüft werden kann.[8]

200

---

1 Vgl. hierzu BGH MMR 2003, 46; ausführlich dazu *Föhlisch* in Hoeren/Sieber, Multimedia-Recht, Teil 13.4 Verbraucherschutz im Internet, 34. EL 2013, Rz. 246 f.; *Föhlisch*, Widerrufsrecht, S. 130 ff.
2 Vgl. Art. 16 lit. d RL 2011/83/EU.
3 *Gößmann*, MMR 1998, 88 (90); *Härting*, Internetrecht, Rz. 1034.
4 *Bamberger/Roth/Schmidt-Räntsch*, § 312d Rz. 43a; *Erman/Koch*, BGB, § 312g Rz. 8; *Staudinger/Thüsing* (2013), § 312d Rz. 56; ausführlich hierzu *Grube/Karsten*, LMuR 2012, 129 (146).
5 *Bamberger/Roth/Schmidt-Räntsch*, § 312d Rz. 43a; *Becker/Föhlisch*, NJW 2008, 3751 (3754); *Erman/Koch*, BGB, § 312g Rz. 8; *Staudinger/Thüsing* (2013), § 312d Rz. 56.
6 Vgl. Art. 16 lit. e RL 2011/83/EU.
7 *Föhlisch* in Hoeren/Sieber, Multimedia-Recht, Teil 13.4 Verbraucherschutz im Internet, 34. EL 2013, Rz. 248.
8 LG Halle MMR 2013, 711 mit Anm. *Föhlisch*; *Becker/Föhlisch*, NJW 2008, 3751 (3754); *Erman/Koch*, BGB, § 312g Rz. 9; *Mand*, NJW 2008, 190; *Mand/Könen*, WRP 2007, 1405 (1408 f.); *Mankowski*, CR 2013, 508 (510); *Schirmbacher/Schmidt*, CR 2014, 107 (113).

Fertig verpackte Lebensmittel werden ebenfalls unter diese Ausnahme subsumiert.[1] Bei Hygieneartikeln wird darauf abzustellen sein, ob das Kundenverhalten die Hygiene beeinträchtigt hat und eine Wiederherstellung eines vom Verkehr akzeptierten, verkehrsfähigen Hygienezustands mit vertretbaren Mitteln bei verständiger wirtschaftlicher Betrachtung nicht möglich ist.[2]

201 Der Begriff der „Versiegelung" wird weder in der VerbraucherrechteRL noch in der Gesetzesbegründung des Umsetzungsgesetzes konkretisiert. Für den Terminus „entsiegeln" i.S.d. § 312d Abs. 4 Nr. 2 BGB aF geht die wohl h.M. davon aus, dass die Versiegelung, die der Verbraucher entfernt hat, nach der Verkehrsauffassung oder durch einen entsprechenden Hinweis eindeutig als solche erkennbar sein muss. Dem Verbraucher muss deutlich werden, dass er die Ware behalten muss, wenn er diese spezielle Vorrichtung entfernt.[3] Nicht erforderlich ist die Verwendung eines ausdrücklich als solchen bezeichneten „Siegels". Die übliche Verpackung einer Ware mit Kunststofffolie, die auch anderen Zwecken, wie dem Schutz vor Verschmutzung dienen kann, genügt insoweit ohne entsprechenden Hinweis mangels Prüf- und Besinnungsfunktion aber ebensowenig, wie das Zukleben einer Ware mit einem Tesafilmstreifen.[4]

- **Untrennbare Vermischung**

202 Auch bei Verträgen zur Lieferung von Waren, die nach der Lieferung aufgrund ihrer Beschaffenheit untrennbar mit anderen Gütern vermischt wurden, ist das Widerrufsrecht ausgeschlossen, § 312g Abs. 2 S. 1 Nr. 4 BGB nF.[5] Diese Ausnahme soll z.B. die Lieferung von Brennstoff erfassen.[6] Nach bisheriger Rechtslage war dieser Ausnahmetatbestand bei Fernabsatzgeschäften von § 312d Abs. 4 Nr. 1 Fall 3 BGB aF erfasst.

---

1 *Grube/Karsten*, LMuR 2012, 129 (147).
2 Vgl. hierzu *Becker/Föhlisch*, NJW 2008, 3751 (3755). Zum Begriff „Hygiene" vgl. OLG Koblenz (Beschl. v. 9.2.2011 – 9 W 680/10) juris, Rz. 11.
3 *Erman/Saenger*, BGB, 13. Aufl., § 312d Rz. 23.
4 OLG Hamm (Urt. v. 30.3.2010 – 4 U 212/09) K&R 2010, 411 (412); LG Dortmund (Urt. v. 26.10.2006 – 16 O 55/06) juris, Fn. 22; *Bamberger/Roth/Schmidt-Räntsch*, § 312d Rz. 45; *Buchmann*, K&R 2010, 533, 537; *Dehißelles*, K&R 2010, 413; *Erman/Koch*, BGB, § 312g Rz. 12; weitere Beispiele s. *Schirmbacher/Schmidt*, CR 2014, 107 (112 f.). *Härting*, Internetrecht, Rz. 1046; MünchKommBGB/*Wendehorst*, § 312d Rz. 60; *Palandt/Grüneberg*, BGB, § 312g nF Rz. 6, 9; *Staudinger/Thüsing* (2013), § 312d Rz. 62. A.A. *Föhlisch* in Hoeren/Sieber, Multimedia-Recht, Teil 13.4 Verbraucherschutz im Internet, 34. EL 2013, Rz. 273; *Föhlisch*, MMR 2010, 685 (686); *Palandt/Grüneberg*, BGB, § 312g nF Rz. 6; *Schirmbacher/Schmidt*, CR 2014, 107 (113).
5 Vgl. Art. 16 lit. f RL 2011/83/EU.
6 Vgl. EG 49 RL 2011/83/EU; BR-Drs. 817/12, S. 91; *Palandt/Grüneberg*, BGB, § 312g nF Rz. 7.

- **Alkoholische Getränke, Marktschwankungen**

§ 312g Abs. 2 S. 1 Nr. 5 BGB nF statuiert eine Ausnahme für Verträge zur Lieferung alkoholischer Getränke, deren Preis bei Vertragsschluss vereinbart wurde, die aber frühestens 30 Tage nach Vertragsschluss geliefert werden können und deren aktueller Wert von Schwankungen auf dem Markt abhängt, auf die der Unternehmer keinen Einfluss hat.[1] Gedacht ist hierbei vor allem an Verträge über die Lieferung von Wein, bei denen die Lieferung erst lange nach Abschluss des Kaufvertrags spekulativer Art erfolgen soll („vin en primeur").[2]

203

- **Datenträger, Entsiegelung**

Vom Widerrufsrecht gem. § 312g Abs. 2 S. 1 Nr. 6 BGB nF ausgenommen sind ferner Ton- oder Videoaufnahmen oder Computersoftware, die auf einem versiegelten körperlichen Datenträger[3] geliefert werden, wenn der Verbraucher die Versiegelung nach der Lieferung entfernt hat.[4] Diese Ausnahme entspricht § 312d Abs. 4 Nr. 2 BGB aF.[5]

204

- **Zeitungen, Zeitschriften oder Illustrierte**

Verträge zur Lieferung von Zeitungen, Zeitschriften oder Illustrierten unterliegen nach § 312g Abs. 2 S. 1 Nr. 7 BGB nF keinem Widerrufsrecht, es sei denn, es handelt sich um einen Abonnement-Vertrag.[6] Der telefonische Vertragsschluss spielt in Zukunft, anders als bislang, vgl. § 312d Abs. 4 Nr. 3 BGB aF, keine Rolle mehr für das Bestehen eines Widerrufsrechts.

205

- **Finanzmarktschwankungen**

Vom Widerrufsrecht ausgenommen sind darüber hinaus Verträge zur Lieferung von Waren oder zur Erbringung von Dienstleistungen,[7] deren Preis von Schwankungen auf dem Finanzmarkt abhängt, auf die der Unternehmer keinen Einfluss hat und die innerhalb der Widerrufsfrist auftreten können, § 312g Abs. 2 S. 1 Nr. 8 BGB nF.[8] Die Regelung entspricht § 312d Abs. 4 Nr. 6 BGB aF.

206

---

1 Vgl. Art. 16 lit. g RL 2011/83/EU.
2 Vgl. EG 49 RL 2011/83/EU; *Palandt/Grüneberg*, BGB, § 312g nF Rz. 8; näher hierzu *Grube/Karsten*, LMuR 2012, 129 (148).
3 Z.B. versiegelte CD-Rom oder DVD, BT-Drs. 17/12637, S. 56.
4 Vgl. Art. 16 lit. i RL 2011/83/EU. Zum Begriff der Versiegelung s. Rz. 201.
5 BT-Drs. 17/12637, S. 56.
6 Vgl. Art. 16 lit. j RL 2011/83/EU.
7 Einschließlich Finanzdienstleistungen.
8 Vgl. Art. 16 lit. b RL 2011/83/EU.

- **Dienstleistungen im Zusammenhang mit Freizeitbetätigungen**

207 Für Dienstleistungen in den Bereichen Beherbergung zu anderen Zwecken als zu Wohnzwecken,[1] Beförderung von Waren, Kraftfahrzeugvermietung, Speisen- und Getränkelieferungen[2] sowie für weitere Dienstleistungen im Zusammenhang mit Freizeitbetätigungen[3] gilt grundsätzlich eine Ausnahme vom Widerrufsrecht, wenn der Vertrag für die Erbringung einen spezifischen Termin oder Zeitraum[4] vorsieht, § 312g Abs. 2 S. 1 Nr. 9 BGB nF.[5] **Achtung:** Ein Widerrufsrecht steht dem Verbraucher dagegen zu bei im Direktvertrieb[6] geschlossenen **Reiseverträgen gem. § 651a BGB**, es sei denn, es handelt sich um einen bestellten Vertreterbesuch,[7] § 312g Abs. 2 S. 2 BGB nF. Mit Ausnahme der Kraftfahrzeugvermietung waren diese Verträge bislang in § 312b Abs. 3 Nr. 6 BGB vom Anwendungsbereich des Fernabsatzrechts ausgenommen. Nach der Neuregelung ist nur noch die Beförderung von Personen in § 312 Abs. 2 Nr. 5 BGB nF insgesamt von den Vorschriften über im Direktvertrieb oder Fernabsatz geschlossene Verträge ausgeschlossen (s. Rz. 39). Bei den weiteren Verträgen entfällt zukünftig lediglich das Widerrufsrecht. Die **Informationspflichten sind dagegen einzuhalten**.[8]

- **Öffentlich zugängliche Versteigerungen**

208 Bei Verträgen, die im Rahmen einer öffentlich zugänglichen Versteigerung geschlossen werden, besteht ebenfalls kein Widerrufsrecht, § 312g Abs. 2 S. 1 Nr. 10 BGB nF.[9] Im Rahmen einer „öffentlich zugänglichen Versteigerung" geschlossene Verträge sind nach der Legaldefinition der Nr. 10 solche *„Verträge, die im Rahmen einer Vermarktungsform geschlossen werden, bei der der Unternehmer Verbrauchern, die persönlich anwesend sind oder denen diese Möglichkeit gewährt wird, Waren oder Dienstleistungen anbietet, und zwar in einem vom Versteigerer*

---

1 Z.B. Reservierung von Hotelzimmern oder Ferienhäusern, vgl. EG 49 RL 2011/83/EU.
2 Z.B. Bereitstellung von Catering, BT-Drs. 17/12637, S. 57.
3 Z.B. Reservierungen für Kultur- oder Sportveranstaltungen, vgl. EG 49 RL 2011/83/EU.
4 S. *Erman/Koch*, BGB, § 312g Rz. 18.
5 Vgl. Art. 16 lit. l RL 2011/83/EU. Nach alter Rechtslage waren diese Verträge bis auf die Kraftfahrzeugvermietung in § 312b Abs. 3 Nr. 6 BGB aF vom Anwendungsbereich der Vorschriften über Fernabsatzverträge ausgeschlossen. Nunmehr ist allein die Beförderung von Personen in § 312 Abs. 2 Nr. 5 BGB nF insgesamt vom Anwendungsbereich der direktvertriebs- und fernabsatzrechtlichen Vorschriften ausgeschlossen.
6 Der Verbraucher soll insbesondere vor auf sogenannten Kaffeefahrten geschlossenen Pauschalreiseverträgen geschützt werden, BT-Drs. 17/13951, S. 97.
7 Die allerdings gem. § 312 Abs. 2 Nr. 4 lit. b BGB nF schon nicht in den Anwendungsbereich der direktvertriebsrechtlichen Vorschriften fallen.
8 BT-Drs. 17/12637, S. 57.
9 Vgl. Art. 16 lit. k RL 2011/83/EU.

durchgeführten, auf konkurrierenden Geboten basierenden transparenten Verfahren, bei dem der Bieter, der den Zuschlag erhalten hat, zum Erwerb der Waren oder Dienstleistungen verpflichtet ist".[1] Im Rahmen von Versteigerungen geschlossene Verträge waren im Fernabsatz auch nach bisheriger Rechtslage nicht vom Widerrufsrecht erfasst, § 312d Abs. 4 Nr. 5 BGB aF. In Erwägungsgrund 24 der VerbraucherrechteRL ist nunmehr ausdrücklich geregelt, dass die Verwendung von Online-Plattformen, die Verbrauchern und Unternehmern zu Versteigerungszwecken zur Verfügung stehen, nicht als öffentliche Versteigerung im Sinne der RL gelten soll. Bei **eBay-Auktionen** hat der Verbraucher somit auch **weiterhin ein Widerrufsrecht**.

- **Dringende Reparatur- oder Instandhaltungsarbeiten**

Hat der Verbraucher den Unternehmer ausdrücklich aufgefordert, ihn aufzusuchen, um dringende Reparatur- oder Instandhaltungsarbeiten vorzunehmen, steht ihm in Anlehnung an die Ausnahme vom Widerrufsrecht im Direktvertrieb nach § 312 Abs. 3 Nr. 1 BGB aF[2] kein Widerrufsrecht zu, § 312g Abs. 2 S. 1 Nr. 11 Hs. 1 BGB nF.[3] Vom Ausschluss des Widerrufsrechts umfasst sind nur die **dringenden Arbeiten**, zu denen der Unternehmer bestellt wurde.[4] Für weitere bei dem Besuch erbrachte Dienstleistungen, die der Verbraucher nicht ausdrücklich verlangt hat, oder bei dem Besuch gelieferte Waren, die bei der Instandhaltung oder Reparatur nicht unbedingt als Ersatzteile benötigt werden, gilt der Ausschluss des Widerrufsrechts nicht, § 312g Abs. 2 S. 1 Nr. 11 Hs. 2 BGB nF.[5]

209

- **Wett- und Lotteriedienstleistungen**

Nur für den Fernabsatz regelt § 312g Abs. 2 S. 1 Nr. 12 BGB nF in Anlehnung an § 312d Abs. 4 Nr. 4 BGB aF eine Ausnahme vom Widerrufsrecht für Verträge zur Erbringung von Wett- und Lotteriedienstleistungen.[6] Das Widerrufsrecht bleibt allerdings auch weiterhin bestehen, wenn der Verbraucher seine Vertragserklärung telefonisch abgegeben hat.

210

- **Notariell beurkundete Verträge**

Gem. § 312g Abs. 2 S. 1 Nr. 13 Hs. 1 BGB nF unterliegen notariell beurkundete Verträge keinem Widerrufsrecht.[7] Erfasst werden nur Verträge,

211

---

1 Vgl. Art. 2 Nr. 13 RL 2011/83/EU.
2 BT-Drs. 17/12637, S. 57.
3 Vgl. Art. 16 lit. h HS. 1 RL 2011/83/EU.
4 BT-Drs. 17/12637, S. 57.
5 Vgl. Art. 16 lit. h HS. 2 RL 2011/83/EU.
6 S. *Erman/Koch*, BGB, § 312g Rz. 22.
7 Vgl. Art. 3 Abs. 3 lit. i RL 2011/83/EU.

die nicht bereits gem. § 312 Abs. 2 Nr. 1 BGB nF vom Anwendungsbereich der direktvertriebs- und fernabsatzrechtlichen Vorschriften ausgenommen sind. Hierbei handelt es sich zum einen um Fernabsatzverträge über Finanzdienstleistungen.[1] Zum anderen sind dies freiwillig beurkundete Verträge, die keine Finanzdienstleistungen zum Gegenstand haben, wenn der Notar nicht darüber belehrt hat, dass die Informationspflichten und das Widerrufsrecht entfallen.[2]

(b) Verhältnis zu anderen Widerrufsrechten

212 § 312g Abs. 3 BGB nF regelt das Verhältnis des Widerrufsrechts nach § 312g Abs. 1 BGB nF zu anderen Widerrufsrechten. Ein Widerrufsrecht nach § 312g Abs. 1 BGB nF ist dann ausgeschlossen, wenn der Verbraucher bereits nach den §§ 495, 506 bis 512 BGB nF (Verbraucherdarlehensvertrag, entgeltliche Finanzierungshilfe) oder nach § 305 Abs. 1 – 6 Kapitalanlagegesetzbuch zum Widerruf berechtigt ist.[3]

213 Anders als bislang besteht kein Konkurrenzverhältnis mehr zwischen dem Widerrufsrecht bei einem im Direktvertrieb oder Fernabsatz geschlossenen Vertrag und dem Widerrufsrecht bei einem **Ratenlieferungsvertrag** (vgl. Rz. 215). Auch ein Zusammentreffen von einem direktvertriebsrechtlichen Widerrufsrecht und einem Widerrufsrecht nach dem **FernUSG** ist in Zukunft ausgeschlossen (vgl. Rz. 303).

214 Verträge über **Teilzeit-Wohnrechte, langfristige Urlaubsprodukte, Vermittlungen und Tauschsysteme** nach den §§ 481 bis 481b BGB fallen nicht in den Anwendungsbereich der direktvertriebs- und fernabsatzrechtlichen Vorschriften. Eine Konkurrenzsituation zwischen § 312g Abs. 1 BGB nF und § 485 BGB besteht folglich ebenfalls nicht.

(2) Ratenlieferungsverträge

215 § 510 Abs. 2 BGB nF räumt dem Verbraucher nur noch bei nicht im Direktvertrieb oder im Fernabsatz geschlossenen Ratenlieferungsverträgen ein Widerrufsrecht gem. § 355 BGB nF ein. Bei Ratenlieferungsverträgen, die im Direktvertrieb oder Fernabsatz geschlossen werden, gelten künftig die allgemeinen Regelungen über den Widerruf von Direktvertriebs- oder Fernabsatzverträgen. Die gem. § 510 Abs. 1 S. 1 BGB aF bestehende Sonderregelung zum Widerruf von Ratenlieferungsverträgen konnte nicht beibehalten werden, da im Direktvertrieb oder Fernabsatz geschlossene Ratenlieferungsverträge von der Verbraucherrechte-RL erfasst werden.

---

1 Dies gilt allerdings nur, wenn der Notar bestätigt, dass die Informationsrechte des Verbrauchers aus § 312d Abs. 2 BGB nF gewahrt sind, § 312g Abs. 2 S. 1 Nr. 13 HS. 2 BGB nF.
2 BT-Drs. 17/13951, S. 100.
3 Näher hierzu *Erman/Koch*, BGB, § 312g Rz. 26 f.

bb) Ausübung des Widerrufs

(1) Grundsatz

(a) Widerrufserklärung

Der Widerruf erfolgt gem. § 355 Abs. 1 S. 2 und 3 BGB nF durch **Erklärung gegenüber dem Unternehmer**, aus der der Widerruf des Vertrags eindeutig hervorgeht.[1] Die Erklärung muss nicht begründet werden, § 355 Abs. 1 S. 4 BGB nF.[2] Die nach § 355 Abs. 1 S. 2 BGB aF mögliche **kommentarlose Rücksendung** der Ware **genügt** für die Ausübung des Widerrufsrechts **grundsätzlich nicht mehr**.[3] Dies folgt aus Erwägungsgrund 44 der VerbraucherrechteRL, der verlangt, dass die zurückgesandte Ware von einer deutlichen Erklärung begleitet werden muss.

216

➲ **Praxistipp:** Nach der Gesetzesbegründung soll es dem Unternehmer und dem Verbraucher aber möglich sein, vertraglich die Rücksendung der Ware als für den Widerruf ausreichend zu vereinbaren.[4]

Der Widerruf muss nicht mehr, wie noch gem. § 355 Abs. 1 S. 2 BGB aF erforderlich, in Textform erfolgen. Wie sich aus Erwägungsgrund 44 der VerbraucherrechteRL ergibt, kann der Verbraucher einen Vertrag z.B. durch einen Brief, einen Telefonanruf oder durch die von einer deutlichen Erklärung begleitete Rücksendung der Waren widerrufen, vorausgesetzt, seine an den Unternehmer gerichtete Erklärung ist unmissverständlich.

217

Entsprechend der Neuregelung in § 356b BGB nF in Verbindung mit § 355 BGB nF muss der Widerruf auch bei Verbraucherdarlehensverträgen zukünftig nicht mehr in Textform erklärt werden. Art. 14 Abs. 3 lit. a S. 1 der VerbraucherkreditRL 2008/48/EG steht einer **formlosen Erklärung des Widerrufs von Verbraucherkreditverträgen** nicht entgegen. Hiernach muss der Verbraucher den Widerruf in einer Weise erklären, die einen Nachweis nach Maßgabe des innerstaatlichen Rechts ermöglicht. Wird der Widerruf beispielsweise in Anwesenheit eines Zeugen mündlich am Telefon erklärt, kann der Verbraucher den Widerruf mithilfe des Zeugenbeweises nachweisen.[5]

218

---

1 Vgl. EG 44 RL 2011/83/EU.
2 § 355 Abs. 1 S. 2 BGB aF.
3 *Palandt/Grüneberg*, BGB, § 355g nF Rz. 6.
4 BT-Drs. 17/12637, S. 60.
5 *Artz*, Stellungnahme zu dem Gesetzentwurf der Bundesregierung zur Umsetzung der VerbraucherrechteRL und zur Änderung des Gesetzes zur Regelung der Wohnungsvermittlung (BT-Drs. 17/12637), abrufbar unter: http://www.bundestag.de/bundestag/ausschuesse17/a06/anhoerungen/archiv/44_Verbraucherrechtrichtinie/04_Stellungnahmen/Stellungnahme_Artz.pdf, S. 5, der allerdings nunmehr „erhebliche Zweifel" daran anmeldet, dass das geltende Textformerfordernis gem. § 355 Abs. 1 S. 2 BGB aF richtlinienkonform ist.

⮕ **Praxistipp:** Trotzdem ist ein Widerruf in Textform für den Verbraucher weiterhin ratsam, da ihm die Beweislast für einen rechtzeitigen Widerruf obliegt.[1]

(b) Widerrufsfrist

219 Die Frist zur Ausübung des Widerrufs beträgt einheitlich 14 Tage, § 355 Abs. 2 S. 1 BGB nF.[2] Sie ist zu berechnen nach den §§ 187 Abs. 1, 188 Abs. 1 BGB.[3] Wegfallen wird ab dem 13.6.2014 grundsätzlich die verlängerte Frist von einem Monat für den Fall, dass der Unternehmer den Verbraucher verspätet über sein Widerrufsrecht belehrt (§ 355 Abs. 2 S. 3 BGB aF). Auch bei einer verspäteten Widerrufsbelehrung beträgt die Widerrufsfrist nach dem Umsetzungsgesetz 14 Tage.

220 Die **Widerrufsfrist beginnt** gem. § 355 Abs. 2 S. 2 BGB nF **grundsätzlich mit Vertragsschluss**, soweit nichts anderes bestimmt ist. Von § 355 Abs. 2 S. 2 BGB nF **abweichende Bestimmungen** enthalten

- § 356 Abs. 2 und 3 S. 1 BGB nF für im Direktvertrieb oder Fernabsatz geschlossene Verbrauchsgüterkäufe und Verträge über leitungsgebundene Lieferung von Wasser und Energie, sowie von digitalen Inhalten (s. Rz. 225 ff.),
- § 356a BGB nF für Teilzeit-Wohnrechteverträge, Verträge über ein langfristiges Urlaubsprodukt, Vermittlungsverträge und Tauschsystemverträge (s. Rz. 235 ff.),
- § 356b BGB nF für Verbraucherdarlehensverträge und entgeltliche Finanzierungshilfen (s. Rz. 239 ff.) sowie
- § 356c BGB nF für Ratenlieferungsverträge (s. Rz. 242).

221 Der Verbraucher wahrt die Widerrufsfrist, soweit die Mitteilung auf einem dauerhaften Datenträger erfolgt, durch die **rechtzeitige Absendung des Widerrufs**, § 355 Abs. 1 S. 5 BGB nF.[4] Ist der Beginn der Widerrufsfrist streitig, trifft den Unternehmer gem. § 361 Abs. 3 BGB nF die Beweislast.[5]

---

1 Vgl. EG 44 RL 2011/83/EU.
2 Sie kann vertraglich verlängert, aber nicht verkürzt werden, *Palandt/Grüneberg*, BGB, § 355g nF Rz. 9.
3 Der Tag, in welchen das für den Fristbeginn maßgebende Ereignis, z.B. der Vertragsschluss oder die Warenlieferung, fällt, wird damit bei der Berechnung der Widerrufsfrist nicht mitgerechnet. Wird ein Vertrag also beispielsweise am 1.7. geschlossen, kann der Verbraucher sein Widerrufsrecht bis zum 15.7. ausüben.
4 § 355 Abs. 1 S. 2 HS. 2 BGB aF.
5 § 355 Abs. 3 S. 3 BGB aF; *Palandt/Grüneberg*, BGB, § 355 nF Rz. 16.

(c) Erlöschen des Widerrufsrechts

Das Widerrufsrecht erlischt, wie bislang, grundsätzlich mit Ablauf der 14-tägigen Widerrufsfrist, wenn der Verbraucher ordnungsgemäß über sein Widerrufsrecht belehrt worden ist.

(2) Besonderheiten bei Direktvertriebs- und Fernabsatzverträgen

(a) Widerrufserklärung

Im Direktvertrieb und im Fernabsatz kann der Verbraucher für die Erklärung seines Widerrufs das Muster-Widerrufsformular nach Anlage 2 zu Art. 246a § 1 Abs. 2 S. 1 Nr. 1 und § 2 Abs. 2 Nr. 2 EGBGB nF verwenden:

Muster-Widerrufsformular

(Wenn Sie den Vertrag widerrufen wollen, dann füllen Sie bitte dieses Formular aus und senden Sie es zurück.)

- An [hier ist der Name, die Anschrift und gegebenenfalls die Faxnummer und E-Mail-Adresse des Unternehmers durch den Unternehmer einzufügen]:
- Hiermit widerrufe(n) ich/wir (*) den von mir/uns (*) abgeschlossenen Vertrag über den Kauf der folgenden Waren (*)/die Erbringung der folgenden Dienstleistung (*)
- Bestellt am (*)/erhalten am (*)
- Name des/der Verbraucher(s)
- Anschrift des/der Verbraucher(s)
- Unterschrift des/der Verbraucher(s) (nur bei Mitteilung auf Papier)
- Datum

(*) Unzutreffendes streichen.

Eine **Verpflichtung** des Verbrauchers **zur Nutzung des Formulars besteht nicht**.[1] Er soll auch weiterhin den Widerruf mit eigenen Worten erklären können, vorausgesetzt, seine Widerrufserklärung ist unmissverständlich.[2] Der Unternehmer kann dem Verbraucher gem. § 356 Abs. 1 S. 1 BGB nF außerdem die Möglichkeit einräumen, das Muster-Widerrufsformular oder eine andere eindeutige Willenserklärung auf der **Internetseite des Unternehmers** auszufüllen und zu übermitteln. Wenn der Verbraucher hiervon Gebrauch macht, muss der Unternehmer ihm den Zugang des Widerrufs unverzüglich auf einem dauerhaften Datenträger **bestätigen**, § 356 Abs. 1 S. 2 BGB nF.[3] Ein Widerrufsformular auf der Internetseite hat aus Unternehmersicht den Vorteil, dass die Rückabwicklung automatisiert vorgenommen und der Widerruf unmittelbar dem Kunden-

---

1 *Palandt/Grüneberg*, BGB, § 356g nF Rz. 2.
2 Vgl. EG 44 sowie Art. 11 Abs. 1 S. 2 lit. b RL 2011/83/EU.
3 Vgl. hierzu *Schirmbacher/Grasmück*, ITRB 2014, 20 (22).

konto zugeordnet werden kann. Außerdem erhält der für den rechtzeitigen Eingang der Widerrufserklärung beweisbelastete Verbraucher umgehend eine Eingangsbestätigung.[1] Erfüllt die zur Verfügung gestellte Online-Widerrufsmöglichkeit nicht die gesetzlichen Anforderungen an das Muster-Widerrufsformular, bleibt die Informationspflicht über die Möglichkeit der Nutzung des Muster-Widerrufsformulars bestehen.[2]

(b) Widerrufsfrist

225 § 356 Abs. 2 BGB nF unterscheidet zwischen im Direktvertrieb oder im Fernabsatz geschlossenen Verbrauchsgüterkaufverträgen und Verträgen über die leitungsgebundene Lieferung von Wasser und Energie sowie die Lieferung von digitalen Inhalten.

226 Bei **Verbrauchsgüterkaufverträgen** i.S.d. § 474 Abs. 1 BGB nF[3] beginnt die Widerrufsfrist nach § 356 Abs. 2 BGB nF **grundsätzlich** erst, wenn der Verbraucher oder ein von ihm benannter Dritter die Ware erhalten hat[4], § 356 Abs. 2 Nr. 1 lit. a BGB nF. Für Fernabsatzverträge entspricht dies 312d Abs. 2 S. 1 BGB aF. Im Direktvertrieb war der Beginn der Widerrufsfrist dagegen bislang allein an den Erhalt einer ordnungsgemäßen Widerrufsbelehrung geknüpft.

227 **Besonderheiten** gelten gem. § 356 Abs. 1 lit. b – d BGB nF in folgenden Fällen: Hat der Verbraucher im Rahmen einer einheitlichen Bestellung mehrere Waren bestellt, die getrennt geliefert werden, beginnt die Widerrufsfrist nach lit. b mit Erhalt der letzten Ware.[5] Die Widerrufsfrist soll nach der Gesetzesbegründung allerdings dann für jede Ware getrennt zu ermitteln sein, wenn die Auslegung der Willenserklärung des Verbrauchers zum Ergebnis führt, dass trotz des einheitlichen Bestellvorgangs zwei oder mehr **getrennte Kaufverträge** vorliegen, weil beispielsweise ein erkennbarer Zusammenhang zwischen den verschiedenen Waren fehlt.[6] Für einen Kaufvertrag, bei dem eine Ware in mehreren Teilsendungen

---

1 Vgl. hierzu *Schirmbacher/Grasmück*, ITRB 2014, 20 (22 f.).
2 *Schirmbacher/Grasmück*, ITRB 2014, 20 (22).
3 Gem. § 474 Abs. 1 S. 1 BGB nF sind Verbrauchsgüterkäufe Verträge, durch die ein Verbraucher von einem Unternehmer eine bewegliche Sache kauft. Satz 2 stellt klar, dass ein Verbrauchsgüterkauf auch dann vorliegt, wenn der Vertrag neben dem Verkauf einer beweglichen Sache die Erbringung einer Dienstleistung durch den Unternehmer zum Gegenstand hat. Wird bei einem Fernunterrichtsvertrag z.B. neben einer Dienstleistung die Lieferung von Schulungsunterlagen als nicht nur gänzlich unwesentlicher Vertragsbestandteil geschuldet, beginnt die Widerrufsfrist erst mit Erhalt dieser Unterlagen, vgl. BT-Drs. 17/12637, S. 60 f.
4 Vgl. Art. 9 Abs. 2 lit. b RL 2011/83/EU.
5 Vgl. Art. 9 Abs. 2 lit. b) i) RL 2011/83/EU.
6 Ob die RL eine solche Deutung zulässt, ist fraglich, da Art. 9 Abs. 2 lit. b) i) RL 2011/83/EU nicht nach den Merkmalen der verschiedenen Waren differenziert; ebenso *Schmidt/Brönneke*, VuR 2013, 448 (453 f.); a.A. *Erman/Koch*, BGB, § 356 Rz. 7.

oder Stücken geliefert wird, kommt es gem. § 356 Abs. 2 lit. c BGB nF auf den Zeitpunkt an, zu dem der Verbraucher oder ein vom Verbraucher benannter Dritter, der nicht Frachtführer ist, die **letzte Teilsendung** oder das letzte Stück erhalten hat.[1] Sollen **regelmäßig** Waren über einen festgelegten Zeitraum hinweg geliefert werden, ist für den Beginn der Widerrufsfrist nach lit. d der **Erhalt der ersten Ware** entscheidend.[2]

Bei im Direktvertrieb und im Fernabsatz geschlossenen **Dienstleistungsverträgen** bleibt es beim **Fristbeginn mit Vertragsschluss** gem. § 355 Abs. 2 S. 2 BGB nF.[3] Das Gleiche gilt im Ergebnis gemäß § 356 Abs. 2 Nr. 2 BGB nF für die leitungsgebundene **Lieferung von Wasser und Energie** sowie die Lieferung von nicht auf einem körperlichen Datenträger befindlichen **digitalen Inhalten**.[4]

Voraussetzung für den Beginn der Widerrufsfrist ist allerdings gem. § 356 Abs. 3 S. 1 BGB nF immer, dass der Unternehmer seine Informationspflichten über die Bedingungen, die Fristen und das Verfahren für die Ausübung des Widerrufsrechts sowie das Muster-Widerrufsformular gem. Art. 246a § 1 Abs. 2 S. 1 Nr. 1 EGBGB ordnungsgemäß erfüllt hat.[5] Anders als nach vorheriger Rechtslage ist der Beginn der Widerrufsfrist im Fernabsatz nicht mehr von der Erfüllung sonstiger Informationspflichten (§§ 312d Abs. 2, 312g Abs. 6 S. 2 BGB aF) abhängig. Die Verletzung sonstiger Informationspflichten schiebt den Beginn der Widerrufsfrist damit nicht mehr auf.

(c) Regelmäßiges Erlöschen des Widerrufsrechts

Nach § 356 Abs. 3 S. 2 BGB nF erlischt das Widerrufsrecht bei im Direktvertrieb und im Fernabsatz geschlossenen Verträgen[6] auch bei unterbliebener oder fehlerhafter Widerrufsbelehrung **spätestens zwölf Monate und 14 Tage** nach dem in § 355 Abs. 2 S. 2 BGB nF oder § 356 Abs. 2 BGB nF genannten Zeitpunkt.[7] Belehrt der Unternehmer den Verbraucher innerhalb eines Jahres ab dem in § 355 Abs. 2 S. 2 BGB nF oder § 356 Abs. 2 BGB nF genannten Zeitpunkt ordnungsgemäß über sein Widerrufsrecht, endet die Widerrufsfrist 14 Tage nach dem Tag, an dem der Verbraucher diese Informationen erhalten hat.[8] Nach vorheriger Rechtslage konnte der Verbraucher bei fehlender oder fehlerhafter Widerrufsbelehrung dage-

---
1 Vgl. Art. 9 Abs. 2 lit. b) ii) RL 2011/83/EU.
2 Vgl. Art. 9 Abs. 2 lit. b) iii) RL 2011/83/EU.
3 Vgl. Art. 9 Abs. 2 lit. a RL 2011/83/EU.
4 Vgl. Art. 9 Abs. 2 lit. c RL 2011/83/EU.
5 *Palandt/Grüneberg*, BGB, § 355 nF Rz. 10. Bei Verträgen über Finanzdienstleistungen muss der Unternehmer den Verbraucher gem. Art. 246b § 2 Abs. 1 EGBGB nF unterrichten.
6 Mit Ausnahme von Verträgen über Finanzdienstleistungen, vgl. § 356 Abs. 3 S. 3 BGB nF.
7 Vgl. Art. 10 Abs. 1 und EG 43 RL 2011/83/EU.
8 Vgl. Art. 10 Abs. 2 der RL 2011/83/EU.

gen unbefristet von seinem Widerrufsrecht Gebrauch machen (unendliches Widerrufsrecht), vgl. § 355 Abs. 4 S. 3 BGB aF.

(d) Vorzeitiges Erlöschen des Widerrufsrechts bei Dienstleistungen

231 Bei Verträgen über Dienstleistungen erlischt das Widerrufsrecht gem. § 356 Abs. 4 S. 1 BGB nF vorzeitig, wenn der **Unternehmer** seine Dienstleistung **vollständig erbracht** hat und er mit der Ausführung der Dienstleistung erst nach ausdrücklicher Zustimmung des Verbrauchers begonnen hat.[1] Außerdem muss der Verbraucher seine Kenntnis davon bestätigt haben, dass er bei vollständiger Vertragserfüllung durch den Unternehmer sein Widerrufsrecht verliert.[2] Erforderlich sein dürfte eine aktive Handlung des Verbrauchers (z.B. Setzen eines Häkchens in einer entsprechenden Checkliste).[3] Anders als bislang spielt es im Fernabsatz keine Rolle mehr, ob der Verbraucher seinerseits den Vertrag erfüllt hat, vgl. § 312d Abs. 3 BGB aF.

(e) Vorzeitiges Erlöschen des Widerrufsrechts bei nicht auf einem körperlichen Datenträger befindlichen digitalen Inhalten

232 Bei einem Vertrag über die Lieferung von nicht auf einem körperlichen Datenträger befindlichen digitalen Inhalten[4] erlischt das Widerrufsrecht gem. § 356 Abs. 5 BGB nF vorzeitig, wenn der Unternehmer mit der Ausführung des Vertrags vor Ablauf der Widerrufsfrist begonnen hat, nachdem der Verbraucher hierzu seine ausdrückliche[5] Zustimmung erteilt hat. Darüber hinaus muss der Verbraucher seine Kenntnis davon bestätigt haben, dass er durch seine Zustimmung sein Widerrufsrecht mit Beginn der Vertragsausführung verliert.[6]

---

1 Bei Verträgen über Finanzdienstleistungen erlischt das Widerrufsrecht infolge der Vorgaben aus Art. 6 Abs. 2 lit. c der FernabsatzfinanzdienstleistungsRL 2002/65/EG erst, wenn der Vertrag von beiden Seiten auf ausdrücklichen Wunsch des Verbrauchers vollständig erfüllt wurde, BT-Drs. 17/12673, S. 61.
2 Vgl. Art. 16 lit. a RL 2011/83/EU; hierzu *Unger*, ZEuP 2012, 270 (296 ff.).
3 *Schirmbacher/Schmidt*, CR 2014, 107 (115).
4 Zum Widerrufsrecht bei Apps vgl. *Mankowski*, CR 2013, 508 ff.
5 *Schirmbacher/Schmidt*, CR 2014, 107 (114) greifen für die Frage, wann eine ausdrückliche Zustimmung vorliegt, auf die Rechtsprechung zu § 7 Abs. 1 Nr. 3 UWG zurück; vgl. hierzu auch *Schmidt/Brönneke*, VuR 2013, 448 (449).
6 Vgl. Art. 16 lit. m RL 2011/83/EU. *Unger*, ZEuP 2012, 270 (301 f.), hält eine einschränkende Auslegung des Art. 16 lit. m RL 2011/83/EU für erforderlich, um ein Redaktionsversehen des RLngebers zu korrigieren. Dieser schließt in Art. 14 Abs. 4 lit. b iii) RL 2011/83/EU die Wertersatzpflicht des Verbrauchers aus für einen Fall, in dem eine solche nach der RL von vornherein nicht denkbar ist. Nach Art. 14 Abs. 4 lit. b iii) RL 2011/83/EU wird der Verbraucher von der Ersatzpflicht im Widerrufsfall befreit, wenn der Unternehmer es unterlassen hat, dem Verbraucher eine Abschrift oder Bestätigung des geschlossenen Vertrags zur Verfügung zu stellen, die auch eine Bestätigung

Bisher war umstritten, ob dem Verbraucher bei der Lieferung digitaler 233
Inhalte, die nicht auf einem materiellen Datenträger erfolgt, ein Widerrufsrecht zusteht, weil diese als Dienstleistung zu qualifizieren sind, oder ob das Widerrufsrecht ausgeschlossen ist, weil digitale Inhalte Waren darstellen, die zur Rücksendung nicht geeignet sind.

(3) Besonderheiten bei Teilzeit-Wohnrechteverträgen, Verträgen über langfristige Urlaubsprodukte, Vermittlungsverträgen und Tauschsystemverträgen

§ 356a BGB nF enthält von § 355 BGB nF abweichende Regelungen für 234
das Widerrufsrecht bei Teilzeit-Wohnrechteverträgen, Verträgen über langfristige Urlaubsprodukte, Vermittlungsverträgen und Tauschsystemverträgen, die sich bisher in § 485a BGB aF fanden. Eine inhaltliche Änderung erfolgt nicht.[1]

Bei diesen Verträgen **beginnt die Widerrufsfrist** nach § 355 Abs. 2 BGB 235
nF gemäß § 356a Abs. 1 S. 1 BGB nF **grundsätzlich mit Abschluss des Vertrags** oder eines Vorvertrags. An die Stelle des Vertragsschlusses tritt gemäß § 356a Abs. 1 S. 2 BGB nF der Zeitpunkt der Aushändigung der Vertragsurkunde oder Vertragsabschrift, falls dieser Zeitpunkt nach dem Zeitpunkt des Vertragsschlusses liegen sollte. Gemäß § 356a Abs. 2 S. 1

---

der vorher ausdrücklich erklärten Zustimmung und der Kenntnisnahme des Verbrauchers enthält. Allerdings kann der Verbraucher einen Vertrag über nicht auf einem körperlichen Datenträger befindliche digitale Inhalte gem. Art. 16 lit. m RL 2011/83/EU überhaupt nur dann widerrufen, wenn er nicht vor deren Bereitstellung ausdrücklich dem sofortigen Beginn der Vertragserfüllung zugestimmt und zur Kenntnis genommen hat, dass er hierdurch sein Widerrufsrecht verliert. Unter diesen Voraussetzungen schließt Art. 14 Abs. 4 lit. b i) und ii) RL 2011/83/EU die Wertersatzpflicht aus. Wurde mit der Ausführung der Dienstleistung mit vorheriger ausdrücklicher Zustimmung und Kenntnis des Verbrauchers, dass er hierdurch sein Widerrufsrecht verliert, begonnen, ist ein Widerruf gem. Art. 16 lit. m RL 2011/83/EU nicht möglich. Das Fehlen der nachvertraglichen Bestätigung nach Maßgabe des Art. 7 Abs. 2 oder Art. 8 Abs. 7 RL 2011783/EU führt nach Art. 16 lit. m RL 2011/83/EU für sich allein genommen nicht zu einem Widerrufsrecht des Verbrauchers. In Einklang mit der gesetzgeberischen Intention müsste der Widerruf daher bei Beginn der Ausführung auch dann möglich bleiben, wenn der Verbraucher zwar seine Zustimmung erklärt und Kenntnis bestätigt, der Unternehmer aber die anschließende Bestätigung des geschlossenen Vertrags oder die Bestätigung der Zustimmung und Kenntnisnahme versäumt hat. Der Gesetzgeber scheint den Widerspruch anders lösen zu wollen. Wenn die Abschrift des Vertragsdokuments bzw. die Vertragsbestätigung die vorherige Zustimmung des Verbrauchers zur Ausführung des Vertrags vor Ablauf der Widerrufsfrist sowie die Bestätigung der Kenntnis des Verbrauchers davon, dass er sein Widerrufsrecht hierdurch verliert, nicht festhält, wird der Unternehmer nach Einschätzung des Gesetzgebers beides nur schwer beweisen können, BT-Drs. 17/12637, S. 55 f. Als Konsequenz hieraus verbleibe es beim Widerrufsrecht des Verbrauchers.
1 BT-Drs. 17/12637, S. 62.

BGB nF setzt der Beginn der Widerrufsfrist außerdem voraus, dass dem Verbraucher die in § 482 Abs. 1 BGB bezeichneten vorvertraglichen Informationen und das in Art. 242 § 1 Abs. 2 EGBGB nF bezeichnete Formblatt vollständig und in der in § 483 Abs. 1 BGB vorgeschriebenen Sprache überlassen worden sind. Zudem ist für den Beginn der Widerrufsfrist erforderlich, dass dem Verbraucher die in § 482a BGB bezeichnete Widerrufsbelehrung in der vorgeschriebenen Sprache vollständig erteilt wurde. Ansonsten beginnt die Widerrufsfrist abweichend von § 356a Abs. 1 BGB nF erst mit dem vollständigen Erhalt der Widerrufsbelehrung in der vorgeschriebenen Sprache, § 356a Abs. 3 S. 1 BGB nF.

236 Wird neben dem Teilzeit-Wohnrechtevertrag gleichzeitig ein Tauschsystemvertrag abgeschlossen und sind dem Verbraucher beide Verträge gleichzeitig angeboten worden, so beginnt die Widerrufsfrist für beide Verträge mit dem nach § 356a Abs. 1 BGB nF geltenden Zeitpunkt, § 356a Abs. 4 S. 1 BGB nF. Bei einer Verletzung der erforderlichen Informations- und Belehrungspflichten gelten die Absätze 2 und 3 entsprechend, § 356a Abs. 4 S. 2 BGB nF.

237 § 356a Abs. 2 S. 2 und Abs. 3 S. 2 BGB nF enthalten Obergrenzen für die Ausübung des Widerrufsrechts, wenn der Unternehmer gegen seine Informations- bzw. Belehrungspflichten verstößt. So **erlischt** das Widerrufsrecht gem. § 356a Abs. 2 S. 2 BGB nF bei einer Verletzung der Informationspflichten spätestens drei Monate und 14 Tage und gemäß § 356a Abs. 3 S. 2 BGB nF bei einem Verstoß gegen die Belehrungspflicht spätestens 12 Monate und 14 Tage nach dem in § 356a Abs. 1 BGB nF genannten Zeitpunkt.

(4) Besonderheiten bei Verbraucherdarlehensverträgen und Finanzierungshilfen

238 In § 356b BGB nF ist das Widerrufsrecht bei Verbraucherdarlehensverträgen geregelt. Diese Regelungen gelten gemäß § 506 Abs. 1 BGB nF i.V.m. § 495 Abs. 1 BGB nF entsprechend für den Zahlungsaufschub und sonstige Finanzierungshilfen. Eine inhaltliche Änderung zur bisherigen Rechtslage ist damit nicht verbunden.[1]

239 Für den **Beginn der Widerrufsfrist** ist über den Vertragsschluss gem. § 355 Abs. 2 S. 2 BGB nF hinaus erforderlich, dass der Darlehensgeber dem Darlehensnehmer eine für diesen bestimmte Vertragsurkunde, den schriftlichen Antrag des Darlehensnehmers oder eine Abschrift der Vertragsurkunde oder seines Antrags zur Verfügung gestellt hat, § 356b Abs. 1 BGB nF. Dies entspricht § 355 Abs. 3 S. 2 BGB aF für den Widerruf bei schriftlich zu schließenden Verträgen, auf den § 495 Abs. 2 BGB aF verwies.[2]

---

[1] BT-Drs. 17/12637, S. 62; *Palandt/Grüneberg*, BGB, § 356b nF Rz. 1.
[2] BT-Drs. 17/12637, S. 62.

Der Beginn der Widerrufsfrist bei **nachgeholten Pflichtangaben** wird in § 356b Abs. 2 S. 1 BGB nF geregelt. Enthält die dem Darlehnsnehmer zur Verfügung gestellte Urkunde nicht die Pflichtangaben nach § 492 Abs. 2 BGB, beginnt die Widerrufsfrist erst mit Nachholung der Angaben gem. § 492 Abs. 6 BGB nF. Die Widerrufsfrist beträgt in diesem Fall einen Monat, § 356b Abs. 2 S. 2 BGB nF. Dies entspricht § 495 Abs. 2 Nr. 2 lit. b BGB aF i.V.m § 492 Abs. 6 BGB aF.[1]

240

§ 356b Abs. 3 BGB nF ergänzt Absatz 2, § 494 Abs. 7 S. 2 BGB aF entsprechend, für den Fall, dass die nachgeholten Informationen zu einer Vertragsänderung führen.[2] Bei gemäß § 494 Abs. 1 BGB formnichtigen Verbraucherdarlehensverträgen, die gemäß § 494 Abs. 2 S. 1 BGB geheilt worden sind und aufgrund von § 494 Abs. 2 S. 2 bis Abs. 6 BGB Änderungen erfahren haben, beginnt die einmonatige Widerrufsfrist des § 356b Abs. 2 S. 2 BGB nF hiernach erst, wenn der Darlehnsnehmer die in § 494 Abs. 7 BGB nF bezeichnete Vertragsabschrift erhält.

241

(5) Besonderheiten bei Ratenlieferungsverträgen

Regelungen zum Widerrufsrecht bei Ratenlieferungsverträgen, die weder im Direktvertrieb noch im Fernabsatz geschlossen werden, finden sich in § 356c BGB nF. Gemeint sind insbesondere **Vertragsschlüsse im stationären Handel**.[3] Hier **beginnt die Widerrufsfrist** nach § 355 Abs. 2 BGB nF grundsätzlich mit Vertragsschluss, vorausgesetzt, der Unternehmer hat den Verbraucher gem. Art. 246 Abs. 3 EGBGB nF über sein Widerrufsrecht unterrichtet, § 356c Abs. 1 BGB nF. Für das **Erlöschen des Widerrufsrechts** enthält § 356c Abs. 2 S. 2 BGB nF eine an § 356 Abs. 3 S. 2 BGB nF angelehnte Sonderregelung.[4] Das Widerrufsrecht erlischt spätestens zwölf Monate und 14 Tage nach Vertragsschluss.

242

Gem. § 356c Abs. 2. S. 1 BGB nF kann der Unternehmer dem Verbraucher entsprechend § 356 Abs. 1 BGB nF die Möglichkeit einräumen, das Muster-Widerrufsformular oder eine andere eindeutige Willenserklärung auf der Internetseite des Unternehmers auszufüllen und zu übermitteln. Nutzt der Verbraucher diese Möglichkeit, muss der Unternehmer dem Verbraucher den Zugang des Widerrufs unverzüglich auf einem dauerhaften Datenträger bestätigen.

243

---

1 BT-Drs. 17/12637, S. 62.
2 BT-Drs. 17/12637, S. 62.
3 BT-Drs. 17/12637, S. 62.
4 BT-Drs. 17/12637, S. 62.

c) **Widerrufsfolgen**

aa) **Grundsatz**

(1) **Ende der Verpflichtungen**

244 Wenn der Verbraucher das ihm zustehende Widerrufsrecht fristgerecht ausgeübt hat, sind gem. § 355 Abs. 1 S. 1 BGB nF der Verbraucher und der Unternehmer[1] nicht mehr an ihre Willenserklärungen zum Abschluss des Vertrags gebunden. Wurde bereits ein wirksamer Vertrag geschlossen, **erlöschen** mit Erklärung des Widerrufs damit **die vertraglichen Leistungspflichten**. Hat der Verbraucher bis zum Widerruf nur ein Angebot zum Vertragsschluss gemacht, endet seine Pflicht zum Abschluss des Vertrags. Dies entspricht im Wesentlichen der bisherigen Rechtslage. Klarstellend ins Gesetz aufgenommen wurde lediglich, dass sowohl der Verbraucher als auch der Unternehmer nicht mehr an ihre Willenserklärungen zum Abschluss des Vertrags gebunden sind.[2]

(2) **Rückgewähr der empfangenen Leistungen, Gefahr der Rücksendung**

245 § 355 Abs. 3 S. 1 BGB nF bildet vorbehaltlich speziellerer Regelungen in den Folgevorschriften die Anspruchsgrundlage für die Pflicht zur Rückgewähr der empfangenen Leistungen.[3] Soweit das Gesetz keine Höchstfrist für die Rückgewähr der empfangenen Leistungen bestimmt, sind diese im Falle des Widerrufs **unverzüglich** zurückzugewähren. Bestimmt das Gesetz dagegen wie im Falle von

– § 357 Abs. 1 BGB nF für Direktvertriebs- und Fernabsatzverträge und
– § 357a BGB nF für Finanzdienstleistungen/Verbraucherdarlehensverträge und entgeltliche Finanzierungshilfen

eine **Höchstfrist**, richtet sich der Fristbeginn nach § 355 Abs. 3 S. 2 BGB nF. Für den Verbraucher beginnt die Frist mit der Abgabe seiner Widerrufserklärung.[4] Spätestens 14 bzw. 30 Tage ab Erklärung des Widerrufs muss der Verbraucher die erhaltene Ware zurückgewähren. Er wahrt die Frist durch die rechtzeitige Rücksendung der Ware, wobei es auf die Absendung ankommt, § 355 Abs. 3 S. 3 BGB nF. Aus Art. 14 Abs. 1 S. 1 VerbraucherrechteRL folgt, dass der Verbraucher die Ware auch an eine vom Unternehmer ermächtigte Person zurückgeben kann. Eine ausdrückliche Umsetzung dieser Vorgabe hielt der Gesetzgeber jedoch

---

1 Vgl. Art. 12 RL 2011/83/EU.
2 BT-Drs. 17/12637, S. 60.
3 BT-Drs. 17/12637, S. 60.
4 A.A. *Purnhagen*, 3 (2012) JIPITEC 93, Rz. 78 mit der Begründung, dass der vollharmonisierende Charakter der Vorschrift eine Auslegung nach europarechtlich-funktionalen Kriterien erfordere. Die mitgliedstaatlichen Regelungen knüpften Rechtswirkungen grundsätzlich aber erst dann an Erklärungen, wenn sie dem Empfänger zugegangen seien.

nicht für erforderlich.¹ Die Gefahr der Rücksendung trägt gem. § 355 Abs. 3 S. 4 BGB nF der Unternehmer, bisher § 357 Abs. 2 S. 2 BGB aF. Für den Unternehmer beginnt die Frist zur Rückzahlung der vom Verbraucher geleisteten Zahlungen mit dem Zugang der Widerrufserklärung, bisher § 357 Abs. 1 S. 3 BGB aF.

bb) Besonderheiten bei Direktvertriebs- und Fernabsatzverträgen

(1) Höchstfrist für Rückgewähr der empfangenen Leistungen

Für im Direktvertrieb und im Fernabsatz geschlossene Verträge legt § 357 Abs. 1 BGB nF eine Höchstfrist zur Rückgewähr der empfangenen Leistungen gem. § 355 Abs. 3 BGB nF fest. Sie beträgt **für beide Vertragsparteien 14 Tage**.² Erstmalig wird damit geregelt, wann der Verbraucher die Ware spätestens zurückgeben muss. Für den Unternehmer wurde die Rückzahlungsfrist hinsichtlich des Kaufpreises und ggf. der Versandkosten dagegen von bislang 30 Tagen ab Zugang der Widerrufserklärung des Verbrauchers (§ 357 Abs. 1 S. 2 und 3 BGB aF i.V.m. § 286 Abs. 3 S. 1 BGB) um mehr als die Hälfte verkürzt.

246

(2) Zahlungsmittel für Rückzahlung

Gem. § 357 Abs. 3 S. 1 BGB nF muss der Unternehmer für die Rückzahlung **dasselbe Zahlungsmittel** verwenden, das der Verbraucher bei seiner Zahlung verwendet hat. Hierdurch soll verhindert werden, dass die Rückzahlung daran scheitert, dass das vom Unternehmer benutzte Rückzahlungssystem für den Verbraucher nicht verfügbar ist.³ Andere Vereinbarungen sind gem. § 357 Abs. 3 S. 2 BGB nF möglich, wenn für den Verbraucher dadurch keine Kosten entstehen.

247

Unter den Begriff „Zahlungsmittel" soll jede Art der Zahlung fallen, die der Schuldner mit dem Gläubiger für die Erfüllung einer Geldschuld vereinbaren kann. In Betracht kommen beispielsweise Kartenzahlungen, Überweisungen, Lastschriften sowie sonstige mobile oder elektronische Zahlungen.⁴ Erfolgte die Zahlung unbar von Konto zu Konto, muss der Unternehmer den Betrag also auf das Konto des Verbrauchers zurückerstatten. Hat der Verbraucher bar bezahlt, muss der Unternehmer ihm den Betrag bar zurückzahlen.⁵ Die Erstattung in Form eines Gutscheins ist nur zulässig, wenn der Verbraucher für die ursprüngliche Transaktion Gutscheine verwendet hat oder diese ausdrücklich akzeptiert.⁶ Ist bei bestimmten Zahlungsarten – wie z.B. der Nachnahme – keine Erstattung auf die gleiche Weise möglich, ist dem Unternehmer

248

---

1 BT-Drs. 17/12637, S. 60.
2 Vgl. Art. 13 Abs. 1 und Art. 14 Abs. 1 S. 1 RL 2011/83/EU.
3 *Purnhagen*, 3 (2012) JIPITEC 93, Rz. 82.
4 BT-Drs. 17/12637, S. 52.
5 BT-Drs. 17/12637, S. 63.
6 EG 46 RL 2011/83/EU; BT-Drs. 17/12637, S. 63.

die Rückerstattung der geleisteten Zahlung durch Überweisung auf das Bankkonto zu gestatten.[1]

(3) Hinsendekosten

249 Der Unternehmer muss – wie schon nach bisheriger Rechtslage – auch die **Kosten der Lieferung** (Hinsendekosten) zurückgewähren, § 357 Abs. 2 S. 1 BGB nF.[2] Neu ist hingegen, dass zusätzliche Lieferkosten, die dem Verbraucher entstanden sind, weil er ausdrücklich eine andere Art der Lieferung als die vom Unternehmer angebotene günstigste Standardlieferung gewählt hat, nicht mehr zurückerstattet werden müssen, § 357 Abs. 2 S. 2 BGB nF.[3] Hier wäre beispielsweise an eine Expresslieferung zu denken.[4] Auf den Differenzbetrag zwischen der angebotenen Standard- und der Expresslieferung hat der Verbraucher unter diesen Umständen keinen Anspruch.[5]

(4) Zurückbehaltungsrecht

250 Nach § 357 Abs. 4 BGB nF steht dem Unternehmer bei einem Verbrauchsgüterkauf ein Zurückbehaltungsrecht zu. Er kann die Rückzahlung solange verweigern, bis er die Ware zurückerhalten oder der Verbraucher den Nachweis der Rücksendung erbracht hat, § 357 Abs. 4 S. 1 BGB nF.[6] Ein Zurückbehaltungsrecht besteht nicht, wenn der Unternehmer angeboten hat, die Ware abzuholen, § 357 Abs. 4 S. 2 BGB nF.[7] Dem Verbraucher ist es im eigenen Interesse anzuraten, für die Rücksendung eine Methode zu verwenden, die überzeugendere Beweise als eine Einlieferungsquittung[8] liefert, wie z.B. einen versicherten Versand oder ein Einschreiben.

251 Daneben ist ein Rückgriff auf das Rücktrittsrecht nicht mehr möglich. Insbesondere kann sich weder der Verbraucher noch der Unternehmer auf eine Rückgewähr der empfangenen Leistungen Zug um Zug berufen.[9] Der Verbraucher ist somit vorleistungspflichtig.

---

1 *Föhlisch/Dyakova*, MMR 2013, 71 (74); *Schirmbacher/Schmidt*, CR 2014, 104 (117).
2 Vgl. Art. 13 Abs. 1 S. 1 RL 2011/83/EU.
3 Vgl. Art. 13 Abs. 2 RL 2011/83/EU.
4 *Palandt/Grüneberg*, BGB, § 357 nF Rz. 3.
5 BT-Drs. 17/12637, S. 63.
6 *Palandt/Grüneberg*, BGB, § 357 nF Rz. 5.
7 Vgl. Art. 13 Abs. 1 Abs. 3 RL 2011/83/EU; hierzu *Schwab/Giesemann*, EuZW 2012, 253 (256).
8 BT-Drs. 17/12637, S. 63. Hieraus ergibt sich ein gewisses Missbrauchspotential. Der Verbraucher könnte selbst dann mit einer Einlieferungsquittung zunächst sein Geld zurück verlangen, wenn er an den Unternehmer nur ein leeres Paket zurückgesendet hat, so auch *Unger*, ZEuP 2012, 270 (291).
9 BT-Drs. 17/12637, 63; *Palandt/Grüneberg*, BGB, § 357 nF Rz. 5.

(5) Rücksendekosten

In Zukunft trägt gemäß § 357 Abs. 6 S. 1 BGB nF **grundsätzlich der Verbraucher** die unmittelbaren Kosten der widerrufsbedingten Rücksendung der Ware, ohne dass es wie bisher im Fernabsatz auf den Preis der zurückzusendenden Ware (sog. 40-Euro-Regelung) ankommt. Dies setzt allerdings voraus, dass der Unternehmer

– den Verbraucher hiervon zuvor unterrichtet hat (§ 357 Abs. 6 S. 1 BGB nF i.V.m. Art. 246a § 1 Abs. 2 S. 1 Nr. 2 EGBGB nF) und
– sich nicht selbst bereit erklärt hat, die Kosten zu tragen (§ 357 Abs. 6 S. 2 BGB nF).

252

Bei einem **Fernabsatzvertrag** über nicht auf dem Postweg versandfähige Waren ist der Verbraucher **zusätzlich über die Kosten für die Rücksendung** der Ware zu informieren (§ 357 Abs. 6 S. 1 BGB nF i.V.m. Art. 246a § 1 Abs. 2 S. 1 Nr. 2 EGBGB nF).[1] Im **Direktvertrieb** ist darüber hinaus § 357 Abs. 6 S. 3 BGB nF zu beachten. Hiernach **hat der Unternehmer** eine zum Zeitpunkt des Vertragsschlusses zur Wohnung des Verbrauchers gelieferte **Ware auf eigene Kosten** abzuholen, wenn diese so beschaffen ist, dass sie sich nicht zum Postversand eignet.[2] Bislang fielen die Rücksendekosten grundsätzlich gemäß § 357 Abs. 2 S. 2 BGB aF dem Unternehmer zur Last, wobei § 357 Abs. 2 S. 3 BGB aF dem Unternehmer bei einem Fernabsatzvertrag ggf. deren Verlagerung auf den Verbraucher ermögliche.

253

(6) Rücksendung auch nicht paketversandfähiger Waren

Der Verbraucher war nach § 357 Abs. 2 S. 2 BGB aF bei Ausübung des Widerrufsrechts nur dann zur Rücksendung der Sache verpflichtet, wenn diese durch ein Paket versandt werden konnte. Waren, die sich nicht per Paket versenden ließen (z.B. Speditionswaren), musste der Unternehmer nach einem Widerruf beim Verbraucher abholen lassen. Nach neuem Recht muss der **Verbraucher** grundsätzlich auch Waren zurücksenden, die nicht paketversandfähig sind. Dies gilt nur dann nicht, wenn der Unternehmer angeboten hat, die Ware abzuholen, § 357 Abs. 5 BGB nF. Eine weitere Ausnahme besteht gem. § 357 Abs. 6 S. 3 BGB nF für im Direktvertrieb geschlossene Verträge, bei denen die Waren zum Zeitpunkt des Vertragsschlusses zur Wohnung des Verbrauchers geliefert worden sind. Hier ist der Unternehmer verpflichtet, die Waren auf eigene Kosten abzuholen, wenn sie nicht per Post zurückgesandt werden können.[3]

254

---

[1] Vgl. Art. 6 Abs. 6 i.V.m. Abs. 1 lit. i Alt. 2 RL 2011/83/EU; hierzu *Unger*, ZEuP 2012, 270 (292).
[2] Vgl. Art. 14 Abs. 1 S. 4 RL 2011/83/EU.
[3] Vgl. Art. 14 Abs. 1 S. 4 RL 2011/83/EU.

(7) Wertersatz

255 Kann der Verbraucher die erlangte Ware nicht oder nur in verschlechtertem Zustand zurückgeben oder ist eine Rückgewähr der empfangenen Leistungen der Natur der Sache nach nicht möglich, kommt ein **Anspruch des Unternehmers auf Wertersatz** in Betracht.

- **Vertrag über Waren**

256 Gem. § 357 Abs. 7 BGB nF schuldet der Verbraucher Wertersatz für einen Wertverlust der Ware, der auf einen für die Prüfung der Beschaffenheit, Eigenschaften und Funktionsweise der Waren nicht notwendigen Umgang mit dieser durch den Verbraucher zurückzuführen ist.[1] Unter einen **Wertverlust** der Ware[2] können nach der Gesetzesbegründung
- die **normale Abnutzung** infolge der bestimmungsgemäßen Ingebrauchnahme und des weiteren Gebrauchs der Ware,
- darüber **hinausgehende Verschlechterungen** wie beispielsweise eine Beschädigung der Ware infolge unsachgemäßer Handhabung oder übermäßiger Ingebrauchnahme,
- der **vollständige Wertverlust oder Untergang** der Sache durch unsachgemäßen Gebrauch

fallen, immer vorausgesetzt, dass der Wertverlust nicht auf den zur Prüfung der Ware notwendigen Umgang zurückzuführen ist.[3]

257 Der **Wertersatz bemisst sich** nach dem Wert der Ware zum Zeitpunkt der Leistung. Erwägungsgrund 47 der VerbraucherrechteRL führt aus, wie der Verbraucher verfahren sollte, wenn er Beschaffenheit, Eigenschaften und Funktionsweise der Waren feststellen will. Hiernach soll er mit der Ware nur so umgehen und sie nur so in Augenschein nehmen, wie er das in einem Geschäft tun dürfte.[4] Ein Kleidungsstück soll er beispielsweise nur anprobieren, nicht jedoch tragen dürfen. Der Verbraucher muss die Waren daher während der Widerrufsfrist mit der gebührenden Sorgfalt behandeln und in Augenschein nehmen. Die Gesetzesbegründung konkretisiert dies dahingehend, dass zur Prüfung der Ware im Einzelfall auch die bestimmungsgemäße Ingebrauchnahme gehört. Umgekehrt kann aber nach der Verkehrssitte eine Prüfung der Ware durch Ingebrauchnahme oder Öffnen der Verpackung auch unüblich sein. Dies ist z.B. bei Medikamenten oder Kosmetik der Fall.[5] Ein Anspruch auf Wertersatz besteht allerdings nur dann, wenn der Unterneh-

---

1 Vgl. Art. 14 Abs. 2 S. 1 RL 2011/83/EU; hierzu *Unger*, ZEuP 2012, 270 (293).
2 Der Begriff „Wertverlust der Ware" ist autonom auszulegen, *Leier*, VuR 2013, 457 (459).
3 BT-Drs. 17/12637, S. 63; *Palandt/Grüneberg*, BGB, § 357 nF Rz. 9.
4 A.A. *Palandt/Grüneberg*, BGB, § 357 nF Rz. 9.
5 BT-Drs. 17/12637, S. 63; *Palandt/Grüneberg*, BGB, § 357 nF Rz. 9.

mer den Verbraucher ordnungsgemäß gem. Art. 246a § 1 Abs. 2 S. 1 Nr. 1 EGBGB nF über sein Widerrufsrecht unterrichtet hat.[1]

§ 357 Abs. 7 BGB nF spricht nur von einem Wertverlust, der auf den Umgang mit der Ware zurückzuführen ist. Im Umkehrschluss dürfte sich daher ergeben, dass der Unternehmer bei einer zufälligen Verschlechterung oder einem zufälligen Untergang der Ware keinen Anspruch auf Wertersatz hat, vgl. auch § 361 Abs. 1 BGB nF.[2]

- **Vertrag über Dienstleistungen, Fernwärme und die leitungsgebundene Lieferung von Wasser, Gas und Strom**

Widerruft der Verbraucher einen Vertrag über die Erbringung von Dienstleistungen, die leitungsgebundene Lieferung von Wasser, Gas und Strom oder die Lieferung von Fernwärme, schuldet er gemäß § 357 Abs. 8 BGB nF **Wertersatz für die bis zum Widerruf erbrachten Leistungen**.[3] Voraussetzung ist allerdings, dass der Verbraucher von dem Unternehmer ausdrücklich (§ 357 Abs. 8 S. 1 BGB nF) und im **Direktvertrieb** darüber hinaus auf einem dauerhaften Datenträger (§ 357 Abs. 8 S. 3 BGB nF) verlangt hat, dass dieser mit der Leistung vor Ablauf der Widerrufsfrist beginnt.[4] In der Praxis ist vorstellbar, dass eine solche Klausel Bestandteil eines Vertrags zwischen dem Unternehmer und dem Verbraucher wird.[5] Außerdem muss der Unternehmer den Verbraucher ordnungsgemäß nach Art. 246a § 1 Abs. 2 S. 1 Nr. 1 und 3 EGBGB nF über das Widerrufsrecht und die Pflicht zur Zahlung eines angemessenen Betrags informiert haben, § 357 Abs. 8 S. 2 BGB nF.[6] Im Fernabsatz musste der Unternehmer den Verbraucher auch bisher schon auffordern, sein Verlangen ausdrücklich zu erklären, denn sonst erlosch das Widerrufsrecht nicht gemäß § 312d Abs. 3 BGB aF und der Unternehmer konnte auch keinen Wertersatz bei Widerruf verlangen, § 312e Abs. 2 BGB aF.[7]

258

Für die **Berechnung des Wertersatzes** ist zunächst die vereinbarte Gegenleistung (Gesamtpreis) zugrunde zu legen, § 357 Abs. 8 S. 4 BGB nF.[8] Ist diese unverhältnismäßig hoch, ist der Wertersatz gemäß § 357 Abs. 8 S. 5 BGB nF auf der Grundlage des Marktwertes der erbrachten Leistung

259

---

1 Vgl. Art. 14 Abs. 2 S. 2 RL 2011/83/EU; *Palandt/Grüneberg*, BGB, § 357 nF Rz. 10.
2 *Unger*, ZEuP 2012, 270 (293 f.) (zu Art. 14 Abs. 2 S. 1 RL 2011/83/EU; *Palandt/Grüneberg*, BGB, § 357 nF Rz. 9.
3 Vgl. Art. 14 Abs. 3 RL 2011/83/EU; hierzu *Unger*, ZEuP 2012, 270 (296 ff.).
4 Vgl. Art. 7 Abs. 3 bzw. 8 Abs. 8 RL 2011/83/EU; *Palandt/Grüneberg*, BGB, § 357 nF Rz. 15.
5 BT-Drs. 17/12637, S. 36, 42.
6 Vgl. Art. 14 Abs. 4 lit. a) i) RL 2011/83/EU. Für Fernabsatzverträge über Dienstleistungen entspricht dies weitgehend § 312e aF, *Leier*, VuR 2013, 457 (460).
7 BT-Drs. 17/12637, S. 36.
8 Vgl. EG 50 sowie Art. 14 Abs. 3 S. 2 RL 2011/83/EU; *Palandt/Grüneberg*, BGB, § 357 nF Rz. 16.

zu berechnen.¹ Nach Erwägungsgrund 50 der VerbraucherrechteRL soll der Marktwert festgelegt werden, indem der Preis einer zum Zeitpunkt des Vertragsabschlusses von anderen Unternehmern erbrachten gleichwertigen Dienstleistung zum Vergleich herangezogen wird.

- **Verträge über nicht auf einem körperlichen Datenträger befindliche digitale Inhalte**

260 Widerruft der Verbraucher einen Vertrag über die Lieferung von nicht auf einem körperlichen Datenträger befindlichen digitalen Inhalten, muss er keinen Wertersatz leisten, § 357 Abs. 9 BGB nF.²

(8) Weitere Ansprüche

261 Dem Unternehmer stehen gegen den Verbraucher infolge des Widerrufs **keine weiteren Ansprüche zu**, § 361 Abs. 1 BGB nF.³ Ausgeschlossen sind somit bereicherungsrechtliche Ansprüche,⁴ Ansprüche aus § 280 BGB⁵ oder auf Nutzungsersatz.⁶

262 Die **Haftung des Verbrauchers** nach den allgemeinen Vorschriften für Schäden, die nicht im Zusammenhang mit dem Widerruf und seinen Folgen stehen, bleibt unberührt. So haftet der Verbraucher auch weiter-

---

1 Vgl. EG 50 sowie Art. 14 Abs. 3 S. 3 RL 2011/83/EU.
2 Bereits nach der Grundregel des Art. 14 Abs. 5 RL 2011/83/EU besteht bei digitalen Inhalten keine Ersatzpflicht. Art. 14 Abs. 3 RL 2011/83/EU ist auf digitale Inhalte nicht anwendbar und sieht folglich „*nichts anderes*" vor, *Unger*, ZEuP 2012, 270 (301). In Art. 14 Abs. 4 lit. b i) und ii) wird der Verbraucher noch einmal ausdrücklich von der Ersatzpflicht befreit, vgl. *Unger*, ZEuP 2012, 270, 301, für jeden Fall, in dem er einen Vertrag über nicht auf einem körperlichen Datenträger befindliche digitale Inhalte gem. Art. 16 lit. m RL 2011/83/EU ausnahmsweise widerrufen kann. Von der Übernahme der in Art. 14 Abs. 4 lit. b RL 2011/83/EU detailliert geregelten Voraussetzungen für den Ausschluss des Wertersatzanspruchs des Unternehmers hat der Gesetzgeber abgesehen, vgl. im Detail BT-Drs. 17/12637, S. 64.
3 Vgl. Art. 14 Abs. 5 RL 2011/83/EU.
4 BT-Drs. 17/12637, S. 64; BT-Drs. 17/13951, S. 105.
5 BT-Drs. 17/13951, S. 105.
6 *Unger*, ZEuP 2012, 270 (294 f.) (zur RL 2011/83/EU), der allerdings einen Nutzungswertersatzanspruch, das Messnerurteil des EuGH (v. 3.9.2009, Rs. C-489/07) heranziehend, als zulässig ansieht, wenn der Verbraucher die Ware auf eine mit den Grundsätzen des bürgerlichen Rechts wie denen von Treu und Glauben oder der ungerechtfertigten Bereicherung unvereinbare Art und Weise genutzt hat. Es seien Fälle vorstellbar, in denen der Verbraucher über das zur Prüfung erforderliche Maß hinausgehe und hieraus hohe Gebrauchsvorteile ziehe, die Ware sich jedoch nur minimal verschlechtere. Unter diesen Umständen wäre den berechtigten Interessen des Unternehmers mit einem isolierten Verschlechterungswertersatz nicht gedient. Ein Anspruch auf Nutzungswertersatz müsse daher in einem solchen Fall wiederaufleben.

hin z.B. für die Verletzung von Schutzpflichten.[1] Erfüllt der Verbraucher seine Verpflichtungen im Zusammenhang mit der Ausübung des Widerrufsrechts nicht, können ebenfalls vertragsrechtliche Bestimmungen zur Anwendung kommen.[2] Zu denken wäre z.B. bei einer verspäteten Rücksendung der Ware an einen Anspruch auf Ersatz des Verzugsschadens.[3]

cc) Besonderheiten bei Verbraucherdarlehensverträgen und entgeltlichen Finanzierungshilfen

Die Rechtsfolgen des Widerrufs von Verbraucherdarlehensverträgen und entgeltlichen Finanzierungshilfen sind in § 357a BGB nF zusammengefasst. Dies ergibt sich bei Verbraucherdarlehensverträgen aus § 495 Abs. 1 BGB, der auf § 355 BGB nF verweist, bei entgeltlichen Finanzierungshilfen über die Verweisung des § 506 Abs. 1 BGB nF auf die §§ 495, 355 BGB nF.[4] Nach vorheriger Rechtslage erfolgte die Rückabwicklung des Vertrags entsprechend den Vorschriften über das Rücktrittsrecht gemäß §§ (506 Abs. 1), 495 Abs. 2, 357 Abs. 1, 346 ff. BGB aF.

263

(1) Höchstfrist und weitere Besonderheiten für die Rückgewähr der empfangenen Leistungen

§ 357a Abs. 1 BGB nF legt für Verbraucherdarlehensverträge und entgeltliche Finanzierungshilfen eine Höchstfrist zur Rückgewähr der empfangenen Leistungen i.S.d. § 355 Abs. 3 S. 2 BGB nF fest, die **30 Tage** beträgt. Bislang ergab sich die 30-tägige Rückgewährfrist aus § 357 Abs. 1 S. 2 und 3 BGB aF i.V.m. § 286 Abs. 3 S. 1 BGB aF.

264

Der Verbraucher ist nach Maßgabe der §§ 355 Abs. 3, 357a Abs. 1 BGB nF zur **Rückzahlung des Darlehens**, der Darlehensgeber zur **Rückerstattung bereits geleisteter Zins- und Tilgungsleistungen** verpflichtet. Wird ein durch eine entgeltliche Finanzierungshilfe finanzierter Kaufvertrag über eine Ware oder ein Vertrag über die Überlassung einer Sache widerrufen, ist der **Vertragsgegenstand** an den Unternehmer herauszugeben. Die Einzelheiten der Rückgabe richten sich nach § 357a Abs. 3 S. 4[5] i.V.m. Abs. 2 BGB nF. Über die weitere Verweisung in § 357a Abs. 2 S. 2 BGB nF auf § 357 Abs. 5 und 6 BGB nF werden die Vorschriften für den

265

---

1 BT-Drs. 17/12637, S. 64.
2 EG 48 der RL 2011/83/EU.
3 BT-Drs. 17/12637, S. 64.
4 BT-Drs. 17/12637, S. 65.
5 § 357a Abs. 3 S. 4 BGB nF regelt die Frage, wie sich die Rückabwicklung von Verträgen über eine entgeltliche Finanzierungshilfe auf die vom Unternehmer erbrachte Leistung auswirkt, die Gegenstand des Vertrags über die entgeltliche Finanzierungshilfe ist – also auf die übergebene Ware, die erbrachte Dienstleistung oder die gelieferten nicht auf einem körperlichen Datenträger befindlichen digitalen Inhalte.

Fall des Widerrufs von im Direktvertrieb und Fernabsatz geschlossenen Verträgen für entsprechend anwendbar erklärt.

(2) Wertersatz

266 Der Wertersatzanspruch des Unternehmers bei der Rückabwicklung von Verträgen über entgeltliche Finanzierungshilfen richtet sich nach § 357a Abs. 3 S. 4 i.V.m. Abs. 2 BGB nF.

267 Wird ein **durch eine entgeltliche Finanzierungshilfe finanzierter Kaufvertrag** über eine Ware oder ein Vertrag über die Überlassung einer Sache widerrufen, gelten die Vorschriften für den Fall des Widerrufs von im Direktvertrieb und im Fernabsatz geschlossenen Verträgen (dazu Rz. 256 f.) aufgrund der vergleichbaren Interessenlage entsprechend, vgl. §§ 506 Abs. 1, 495 Abs. 1, 355, 357a Abs. 3 S. 4, Abs. 2 S. 2 i.V.m. 357 Abs. 7 BGB nF.[1] Das Gleiche gilt, wenn eine **Leistung** Vertragsgegenstand der entgeltlichen Finanzierunghilfe ist, die **nicht in der Überlassung einer Sache besteht**.[2] Der Anspruch auf Wertersatz für die vom Unternehmer bis zum Widerruf erbrachte Leistung ergibt sich auch in diesem Fall aus §§ 506 Abs. 1, 495 Abs. 1, 355, 357a Abs. 3 S. 4, Abs. 2 S. 2 i.V.m. § 357 Abs. 8 BGB nF (dazu Rz. 258 f.). An die Stelle der Unterrichtung über das Widerrufsrecht nach Art. 246a § 1 Abs. 2 S. 1 Nr. 1 EGBGB nF treten gem. § 357a Abs. 3 S. 4 BGB nF bei einer **entgeltlichen Finanzierungshilfe** allerdings die **spezifischen Pflichtangaben** nach Art. 247 § 12 Abs. 1 i.V.m. § 6 Abs. 2 EGBGB nF.[3]

268 Der Anspruch auf Wertersatz bei finanzierten Verträgen über die **Lieferung von** nicht auf einem körperlichen Datenträger befindlichen **digitalen Inhalten** richtet sich nach § 357a Abs. 3 S. 4 i.V.m. Abs. 2 S. 3 BGB nF. Der Verbraucher hat Wertersatz für die bis zum Widerruf gelieferten digitalen Inhalte zu leisten, wenn er vor Abgabe seiner Vertragserklärung auf diese Rechtsfolge hingewiesen worden ist und ausdrücklich zugestimmt hat, dass der Unternehmer vor Ende der Widerrufsfrist mit der Lieferung der digitalen Inhalte beginnt. Durch § 357a Abs. 3 S. 4 i.V.m. Abs. 2 S. 3 BGB nF soll die Rechtslage für die im Rahmen eines Vertrags über eine entgeltliche Finanzierunghilfe gelieferten digitalen Inhalte der Rechtslage bei im Direktvertrieb oder Fernabsatz geschlossenen Verträgen angenähert werden.[4] Unter den in § 356 Abs. 5 BGB nF genannten Voraussetzungen, dass der Verbraucher der Ausführung des Vertrags über die Lieferung von nicht auf einem körperlichen Datenträ-

---

1 BT-Drs. 17/12637, S. 65.
2 In Betracht kommen finanzierte Werkverträge, finanzierte Verträge über Finanzdienstleistungen und finanzierte Verträge über die Lieferung von nicht auf einem körperlichen Datenträger befindlichen digitalen Inhalten, BT-Drs. 17/13951, S. 103.
3 BT-Drs. 17/12637, S. 65.
4 BT-Drs. 17/13951, S. 102.

ger befindlichen digitalen Inhalten vorher ausdrücklich zugestimmt und seine Kenntnis davon bestätigt hat, dass er durch seine Zustimmung mit Beginn der Ausführung sein Widerrufsrecht verliert, kann der Vertrag nicht mehr widerrufen werden. Der Verbraucher muss die Leistung bezahlen.[1] Eine entgeltliche Finanzierungshilfe über die Lieferung von nicht auf einem körperlichen Datenträger befindlichen digitalen Inhalten kann möglicherweise jedoch widerrufen werden, obwohl der Unternehmer mit Zustimmung des Verbrauchers vor Ablauf der Widerrufsfrist mit der Ausführung des Vertrags begonnen hat: Denn das Widerrufsrecht erlischt nach § 356 Abs. 4 S. 2 BGB n.F. erst, wenn der Vertrag von beiden Seiten vollständig erfüllt ist. Einen Ausgleich für die gelieferten digitalen Inhalte gewährleistet hier § 357a Abs. 3 S. 4 i.V.m. Abs. 2 S. 3 BGB nF.[2]

Für die **Berechnung des Wertersatzes** für alle Arten von Leistungen wird die im Vertrag bestimmte Gegenleistung zugrunde gelegt, § 357a Abs. 3 S. 4 i.V.m. Abs. 2 S. 4 BGB nF. Anders als nach § 346 Abs. 2 S. 2 BGB aF ist jedoch eine Korrektur der Berechnungsgrundlage vorgesehen.[3] Stellt sich der vereinbarte Gesamtpreis als unverhältnismäßig hoch heraus, ist der Wertersatz auf der Grundlage des Marktwerts der erbrachten Leistung zu berechnen, § 357a Abs. 3 S. 4 i.V.m. Abs. 2 S. 5 BGB nF. 269

(3) Herausgabe des Gebrauchsvorteils

Nach § 357a Abs. 3 S. 1 BGB nF hat der Darlehensnehmer für die Inanspruchnahme des Kredits bis zur Rückzahlung des Darlehens den vereinbarten Sollzins zu entrichten. Bei einer entgeltlichen Finanzierungshilfe muss der Verbraucher den Gebrauchsvorteil der aus der Finanzierungshilfe folgenden Stundung des Preises oder ähnlichen Zahlungserleichterung (Differenz zwischen den Gesamtkosten der finanzierten Dienstleistung und ihrem Barzahlungspreis ohne Finanzierung) herausgeben.[4] Die Möglichkeit des Nachweises eines geringeren Werts bleibt gem. § 357a Abs. 3 S. 2 BGB nF beschränkt auf die durch ein Grundpfandrecht gesicherten Darlehen.[5] 270

(4) Weitere Ansprüche

§ 357a Abs. 3 S. 5 BGB nF beschränkt weitere Ansprüche des Kreditgebers auf Erstattung von Aufwendungen, die dieser gegenüber öffentlichen Stellen erbracht hat und nicht zurückverlangen kann. Diese Re- 271

---

1 Nur für den Fall, dass ein im Direktvertrieb oder Fernabsatz geschlossener Vertrag über digitale Inhalte überhaupt widerrufen werden kann, ist die Wertersatzpflicht des Verbrauchers gem. § 357 Abs. 9 BGB nF ausgeschlossen.
2 BT-Drs. 17/13951, S. 102.
3 BT-Drs. 17/13951, S. 103.
4 BT-Drs. 17/13951, S. 103.
5 BT-Drs. 17/12637, S. 65; § 495 Abs. 2 S. 1. Nr. 3 HS. 1 BGB aF.

gelung fand sich bislang in § 495 Abs. 2 S. 1 Nr. 3 Hs. 1 BGB aF. Weitere Ansprüche gegen den Verbraucher stehen dem Unternehmer nicht zu, § 361 Abs. 1 BGB nF.

dd) Besonderheiten bei Teilzeit-Wohnrechteverträgen, Verträgen über ein langfristiges Urlaubsprodukt, Vermittlungsverträgen und Tauschsystemverträgen

272 § 357b BGB nF bestimmt abschließend die von § 357 BGB nF abweichenden Widerrufsfolgen für Teilzeit-Wohnrechteverträge, Verträge über ein langfristiges Urlaubsprodukt, Vermittlungsverträge und Tauschsystemverträge. § 357b Abs. 1 BGB nF entspricht § 485 Abs. 2 BGB aF.[1] Im Falle des Widerrufs hat der Verbraucher **keine Kosten** zu tragen, vgl. § 357b Abs. 1 S. 1 und 2 BGB nF. Geleistete Dienste und die Überlassung von Wohngebäuden zur Nutzung muss er ebenfalls nicht vergüten, § 357b Abs. 1 S. 3 BGB nF. Im Einzelfall kann der Verbraucher allerdings bei Widerruf eines Teilzeit-Wohnrechtevertrags, eines Vertrags über ein langfristiges Urlaubsprodukt, eines Vermittlungsvertrags oder eines Tauschsystemvertrags **Wertersatz** schulden. Dies ist gem. § 357b Abs. 2 BGB nF insoweit der Fall, als der Wertverlust der Unterkunft i.S.d. § 481 BGB auf einer nicht bestimmungsgemäßen Nutzung des Objekts beruht. Hat der Verbraucher von der Unterkunft dagegen vertragsgerecht Gebrauch gemacht, bestehen gegen ihn keinerlei Ansprüche.[2]

ee) Besonderheiten bei Ratenlieferungsverträgen

273 Die Rechtsfolgen des Widerrufs bei **Ratenlieferungsverträgen, die weder im Direktvertrieb noch im Fernabsatz** geschlossen werden, finden sich in § 357c BGB nF. § 357c S. 1 BGB nF erklärt § 357 Abs. 1 bis 5 BGB nF für die Rückgewähr der empfangenen Leistungen für entsprechend anwendbar (s. Rz. 246 ff.). Die unmittelbaren Kosten der Rücksendung der empfangenen Sachen trägt gem. § 357c S. 2 BGB nF der Verbraucher, es sei denn, der Unternehmer hat sich bereit erklärt, diese Kosten zu tragen. Gem. § 357c S. 3 BGB nF ist die Regelung des Wertersatzanspruchs des Unternehmers bei im Direktvertrieb oder Fernabsatz geschlossenen Verträgen über Waren (§ 357 Abs. 7 BGB nF) mit der Maßgabe entsprechend anzuwenden, dass an die Stelle der Information nach Art. 246a § 1 Abs. 2 S. 1 Nr. 1 EGBGB nF die Unterrichtung nach Art. 246 Abs. 3 BGB nF tritt. Für die Rückabwicklung von weder im Direktvertrieb noch im Fernabsatz geschlossen Ratenlieferungsverträgen gelten damit für die dadurch entstehenden Kosten und den Wertersatz grundsätzlich dieselben Regelungen wie für im Direktvertrieb oder Fernabsatz geschlossene Verträge.[3]

---

1 BT-Drs. 17/12637, S. 65.
2 BT-Drs. 17/13951, S. 104.
3 BT-Drs. 17/12637, S. 67.

d) Verbundene Verträge

§ 358 BGB nF regelt die Rechtsfolgen für **mit dem widerrufenen Vertrag verbundene Verträge**. Die Absätze 1 bis 3 entsprechen den Absätzen 1 bis 3 des § 358 BGB aF.[1] Absatz 1 regelt den Widerruf des finanzierten Geschäfts und die Erstreckung der Widerrufsfolgen auf ein verbundenes Verbraucherdarlehen. Absatz 2 erfasst den umgekehrten Fall des Widerrufs des Verbraucherdarlehens und erstreckt die Rechtsfolgen dieses Widerrufs auf ein verbundenes finanziertes Geschäft. Wann von einem verbundenen Vertrag auszugehen ist, legt Absatz 3 fest.

274

§ 358 Abs. 4 S. 1 bis 3 BGB nF bestimmt, welche Vorschriften bei der Rückabwicklung des verbundenen Vertrags entsprechend anwendbar sind. Für die Rückabwicklung eines verbundenen Vertrags sind das grundsätzlich die Vorschriften, die gelten würden, wenn dieser widerrufen worden wäre. § 355 Abs. 3 BGB nF kommt damit als **Grundnorm bei allen verbundenen Verträgen** zur Anwendung. Je nach Art des verbundenen Vertrags gelten daneben die §§ 357 bis 357b BGB nF entsprechend, § 358 Abs. 4 S. 1 BGB nF.[2] Handelt es sich bei dem verbundenen Vertrag z.B. um einen im Direktvertrieb geschlossenen Vertrag über die Lieferung von Waren, ist § 357 BGB nF entsprechend anwendbar.

275

Eine **Sonderregelung** enthält § 358 Abs. 4 S. 2 BGB nF für den Fall, dass ein Vertrag über die Lieferung von nicht auf einem körperlichen Datenträger befindlichen **digitalen Inhalten** deshalb rückabgewickelt wird, weil er mit einem vom Verbraucher **widerrufenen Verbraucherdarlehensvertrag** verbunden ist.[3] Grundsätzlich kann beim Widerruf eines Vertrags über die Lieferung von nicht auf einem körperlichen Datenträger gelieferten digitalen Inhalten kein Wertersatzanspruch entstehen (s. Rz. 260). Widerruft der Verbraucher jedoch nicht den Vertrag über nicht auf einem körperlichen Datenträger befindliche digitale Inhalte, sondern den mit diesem Vertrag i.S.d. § 358 Abs. 2 BGB nF verbundenen Verbraucherdarlehensvertrag, stellt sich die Lage möglicherweise anders dar. Unter diesen Umständen kann der Fall eintreten, dass der Vertrag über digitale Inhalte selbst gar nicht mehr widerrufen werden kann, weil mit Zustimmung und Kenntnisnahme des Verbrauchers vom Verlust seines Widerrufsrechts mit der Ausführung der Dienstleistung, z.B. dem Download, begonnen wurde.[4] Trotzdem kann eine Rückabwicklung wegen der Verbundenheit mit dem widerrufenen Verbraucherdarlehensvertrag notwendig werden. Dann wäre es allerdings nicht sachgerecht, wenn der Verbraucher nach § 358 Abs. 4 S. 1 i.V.m. § 357 Abs. 9 BGB nF überhaupt keinen Wertersatz leisten müsste.[5] Entsprechend der

276

---

1 BT-Drs. 17/12637, S. 66; *Palandt/Grüneberg*, BGB, § 358 nF Rz. 1.
2 BT-Drs. 17/12637, S. 98.
3 BT-Drs. 17/13951, S. 104.
4 BT-Drs. 17/13951, S. 104.
5 *Palandt/Grüneberg*, BGB, § 358 nF Rz. 1.

Wertung des Art. 14 Abs. 4 lit. b der VerbraucherrechteRL soll die Ersatzpflicht des Verbrauchers vielmehr davon abhängen, ob er der Ausführung des Vertrags über digitale Inhalte vorher ausdrücklich zugestimmt und seine Kenntnis davon bestätigt hat, dass er durch seine Zustimmung mit Beginn der Ausführung sein Widerrufsrecht verliert und ihm vom Unternehmer eine Abschrift oder Bestätigung des Vertrags nach § 312 f. BGB nF zur Verfügung gestellt wurde.[1]

277 Bei einem **verbundenen Ratenlieferungsvertrag** ist gem. § 358 Abs. 4 S. 3 BGB nF zu differenzieren: Handelt es sich bei dem Ratenlieferungsvertrag nicht um einen im Direktvertrieb oder Fernabsatz geschlossenen Vertrag, findet neben der Grundnorm des § 355 Abs. 2 BGB nF § 357c BGB nF entsprechende Anwendung. Dagegen gilt § 357 BGB nF neben der Grundnorm des § 355 Abs. 2 BGB nF entsprechend, wenn ein Direktvertriebs- oder Fernabsatzvertrag vorliegt.[2]

278 § 358 Abs. 4 S. 4 und 5 BGB nF entsprechen § 358 Abs. 4 S. 2 und 3 BGB aF. Nach § 358 Abs. 4 S. 4 BGB nF darf der Verbraucher nach einem Widerruf des finanzierten Vertrags im Rahmen der sodann erforderlichen Rückabwicklung auch des Verbraucherdarlehensvertrags **nicht auf die Zahlung von Zinsen und Kosten** in Anspruch genommen werden. Ist dem Unternehmer aus dem verbundenen Vertrag bei Wirksamwerden des Widerrufs das Darlehen bereits zugeflossen, tritt der **Darlehensgeber** im Verhältnis zum Verbraucher hinsichtlich der Rechtsfolgen des Widerrufs in die Rechte und Pflichten des Unternehmers ein, § 358 Abs. 4 S. 5 BGB nF.

279 Gem. § 358 Abs. 5 BGB nF bleiben die Wirkungen des Widerrufs eines Verbraucherdarlehensvertrags, der der Finanzierung des Erwerbs von Finanzinstrumenten dient, auf den Verbraucherdarlehensvertrag beschränkt. Der Bestand des finanzierten Geschäfts wird hierdurch nicht berührt. Die Regelung fand sich bisher in § 359a Abs. 3 BGB aF. Sie soll verhindern, dass der Darlehensgeber mit dem Spekulationsrisiko belastet wird, welches typischerweise mit dem Erwerb von Finanzinstrumenten verbunden ist.[3]

280 Gem. § 358 Abs. 5 BGB aF war der Verbraucher im Rahmen der Belehrung über sein Widerrufsrecht auch auf die sich aus den Absätzen 1 und 2 ergebenden Rechtsfolgen hinzuweisen. Diese Pflicht kann aufgrund der Vorgaben der VerbraucherrechteRL nicht bestehen bleiben.[4] Allerdings ist für Verbraucherdarlehensverträge der bislang vorgeschriebene Hinweis nach wie vor zu erteilen, Art. 247 § 12 Abs. 1 S. 2 Nr. 2 lit. b EGBGB nF.

---

1 BT-Drs. 17/13951, S. 104.
2 BT-Drs. 17/12637, S. 98; *Palandt/Grüneberg*, BGB, § 357 nF Rz. 1.
3 BT-Drs. 17/12637, S. 66.
4 BT-Drs. 17/12637, S. 66.

e) Einwendungen bei verbundenen Verträgen

§ 359 BGB nF entspricht der vorherigen Rechtslage. Der in § 359 Abs. 1 BGB nF geregelte Einwendungsdurchgriff entspricht unverändert § 359 BGB aF. § 359 Abs. 2 BGB nF enthält die in § 359a Abs. 3 und 4 BGB aF geregelten Ausnahmen vom Anwendungsbereich für den finanzierten Erwerb von Finanzinstrumenten und für Kleindarlehen, die der Gesetzgeber aus systematischen Erwägungen nunmehr unmittelbar in § 359 BGB nF aufgenommen hat.[1]

281

f) Zusammenhängende Verträge

§ 360 BGB nF fasst überwiegend die Regelungen der §§ 312 f., 359a Abs. 1 und 2 sowie 485 Abs. 3 BGB aF an einer neuen Stelle zusammen.[2] § 360 BGB nF soll verhindern, dass der Verbraucher von einem möglichen Widerruf Abstand nimmt, weil er in diesem Fall an einen weiteren, mit dem widerrufenen Vertrag im Zusammenhang stehenden Vertrag gebunden bleiben würde.[3]

282

§ 360 Abs. 1 BGB nF enthält eine allgemeine Vorschrift über die **Auswirkungen des Widerrufs eines Vertrags auf einen** mit diesem Vertrag **zusammenhängenden Vertrag**, die allerdings nur zur Anwendung kommen soll, wenn nicht bereits ein verbundener Vertrag nach § 358 BGB nF vorliegt.[4] Nach § 360 Abs. 1 S. 1 BGB nF soll der Verbraucher an einen mit dem widerrufenen Vertrag im Zusammenhang stehenden Vertrag nicht mehr gebunden sein. Ein **zusammenhängender Vertrag** liegt nach § 360 Abs. 2 S. 1 BGB nF vor, wenn er

283

– einen Bezug zu dem widerrufenen Vertrag aufweist und
– eine Leistung[5] betrifft, die von dem Unternehmer des widerrufenen Vertrags oder einem Dritten auf der Grundlage einer Vereinbarung zwischen dem Dritten und dem Unternehmer des widerrufenen Vertrags erbracht wird.

§ 359a Abs. 2 BGB aF geht hierin inhaltlich auf.[6] Als neue Voraussetzung für den Widerrufsdurchgriff bei akzessorischen Verträgen kommt allerdings hinzu, dass bei von Dritten erbrachten Leistungen in Zukunft eine Vereinbarung zwischen dem Dritten und dem Darlehensgeber erforderlich ist.[7]

284

---

1 BT-Drs. 17/12637, S. 66.
2 Gleichzeitig setzt die Vorschrift Art. 15 RL 2011/83/EU um.
3 BT-Drs. 17/12637, S. 67; *Palandt/Grüneberg*, BGB, § 360 nF Rz. 1.
4 BT-Drs. 17/12637, S. 66.
5 Der Begriff „Leistung" wird dabei als Oberbegriff für Warenlieferung und Dienstleistung verwendet, BT-Drs. 17/12637, S. 67.
6 BT-Drs. 17/12637, S. 67.
7 Ausführlich hierzu BT-Drs. 17/12637, S. 67.

285 Nach § 360 Abs. 2 S. 2 BGB nF, der § 359a Abs. 1 BGB aF übernimmt, ist ein **Verbraucherdarlehensvertrag auch dann ein zusammenhängender Vertrag**, wenn

– das Darlehen ausschließlich der Finanzierung des widerrufenen Vertrags dient und

– die Leistung[1] des Unternehmers aus dem widerrufenen Vertrag in dem Verbraucherdarlehensvertrag genau angegeben ist.

286 Die Ergänzung, dass der Verbraucherdarlehensvertrag ausschließlich der Finanzierung des widerrufenen Geschäfts dienen muss, soll nur eine klarstellende Funktion haben.[2] Dem Gesetzgeber erscheint es weiterhin sachgerecht, Fälle, bei denen eine wirtschaftliche Einheit fehlt, aber der zu finanzierende Gegenstand konkret im Verbraucherdarlehensvertrag bezeichnet ist, nur hinsichtlich des Widerrufsrechts den verbundenen Geschäften gleichzustellen. Der **Einwendungsdurchgriff** nach § 359 BGB nF soll beim angegebenen Geschäft **nicht zur Anwendung** kommen.[3] Nach Auffassung des Gesetzgebers stellt der Einwendungsdurchgriff für den Darlehensgeber ein unberechenbares Risiko dar, wenn er den Lieferanten nicht kennt.[4]

287 Auf die Rückabwicklung des zusammenhängenden Vertrags ist § 358 Abs. 4 S. 1 bis 3 BGB nF entsprechend anzuwenden, § 360 Abs. 1 S. 2 BGB nF. Ergänzend hierzu enthält § 360 Abs. 1 S. 3 BGB nF eine **Sonderregelung** für **Teilzeit-Wohnrechteverträge** und Verträge über ein langfristiges **Urlaubsprodukt**. Hiernach hat der Verbraucher auch für den zusammenhängenden Vertrag keine Kosten zu tragen. § 357b Abs. 1 S. 2 und 3 BGB nF gilt entsprechend. Satz 3 übernimmt insoweit die in § 485 Abs. 3 BGB aF enthaltene Regelung.

g) Abweichende Vereinbarungen

288 Die Vorschriften zum Widerrufsrecht bei Verbraucherverträgen sind gem. §§ 312k Abs. 1, 361 Abs. 2 BGB nF halbzwingendes Recht. Zu Gunsten des Verbrauchers können die Bestimmungen vollumfänglich abbedungen werden. Eine **Abweichung zum Nachteil des Verbrauchers** ist dagegen, soweit nichts anderes bestimmt ist, **nicht möglich**, §§ 312k Abs. 1 S. 1, 361 Abs. 2 S. 1 BGB nF.[5] So könnten die Parteien beispiels-

---

[1] Der Begriff „Leistung" wird dabei als Oberbegriff für Warenlieferung und Dienstleistung verwendet, BT-Drs. 17/12637, S. 67.
[2] BT-Drs. 17/12637, S. 67.
[3] Für mit Art. 15 Abs. 2 S. 1 der VerbrKr-RL unvereinbar halten dies u.a. MünchKommBGB/*Habersack*, § 359a Rz. 11; Palandt/*Grüneberg*, BGB, § 359a Rz. 3; jurisPK/*Wildemann*, Rz. 15; jurisPK/*Wildemann*, VuR 2011, 55 (59); *Heinig*, JR 2010, 461 (463).
[4] Ausführlich hierzu BT-Drs. 17/12637, S. 67.
[5] Vgl. Art. 25 RL 2011/83/EU.

weise das Widerrufsrecht des Verbrauchers noch erweitern, nicht dagegen aber verkürzen. Die Bestimmungen dürfen ebenfalls **nicht durch anderweitige Gestaltungen umgangen werden**, §§ 312k Abs. 1 S. 2, 361 Abs. 2 S. 2 BGB nF.

III. Besonderheiten im Kaufrecht, bei der Wohnungsvermittlung und bei Fernunterrichtsverträgen

1. Neues Garantierecht

Bei freiwillig von Händlern, Herstellern oder Dritten gewährten **Garantien** gelten ab dem 13. Juni 2014 leicht geänderte Bedingungen. Nach § 443 Abs. 1 BGB nF stehen dem Käufer im Garantiefall, unbeschadet der gesetzlichen Ansprüche, die Rechte aus der Garantie gegenüber dem Verkäufer, dem Hersteller oder einem sonstigen Dritten als Garantiegeber zu. Voraussetzung dafür ist, dass einer von ihnen in einer Erklärung oder einschlägigen Werbung vor oder bei Abschluss des Kaufvertrags die Verpflichtung eingegangen ist, den Kaufpreis zu erstatten, die Ware auszutauschen, sie nachzubessern oder in ihrem Zusammenhang Dienstleistungen zu erbringen, falls die Sache nicht die Beschaffenheit aufweist oder *„andere als die Mängelfreiheit betreffende Anforderungen"* nicht erfüllt, die in der Erklärung oder einschlägigen Werbung beschrieben sind. Die Garantie nach § 443 Abs. 1 BGB nF erweitert damit in einem Punkt das bisher geltende Recht: Die Beschaffenheits- und Haltbarkeitsgarantie nach dem bis zum 12. Juni 2014 geltenden Recht bezieht sich auf die Mängelfreiheit der Kaufsache insgesamt oder das Nichtvorhandensein einzelner Mängel. Demgegenüber umfasst die Garantie nach der neuen Regelung auch den Fall, dass die Kaufsache „andere als die Mängelfreiheit betreffende Anforderungen" nicht erfüllt. Gemeint ist hiermit beispielsweise die Übernahme einer **Garantie für zukünftige Umstände**, bei denen es sich nicht um Eigenschaften der Kaufsache selbst handelt und deren Fehlen damit keinen Mangel im Sinne des Gesetzes begründet. Denkbar erscheint dies für den Fall, dass der Verkäufer dem Käufer eines Grundstücks den zukünftigen Erlass eines Bebauungsplans zusagt.[1] § 443 BGB nF sieht anders als das bisherige Recht keine Schadensersatzpflicht des Garantiegebers vor. Eine Schadensersatzpflicht kann jedoch vom Garantiegeber eingeräumt werden (s. unten Rz. 291).[2]

289

Im Übrigen wurde § 443 BGB vor allem deshalb geändert, um der neuen Terminologie der VerbraucherrechteRL gerecht zu werden.[3] In einigen Punkten weicht § 443 Abs. 1 BGB nF vom Wortlaut der Verbraucher-

290

---

1 BT-Drs. 17/12637, S. 68.
2 *Palandt/Weidenkaff*, BGB, § 443 BGB nF Rz. 26.
3 BT-Drs. 17/12637, S. 68.

rechteRL ab, verstößt dadurch jedoch nicht gegen Unionsrecht.[1] So spricht das Gesetz von „Garantie"[2] und nicht von „gewerblicher Garantie" wie die VerbraucherrechteRL.[3] Als Garantiegeber sieht § 443 Abs. 1 BGB nF anders als die VerbraucherrechteRL auch „sonstige Dritte" vor. Entsprechend dem geltenden Recht kommen als Garantiegeber damit neben dem Verkäufer und dem Hersteller auch weitere Personen in Betracht, die am Vertrieb der Sache beteiligt oder interessiert sind.

291 Aufgrund der Stellungnahme des Bundesrates[4], der sich die Bundesregierung in ihrer Gegenäußerung[5] angeschlossen hat, ist das Wort „insbesondere" nach dem Begriff „Mängelhaftung" eingeführt worden. Dadurch soll klargestellt werden, dass mit einer Garantie nicht nur die namentlich im Gesetz genannten Verpflichtungen übernommen werden können, sondern beispielsweise auch die Verpflichtung zum **Schadensersatz**.[6] Zudem hat der Gesetzgeber den Begriff „Ware" durch das Wort „Sache" ersetzt, um zu verdeutlichen, dass sich § 443 Abs. 1 BGB wie bisher auf unbewegliche Sachen beziehen kann.[7]

292 § 443 Abs. 2 BGB nF entspricht inhaltlich dem bisherigen Recht. Hiernach wird vermutet, dass ein Sachmangel, der während der Geltungsdauer einer Haltbarkeitsgarantie auftritt, die Rechte aus dieser Garantie begründet. Die Neufassung des § 443 Abs. 2 BGB nF trägt dem Umstand Rechnung, dass Absatz 1 der Vorschrift keine Definition der Haltbarkeitsgarantie mehr enthält.[8]

2. Begriff des Verbrauchsgüterkaufrechts und anwendbare Vorschriften

293 Der Begriff des „**Verbrauchsgüterkaufs**" wird – wie § 474 BGB insgesamt – neu gefasst. § 474 Abs. 1 S. 2 BGB nF stellt nunmehr klar, dass neben reinen Warengeschäften auch Verträge, die den Verkauf einer beweglichen Sache und die Erbringung einer Dienstleistung zum Gegen-

---

1 Die Erweiterung des Wortlauts ist mit dem Vollharmonisierungsansatz der RL vereinbar, da die VerbraucherrechteRL nicht das Garantierecht an sich definiert, vgl. hierzu EG 13 RL 2011/83/EU. Die Regeln über die Gewährung von Garantien befinden sich in der spezielleren RL 1999/44/EG zu bestimmten Aspekten des Verbrauchsgüterkaufs und der Garantien für Verbrauchsgüter.
2 Der Begriff der Garantie wird z.B. auch in §§ 276 Abs. 1 Satz 1, 442 Abs. 1 Satz 2, 444 und 445 BGB verwendet.
3 Artikel 2 Nr. 14 RL 2011/83/EU.
4 BR-Drs. 817/12, S. 12.
5 Schreiben des PSt Max Stadler (Bundesministerium der Justiz) v. 10.5.2013 an Abgeordnete des Rechtsausschusses des Deutschen Bundestages (unveröffentlicht).
6 BT-Drs. 17/13951, S. 106.
7 BT-Drs. 17/13951, S. 106.
8 BT-Drs. 17/12637, S. 69.

stand haben[1], vom Begriff des Verbrauchsgüterkaufvertrags[2] erfasst sind. Gemeint sind insbesondere die Fälle, in denen der Unternehmer die **Dienstleistung als Nebenleistung zu seiner Hauptpflicht** erbringt, dem Verbraucher die gekaufte Sache zu übereignen und zu übergeben, wie z.B. der Kauf einer Ware, der auch die Montage derselben beinhaltet.[3]

§ 474 Abs. 2 BGB nF entspricht inhaltlich § 474 Abs. 1 S. 1 Hs. 2 und Satz 2 BGB aF. Die speziellen Vorschriften über den Verbrauchsgüterkauf gelten auch weiterhin ergänzend neben den allgemeinen kaufrechtlichen Vorschriften.[4] Nicht anwendbar sind die Vorschriften über den Verbrauchsgüterkauf auf den Verkauf gebrauchter Sachen, die in einer öffentlich zugänglichen Versteigerung verkauft werden, an der der Verbraucher persönlich teilnehmen kann, § 474 Abs. 2 S. 2 BGB nF. 294

§ 474 Abs. 3 BGB nF regelt den Zeitpunkt der **Fälligkeit** der Leistungen der Parteien eines Verbrauchsgüterkaufs abweichend von § 271 Abs. 1 Hs. 1 BGB.[5] Nach § 474 Abs. 3 S. 1 BGB nF kann der Gläubiger einer Primärleistung, für die keine Zeit bestimmt ist, nur verlangen, dass die Leistung „unverzüglich", also ohne schuldhaftes Zögern, erbracht wird.[6] Der neue zeitliche Maßstab kann möglicherweise zu Zinsnachteilen führen, da nach vorheriger Rechtslage der Gläubiger die Ware „sofort" verlangen konnte.[7] Allerdings kann auch nach neuer Rechtslage die Lieferung nicht mit dem Hinweis auf subjektive Umstände verzögert werden. So definiert § 474 Abs. 3 S. 2 BGB nF nunmehr mit 30 Tagen eine Höchstfrist, nach der der Unternehmer dem Verbraucher die Kaufsache nach Vertragsschluss zu übergeben hat, falls für die Leistung keine Zeit bestimmt oder aus den Umständen zu entnehmen ist.[8] Sollte dies im Einzelfall zu Problemen führen, so bietet sich in der Praxis die Vereinbarung einer längeren Frist an. 295

---

[1] Vgl. Art. 2 Nr. 5 RL 2011/83/EU.
[2] Anders als in den Vorschriften des allgemeinen Schuldrechts, § 241 BGB ff. bleibt es in § 474 BGB bei dem Begriff des „*Verbrauchsgüterkaufs*". Hintergrund ist, dass Art. 1 Abs. 2b der speziellen VerbrauchsgüterkaufRL für den Kauf beweglicher Sachen durch einen Verbraucher auf den Begriff „*Verbrauchsgüter*" abstellt, BT-Drs. 17/12637, S. 69.
[3] Da der Dienstleistung des Unternehmers in solchen Fällen keine eigenständige, gleichrangige Bedeutung zukommt, ist es sachgerecht, den Vertrag insgesamt einheitlich als Verbrauchsgüterkauf einzuordnen und damit den Regelungen des Kaufrechts zu unterwerfen, vgl. BT-Drs. 17/12637, S. 69.
[4] BT-Drs. 17/12637, S. 69.
[5] BT-Drs. 17/12637, S. 69.
[6] Vgl. Art. 18 Abs. 1 RL 2011/83/EU.
[7] § 271 Abs. 1 BGB; nach Angaben der Bundesregierung kann es unter Umständen auch zu Zinsvorteilen kommen, BT-Drs. 17/12637 S. 43. Der Begriff „sofort" stellt anders als der Begriff „unverzüglich" auf einen ausschließlich objektiven Maßstab ab, *Palandt/Grüneberg*, § 271 BGB Rz. 10.
[8] Vgl. Art. 18 Abs. 1 RL 2011/83/EU.

◯ **Praxistipp:** Das neue Gesetz regelt auch eine Höchstfrist von 30 Tagen, in denen eine Lieferung zu erfolgen hat. Sollte eine Lieferfrist von 30 Tagen im Einzelfall zu Problemen führen, so kann mit dem Verbraucher eine längere Frist vereinbart werden.

296 Den Zeitpunkt der **Erfüllbarkeit** der Leistungen aus einem Verbrauchsgüterkauf regelt § 474 Abs. 3 S. 3 BGB nF entsprechend § 271 Abs. 1 HS. 2 BGB. Wie bisher sollen die Parteien ihre Leistungen sofort bewirken können. § 271 Abs. 2 BGB, wonach bei einer Zeitbestimmung im Zweifel anzunehmen ist, dass der Gläubiger die Leistung nicht vor dieser Zeit verlangen, der Schuldner sie aber vorher bewirken kann, ist auf Verbrauchsgüterkäufe anwendbar.[1]

297 § 474 Abs. 4 BGB nF regelt, dass die Gefahr des **zufälligen Untergangs** und der **zufälligen Verschlechterung** dann auf den Käufer übergeht, wenn dieser zur Ausführung der Versendung eine bestimmte Person beauftragt hat und der Verkäufer dem Käufer diese Person nicht zuvor „benannt" hat.[2] Obwohl sich der Gesetzgeber bei der Umsetzung der VerbraucherrechteRL in fast allen Punkten sehr eng an den vollharmonisierenden RLtext gehalten hat, weicht er an dieser Stelle ab. Der EU-Gesetzgeber hat sich in Art. 20 S. 2 der VerbraucherrechteRL für folgende Formulierung entschieden: *„wenn der Beförderer vom Verbraucher mit der Beförderung der Ware beauftragt wurde und diese Option nicht vom Unternehmer angeboten wurde."* Dem Erwägungsgrund 55 der VerbraucherrechteRL zufolge soll der Verbraucher während eines vom Unternehmer organisierten oder durchgeführten Transports stets geschützt sein, auch wenn der Verbraucher eine bestimmte Lieferart aus einer Reihe von Optionen, die der Unternehmer anbietet, ausgewählt hat. Nicht gelten soll die Bestimmung für Verträge, *„bei denen es Sache des Verbrauchers ist, die Ware selbst abzuholen oder einen Beförderer mit der Lieferung zu beauftragen."* Demgegenüber ist die Formulierung *„(…) der Verkäufer dem Käufer diese Person nicht zuvor benannt hat"* in § 474 Abs. 4 BGB nF weiter gefasst. Es ist nach diesem Wortlaut nicht auszuschließen, dass bereits eine unverbindliche Empfehlung des Unternehmers einen Gefahrübergang mit Übergabe der Sache an den Beförderer verhindert.[3] Da die RL vollharmonisierend ist und keinen

---

1 BT-Drs. 17/12637, S. 69.
2 Vgl. Art. 20 RL 2011/83/EU. Anders als nach bisher geltendem Recht findet somit § 447 BGB aF ausnahmsweise auch auf Verbraucher Anwendung. Bislang galt die allgemeine Vorschrift des § 446 Satz 1 BGB aF, wonach die Gefahr erst mit der Übergabe der Sache an den Verbraucher auf diesen übergeht.
3 Vgl. auch die insoweit unglückliche Begründung des Regierungsentwurfs, BT-Drs. 17/12637 S. 70: „…dass die Gefahr des zufälligen Untergangs und der zufälligen Verschlechterung nur dann auf den Käufer übergeht, wenn dieser die zur Ausführung der Versendung bestimmte Person beauftragt hat und der Verkäufer dem Käufer diese Person nicht zuvor **benannt** hat."

weitergehenden nationalen Verbraucherschutz zulässt,[1] ist § 474 Abs. 4 BGB nF richtlinienkonform auszulegen. Die Gefahr bei der Versendung verbleibt demnach immer nur dann beim Verkäufer, wenn der Verkäufer den Transport selber organisiert oder durchführt. Dies gilt auch dann, wenn der Unternehmer mehrere Versandoptionen anbietet, die er selber durchführt und der Verbraucher daraus auswählt. In allen anderen Fällen trägt der Verbraucher die Gefahr für den zufälligen Untergang oder die Verschlechterung.

Nach § 474 Abs. 5 S. 1 BGB nF[2] ist bei Verbrauchsgüterkaufverträgen eine durch den Verbraucher zu leistende **Nutzungsherausgabe oder -entschädigung** im Fall der Nachlieferung ausgeschlossen.[3] Auch werden durch § 474 Abs. 5 S. 2 BGB nF nur noch die §§ 445 und 447 Abs. 2 BGB nF für unanwendbar erklärt[4], nicht mehr jedoch § 447 Abs 1 BGB (Gefahrübergang bei Versendungskauf), weil insoweit für Verbrauchsgüterkäufe die Sonderregelung des § 474 Abs. 4 BGB nF gilt.

298

Hat der Verbraucher eine mangelhafte Sache in eine andere Sache eingebaut, so sind ihm nach einer Entscheidung des EuGH die **Ein- und Ausbau-Kosten** zu ersetzen.[5] Dies gilt auch für den Fall, dass der Unternehmer mit dem Einbau der mangelhaften Sache nicht beauftragt war. Aufgrund des virulenten Streits der Wirtschaftsverbände, ob diese Regel auch auf B2B-Verträge übertragen werden sollte[6], wurde diese Frage jedoch nicht ausdrücklich im BGB geregelt.

299

3. Neugestaltung des Rücktrittsrechts wegen nicht oder nicht vertragsgemäß erbrachter Leistung

Die Voraussetzungen, unter denen es bei einem gegenseitigen Vertrag vor der Ausübung eines Rücktrittsrechts keiner Fristsetzung bedarf, wurden an die Terminologie der VerbraucherrechteRL angepasst. § 323 Abs. 2 Nr. 2 BGB nF sieht ebenso wie § 323 Abs. 2 Nr. 2 BGB aF vor, dass der Gläubiger sofort vom Vertrag zurücktreten kann, wenn der Schuldner die vereinbarte Leistungszeit im Falle eines relativen Fixgeschäfts nicht einhält. Die Neufassung greift die Terminologie der RL[7] auf, indem sie auf das Merkmal der „**Wesentlichkeit**" der termin- oder

300

---

[1] Art. 4, 2. Halbsatz RL 2011/83/EU.
[2] Die Regel entspricht inhaltlich § 474 Abs. 2 Satz 1 BGB aF.
[3] Vgl. hierzu auch EuGH v. 17.4.2008 – C-404/06 (Quelle) und *Artz*, Stellungnahme vom April 2013, S. 7 f.
[4] Vgl. § 474 Abs. 2 S. 1 BGB aF.
[5] EuGH v. 16.6.2011 – C-65/09 und C-87/09 (Weber/Putz); BGH NJW 2013, 220 – „Granulatfall".
[6] Befürwortend: ZDH-Stellungnahme vom Oktober 2012; Ablehnend: *Artz*, Stellungnahme vom April 2013, S. 8. Der Referentenentwurf des Bundesministeriums der Justiz hatte eine Beschränkung dieser Regel auf den B2C-Bereich vorgesehen.
[7] Art. 18 Abs. 2 UAbs. 2 RL 2011/83/EU.

fristgerechten Leistung abstellt. Die sich hieraus ergebenden Änderungen sind begrifflicher Natur.[1] Wie schon nach bisher geltendem Recht dürfte die termin- oder fristgerechte Leistung für den Gläubiger insbesondere dann als wesentlich anzusehen sein, wenn er das Fortbestehen seines Leistungsinteresses an die Rechtzeitigkeit der Leistung gebunden hat. Dies ist der Fall, wenn der Vertrag aufgrund der Termins- oder Fristvereinbarung mit deren Einhaltung stehen und fallen soll.[2] Die Wesentlichkeit kann sich sowohl aus einer Mitteilung des Gläubigers an den Schuldner vor Vertragsschluss als auch aus anderen Umständen ergeben, die den Vertragsabschluss begleiten.[3]

301 § 323 Abs. 2 Nr. 3 BGB nF beschränkt die Möglichkeit des Gläubigers, ohne vorherige Einräumung einer angemessenen Leistungsfrist vom Vertrag zurückzutreten, wenn dies aus besonderen Gründen unter Abwägung der beiderseitigen Interessen gerechtfertigt ist, auf den Fall einer **nicht vertragsgemäß erbrachten Leistung** des Schuldners. Die Gesetzesänderung folgt damit den Vorgaben des Art. 18 der VerbraucherrechteRL.[4]

302 Anzumerken ist, dass Art. 18 der VerbraucherrechteRL gem. Art. 17 der VerbraucherrechteRL nur für Kaufverträge mit Verbrauchern gelten soll. Dennoch hat sich der deutsche Gesetzgeber entschieden, diese Regelung in das allgemeine Schuldrecht aufzunehmen und damit auf alle Verträge anzuwenden. Anderenfalls stünde einem Verbraucher als Käufer ein sofortiges Rücktrittsrecht in weniger Fällen zu als sonstigen Gläubigern einer Leistung. Diese Ungleichbehandlung ließe sich schwer rechtfertigen.[5]

4. Änderung des Fernunterrichtsschutzgesetzes

303 Fernunterrichtsverträge, die im Direktvertrieb oder im Fernabsatz geschlossen werden, unterliegen nach neuem Recht den §§ 312 ff. BGB nF. Auch für im Ladengeschäft geschlossene Fernunterrichtsverträge gelten die direktvertriebs- und fernabsatzrechtlichen Informationspflichten und Regelungen zum Widerrufsrecht entsprechend, §§ 3 Abs. 2, 4 FernUSG nF.[6] Das bisherige Verbraucherschutzniveau des FernUSG wird damit weitgehend aufrechterhalten.[7]

---

1 BT-Drs. 17/12637, S. 35.
2 BT-Drs. 17/12637, S. 59.
3 BT-Drs. 17/12637, S. 58.
4 BT-Drs. 17/12637, S. 59.
5 BT-Drs. 17/12637, S. 59.
6 Der Gesetzgeber will damit einen möglichst einheitlichen Verbraucherschutz garantieren und weitmöglichst das bisherige Verbraucherschutzniveau im Bereich des Fernunterrichts aufrechterhalten, BT-Drs. 17/12637, S. 78.
7 BT-Drs. 17/12637, S. 78.

Bei einem Fernunterrichtsvertrag gehören gem. § 3 Abs. 3 FernUSG nF zu den wesentlichen Eigenschaften, über die der Unternehmer den Verbraucher nach Artikel 246a § 1 Abs. 1 S. 1 Nr. 1 EGBGB nF zu informieren hat: 304

- die Art und Geltung des Lehrgangsabschlusses,
- Ort, Dauer und Häufigkeit des begleitenden Unterrichts,
- Angaben über die vereinbarten Zeitabstände für die Lieferung des Fernlehrmaterials,
- die Angaben zu Zulassungsvoraussetzungen, wenn der Fernunterrichtsvertrag die Vorbereitung auf eine öffentlich-rechtliche oder sonstige externe Prüfung umfasst.

Wird der Fernunterricht gegen Teilzahlungen erbracht, bestimmt sich die Widerrufsfrist gem. § 9 FernUSG nF nach § 356b BGB nF. 305

§ 3 Abs. 1 FernUSG nF regelt zudem, dass die auf den Vertragsschluss gerichtete Willenserklärung des Teilnehmers der schriftlichen Form bedarf. Diese Regelung gilt unproblematisch bei Fernunterrichtsverträgen, die in einem Ladengeschäft abgeschlossen worden sind.[1] Für Fernunterrichtsverträge, die im Direktvertrieb oder Fernabsatz geschlossen werden, gelten jedoch zwingend die vollharmonisierenden Vorschriften der RL,[2] die keine überschießenden nationalen Verbraucherschutzvorschriften zulassen.[3] Die VerbraucherrechteRL sieht für im **Fernabsatz** geschlossene Verträge gerade **keine Schriftform** vor.[4] Im **Direktvertrieb** geschlossene Verträge bedürfen dagegen zwar grundsätzlich der Papierform, mit Einwilligung des Verbrauchers kann der Vertrag jedoch auch auf einem dauerhaften Datenträger übergeben werden.[5] Nun regelt § 3 Abs. 1 FernUSG nF zwar keine Schriftform für den Vertragsschluss, sondern nur die Form, in der der Verbraucher seine Willenserklärung abgeben muss. Die Art und Weise, wie Verträge geschlossen werden, wird von der RL nicht berührt.[6] Es mag jedoch bezweifelt werden, ob eine solche Umgehung des Vollharmonisierungsansatzes der RL vor den Gerichten Bestand hat. Es sprechen jedenfalls gute Gründe dafür, § 3 Abs. 1 FernUSG nF richtlinienkonform dahingehend auszulegen, dass 306

---

1 Vgl. Art. 5 Abs. 4 RL 2011/83/EU.
2 Art. 4, 6 Abs. 7, 7 Abs. 5 RL 2011/83/EU.
3 Hierauf weist richtigerweise auch die Gesetzesbegründung der Bundesregierung hin: „*Der nationale Gesetzgeber darf von der insoweit vollharmonisierenden RL nur abweichen, sofern die RL dies ausdrücklich zulässt bzw. sofern der Regelungsbereich von der RL nicht erfasst wird.*" Für Fernunterrichtsverträge sieht die RL in ihrem Art. 3 Abs. 3 der RL keine Ausnahme vor, BT-Drs. 17/12637, S. 78.
4 Art. 8 Abs. 1 RL 2011/83/EU.
5 Art. 7 Abs. 1 RL 2011/83/EU.
6 Art. 3 Abs. 5 RL 2011/83/EU.

für im Fernabsatz geschlossene Fernunterrichtsverträge **keine Schriftform** erforderlich ist.

5. Änderung des Gesetzes zur Regelung der Wohnungsvermittlung

307 Immobilienmakler haben keinen Anspruch auf ein Vermittlungshonorar, wenn die vermittelte Wohnung öffentlich rechtlich gefördert ist oder wenn es sich um eine preisgebundene Wohnung handelt. Bislang wurden nur Mieter von nach Bundesrecht geförderten Wohnungen geschützt. Durch die Änderung des § 2 Abs. 3 S. 2 Gesetz zur Regelung der Wohnungsvermittlung nF gilt diese Ausnahme nun auch für nach landesrechtlichen Vorschriften geförderte Wohnungen. Der Mieter einer nach Landesrecht geförderten Wohnung ist nicht weniger schutzbedürftig als der Mieter einer nach dem Bundesrecht geförderten Wohnung. Die Gesetzesänderung will nun endlich dem Umstand Rechnung tragen, dass Wohnungen nach dem Übergang der Gesetzgebungskompetenz für die soziale Wohnraumförderung auf die Länder im August 2006[1] auch nach landesrechtlichen Vorschriften aus öffentlichen Haushalten gefördert werden.[2]

IV. Übergangsvorschriften

1. Allgemeine Rechtslage für Altverträge

308 Durch das Gesetz zur Umsetzung der VerbraucherrechteRL und zur Änderung des Gesetzes zur Regelung der Wohnungsvermittlung treten ab dem 13. Juni 2014 diverse Änderungen in Kraft. Diese betreffen Vorschriften des Bürgerlichen Gesetzbuchs, des Fernunterrichtsschutzgesetzes, der Zivilprozessordnung, des Gesetzes zur Regelung der Wohnungsvermittlung, des Gesetzes gegen unlauteren Wettbewerb, des Vermögensanlagengesetzes, der Wertpapierdienstleistungs-Verhaltens- und Organisationsverordnung, des Wertpapierprospektgesetzes, der Preisangabenverordnung, des Kapitalanlagegesetzbuchs, des Versicherungsvertragsgesetzes sowie des Unterlassungsklagengesetzes. Art. 229 § 32 Abs. 1 EGBGB nF stellt klar, dass auf einen vor dem 13. Juni 2014 abgeschlossenen Verbrauchervertrag die bis dahin geltenden Vorschriften anzuwenden sind. Dies ist notwendig, da die bis dahin maßgeblichen RL durch Art. 31 der EU-VerbraucherrechteRL erst zum 13. Juni 2014 außer Kraft treten.[3]

---

1 Gesetz zur Änderung des Grundgesetzes v. 28.8.2006 (BGBl. I S. 2034).
2 BT-Drs. 17/12637, S. 79.
3 BT-Drs. 17/12637, S. 72.

2. Übergangsvorschrift/Erlöschensregel beim Widerrufsrecht bei Altverträgen

Für Verträge, die ab dem 13. Juni 2014 geschlossen wurden, erlischt gem. § 356c Abs. 2 S. 2 BGB nF das Widerrufsrecht bei unterbliebener oder fehlerhafter Widerrufsbelehrung spätestens zwölf Monate und 14 Tage, nachdem der Verbraucher die Ware erhalten hat.[1] Dieser Rechtsgedanke wird nun **auf Altverträge übertragen**. Nach bisheriger Rechtslage steht dem Verbraucher das Widerrufsrecht im Falle einer fehlenden oder unzureichenden Widerrufsbelehrung für unbegrenzte Zeit zu (sog. unendliches Widerrufsrecht). Diese Regelung führt zu Rechtsunsicherheit und auch zu erheblichen Problemen bei der Bilanzerstellung, da nicht vorhergesehen werden kann, ob und wie viele Verträge Jahre nach dem Vertragsschluss widerrufen werden. Mit dem Gesetz zur Umsetzung der VerbraucherrechteRL und zur Änderung des Gesetzes zur Regelung der Wohnungsvermittlung wird diese – international einzigartige – Rechtslage[2] nun erfreulicherweise bereinigt. So gilt auch für Altverträge, die vor dem 13. Juni 2014 geschlossen wurden, eine Erlöschensregel. Der Gesetzesbegründung zufolge erscheint es nicht sachgerecht, das zeitlich unbefristete Widerrufsrecht bei fehlender oder fehlerhafter Widerrufsbelehrung bei Altverträgen fortbestehen zu lassen. Darüber hinaus ist es aus Sicht der Bundesregierung nicht widerspruchsfrei, dass später geschlossene Verträge nach Ablauf einer Jahresfrist nicht mehr widerrufen werden können, ältere Verträge aber zeitlich unbefristet widerrufbar sind.[3] In Art. 229 § 32 EGBGB nF wurde daher eine **Übergangsvorschrift** aufgenommen wurde. Bei **Fernabsatzverträgen**, die vor dem 13. Juni 2014 geschlossen wurden bestimmt Art. 229 § 32 Abs. 2 EGBGB nF, dass im Falle einer Nicht- bzw. Falschbelehrung das Widerrufsrecht

– bei Warenlieferungsverträgen zwölf Monate und 14 Tage nach Eingang der Waren beim Empfänger, nicht jedoch vor Ablauf des 27.6.2015,

– bei einer wiederkehrenden Lieferung gleichartiger Waren zwölf Monate und 14 Tage nach Eingang der ersten Teillieferung, jedoch nicht vor Ablauf des 27. Juni 2015 und

– bei Dienstleistungen mit Ablauf des 27. Juni 2015

erlischt.

309

---
1 Vgl. zum Fristbeginn § 355 Abs. 2 BGB nF ff. und Rz. 219 ff.
2 Ein unendliches Widerrufsrecht ist innerhalb der EU einzigartig. In allen anderen EU-Staaten gibt es für den Fall der unterlassenen oder fehlerhaften Widerrufsbelehrung bislang eine Höchstfrist von maximal einem Jahr, so *Schulte-Nölke* bei der Anhörung des Rechtsausschusses des Deutschen Bundestages zum Gesetz zur Umsetzung der EU-VerbraucherrechteRL am 17.4.2013.
3 BT-Drs. 17/12637, S. 72.

310 Ähnliches gilt für im **Direktvertrieb** geschlossene Verträge. Bei diesen Verträgen beginnt die Widerrufsfrist von zwölf Monaten und 14 Tagen mit vollständiger Erbringung der beiderseitigen Leistungen, Art. 229 § 32 Abs. 3 EGBGB nF.[1] Somit wird der Gesetzgeber den Vorgaben der sog. Hamilton-Entscheidung des EuGH gerecht.[2] Der EuGH hatte in seiner Entscheidung die Einführung einer Höchstfrist für das Widerrufsrecht für zulässig erklärt. Die Frist zum Erlöschen der Widerrufsfrist darf jedoch nach RL 85/577/EWG erst beginnen, wenn die beiderseitigen Leistungen vollständig erbracht worden sind.

311 In der Regel wird also für Fernabsatz- und Direktvertriebsunternehmen spätestens ab dem 28. Juni 2015 Rechtssicherheit bestehen. Selbstverständlich können die Unternehmen bei **Altverträgen** die **Widerrufsfrist** durch eine **Nachbelehrung verkürzen**. Die Widerrufsfrist beträgt dann einen Monat ab korrekt erfolgter Widerrufsbelehrung, § 355 Abs. 2 S. 3 BGB aF.[3]

312 Es handelt sich bei der hier beschriebenen Erlöschensregel für Altverträge (Art. 229 § 32 Abs. 2 – 4 EGBGB nF) um eine unechte Rückwirkung, die nur dann unzulässig ist, wenn nach einer Abwägung das Vertrauen des Betroffenen in das Fortbestehen der bisherigen Regelung schwerer wiegt als der mit der Änderung verfolgte Zweck. Die Bundesregierung führt in der Begründung ihres Gesetzentwurfs hierzu überzeugend aus: *„Selbst wenn ein Verbraucher ohne die Widerrufsbelehrung Kenntnis vom Widerrufsrecht hat und dieses bewusst im Vertrauen auf dessen Fortbestand nicht ausübt, wiegt dieses Vertrauen nicht so schwer wie die Notwendigkeit eines widerspruchsfreien Verhältnisses von Alt- und Neuverträgen insbesondere mit Blick auf die Planungssicherheit des Unternehmers. Verbraucherinnen und Verbrauchern verbleibt zudem auch nach Inkrafttreten des Gesetzes genügend Zeit, innerhalb der sie prüfen und entscheiden können, ob sie ein gegebenenfalls fortbestehendes Widerrufsrecht ausüben möchten."*[4]

---

1 Vgl. hierzu im Einzelnen BT-Drs. 17/12637, S. 73. Art. 229 § 32 Abs. 4 S. 2 sieht eine entsprechende Regelung für Direktvertriebsverträge vor, durch die ein Unternehmer einem Verbraucher eine entgeltliche Finanzierungshilfe gewährt, wenn diese Verträge vor dem 11.6.2010 geschlossen wurden.
2 EuGH v. 10.4.2008 – Rs. C – 412/06 (Annelore Hamilton./.Volksbank Filder eG). Der EuGH hatte in seiner Entscheidung die Einführung einer Höchstfrist für das Widerrufsrecht für zulässig erklärt, wenn die beiderseitigen Leistungen vollständig erbracht worden sind.
3 Dies wird durch die Formulierung „solange" in Art. 229 § 32 Abs. 2 und 3 EGBGB nF sichergestellt, vgl. BT-Drs. 17/12637, S. 72.
4 BT-Drs. 17/12637, S. 72.

Teil B
Synopse – Die Verbraucherschutzvorschriften
(neuer und alter Gesetzestext)

BGB nF	BGB aF
Buch 2 Abschnitt 3	Buch 2 Abschnitt 3
Titel 1	Titel 1
Begründung, Inhalt und Beendigung	Begründung, Inhalt und Beendigung
Untertitel 2	Untertitel 2
Grundsätze bei Verbraucherverträgen und besondere Vertriebsformen	Besondere Vertriebsformen
Kapitel 1	
Anwendungsbereich und Grundsätze bei Verbraucherverträgen	
Kapitel 2	
Außerhalb von Geschäftsräumen geschlossene Verträge und Fernabsatzverträge	
Kapitel 3	
Verträge im elektronischen Geschäftsverkehr	
Kapitel 4	
Abweichende Vereinbarungen und Beweislast	
Titel 5	Titel 5
Rücktritt; Widerrufsrecht bei Verbraucherverträgen	Rücktritt; Widerrufs- und Rückgaberecht bei Verbraucherverträgen
Untertitel 1	Untertitel 1
Rücktritt	Rücktritt
Untertitel 2	Untertitel 2
Widerrufsrecht bei Verbraucherverträgen	Widerrufs- und Rückgaberecht bei Verbraucherverträgen
§ 13 Verbraucher	**§ 13 Verbraucher**
Verbraucher ist jede natürliche Person, die ein Rechtsgeschäft zu Zwecken abschließt, die überwiegend we-	Verbraucher ist jede natürliche Person, die ein Rechtsgeschäft zu einem Zwecke abschließt, der weder ihrer

BGB nF	BGB aF
Synopse	

BGB nF	BGB aF
der ihrer gewerblichen noch ihrer selbständigen beruflichen Tätigkeit zugerechnet werden können.	gewerblichen noch ihrer selbständigen beruflichen Tätigkeit zugerechnet werden kann.
§ 126b Textform	**§ 126b Textform**
Ist durch Gesetz Textform vorgeschrieben, so muss eine lesbare Erklärung, in der die Person des Erklärenden genannt ist, auf einem dauerhaften Datenträger abgegeben werden. Ein dauerhafter Datenträger ist jedes Medium, das 1. es dem Empfänger ermöglicht, eine auf dem Datenträger befindliche, an ihn persönlich gerichtete Erklärung so aufzubewahren oder zu speichern, dass sie ihm während eines für ihren Zweck angemessenen Zeitraums zugänglich ist, und 2. geeignet ist, die Erklärung unverändert wiederzugeben.	Ist durch Gesetz Textform vorgeschrieben, so muss die Erklärung in einer Urkunde oder auf andere zur dauerhaften Wiedergabe in Schriftzeichen geeignete Weise abgegeben, die Person des Erklärenden genannt und der Abschluss der Erklärung durch Nachbildung der Namensunterschrift oder anders erkennbar gemacht werden.
§ 241a Unbestellte Leistungen	**§ 241a Unbestellte Leistungen**
(1) Durch die Lieferung beweglicher Sachen, die nicht auf Grund von Zwangsvollstreckungsmaßnahmen oder anderen gerichtlichen Maßnahmen verkauft werden (Waren), oder durch die Erbringung sonstiger Leistungen durch einen Unternehmer an den Verbraucher wird ein Anspruch gegen den Verbraucher nicht begründet, wenn der Verbraucher die Waren oder sonstigen Leistungen nicht bestellt hat. (2) Gesetzliche Ansprüche sind nicht ausgeschlossen, wenn die Leistung nicht für den Empfänger bestimmt war oder in der irrigen Vorstellung einer Bestellung erfolgte und der Empfänger dies erkannt hat oder bei Anwendung der im Verkehr erforderlichen Sorgfalt hätte erkennen können.	(1) Durch die Lieferung unbestellter Sachen oder durch die Erbringung unbestellter sonstiger Leistungen durch einen Unternehmer an einen Verbraucher wird ein Anspruch gegen diesen nicht begründet. (2) Gesetzliche Ansprüche sind nicht ausgeschlossen, wenn die Leistung nicht für den Empfänger bestimmt war oder in der irrigen Vorstellung einer Bestellung erfolgte und der Empfänger dies erkannt hat oder bei Anwendung der im Verkehr erforderlichen Sorgfalt hätte erkennen können. (3) Eine unbestellte Leistung liegt nicht vor, wenn dem Verbraucher statt der bestellten eine nach Qualität und Preis gleichwertige Leistung an-

BGB nF	BGB aF

(3) Von den Regelungen dieser Vorschrift darf nicht zum Nachteil des Verbrauchers abgewichen werden. Die Regelungen finden auch Anwendung, wenn sie durch anderweitige Gestaltungen umgangen werden.

geboten und er darauf hingewiesen wird, dass er zur Annahme nicht verpflichtet ist und die Kosten der Rücksendung nicht zu tragen hat.

§ 308 BGB (Klauselverbote mit Wertungsmöglichkeit)

In Allgemeinen Geschäftsbedingungen ist insbesondere unwirksam

1. (Annahme- und Leistungsfrist) eine Bestimmung, durch die sich der Verwender unangemessen lange oder nicht hinreichend bestimmte Fristen für die Annahme oder Ablehnung eines Angebots oder die Erbringung einer Leistung vorbehält; ausgenommen hiervon ist der Vorbehalt, erst nach Ablauf der Widerrufsfrist nach § 355 Absatz 1 und 2 zu leisten;
[...]

§ 308 Klauselverbote mit Wertungsmöglichkeit

In Allgemeinen Geschäftsbedingungen ist insbesondere unwirksam

1. (Annahme- und Leistungsfrist) eine Bestimmung, durch die sich der Verwender unangemessen lange oder nicht hinreichend bestimmte Fristen für die Annahme oder Ablehnung eines Angebots oder die Erbringung einer Leistung vorbehält; ausgenommen hiervon ist der Vorbehalt, erst nach Ablauf der Widerrufs- oder Rückgabefrist nach § 355 Abs. 1 bis 3 und § 356 zu leisten;
[...]

Buch 2 Abschnitt 3 Titel 1

Untertitel 2
Grundsätze bei Verbraucherverträgen und besondere Vertriebsformen

Kapitel 1
Anwendungsbereich und Grundsätze bei Verbraucherverträgen

Buch 2 Abschnitt 3 Titel 1

Untertitel 2
Besondere Vertriebsformen

§ 312 Anwendungsbereich

(1) Die Vorschriften der Kapitel 1 und 2 dieses Untertitels sind nur auf Verbraucherverträge im Sinne des § 310 Absatz 3 anzuwenden, die eine entgeltliche Leistung des Unternehmers zum Gegenstand haben.

§ 312 Widerrufsrecht bei Haustürgeschäften

(1) Bei einem Vertrag zwischen einem Unternehmer und einem Verbraucher, der eine entgeltliche Leistung zum Gegenstand hat und zu dessen Abschluss der Verbraucher

BGB nF	BGB aF

(2) Von den Vorschriften der Kapitel 1 und 2 dieses Untertitels ist nur § 312a Absatz 1, 3, 4 und 6 auf folgende Verträge anzuwenden:
1. notariell beurkundete Verträge
   a) über Finanzdienstleistungen, die außerhalb von Geschäftsräumen geschlossen werden,
   b) die keine Verträge über Finanzdienstleistungen sind; für Verträge, für die das Gesetz die notarielle Beurkundung des Vertrags oder einer Vertragserklärung nicht vorschreibt, gilt dies nur, wenn der Notar darüber belehrt, dass die Informationspflichten nach § 312d Absatz 1 und das Widerrufsrecht nach § 312g Absatz 1 entfallen,
2. Verträge über die Begründung, den Erwerb oder die Übertragung von Eigentum oder anderen Rechten an Grundstücken,
3. Verträge über den Bau von neuen Gebäuden oder erhebliche Umbaumaßnahmen an bestehenden Gebäuden,
4. Verträge über Reiseleistungen nach § 651a, wenn diese
   a) im Fernabsatz geschlossen werden oder
   b) außerhalb von Geschäftsräumen geschlossen werden, wenn die mündlichen Verhandlungen, auf denen der Vertragsschluss beruht, auf vorhergehende Bestellung des Verbrauchers geführt worden sind,
5. Verträge über die Beförderung von Personen,
	1. durch mündliche Verhandlungen an seinem Arbeitsplatz oder im Bereich einer Privatwohnung,
	2. anlässlich einer vom Unternehmer oder von einem Dritten zumindest auch im Interesse des Unternehmers durchgeführten Freizeitveranstaltung oder
	3. im Anschluss an ein überraschendes Ansprechen in Verkehrsmitteln oder im Bereich öffentlich zugänglicher Verkehrsflächen
	bestimmt worden ist (Haustürgeschäft), steht dem Verbraucher ein Widerrufsrecht gemäß § 355 zu. Dem Verbraucher kann anstelle des Widerrufsrechts ein Rückgaberecht nach § 356 eingeräumt werden, wenn zwischen dem Verbraucher und dem Unternehmer im Zusammenhang mit diesem oder einem späteren Geschäft auch eine ständige Verbindung aufrechterhalten werden soll.
	(2) Der Unternehmer ist verpflichtet, den Verbraucher gemäß § 360 über sein Widerrufs- oder Rückgaberecht zu belehren. Die Belehrung muss auf die Rechtsfolgen des § 357 Abs. 1 und 3 hinweisen. Der Hinweis ist nicht erforderlich, soweit diese Rechtsfolgen tatsächlich nicht eintreten können.
	(3) Das Widerrufs- oder Rückgaberecht besteht unbeschadet anderer Vorschriften nicht bei Versicherungsverträgen oder wenn
	1. im Falle von Absatz 1 Nr. 1 die mündlichen Verhandlungen, auf denen der Abschluss des Vertrags beruht, auf vorhergehende Bestellung des Verbrauchers geführt worden sind oder

BGB nF	BGB aF

6. Verträge über Teilzeit-Wohnrechte, langfristige Urlaubsprodukte, Vermittlungen und Tauschsysteme nach den §§ 481 bis 481b,

7. Behandlungsverträge nach § 630a,

8. Verträge über die Lieferung von Lebensmitteln, Getränken oder sonstigen Haushaltsgegenständen des täglichen Bedarfs, die am Wohnsitz, am Aufenthaltsort oder am Arbeitsplatz eines Verbrauchers von einem Unternehmer im Rahmen häufiger und regelmäßiger Fahrten geliefert werden,

9. Verträge, die unter Verwendung von Warenautomaten und automatisierten Geschäftsräumen geschlossen werden,

10. Verträge, die mit Betreibern von Telekommunikationsmitteln mit Hilfe öffentlicher Münz- und Kartentelefone zu deren Nutzung geschlossen werden,

11. Verträge zur Nutzung einer einzelnen von einem Verbraucher hergestellten Telefon-, Internet- oder Telefaxverbindung,

12. außerhalb von Geschäftsräumen geschlossene Verträge, bei denen die Leistung bei Abschluss der Verhandlungen sofort erbracht und bezahlt wird und das vom Verbraucher zu zahlende Entgelt 40 Euro nicht überschreitet, und

13. Verträge über den Verkauf beweglicher Sachen auf Grund von Zwangsvollstreckungsmaßnahmen oder anderen gerichtlichen Maßnahmen.

(3) Auf Verträge über soziale Dienstleistungen, wie Kinderbetreuung oder Unterstützung von dauerhaft oder

2. die Leistung bei Abschluss der Verhandlungen sofort erbracht und bezahlt wird und das Entgelt 40 Euro nicht übersteigt oder

3. die Willenserklärung des Verbrauchers von einem Notar beurkundet worden ist.

BGB nF	BGB aF

vorübergehend hilfsbedürftigen Familien oder Personen, einschließlich Langzeitpflege, sind von den Vorschriften der Kapitel 1 und 2 dieses Untertitels nur folgende anzuwenden:

1. die Definitionen der außerhalb von Geschäftsräumen geschlossenen Verträge und der Fernabsatzverträge nach den §§ 312b und 312c,
2. § 312a Absatz 1 über die Pflicht zur Offenlegung bei Telefonanrufen,
3. § 312a Absatz 3 über die Wirksamkeit der Vereinbarung, die auf eine über das vereinbarte Entgelt für die Hauptleistung hinausgehende Zahlung gerichtet ist,
4. § 312a Absatz 4 über die Wirksamkeit der Vereinbarung eines Entgelts für die Nutzung von Zahlungsmitteln,
5. § 312a Absatz 6,
6. § 312d Absatz 1 in Verbindung mit Artikel 246a § 1 Absatz 2 und 3 des Einführungsgesetzes zum Bürgerlichen Gesetzbuche über die Pflicht zur Information über das Widerrufsrecht und
7. § 312g über das Widerrufsrecht.

(4) Auf Verträge über die Vermietung von Wohnraum sind von den Vorschriften der Kapitel 1 und 2 dieses Untertitels nur die in Absatz 3 Nummer 1 bis 7 genannten Bestimmungen anzuwenden. Die in Absatz 3 Nummer 1, 6 und 7 genannten Bestimmungen sind jedoch nicht auf die Begründung eines Mietverhältnisses über Wohnraum anzuwenden, wenn der Mieter die Wohnung zuvor besichtigt hat.

(5) Bei Vertragsverhältnissen über Bankdienstleistungen sowie Dienst-

BGB nF	BGB aF

leistungen im Zusammenhang mit einer Kreditgewährung, Versicherung, Altersversorgung von Einzelpersonen, Geldanlage oder Zahlung (Finanzdienstleistungen), die eine erstmalige Vereinbarung mit daran anschließenden aufeinanderfolgenden Vorgängen oder eine daran anschließende Reihe getrennter, in einem zeitlichen Zusammenhang stehender Vorgänge gleicher Art umfassen, sind die Vorschriften der Kapitel 1 und 2 dieses Untertitels nur auf die erste Vereinbarung anzuwenden. § 312a Absatz 1, 3, 4 und 6 ist daneben auf jeden Vorgang anzuwenden. Wenn die in Satz 1 genannten Vorgänge ohne eine solche Vereinbarung aufeinanderfolgen, gelten die Vorschriften über Informationspflichten des Unternehmers nur für den ersten Vorgang. Findet jedoch länger als ein Jahr kein Vorgang der gleichen Art mehr statt, so gilt der nächste Vorgang als der erste Vorgang einer neuen Reihe im Sinne von Satz 3.

(6) Von den Vorschriften der Kapitel 1 und 2 dieses Untertitels ist auf Verträge über Versicherungen sowie auf Verträge über deren Vermittlung nur § 312a Absatz 3, 4 und 6 anzuwenden.

§ 312a Allgemeine Pflichten und Grundsätze bei Verbraucherverträgen; Grenzen der Vereinbarung von Entgelten

(1) Ruft der Unternehmer oder eine Person, die in seinem Namen oder Auftrag handelt, den Verbraucher an, um mit diesem einen Vertrag zu schließen, hat der Anrufer zu Beginn des Gesprächs seine Identität und gegebenenfalls die Identität der Person,

§ 312a Verhältnis zu anderen Vorschriften

Steht dem Verbraucher zugleich nach Maßgabe anderer Vorschriften ein Widerrufs- oder Rückgaberecht nach § 355 oder § 356 dieses Gesetzes, nach § 126 des Investmentgesetzes in der bis zum 21. Juli 2013 geltenden Fassung oder § 305 Absatz 1 bis 6 des

BGB nF	BGB aF
für die er anruft, sowie den geschäftlichen Zweck des Anrufs offenzulegen.	Kapitalanlagegesetzbuchs zu, ist das Widerrufs- oder Rückgaberecht nach § 312 ausgeschlossen.

(2) Der Unternehmer ist verpflichtet, den Verbraucher nach Maßgabe des Artikels 246 des Einführungsgesetzes zum Bürgerlichen Gesetzbuche zu informieren. Der Unternehmer kann von dem Verbraucher Fracht-, Liefer- oder Versandkosten und sonstige Kosten nur verlangen, soweit er den Verbraucher über diese Kosten entsprechend den Anforderungen aus Artikel 246 Absatz 1 Nummer 3 des Einführungsgesetzes zum Bürgerlichen Gesetzbuche informiert hat. Die Sätze 1 und 2 sind weder auf außerhalb von Geschäftsräumen geschlossene Verträge noch auf Fernabsatzverträge noch auf Verträge über Finanzdienstleistungen anzuwenden.

(3) Eine Vereinbarung, die auf eine über das vereinbarte Entgelt für die Hauptleistung hinausgehende Zahlung des Verbrauchers gerichtet ist, kann ein Unternehmer mit einem Verbraucher nur ausdrücklich treffen. Schließen der Unternehmer und der Verbraucher einen Vertrag im elektronischen Geschäftsverkehr, wird eine solche Vereinbarung nur Vertragsbestandteil, wenn der Unternehmer die Vereinbarung nicht durch eine Voreinstellung herbeiführt.

(4) Eine Vereinbarung, durch die ein Verbraucher verpflichtet wird, ein Entgelt dafür zu zahlen, dass er für die Erfüllung seiner vertraglichen Pflichten ein bestimmtes Zahlungsmittel nutzt, ist unwirksam, wenn

1. für den Verbraucher keine gängige und zumutbare unentgeltliche Zahlungsmöglichkeit besteht oder

BGB nF	BGB aF

2. das vereinbarte Entgelt über die Kosten hinausgeht, die dem Unternehmer durch die Nutzung des Zahlungsmittels entstehen.

(5) Eine Vereinbarung, durch die ein Verbraucher verpflichtet wird, ein Entgelt dafür zu zahlen, dass der Verbraucher den Unternehmer wegen Fragen oder Erklärungen zu einem zwischen ihnen geschlossenen Vertrag über eine Rufnummer anruft, die der Unternehmer für solche Zwecke bereithält, ist unwirksam, wenn das vereinbarte Entgelt das Entgelt für die bloße Nutzung des Telekommunikationsdienstes übersteigt. Ist eine Vereinbarung nach Satz 1 unwirksam, ist der Verbraucher auch gegenüber dem Anbieter des Telekommunikationsdienstes nicht verpflichtet, ein Entgelt für den Anruf zu zahlen. Der Anbieter des Telekommunikationsdienstes ist berechtigt, das Entgelt für die bloße Nutzung des Telekommunikationsdienstes von dem Unternehmer zu verlangen, der die unwirksame Vereinbarung mit dem Verbraucher geschlossen hat.

(6) Ist eine Vereinbarung nach den Absätzen 3 bis 5 nicht Vertragsbestandteil geworden oder ist sie unwirksam, bleibt der Vertrag im Übrigen wirksam.

Kapitel 2
Außerhalb von Geschäftsräumen geschlossene Verträge und Fernabsatzverträge

§ 312b Außerhalb von Geschäftsräumen geschlossene Verträge

(1) Außerhalb von Geschäftsräumen geschlossene Verträge sind Verträge,

§ 312b Fernabsatzverträge

(1) Fernabsatzverträge sind Verträge über die Lieferung von Waren oder

Synopse

BGB nF	BGB aF
1. die bei gleichzeitiger körperlicher Anwesenheit des Verbrauchers und des Unternehmers an einem Ort geschlossen werden, der kein Geschäftsraum des Unternehmers ist, 2. für die der Verbraucher unter den in Nummer 1 genannten Umständen ein Angebot abgegeben hat, 3. die in den Geschäftsräumen des Unternehmers oder durch Fernkommunikationsmittel geschlossen werden, bei denen der Verbraucher jedoch unmittelbar zuvor außerhalb der Geschäftsräume des Unternehmers bei gleichzeitiger körperlicher Anwesenheit des Verbrauchers und des Unternehmers persönlich und individuell angesprochen wurde, oder 4. die auf einem Ausflug geschlossen werden, der von dem Unternehmer oder mit seiner Hilfe organisiert wurde, um beim Verbraucher für den Verkauf von Waren oder die Erbringung von Dienstleistungen zu werben und mit ihm entsprechende Verträge abzuschließen. Dem Unternehmer stehen Personen gleich, die in seinem Namen oder Auftrag handeln. (2) Geschäftsräume im Sinne des Absatzes 1 sind unbewegliche Gewerberäume, in denen der Unternehmer seine Tätigkeit dauerhaft ausübt, und bewegliche Gewerberäume, in denen der Unternehmer seine Tätigkeit für gewöhnlich ausübt. Gewerberäume, in denen die Person, die im Namen oder Auftrag des Unternehmers handelt, ihre Tätigkeit dauerhaft oder für gewöhnlich ausübt, stehen Räumen des Unternehmers gleich.	über die Erbringung von Dienstleistungen, einschließlich Finanzdienstleistungen, die zwischen einem Unternehmer und einem Verbraucher unter ausschließlicher Verwendung von Fernkommunikationsmitteln abgeschlossen werden, es sei denn, dass der Vertragsschluss nicht im Rahmen eines für den Fernabsatz organisierten Vertriebs- oder Dienstleistungssystems erfolgt. Finanzdienstleistungen im Sinne des Satzes 1 sind Bankdienstleistungen sowie Dienstleistungen im Zusammenhang mit einer Kreditgewährung, Versicherung, Altersversorgung von Einzelpersonen, Geldanlage oder Zahlung. (2) Fernkommunikationsmittel sind Kommunikationsmittel, die zur Anbahnung oder zum Abschluss eines Vertrags zwischen einem Verbraucher und einem Unternehmer ohne gleichzeitige körperliche Anwesenheit der Vertragsparteien eingesetzt werden können, insbesondere Briefe, Kataloge, Telefonanrufe, Telekopien, E-Mails sowie Rundfunk, Tele- und Mediendienste. (3) Die Vorschriften über Fernabsatzverträge finden keine Anwendung auf Verträge 1. über Fernunterricht (§ 1 des Fernunterrichtsschutzgesetzes), 2. über die Teilzeitnutzung von Wohngebäuden, langfristige Urlaubsprodukte sowie auf Vermittlungsverträge oder Tauschsystemverträge (§§ 481 bis 481b), 3. über Versicherungen sowie deren Vermittlung, 4. über die Veräußerung von Grundstücken und grundstücksgleichen Rechten, die Begründung, Veräuße-

BGB nF	BGB aF
	rung und Aufhebung von dinglichen Rechten an Grundstücken und grundstücksgleichen Rechten sowie über die Errichtung von Bauwerken,
	5. über die Lieferung von Lebensmitteln, Getränken oder sonstigen Haushaltsgegenständen des täglichen Bedarfs, die am Wohnsitz, am Aufenthaltsort oder am Arbeitsplatz eines Verbrauchers von Unternehmern im Rahmen häufiger und regelmäßiger Fahrten geliefert werden,
	6. über die Erbringung von Dienstleistungen in den Bereichen Unterbringung, Beförderung, Lieferung von Speisen und Getränken sowie Freizeitgestaltung, wenn sich der Unternehmer bei Vertragsschluss verpflichtet, die Dienstleistungen zu einem bestimmten Zeitpunkt oder innerhalb eines genau angegebenen Zeitraums zu erbringen,
	7. die geschlossen werden a) unter Verwendung von Warenautomaten oder automatisierten Geschäftsräumen oder b) mit Betreibern von Telekommunikationsmitteln auf Grund der Benutzung von öffentlichen Fernsprechern, soweit sie deren Benutzung zum Gegenstand haben.
	(4) Bei Vertragsverhältnissen, die eine erstmalige Vereinbarung mit daran anschließenden aufeinander folgenden Vorgängen oder eine daran anschließende Reihe getrennter, in einem zeitlichen Zusammenhang stehender Vorgänge der gleichen Art umfassen, finden die Vorschriften über Fernabsatzverträge nur Anwendung

Synopse

BGB nF	BGB aF
	auf die erste Vereinbarung. Wenn derartige Vorgänge ohne eine solche Vereinbarung aufeinander folgen, gelten die Vorschriften über Informationspflichten des Unternehmers nur für den ersten Vorgang. Findet jedoch länger als ein Jahr kein Vorgang der gleichen Art mehr statt, so gilt der nächste Vorgang als der erste Vorgang einer neuen Reihe im Sinne von Satz 2.
	(5) Weitergehende Vorschriften zum Schutz des Verbrauchers bleiben unberührt.
§ 312c Fernabsatzverträge	**§ 312c Unterrichtung des Verbrauchers bei Fernabsatzverträgen**
(1) Fernabsatzverträge sind Verträge, bei denen der Unternehmer oder eine in seinem Namen oder Auftrag handelnde Person und der Verbraucher für die Vertragsverhandlungen und den Vertragsschluss ausschließlich Fernkommunikationsmittel verwenden, es sei denn, dass der Vertragsschluss nicht im Rahmen eines für den Fernabsatz organisierten Vertriebs- oder Dienstleistungssystems erfolgt.	(1) Der Unternehmer hat den Verbraucher bei Fernabsatzverträgen nach Maßgabe des Artikels 246 §§ 1 und 2 des Einführungsgesetzes zum Bürgerlichen Gesetzbuche zu unterrichten.
	(2) Der Unternehmer hat bei von ihm veranlassten Telefongesprächen seine Identität und den geschäftlichen Zweck des Kontakts bereits zu Beginn eines jeden Gesprächs ausdrücklich offenzulegen.
(2) Fernkommunikationsmittel im Sinne dieses Gesetzes sind alle Kommunikationsmittel, die zur Anbahnung oder zum Abschluss eines Vertrags eingesetzt werden können, ohne dass die Vertragsparteien gleichzeitig körperlich anwesend sind, wie Briefe, Kataloge, Telefonanrufe, Telekopien, E-Mails, über den Mobilfunkdienst versendete Nachrichten (SMS) sowie Rundfunk und Telemedien.	(3) Bei Finanzdienstleistungen kann der Verbraucher während der Laufzeit des Vertrags jederzeit vom Unternehmer verlangen, dass ihm dieser die Vertragsbestimmungen einschließlich der Allgemeinen Geschäftsbedingungen in einer Urkunde zur Verfügung stellt.
	(4) Weitergehende Einschränkungen bei der Verwendung von Fernkommunikationsmitteln und weitergehende Informationspflichten auf Grund anderer Vorschriften bleiben unberührt.

BGB nF	BGB aF
§ 312d Informationspflichten	**§ 312d Widerrufs- und Rückgaberecht bei Fernabsatzverträgen**

BGB nF

§ 312d Informationspflichten

(1) Bei außerhalb von Geschäftsräumen geschlossenen Verträgen und bei Fernabsatzverträgen ist der Unternehmer verpflichtet, den Verbraucher nach Maßgabe des Artikels 246a des Einführungsgesetzes zum Bürgerlichen Gesetzbuche zu informieren. Die in Erfüllung dieser Pflicht gemachten Angaben des Unternehmers werden Inhalt des Vertrags, es sei denn, die Vertragsparteien haben ausdrücklich etwas anderes vereinbart.

(2) Bei außerhalb von Geschäftsräumen geschlossenen Verträgen und bei Fernabsatzverträgen über Finanzdienstleistungen ist der Unternehmer abweichend von Absatz 1 verpflichtet, den Verbraucher nach Maßgabe des Artikels 246b des Einführungsgesetzes zum Bürgerlichen Gesetzbuche zu informieren.

BGB aF

§ 312d Widerrufs- und Rückgaberecht bei Fernabsatzverträgen

(1) Dem Verbraucher steht bei einem Fernabsatzvertrag ein Widerrufsrecht nach § 355 zu. Anstelle des Widerrufsrechts kann dem Verbraucher bei Verträgen über die Lieferung von Waren ein Rückgaberecht nach § 356 eingeräumt werden.

(2) Die Widerrufsfrist beginnt abweichend von § 355 Abs. 3 Satz 1 nicht vor Erfüllung der Informationspflichten gemäß Artikel 246 § 2 in Verbindung mit § 1 Abs. 1 und 2 des Einführungsgesetzes zum Bürgerlichen Gesetzbuche, bei der Lieferung von Waren nicht vor deren Eingang beim Empfänger, bei der wiederkehrenden Lieferung gleichartiger Waren nicht vor Eingang der ersten Teillieferung und bei Dienstleistungen nicht vor Vertragsschluss.

(3) Das Widerrufsrecht erlischt bei einer Dienstleistung auch dann, wenn der Vertrag von beiden Seiten auf ausdrücklichen Wunsch des Verbrauchers vollständig erfüllt ist, bevor der Verbraucher sein Widerrufsrecht ausgeübt hat.

(4) Das Widerrufsrecht besteht, soweit nicht ein anderes bestimmt ist, nicht bei Fernabsatzverträgen

1. zur Lieferung von Waren, die nach Kundenspezifikation angefertigt werden oder eindeutig auf die persönlichen Bedürfnisse zugeschnitten sind oder die auf Grund ihrer Beschaffenheit nicht für eine Rücksendung geeignet sind oder schnell verderben können oder deren Verfalldatum überschritten würde,

Synopse

BGB nF	BGB aF
	2. zur Lieferung von Audio- oder Videoaufzeichnungen oder von Software, sofern die gelieferten Datenträger vom Verbraucher entsiegelt worden sind,
	3. zur Lieferung von Zeitungen, Zeitschriften und Illustrierten, es sei denn, dass der Verbraucher seine Vertragserklärung telefonisch abgegeben hat,
	4. zur Erbringung von Wett- und Lotterie-Dienstleistungen, es sei denn, dass der Verbraucher seine Vertragserklärung telefonisch abgegeben hat,
	5. die in der Form von Versteigerungen (§ 156) geschlossen werden,
	6. die die Lieferung von Waren oder die Erbringung von Finanzdienstleistungen zum Gegenstand haben, deren Preis auf dem Finanzmarkt Schwankungen unterliegt, auf die der Unternehmer keinen Einfluss hat und die innerhalb der Widerrufsfrist auftreten können, insbesondere Dienstleistungen im Zusammenhang mit Aktien, Anteilen an offenen Investmentvermögen im Sinne von § 1 Absatz 4 des Kapitalanlagegesetzbuchs und anderen handelbaren Wertpapieren, Devisen, Derivaten oder Geldmarktinstrumenten, oder
	7. zur Erbringung telekommunikationsgestützter Dienste, die auf Veranlassung des Verbrauchers unmittelbar per Telefon oder Telefax in einem Mal erbracht werden, sofern es sich nicht um Finanzdienstleistungen handelt.
	(5) Das Widerrufsrecht besteht ferner nicht bei Fernabsatzverträgen, bei denen dem Verbraucher bereits auf

BGB nF	BGB aF
	Grund der §§ 495, 506 bis 512 ein Widerrufs- oder Rückgaberecht nach § 355 oder § 356 zusteht. Bei Ratenlieferungsverträgen gelten Absatz 2 und § 312e Absatz 1 entsprechend.

§ 312e Verletzung von Informationspflichten über Kosten

Der Unternehmer kann von dem Verbraucher Fracht-, Liefer- oder Versandkosten und sonstige Kosten nur verlangen, soweit er den Verbraucher über diese Kosten entsprechend den Anforderungen aus § 312d Absatz 1 in Verbindung mit Artikel 246a § 1 Absatz 1 Satz 1 Nummer 4 des Einführungsgesetzes zum Bürgerlichen Gesetzbuche informiert hat.

§ 312e Wertersatz bei Fernabsatzverträgen

(1) Bei Fernabsatzverträgen über die Lieferung von Waren hat der Verbraucher abweichend von § 357 Absatz 1 Wertersatz für Nutzungen nach den Vorschriften über den gesetzlichen Rücktritt nur zu leisten,

1. soweit er die Ware in einer Art und Weise genutzt hat, die über die Prüfung der Eigenschaften und der Funktionsweise hinausgeht, und

2. wenn er zuvor vom Unternehmer auf diese Rechtsfolge hingewiesen und nach § 360 Absatz 1 oder 2 über sein Widerrufs- oder Rückgaberecht belehrt worden ist oder von beidem anderweitig Kenntnis erlangt hat.

§ 347 Absatz 1 Satz 1 ist nicht anzuwenden.

(2) Bei Fernabsatzverträgen über Dienstleistungen hat der Verbraucher abweichend von § 357 Absatz 1 Wertersatz für die erbrachte Dienstleistung nach den Vorschriften über den gesetzlichen Rücktritt nur zu leisten,

1. wenn er vor Abgabe seiner Vertragserklärung auf diese Rechtsfolge hingewiesen worden ist und

2. wenn er ausdrücklich zugestimmt hat, dass der Unternehmer vor Ende der Widerrufsfrist mit der Ausführung der Dienstleistung beginnt.

Synopse

BGB nF	BGB aF
§ 312f Abschriften und Bestätigungen	**§ 312f Zu Fernabsatzverträgen über Finanzdienstleistungen hinzugefügte Verträge**

(1) Bei außerhalb von Geschäftsräumen geschlossenen Verträgen ist der Unternehmer verpflichtet, dem Verbraucher alsbald auf Papier zur Verfügung zu stellen

1. eine Abschrift eines Vertragsdokuments, das von den Vertragsschließenden so unterzeichnet wurde, dass ihre Identität erkennbar ist, oder
2. eine Bestätigung des Vertrags, in der der Vertragsinhalt wiedergegeben ist.

Wenn der Verbraucher zustimmt, kann für die Abschrift oder die Bestätigung des Vertrags auch ein anderer dauerhafter Datenträger verwendet werden. Die Bestätigung nach Satz 1 muss die in Artikel 246a des Einführungsgesetzes zum Bürgerlichen Gesetzbuche genannten Angaben nur enthalten, wenn der Unternehmer dem Verbraucher diese Informationen nicht bereits vor Vertragsschluss in Erfüllung seiner Informationspflichten nach § 312d Absatz 1 auf einem dauerhaften Datenträger zur Verfügung gestellt hat.

(2) Bei Fernabsatzverträgen ist der Unternehmer verpflichtet, dem Verbraucher eine Bestätigung des Vertrags, in der der Vertragsinhalt wiedergegeben ist, innerhalb einer angemessenen Frist nach Vertragsschluss, spätestens jedoch bei der Lieferung der Ware oder bevor mit der Ausführung der Dienstleistung begonnen wird, auf einem dauerhaften Datenträger zur Verfügung zu stellen. Die Bestätigung nach Satz 1 muss die in Artikel 246a

Hat der Verbraucher seine Willenserklärung, die auf den Abschluss eines Fernabsatzvertrags über eine Finanzdienstleistung gerichtet ist, wirksam widerrufen, so ist er auch nicht mehr an seine Willenserklärung hinsichtlich eines hinzugefügten Fernabsatzvertrags gebunden, der eine weitere Dienstleistung des Unternehmers oder eines Dritten auf der Grundlage einer Vereinbarung zwischen dem Unternehmer und dem Dritten zum Gegenstand hat. § 357 gilt für den hinzugefügten Vertrag entsprechend; § 312e gilt entsprechend, wenn für den hinzugefügten Vertrag ein Widerrufsrecht gemäß § 312d besteht oder bestand.

BGB nF	BGB aF

des Einführungsgesetzes zum Bürgerlichen Gesetzbuche genannten Angaben enthalten, es sei denn, der Unternehmer hat dem Verbraucher diese Informationen bereits vor Vertragsschluss in Erfüllung seiner Informationspflichten nach § 312d Absatz 1 auf einem dauerhaften Datenträger zur Verfügung gestellt.

(3) Bei Verträgen über die Lieferung von nicht auf einem körperlichen Datenträger befindlichen Daten, die in digitaler Form hergestellt und bereitgestellt werden (digitale Inhalte), ist auf der Abschrift oder in der Bestätigung des Vertrags nach den Absätzen 1 und 2 gegebenenfalls auch festzuhalten, dass der Verbraucher vor Ausführung des Vertrags

1. ausdrücklich zugestimmt hat, dass der Unternehmer mit der Ausführung des Vertrags vor Ablauf der Widerrufsfrist beginnt, und
2. seine Kenntnis davon bestätigt hat, dass er durch seine Zustimmung mit Beginn der Ausführung des Vertrags scin Widerrufsrecht verliert.

(4) Diese Vorschrift ist nicht anwendbar auf Verträge über Finanzdienstleistungen.

§ 312g Widerrufsrecht

(1) Dem Verbraucher steht bei außerhalb von Geschäftsräumen geschlossenen Verträgen und bei Fernabsatzverträgen ein Widerrufsrecht gemäß § 355 zu.

(2) Das Widerrufsrecht besteht, soweit die Parteien nichts anderes vereinbart haben, nicht bei folgenden Verträgen:

§ 312g Pflichten im elektronischen Geschäftsverkehr

(1) Bedient sich ein Unternehmer zum Zwecke des Abschlusses eines Vertrags über die Lieferung von Waren oder über die Erbringung von Dienstleistungen der Telemedien (Vertrag im elektronischen Geschäftsverkehr), hat er dem Kunden

1. angemessene, wirksame und zugängliche technische Mittel zur

Synopse

BGB nF	BGB aF
1. Verträge zur Lieferung von Waren, die nicht vorgefertigt sind und für deren Herstellung eine individuelle Auswahl oder Bestimmung durch den Verbraucher maßgeblich ist oder die eindeutig auf die persönlichen Bedürfnisse des Verbrauchers zugeschnitten sind, 2. Verträge zur Lieferung von Waren, die schnell verderben können oder deren Verfallsdatum schnell überschritten würde, 3. Verträge zur Lieferung versiegelter Waren, die aus Gründen des Gesundheitsschutzes oder der Hygiene nicht zur Rückgabe geeignet sind, wenn ihre Versiegelung nach der Lieferung entfernt wurde, 4. Verträge zur Lieferung von Waren, wenn diese nach der Lieferung auf Grund ihrer Beschaffenheit untrennbar mit anderen Gütern vermischt wurden, 5. Verträge zur Lieferung alkoholischer Getränke, deren Preis bei Vertragsschluss vereinbart wurde, die aber frühestens 30 Tage nach Vertragsschluss geliefert werden können und deren aktueller Wert von Schwankungen auf dem Markt abhängt, auf die der Unternehmer keinen Einfluss hat, 6. Verträge zur Lieferung von Ton- oder Videoaufnahmen oder Computersoftware in einer versiegelten Packung, wenn die Versiegelung nach der Lieferung entfernt wurde, 7. Verträge zur Lieferung von Zeitungen, Zeitschriften oder Illustrierten mit Ausnahme von Abonnement-Verträgen,	Verfügung zu stellen, mit deren Hilfe der Kunde Eingabefehler vor Abgabe seiner Bestellung erkennen und berichtigen kann, 2. die in Artikel 246 § 3 des Einführungsgesetzes zum Bürgerlichen Gesetzbuche bestimmten Informationen rechtzeitig vor Abgabe von dessen Bestellung klar und verständlich mitzuteilen, 3. den Zugang von dessen Bestellung unverzüglich auf elektronischem Wege zu bestätigen und 4. die Möglichkeit zu verschaffen, die Vertragsbestimmungen einschließlich der Allgemeinen Geschäftsbedingungen bei Vertragsschluss abzurufen und in wiedergabefähiger Form zu speichern. Bestellung und Empfangsbestätigung im Sinne von Satz 1 Nr. 3 gelten als zugegangen, wenn die Parteien, für die sie bestimmt sind, sie unter gewöhnlichen Umständen abrufen können. (2) Bei einem Vertrag im elektronischen Geschäftsverkehr zwischen einem Unternehmer und einem Verbraucher, der eine entgeltliche Leistung des Unternehmers zum Gegenstand hat, muss der Unternehmer dem Verbraucher die Informationen gemäß Artikel 246 § 1 Absatz 1 Nummer 4 erster Halbsatz und Nummer 5, 7 und 8 des Einführungsgesetzes zum Bürgerlichen Gesetzbuche, unmittelbar bevor der Verbraucher seine Bestellung abgibt, klar und verständlich in hervorgehobener Weise zur Verfügung stellen. Diese Pflicht gilt nicht für Verträge über die in § 312b Absatz 1 Satz 2 genannten Finanzdienstleistungen.

BGB nF	BGB aF
8. Verträge zur Lieferung von Waren oder zur Erbringung von Dienstleistungen, einschließlich Finanzdienstleistungen, deren Preis von Schwankungen auf dem Finanzmarkt abhängt, auf die der Unternehmer keinen Einfluss hat und die innerhalb der Widerrufsfrist auftreten können, insbesondere Dienstleistungen im Zusammenhang mit Aktien, mit Anteilen an offenen Investmentvermögen im Sinne von § 1 Absatz 4 des Kapitalanlagegesetzbuchs und mit anderen handelbaren Wertpapieren, Devisen, Derivaten oder Geldmarktinstrumenten,	(3) Der Unternehmer hat die Bestellsituation bei einem Vertrag nach Absatz 2 Satz 1 so zu gestalten, dass der Verbraucher mit seiner Bestellung ausdrücklich bestätigt, dass er sich zu einer Zahlung verpflichtet. Erfolgt die Bestellung über eine Schaltfläche, ist die Pflicht des Unternehmers aus Satz 1 nur erfüllt, wenn diese Schaltfläche gut lesbar mit nichts anderem als den Wörtern „zahlungspflichtig bestellen" oder mit einer entsprechenden eindeutigen Formulierung beschriftet ist.
9. vorbehaltlich des Satzes 2 Verträge zur Erbringung von Dienstleistungen in den Bereichen Beherbergung zu anderen Zwecken als zu Wohnzwecken, Beförderung von Waren, Kraftfahrzeugvermietung, Lieferung von Speisen und Getränken sowie zur Erbringung weiterer Dienstleistungen im Zusammenhang mit Freizeitbetätigungen, wenn der Vertrag für die Erbringung einen spezifischen Termin oder Zeitraum vorsieht,	(4) Ein Vertrag nach Absatz 2 Satz 1 kommt nur zustande, wenn der Unternehmer seine Pflicht aus Absatz 3 erfüllt.
	(5) Absatz 1 Satz 1 Nr. 1 bis 3 und die Absätze 2 bis 4 finden keine Anwendung, wenn der Vertrag ausschließlich durch individuelle Kommunikation geschlossen wird. Absatz 1 Satz 1 Nr. 1 bis 3 und Satz 2 findet keine Anwendung, wenn zwischen Vertragsparteien, die nicht Verbraucher sind, etwas anderes vereinbart wird.
10. Verträge, die im Rahmen einer Vermarktungsform geschlossen werden, bei der der Unternehmer Verbrauchern, die persönlich anwesend sind oder denen diese Möglichkeit gewährt wird, Waren oder Dienstleistungen anbietet, und zwar in einem vom Versteigerer durchgeführten, auf konkurrierenden Geboten basierenden transparenten Verfahren, bei dem der Bieter, der den Zuschlag erhalten hat, zum Erwerb der Waren oder Dienstleistungen verpflich-	(6) Weitergehende Informationspflichten auf Grund anderer Vorschriften bleiben unberührt. Steht dem Kunden ein Widerrufsrecht gemäß § 355 zu, beginnt die Widerrufsfrist abweichend von § 355 Abs. 3 Satz 1 nicht vor Erfüllung der in Absatz 1 Satz 1 geregelten Pflichten.

BGB nF	BGB aF

tet ist (öffentlich zugängliche Versteigerung),

11. Verträge, bei denen der Verbraucher den Unternehmer ausdrücklich aufgefordert hat, ihn aufzusuchen, um dringende Reparatur- oder Instandhaltungsarbeiten vorzunehmen; dies gilt nicht hinsichtlich weiterer bei dem Besuch erbrachter Dienstleistungen, die der Verbraucher nicht ausdrücklich verlangt hat, oder hinsichtlich solcher bei dem Besuch gelieferter Waren, die bei der Instandhaltung oder Reparatur nicht unbedingt als Ersatzteile benötigt werden,

12. Verträge zur Erbringung von Wett- und Lotteriedienstleistungen, es sei denn, dass der Verbraucher seine Vertragserklärung telefonisch abgegeben hat oder der Vertrag außerhalb von Geschäftsräumen geschlossen wurde, und

13. notariell beurkundete Verträge; dies gilt für Fernabsatzverträge über Finanzdienstleistungen nur, wenn der Notar bestätigt, dass die Rechte des Verbrauchers aus § 312d Absatz 2 gewahrt sind.

Die Ausnahme nach Satz 1 Nummer 9 gilt nicht für Verträge über Reiseleistungen nach § 651a, wenn diese außerhalb von Geschäftsräumen geschlossen worden sind, es sei denn, die mündlichen Verhandlungen, auf denen der Vertragsschluss beruht, sind auf vorhergehende Bestellung des Verbrauchers geführt worden.

(3) Das Widerrufsrecht besteht ferner nicht bei Verträgen, bei denen dem Verbraucher bereits auf Grund der §§ 495, 506 bis 512 ein Widerrufs-

BGB nF	BGB aF
recht nach § 355 zusteht, und nicht bei außerhalb von Geschäftsräumen geschlossenen Verträgen, bei denen dem Verbraucher bereits nach § 305 Absatz 1 bis 6 des Kapitalanlagegesetzbuchs ein Widerrufsrecht zusteht.	
§ 312h Kündigung und Vollmacht zur Kündigung Wird zwischen einem Unternehmer und einem Verbraucher nach diesem Untertitel ein Dauerschuldverhältnis begründet, das ein zwischen dem Verbraucher und einem anderen Unternehmer bestehendes Dauerschuldverhältnis ersetzen soll, und wird anlässlich der Begründung des Dauerschuldverhältnisses von dem Verbraucher 1. die Kündigung des bestehenden Dauerschuldverhältnisses erklärt und der Unternehmer oder ein von ihm beauftragter Dritter zur Übermittlung der Kündigung an den bisherigen Vertragspartner des Verbrauchers beauftragt oder 2. der Unternehmer oder ein von ihm beauftragter Dritter zur Erklärung der Kündigung gegenüber dem bisherigen Vertragspartner des Verbrauchers bevollmächtigt, bedarf die Kündigung des Verbrauchers oder die Vollmacht zur Kündigung der Textform.	**§ 312h Kündigung und Vollmacht zur Kündigung** Wird zwischen einem Unternehmer und einem Verbraucher nach diesem Untertitel ein Dauerschuldverhältnis begründet, das ein zwischen dem Verbraucher und einem anderen Unternehmer bestehendes Dauerschuldverhältnis ersetzen soll, und wird anlässlich der Begründung des Dauerschuldverhältnisses von dem Verbraucher 1. die Kündigung des bestehenden Dauerschuldverhältnisses erklärt und der Unternehmer oder ein von ihm beauftragter Dritter zur Übermittlung der Kündigung an den bisherigen Vertragspartner des Verbrauchers beauftragt oder 2. der Unternehmer oder ein von ihm beauftragter Dritter zur Erklärung der Kündigung gegenüber dem bisherigen Vertragspartner des Verbrauchers bevollmächtigt, bedarf die Kündigung des Verbrauchers oder die Vollmacht zur Kündigung der Textform.
Kapitel 3 Verträge im elektronischen Geschäftsverkehr	

Synopse

BGB nF	BGB aF
§ 312i Allgemeine Pflichten im elektronischen Geschäftsverkehr	**§ 312i Abweichende Vereinbarungen**

BGB nF

(1) Bedient sich ein Unternehmer zum Zwecke des Abschlusses eines Vertrags über die Lieferung von Waren oder über die Erbringung von Dienstleistungen der Telemedien (Vertrag im elektronischen Geschäftsverkehr), hat er dem Kunden

1. angemessene, wirksame und zugängliche technische Mittel zur Verfügung zu stellen, mit deren Hilfe der Kunde Eingabefehler vor Abgabe seiner Bestellung erkennen und berichtigen kann,
2. die in Artikel 246c des Einführungsgesetzes zum Bürgerlichen Gesetzbuche bestimmten Informationen rechtzeitig vor Abgabe von dessen Bestellung klar und verständlich mitzuteilen,
3. den Zugang von dessen Bestellung unverzüglich auf elektronischem Wege zu bestätigen und
4. die Möglichkeit zu verschaffen, die Vertragsbestimmungen einschließlich der Allgemeinen Geschäftsbedingungen bei Vertragsschluss abzurufen und in wiedergabefähiger Form zu speichern.

Bestellung und Empfangsbestätigung im Sinne von Satz 1 Nummer 3 gelten als zugegangen, wenn die Parteien, für die sie bestimmt sind, sie unter gewöhnlichen Umständen abrufen können.

(2) Absatz 1 Satz 1 Nummer 1 bis 3 ist nicht anzuwenden, wenn der Vertrag ausschließlich durch individuelle Kommunikation geschlossen wird. Absatz 1 Satz 1 Nummer 1 bis 3 und Satz 2 ist nicht anzuwenden, wenn

BGB aF

Von den Vorschriften dieses Untertitels darf, soweit nicht ein anderes bestimmt ist, nicht zum Nachteil des Verbrauchers oder Kunden abgewichen werden. Die Vorschriften dieses Untertitels finden, soweit nicht ein anderes bestimmt ist, auch Anwendung, wenn sie durch anderweitige Gestaltungen umgangen werden.

BGB nF	BGB aF

zwischen Vertragsparteien, die nicht Verbraucher sind, etwas anderes vereinbart wird.

(3) Weitergehende Informationspflichten auf Grund anderer Vorschriften bleiben unberührt.

§ 312j Besondere Pflichten im elektronischen Geschäftsverkehr gegenüber Verbrauchern

(1) Auf Webseiten für den elektronischen Geschäftsverkehr mit Verbrauchern hat der Unternehmer zusätzlich zu den Angaben nach § 312i Absatz 1 spätestens bei Beginn des Bestellvorgangs klar und deutlich anzugeben, ob Lieferbeschränkungen bestehen und welche Zahlungsmittel akzeptiert werden.

(2) Bei einem Verbrauchervertrag im elektronischen Geschäftsverkehr, der eine entgeltliche Leistung des Unternehmers zum Gegenstand hat, muss der Unternehmer dem Verbraucher die Informationen gemäß Artikel 246a § 1 Absatz 1 Satz 1 Nummer 1, 4, 5, 11 und 12 des Einführungsgesetzes zum Bürgerlichen Gesetzbuche, unmittelbar bevor der Verbraucher seine Bestellung abgibt, klar und verständlich in hervorgehobener Weise zur Verfügung stellen.

(3) Der Unternehmer hat die Bestellsituation bei einem Vertrag nach Absatz 2 so zu gestalten, dass der Verbraucher mit seiner Bestellung ausdrücklich bestätigt, dass er sich zu einer Zahlung verpflichtet. Erfolgt die Bestellung über eine Schaltfläche, ist die Pflicht des Unternehmers aus Satz 1 nur erfüllt, wenn diese Schaltfläche gut lesbar mit nichts anderem als den Wörtern „zahlungspflichtig

BGB nF	BGB aF
bestellen" oder mit einer entsprechenden eindeutigen Formulierung beschriftet ist. (4) Ein Vertrag nach Absatz 2 kommt nur zustande, wenn der Unternehmer seine Pflicht aus Absatz 3 erfüllt. (5) Die Absätze 2 bis 4 sind nicht anzuwenden, wenn der Vertrag ausschließlich durch individuelle Kommunikation geschlossen wird. Die Pflichten aus den Absätzen 1 und 2 gelten weder für Webseiten, die Finanzdienstleistungen betreffen, noch für Verträge über Finanzdienstleistungen. Kapitel 4 Abweichende Vereinbarungen und Beweislast **§ 312k Abweichende Vereinbarungen und Beweislast** (1) Von den Vorschriften dieses Untertitels darf, soweit nichts anderes bestimmt ist, nicht zum Nachteil des Verbrauchers oder Kunden abgewichen werden. Die Vorschriften dieses Untertitels finden, soweit nichts anderes bestimmt ist, auch Anwendung, wenn sie durch anderweitige Gestaltungen umgangen werden. (2) Der Unternehmer trägt gegenüber dem Verbraucher die Beweislast für die Erfüllung der in diesem Untertitel geregelten Informationspflichten. **§ 314 Kündigung von Dauerschuldverhältnissen aus wichtigem Grund** (1) Dauerschuldverhältnisse kann jeder Vertragsteil aus wichtigem Grund ohne Einhaltung einer Kündigungsfrist kündigen. Ein wichtiger Grund	**§ 314 Kündigung von Dauerschuldverhältnissen aus wichtigem Grund** (1) Dauerschuldverhältnisse kann jeder Vertragsteil aus wichtigem Grund ohne Einhaltung einer Kündigungsfrist kündigen. Ein wichtiger Grund

BGB nF	BGB aF
liegt vor, wenn dem kündigenden Teil unter Berücksichtigung aller Umstände des Einzelfalls und unter Abwägung der beiderseitigen Interessen die Fortsetzung des Vertragsverhältnisses bis zur vereinbarten Beendigung oder bis zum Ablauf einer Kündigungsfrist nicht zugemutet werden kann. (2) Besteht der wichtige Grund in der Verletzung einer Pflicht aus dem Vertrag, ist die Kündigung erst nach erfolglosem Ablauf einer zur Abhilfe bestimmten Frist oder nach erfolgloser Abmahnung zulässig. Für die Entbehrlichkeit der Bestimmung einer Frist zur Abhilfe und für die Entbehrlichkeit einer Abmahnung findet § 323 Absatz 2 Nummer 1 und 2 entsprechende Anwendung. Die Bestimmung einer Frist zur Abhilfe und eine Abmahnung sind auch entbehrlich, wenn besondere Umstände vorliegen, die unter Abwägung der beiderseitigen Interessen die sofortige Kündigung rechtfertigen. (3) Der Berechtigte kann nur innerhalb einer angemessenen Frist kündigen, nachdem er vom Kündigungsgrund Kenntnis erlangt hat. (4) Die Berechtigung, Schadensersatz zu verlangen, wird durch die Kündigung nicht ausgeschlossen.	liegt vor, wenn dem kündigenden Teil unter Berücksichtigung aller Umstände des Einzelfalls und unter Abwägung der beiderseitigen Interessen die Fortsetzung des Vertragsverhältnisses bis zur vereinbarten Beendigung oder bis zum Ablauf einer Kündigungsfrist nicht zugemutet werden kann. (2) Besteht der wichtige Grund in der Verletzung einer Pflicht aus dem Vertrag, ist die Kündigung erst nach erfolglosem Ablauf einer zur Abhilfe bestimmten Frist oder nach erfolgloser Abmahnung zulässig. § 323 Abs. 2 findet entsprechende Anwendung. (3) Der Berechtigte kann nur innerhalb einer angemessenen Frist kündigen, nachdem er vom Kündigungsgrund Kenntnis erlangt hat. (4) Die Berechtigung, Schadensersatz zu verlangen, wird durch die Kündigung nicht ausgeschlossen.
§ 323 Rücktritt wegen nicht oder nicht vertragsgemäß erbrachter Leistung (1) Erbringt bei einem gegenseitigen Vertrag der Schuldner eine fällige Leistung nicht oder nicht vertragsgemäß, so kann der Gläubiger, wenn er dem Schuldner erfolglos eine angemessene Frist zur Leistung oder	**§ 323 Rücktritt wegen nicht oder nicht vertragsgemäß erbrachter Leistung** (1) Erbringt bei einem gegenseitigen Vertrag der Schuldner eine fällige Leistung nicht oder nicht vertragsgemäß, so kann der Gläubiger, wenn er dem Schuldner erfolglos eine angemessene Frist zur Leistung oder

Synopse

BGB nF	BGB aF
Nacherfüllung bestimmt hat, vom Vertrag zurücktreten. (2) Die Fristsetzung ist entbehrlich, wenn 1. der Schuldner die Leistung ernsthaft und endgültig verweigert, 2. der Schuldner die Leistung bis zu einem im Vertrag bestimmten Termin oder innerhalb einer im Vertrag bestimmten Frist nicht bewirkt, obwohl die termin- oder fristgerechte Leistung nach einer Mitteilung des Gläubigers an den Schuldner vor Vertragsschluss oder auf Grund anderer den Vertragsabschluss begleitenden Umstände für den Gläubiger wesentlich ist, oder 3. im Falle einer nicht vertragsgemäß erbrachten Leistung besondere Umstände vorliegen, die unter Abwägung der beiderseitigen Interessen den sofortigen Rücktritt rechtfertigen. (3) Kommt nach der Art der Pflichtverletzung eine Fristsetzung nicht in Betracht, so tritt an deren Stelle eine Abmahnung. (4) Der Gläubiger kann bereits vor dem Eintritt der Fälligkeit der Leistung zurücktreten, wenn offensichtlich ist, dass die Voraussetzungen des Rücktritts eintreten werden. (5) Hat der Schuldner eine Teilleistung bewirkt, so kann der Gläubiger vom ganzen Vertrag nur zurücktreten, wenn er an der Teilleistung kein Interesse hat. Hat der Schuldner die Leistung nicht vertragsgemäß bewirkt, so kann der Gläubiger vom Vertrag nicht zurücktreten, wenn die Pflichtverletzung unerheblich ist.	Nacherfüllung bestimmt hat, vom Vertrag zurücktreten. (2) Die Fristsetzung ist entbehrlich, wenn 1. der Schuldner die Leistung ernsthaft und endgültig verweigert, 2. der Schuldner die Leistung zu einem im Vertrag bestimmten Termin oder innerhalb einer bestimmten Frist nicht bewirkt und der Gläubiger im Vertrag den Fortbestand seines Leistungsinteresses an die Rechtzeitigkeit der Leistung gebunden hat oder 3. besondere Umstände vorliegen, die unter Abwägung der beiderseitigen Interessen den sofortigen Rücktritt rechtfertigen. (3) Kommt nach der Art der Pflichtverletzung eine Fristsetzung nicht in Betracht, so tritt an deren Stelle eine Abmahnung. (4) Der Gläubiger kann bereits vor dem Eintritt der Fälligkeit der Leistung zurücktreten, wenn offensichtlich ist, dass die Voraussetzungen des Rücktritts eintreten werden. (5) Hat der Schuldner eine Teilleistung bewirkt, so kann der Gläubiger vom ganzen Vertrag nur zurücktreten, wenn er an der Teilleistung kein Interesse hat. Hat der Schuldner die Leistung nicht vertragsgemäß bewirkt, so kann der Gläubiger vom Vertrag nicht zurücktreten, wenn die Pflichtverletzung unerheblich ist. (6) Der Rücktritt ist ausgeschlossen, wenn der Gläubiger für den Umstand, der ihn zum Rücktritt berechtigen würde, allein oder weit überwiegend verantwortlich ist oder wenn der vom Schuldner nicht zu vertretende Um-

BGB nF	BGB aF
(6) Der Rücktritt ist ausgeschlossen, wenn der Gläubiger für den Umstand, der ihn zum Rücktritt berechtigen würde, allein oder weit überwiegend verantwortlich ist oder wenn der vom Schuldner nicht zu vertretende Umstand zu einer Zeit eintritt, zu welcher der Gläubiger im Verzug der Annahme ist.	stand zu einer Zeit eintritt, zu welcher der Gläubiger im Verzug der Annahme ist.
Titel 5 Rücktritt; Widerrufsrecht bei Verbraucherverträgen	Titel 5 Rücktritt; Widerrufs- und Rückgaberecht bei Verbraucherverträgen
Untertitel 2 Widerrufsrecht bei Verbraucherverträgen	Untertitel 2 Widerrufs- und Rückgaberecht bei Verbraucherverträgen

§ 355 Widerrufsrecht bei Verbraucherverträgen

(1) Wird einem Verbraucher durch Gesetz ein Widerrufsrecht nach dieser Vorschrift eingeräumt, so sind der Verbraucher und der Unternehmer an ihre auf den Abschluss des Vertrags gerichteten Willenserklärungen nicht mehr gebunden, wenn der Verbraucher seine Willenserklärung fristgerecht widerrufen hat. Der Widerruf erfolgt durch Erklärung gegenüber dem Unternehmer. Aus der Erklärung muss der Entschluss des Verbrauchers zum Widerruf des Vertrags eindeutig hervorgehen. Der Widerruf muss keine Begründung enthalten. Zur Fristwahrung genügt die rechtzeitige Absendung des Widerrufs.

(2) Die Widerrufsfrist beträgt 14 Tage. Sie beginnt mit Vertragsschluss, soweit nichts anderes bestimmt ist.

(3) Im Falle des Widerrufs sind die empfangenen Leistungen unverzüglich zurückzugewähren. Bestimmt das Gesetz eine Höchstfrist für die

§ 355 Widerrufsrecht bei Verbraucherverträgen

(1) Wird einem Verbraucher durch Gesetz ein Widerrufsrecht nach dieser Vorschrift eingeräumt, so ist er an seine auf den Abschluss des Vertrags gerichtete Willenserklärung nicht mehr gebunden, wenn er sie fristgerecht widerrufen hat. Der Widerruf muss keine Begründung enthalten und ist in Textform oder durch Rücksendung der Sache innerhalb der Widerrufsfrist gegenüber dem Unternehmer zu erklären; zur Fristwahrung genügt die rechtzeitige Absendung.

(2) Die Widerrufsfrist beträgt 14 Tage, wenn dem Verbraucher spätestens bei Vertragsschluss eine den Anforderungen des § 360 Abs. 1 entsprechende Widerrufsbelehrung in Textform mitgeteilt wird. Bei Fernabsatzverträgen steht eine unverzüglich nach Vertragsschluss in Textform mitgeteilte Widerrufsbelehrung einer solchen bei Vertragsschluss gleich, wenn der Unternehmer den Verbraucher gemäß Artikel 246 § 1 Abs. 1 Nr. 10 des Ein-

Synopse

BGB nF	BGB aF
Rückgewähr, so beginnt diese für den Unternehmer mit dem Zugang und für den Verbraucher mit der Abgabe der Widerrufserklärung. Ein Verbraucher wahrt diese Frist durch die rechtzeitige Absendung der Waren. Der Unternehmer trägt bei Widerruf die Gefahr der Rücksendung der Waren.	führungsgesetzes zum Bürgerlichen Gesetzbuche unterrichtet hat. Wird die Widerrufsbelehrung dem Verbraucher nach dem gemäß Satz 1 oder Satz 2 maßgeblichen Zeitpunkt mitgeteilt, beträgt die Widerrufsfrist einen Monat. Dies gilt auch dann, wenn der Unternehmer den Verbraucher über das Widerrufsrecht gemäß Artikel 246 § 2 Abs. 1 Satz 1 Nr. 2 des Einführungsgesetzes zum Bürgerlichen Gesetzbuche zu einem späteren als dem in Satz 1 oder Satz 2 genannten Zeitpunkt unterrichten darf. (3) Die Widerrufsfrist beginnt, wenn dem Verbraucher eine den Anforderungen des § 360 Abs. 1 entsprechende Belehrung über sein Widerrufsrecht in Textform mitgeteilt worden ist. Ist der Vertrag schriftlich abzuschließen, so beginnt die Frist nicht, bevor dem Verbraucher auch eine Vertragsurkunde, der schriftliche Antrag des Verbrauchers oder eine Abschrift der Vertragsurkunde oder des Antrags zur Verfügung gestellt wird. Ist der Fristbeginn streitig, so trifft die Beweislast den Unternehmer. (4) Das Widerrufsrecht erlischt spätestens sechs Monate nach Vertragsschluss. Diese Frist beginnt bei der Lieferung von Waren nicht vor deren Eingang beim Empfänger. Abweichend von Satz 1 erlischt das Widerrufsrecht nicht, wenn der Verbraucher nicht entsprechend den Anforderungen des § 360 Abs. 1 über sein Widerrufsrecht in Textform belehrt worden ist, bei Fernabsatzverträgen über Finanzdienstleistungen ferner nicht, wenn der Unternehmer seine Mitteilungspflichten gemäß Artikel 246 § 2 Abs. 1 Satz 1 Nr. 1 und Satz 2 Nr. 1 bis 3 des Einführungsgesetzes zum

BGB nF	BGB aF
	Bürgerlichen Gesetzbuche nicht ordnungsgemäß erfüllt hat.

§ 356 Widerrufsrecht bei außerhalb von Geschäftsräumen geschlossenen Verträgen und Fernabsatzverträgen

§ 356 Rückgaberecht bei Verbraucherverträgen

(1) Der Unternehmer kann dem Verbraucher die Möglichkeit einräumen, das Muster-Widerrufsformular nach Anlage 2 zu Artikel 246a § 1 Absatz 2 Satz 1 Nummer 1 des Einführungsgesetzes zum Bürgerlichen Gesetzbuche oder eine andere eindeutige Widerrufserklärung auf der Webseite des Unternehmers auszufüllen und zu übermitteln. Macht der Verbraucher von dieser Möglichkeit Gebrauch, muss der Unternehmer dem Verbraucher den Zugang des Widerrufs unverzüglich auf einem dauerhaften Datenträger bestätigen.

(2) Die Widerrufsfrist beginnt

1. bei einem Verbrauchsgüterkauf,

   a) der nicht unter die Buchstaben b bis d fällt, sobald der Verbraucher oder ein von ihm benannter Dritter, der nicht Frachtführer ist, die Waren erhalten hat,

   b) bei dem der Verbraucher mehrere Waren im Rahmen einer einheitlichen Bestellung bestellt hat und die Waren getrennt geliefert werden, sobald der Verbraucher oder ein von ihm benannter Dritter, der nicht Frachtführer ist, die letzte Ware erhalten hat,

   c) bei dem die Ware in mehreren Teilsendungen oder Stücken geliefert wird, sobald der Verbraucher oder ein vom Verbraucher benannter Dritter, der nicht

(1) Das Widerrufsrecht nach § 355 kann, soweit dies ausdrücklich durch Gesetz zugelassen ist, beim Vertragsschluss auf Grund eines Verkaufsprospekts im Vertrag durch ein uneingeschränktes Rückgaberecht ersetzt werden. Voraussetzung ist, dass

1. im Verkaufsprospekt eine den Anforderungen des § 360 Abs. 2 entsprechende Belehrung über das Rückgaberecht enthalten ist und

2. der Verbraucher den Verkaufsprospekt in Abwesenheit des Unternehmers eingehend zur Kenntnis nehmen konnte.

(2) Das Rückgaberecht kann innerhalb der Widerrufsfrist, die jedoch nicht vor Erhalt der Sache beginnt, und nur durch Rücksendung der Sache oder, wenn die Sache nicht als Paket versandt werden kann, durch Rücknahmeverlangen ausgeübt werden. Im Übrigen sind die Vorschriften über das Widerrufsrecht entsprechend anzuwenden. An die Stelle von § 360 Abs. 1 tritt § 360 Abs. 2.

BGB nF	BGB aF

Frachtführer ist, die letzte Teilsendung oder das letzte Stück erhalten hat,

d) der auf die regelmäßige Lieferung von Waren über einen festgelegten Zeitraum gerichtet ist, sobald der Verbraucher oder ein von ihm benannter Dritter, der nicht Frachtführer ist, die erste Ware erhalten hat,

2. bei einem Vertrag, der die nicht in einem begrenzten Volumen oder in einer bestimmten Menge angebotene Lieferung von Wasser, Gas oder Strom, die Lieferung von Fernwärme oder die Lieferung von nicht auf einem körperlichen Datenträger befindlichen digitalen Inhalten zum Gegenstand hat, mit Vertragsschluss.

(3) Die Widerrufsfrist beginnt nicht, bevor der Unternehmer den Verbraucher entsprechend den Anforderungen des Artikels 246a § 1 Absatz 2 Satz 1 Nummer 1 oder des Artikels 246b § 2 Absatz 1 des Einführungsgesetzes zum Bürgerlichen Gesetzbuche unterrichtet hat. Das Widerrufsrecht erlischt spätestens zwölf Monate und 14 Tage nach dem in Absatz 2 oder § 355 Absatz 2 Satz 2 genannten Zeitpunkt. Satz 2 ist auf Verträge über Finanzdienstleistungen nicht anwendbar.

(4) Das Widerrufsrecht erlischt bei einem Vertrag zur Erbringung von Dienstleistungen auch dann, wenn der Unternehmer die Dienstleistung vollständig erbracht hat und mit der Ausführung der Dienstleistung erst begonnen hat, nachdem der Verbraucher dazu seine ausdrückliche Zustimmung gegeben hat und gleichzeitig seine Kenntnis davon bestätigt

BGB nF	BGB aF

hat, dass er sein Widerrufsrecht bei vollständiger Vertragserfüllung durch den Unternehmer verliert. Bei einem Vertrag über die Erbringung von Finanzdienstleistungen erlischt das Widerrufsrecht abweichend von Satz 1, wenn der Vertrag von beiden Seiten auf ausdrücklichen Wunsch des Verbrauchers vollständig erfüllt ist, bevor der Verbraucher sein Widerrufsrecht ausübt.

(5) Das Widerrufsrecht erlischt bei einem Vertrag über die Lieferung von nicht auf einem körperlichen Datenträger befindlichen digitalen Inhalten auch dann, wenn der Unternehmer mit der Ausführung des Vertrags begonnen hat, nachdem der Verbraucher

1. ausdrücklich zugestimmt hat, dass der Unternehmer mit der Ausführung des Vertrags vor Ablauf der Widerrufsfrist beginnt, und
2. seine Kenntnis davon bestätigt hat, dass er durch seine Zustimmung mit Beginn der Ausführung des Vertrags sein Widerrufsrecht verliert.

§ 356a Widerrufsrecht bei Teilzeit-Wohnrechteverträgen, Verträgen über ein langfristiges Urlaubsprodukt, bei Vermittlungsverträgen und Tauschsystemverträgen

(1) Die Widerrufsfrist beginnt mit dem Zeitpunkt des Vertragsschlusses oder des Abschlusses eines Vorvertrags. Erhält der Verbraucher die Vertragsurkunde oder die Abschrift des Vertrags erst nach Vertragsschluss, beginnt die Widerrufsfrist mit dem Zeitpunkt des Erhalts.

BGB nF	BGB aF

(2) Sind dem Verbraucher die in § 482 Absatz 1 bezeichneten vorvertraglichen Informationen oder das in Artikel 242 § 1 Absatz 2 des Einführungsgesetzes zum Bürgerlichen Gesetzbuche bezeichnete Formblatt vor Vertragsschluss nicht, nicht vollständig oder nicht in der in § 483 Absatz 1 vorgeschriebenen Sprache überlassen worden, so beginnt die Widerrufsfrist abweichend von Absatz 1 erst mit dem vollständigen Erhalt der vorvertraglichen Informationen und des Formblatts in der vorgeschriebenen Sprache. Das Widerrufsrecht erlischt spätestens drei Monate und 14 Tage nach dem in Absatz 1 genannten Zeitpunkt.

(3) Ist dem Verbraucher die in § 482a bezeichnete Widerrufsbelehrung vor Vertragsschluss nicht, nicht vollständig oder nicht in der in § 483 Absatz 1 vorgeschriebenen Sprache überlassen worden, so beginnt die Widerrufsfrist abweichend von Absatz 1 erst mit dem vollständigen Erhalt der Widerrufsbelehrung in der vorgeschriebenen Sprache. Das Widerrufsrecht erlischt gegebenenfalls abweichend von Absatz 2 Satz 2 spätestens zwölf Monate und 14 Tage nach dem in Absatz 1 genannten Zeitpunkt.

(4) Hat der Verbraucher einen Teilzeit-Wohnrechtevertrag und einen Tauschsystemvertrag abgeschlossen und sind ihm diese Verträge zum gleichen Zeitpunkt angeboten worden, so beginnt die Widerrufsfrist für beide Verträge mit dem nach Absatz 1 für den Teilzeit-Wohnrechtevertrag geltenden Zeitpunkt. Die Absätze 2 und 3 gelten entsprechend.

BGB nF	BGB aF

§ 356b Widerrufsrecht bei Verbraucherdarlehensverträgen

(1) Die Widerrufsfrist beginnt auch nicht, bevor der Darlehensgeber dem Darlehensnehmer eine für diesen bestimmte Vertragsurkunde, den schriftlichen Antrag des Darlehensnehmers oder eine Abschrift der Vertragsurkunde oder seines Antrags zur Verfügung gestellt hat.

(2) Enthält die dem Darlehensnehmer nach Absatz 1 zur Verfügung gestellte Urkunde die Pflichtangaben nach § 492 Absatz 2 nicht, beginnt die Frist erst mit Nachholung dieser Angaben gemäß § 492 Absatz 6. In diesem Fall beträgt die Widerrufsfrist einen Monat.

(3) Die Widerrufsfrist beginnt im Falle des § 494 Absatz 7 erst, wenn der Darlehensnehmer die dort bezeichnete Abschrift des Vertrags erhalten hat.

§ 356c Widerrufsrecht bei Ratenlieferungsverträgen

(1) Bei einem Ratenlieferungsvertrag, der weder im Fernabsatz noch außerhalb von Geschäftsräumen geschlossen wird, beginnt die Widerrufsfrist nicht, bevor der Unternehmer den Verbraucher gemäß Artikel 246 Absatz 3 des Einführungsgesetzes zum Bürgerlichen Gesetzbuche über sein Widerrufsrecht unterrichtet hat.

(2) § 356 Absatz 1 gilt entsprechend. Das Widerrufsrecht erlischt spätestens zwölf Monate und 14 Tage nach dem in § 355 Absatz 2 Satz 2 genannten Zeitpunkt.

Synopse

BGB nF	BGB aF
§ 357 Rechtsfolgen des Widerrufs von außerhalb von Geschäftsräumen geschlossenen Verträgen und Fernabsatzverträgen mit Ausnahme von Verträgen über Finanzdienstleistungen	**§ 357 Rechtsfolgen des Widerrufs und der Rückgabe**

(1) Die empfangenen Leistungen sind spätestens nach 14 Tagen zurückzugewähren.

(2) Der Unternehmer muss auch etwaige Zahlungen des Verbrauchers für die Lieferung zurückgewähren. Dies gilt nicht, soweit dem Verbraucher zusätzliche Kosten entstanden sind, weil er sich für eine andere Art der Lieferung als die vom Unternehmer angebotene günstigste Standardlieferung entschieden hat.

(3) Für die Rückzahlung muss der Unternehmer dasselbe Zahlungsmittel verwenden, das der Verbraucher bei der Zahlung verwendet hat. Satz 1 gilt nicht, wenn ausdrücklich etwas anderes vereinbart worden ist und dem Verbraucher dadurch keine Kosten entstehen.

(4) Bei einem Verbrauchsgüterkauf kann der Unternehmer die Rückzahlung verweigern, bis er die Waren zurückerhalten hat oder der Verbraucher den Nachweis erbracht hat, dass er die Waren abgesandt hat. Dies gilt nicht, wenn der Unternehmer angeboten hat, die Waren abzuholen.

(5) Der Verbraucher ist nicht verpflichtet, die empfangenen Waren zurückzusenden, wenn der Unternehmer angeboten hat, die Waren abzuholen.

(6) Der Verbraucher trägt die unmittelbaren Kosten der Rücksendung der Waren, wenn der Unternehmer den

(1) Auf das Widerrufs- und das Rückgaberecht finden, soweit nicht ein anderes bestimmt ist, die Vorschriften über den gesetzlichen Rücktritt entsprechende Anwendung. § 286 Abs. 3 gilt für die Verpflichtung zur Erstattung von Zahlungen nach dieser Vorschrift entsprechend; die dort bestimmte Frist beginnt mit der Widerrufs- oder Rückgabeerklärung des Verbrauchers. Dabei beginnt die Frist im Hinblick auf eine Erstattungsverpflichtung des Verbrauchers mit Abgabe dieser Erklärung, im Hinblick auf eine Erstattungsverpflichtung des Unternehmers mit deren Zugang.

(2) Der Verbraucher ist bei Ausübung des Widerrufsrechts zur Rücksendung verpflichtet, wenn die Sache durch Paket versandt werden kann. Kosten und Gefahr der Rücksendung trägt bei Widerruf und Rückgabe der Unternehmer. Wenn ein Widerrufsrecht nach § 312d Abs. 1 Satz 1 besteht, dürfen dem Verbraucher die regelmäßigen Kosten der Rücksendung vertraglich auferlegt werden, wenn der Preis der zurückzusendenden Sache einen Betrag von 40 Euro nicht übersteigt oder wenn bei einem höheren Preis der Sache der Verbraucher die Gegenleistung oder eine Teilzahlung zum Zeitpunkt des Widerrufs noch nicht erbracht hat, es sei denn, dass die gelieferte Ware nicht der bestellten entspricht.

BGB nF	BGB aF
Verbraucher nach Artikel 246a § 1 Absatz 2 Satz 1 Nummer 2 des Einführungsgesetzes zum Bürgerlichen Gesetzbuche von dieser Pflicht unterrichtet hat. Satz 1 gilt nicht, wenn der Unternehmer sich bereit erklärt hat, diese Kosten zu tragen. Bei außerhalb von Geschäftsräumen geschlossenen Verträgen, bei denen die Waren zum Zeitpunkt des Vertragsschlusses zur Wohnung des Verbrauchers geliefert worden sind, ist der Unternehmer verpflichtet, die Waren auf eigene Kosten abzuholen, wenn die Waren so beschaffen sind, dass sie nicht per Post zurückgesandt werden können. (7) Der Verbraucher hat Wertersatz für einen Wertverlust der Ware zu leisten, wenn 1. der Wertverlust auf einen Umgang mit den Waren zurückzuführen ist, der zur Prüfung der Beschaffenheit, der Eigenschaften und der Funktionsweise der Waren nicht notwendig war, und 2. der Unternehmer den Verbraucher nach Artikel 246a § 1 Absatz 2 Satz 1 Nummer 1 des Einführungsgesetzes zum Bürgerlichen Gesetzbuche über sein Widerrufsrecht unterrichtet hat. (8) Widerruft der Verbraucher einen Vertrag über die Erbringung von Dienstleistungen oder über die Lieferung von Wasser, Gas oder Strom in nicht bestimmten Mengen oder nicht begrenztem Volumen oder über die Lieferung von Fernwärme, so schuldet der Verbraucher dem Unternehmer Wertersatz für die bis zum Widerruf erbrachte Leistung, wenn der Verbraucher von dem Unternehmer ausdrücklich verlangt hat, dass dieser mit der Leistung vor Ablauf der Wi-	(3) Der Verbraucher hat abweichend von § 346 Absatz 2 Satz 1 Nummer 3 Wertersatz für eine Verschlechterung der Sache zu leisten, 1. soweit die Verschlechterung auf einen Umgang mit der Sache zurückzuführen ist, der über die Prüfung der Eigenschaften und der Funktionsweise hinausgeht, und 2. wenn er spätestens bei Vertragsschluss in Textform auf diese Rechtsfolge hingewiesen worden ist. Bei Fernabsatzverträgen steht ein unverzüglich nach Vertragsschluss in Textform mitgeteilter Hinweis einem solchen bei Vertragsschluss gleich, wenn der Unternehmer den Verbraucher rechtzeitig vor Abgabe von dessen Vertragserklärung in einer dem eingesetzten Fernkommunikationsmittel entsprechenden Weise über die Wertersatzpflicht unterrichtet hat. § 346 Absatz 3 Satz 1 Nummer 3 ist nicht anzuwenden, wenn der Verbraucher über sein Widerrufsrecht ordnungsgemäß belehrt worden ist oder hiervon anderweitig Kenntnis erlangt hat. (4) Weitergehende Ansprüche bestehen nicht.

BGB nF	BGB aF

derrufsfrist beginnt. Der Anspruch aus Satz 1 besteht nur, wenn der Unternehmer den Verbraucher nach Artikel 246a § 1 Absatz 2 Satz 1 Nummer 1 und 3 des Einführungsgesetzes zum Bürgerlichen Gesetzbuche ordnungsgemäß informiert hat. Bei außerhalb von Geschäftsräumen geschlossenen Verträgen besteht der Anspruch nach Satz 1 nur dann, wenn der Verbraucher sein Verlangen nach Satz 1 auf einem dauerhaften Datenträger übermittelt hat. Bei der Berechnung des Wertersatzes ist der vereinbarte Gesamtpreis zu Grunde zu legen. Ist der vereinbarte Gesamtpreis unverhältnismäßig hoch, ist der Wertersatz auf der Grundlage des Marktwerts der erbrachten Leistung zu berechnen.

(9) Widerruft der Verbraucher einen Vertrag über die Lieferung von nicht auf einem körperlichen Datenträger befindlichen digitalen Inhalten, so hat er keinen Wertersatz zu leisten.

§ 357a Rechtsfolgen des Widerrufs von Verträgen über Finanzdienstleistungen

(1) Die empfangenen Leistungen sind spätestens nach 30 Tagen zurückzugewähren.

(2) Im Falle des Widerrufs von außerhalb von Geschäftsräumen geschlossenen Verträgen oder Fernabsatzverträgen über Finanzdienstleistungen ist der Verbraucher zur Zahlung von Wertersatz für die vom Unternehmer bis zum Widerruf erbrachte Dienstleistung verpflichtet, wenn er

1. vor Abgabe seiner Vertragserklärung auf diese Rechtsfolge hingewiesen worden ist und

BGB nF	BGB aF

2. ausdrücklich zugestimmt hat, dass der Unternehmer vor Ende der Widerrufsfrist mit der Ausführung der Dienstleistung beginnt.

Im Falle des Widerrufs von Verträgen über eine entgeltliche Finanzierungshilfe, die von der Ausnahme des § 506 Absatz 4 erfasst sind, gilt auch § 357 Absatz 5 bis 8 entsprechend. Ist Gegenstand des Vertrags über die entgeltliche Finanzierungshilfe die Lieferung von nicht auf einem körperlichen Datenträger befindlichen digitalen Inhalten, hat der Verbraucher Wertersatz für die bis zum Widerruf gelieferten digitalen Inhalte zu leisten, wenn er

1. vor Abgabe seiner Vertragserklärung auf diese Rechtsfolge hingewiesen worden ist und

2. ausdrücklich zugestimmt hat, dass der Unternehmer vor Ende der Widerrufsfrist mit der Lieferung der digitalen Inhalte beginnt.

Ist im Vertrag eine Gegenleistung bestimmt, ist sie bei der Berechnung des Wertersatzes zu Grunde zu legen. Ist der vereinbarte Gesamtpreis unverhältnismäßig hoch, ist der Wertersatz auf der Grundlage des Marktwerts der erbrachten Leistung zu berechnen.

(3) Im Falle des Widerrufs von Verbraucherdarlehensverträgen hat der Darlehensnehmer für den Zeitraum zwischen der Auszahlung und der Rückzahlung des Darlehens den vereinbarten Sollzins zu entrichten. Ist das Darlehen durch ein Grundpfandrecht gesichert, kann nachgewiesen werden, dass der Wert des Gebrauchsvorteils niedriger war als der vereinbarte Sollzins. In diesem Fall ist nur der niedrigere Betrag geschuldet. Im

BGB nF	BGB aF

Falle des Widerrufs von Verträgen über eine entgeltliche Finanzierungshilfe, die nicht von der Ausnahme des § 506 Absatz 4 erfasst sind, gilt auch Absatz 2 entsprechend mit der Maßgabe, dass an die Stelle der Unterrichtung über das Widerrufsrecht die Pflichtangaben nach Artikel 247 § 12 Absatz 1 in Verbindung mit § 6 Absatz 2 des Einführungsgesetzes zum Bürgerlichen Gesetzbuche, die das Widerrufsrecht betreffen, treten. Darüber hinaus hat der Darlehensnehmer dem Darlehensgeber nur die Aufwendungen zu ersetzen, die der Darlehensgeber gegenüber öffentlichen Stellen erbracht hat und nicht zurückverlangen kann.

§ 357b Rechtsfolgen des Widerrufs von Teilzeit-Wohnrechteverträgen, Verträgen über ein langfristiges Urlaubsprodukt, Vermittlungsverträgen und Tauschsystemverträgen

(1) Der Verbraucher hat im Falle des Widerrufs keine Kosten zu tragen. Die Kosten des Vertrags, seiner Durchführung und seiner Rückabwicklung hat der Unternehmer dem Verbraucher zu erstatten. Eine Vergütung für geleistete Dienste sowie für die Überlassung von Wohngebäuden zur Nutzung ist ausgeschlossen.

(2) Der Verbraucher hat für einen Wertverlust der Unterkunft im Sinne des § 481 nur Wertersatz zu leisten, soweit der Wertverlust auf einer nicht bestimmungsgemäßen Nutzung der Unterkunft beruht.

BGB nF	BGB aF

§ 357c Rechtsfolgen des Widerrufs von weder im Fernabsatz noch außerhalb von Geschäftsräumen geschlossenen Ratenlieferungsverträgen

Für die Rückgewähr der empfangenen Leistungen gilt § 357 Absatz 1 bis 5 entsprechend. Der Verbraucher trägt die unmittelbaren Kosten der Rücksendung der empfangenen Sachen, es sei denn, der Unternehmer hat sich bereit erklärt, diese Kosten zu tragen. § 357 Absatz 7 ist mit der Maßgabe entsprechend anzuwenden, dass an die Stelle der Unterrichtung nach Artikel 246a § 1 Absatz 2 Satz 1 Nummer 1 des Einführungsgesetzes zum Bürgerlichen Gesetzbuche die Unterrichtung nach Artikel 246 Absatz 3 des Einführungsgesetzes zum Bürgerlichen Gesetzbuche tritt.

§ 358 Mit dem widerrufenen Vertrag verbundener Vertrag	**§ 358 Verbundene Verträge**
(1) Hat der Verbraucher seine auf den Abschluss eines Vertrags über die Lieferung einer Ware oder die Erbringung einer anderen Leistung durch einen Unternehmer gerichtete Willenserklärung wirksam widerrufen, so ist er auch an seine auf den Abschluss eines mit diesem Vertrag verbundenen Darlehensvertrags gerichtete Willenserklärung nicht mehr gebunden.	(1) Hat der Verbraucher seine auf den Abschluss eines Vertrags über die Lieferung einer Ware oder die Erbringung einer anderen Leistung durch einen Unternehmer gerichtete Willenserklärung wirksam widerrufen, so ist er auch an seine auf den Abschluss eines mit diesem Vertrag verbundenen Darlehensvertrags gerichtete Willenserklärung nicht mehr gebunden.
(2) Hat der Verbraucher seine auf den Abschluss eines Verbraucherdarlehensvertrags gerichtete Willenserklärung auf Grund des § 495 Absatz 1 wirksam widerrufen, so ist er auch an seine auf den Abschluss eines mit diesem Verbraucherdarlehensvertrag verbundenen Vertrags über die Liefe-	(2) Hat der Verbraucher seine auf den Abschluss eines Verbraucherdarlehensvertrags gerichtete Willenserklärung auf Grund des § 495 Absatz 1 wirksam widerrufen, so ist er auch an seine auf den Abschluss eines mit diesem Verbraucherdarlehensvertrag verbundenen Vertrags über die Liefe-

Synopse

BGB nF	BGB aF
rung einer Ware oder die Erbringung einer anderen Leistung gerichtete Willenserklärung nicht mehr gebunden.	rung einer Ware oder die Erbringung einer anderen Leistung gerichtete Willenserklärung nicht mehr gebunden.
(3) Ein Vertrag über die Lieferung einer Ware oder über die Erbringung einer anderen Leistung und ein Darlehensvertrag nach den Absätzen 1 oder 2 sind verbunden, wenn das Darlehen ganz oder teilweise der Finanzierung des anderen Vertrags dient und beide Verträge eine wirtschaftliche Einheit bilden. Eine wirtschaftliche Einheit ist insbesondere anzunehmen, wenn der Unternehmer selbst die Gegenleistung des Verbrauchers finanziert, oder im Falle der Finanzierung durch einen Dritten, wenn sich der Darlehensgeber bei der Vorbereitung oder dem Abschluss des Darlehensvertrags der Mitwirkung des Unternehmers bedient. Bei einem finanzierten Erwerb eines Grundstücks oder eines grundstücksgleichen Rechts ist eine wirtschaftliche Einheit nur anzunehmen, wenn der Darlehensgeber selbst dem Verbraucher das Grundstück oder das grundstücksgleiche Recht verschafft oder wenn er über die Zurverfügungstellung von Darlehen hinaus den Erwerb des Grundstücks oder grundstücksgleichen Rechts durch Zusammenwirken mit dem Unternehmer fördert, indem er sich dessen Veräußerungsinteressen ganz oder teilweise zu Eigen macht, bei der Planung, Werbung oder Durchführung des Projekts Funktionen des Veräußerers übernimmt oder den Veräußerer einseitig begünstigt. (4) Auf die Rückabwicklung des verbundenen Vertrags sind unabhängig von der Vertriebsform § 355 Absatz 3 und, je nach Art des verbundenen	(3) Ein Vertrag über die Lieferung einer Ware oder die Erbringung einer anderen Leistung und ein Darlehensvertrag gemäß Absatz 1 oder 2 sind verbunden, wenn das Darlehen ganz oder teilweise der Finanzierung des anderen Vertrags dient und beide Verträge eine wirtschaftliche Einheit bilden. Eine wirtschaftliche Einheit ist insbesondere anzunehmen, wenn der Unternehmer selbst die Gegenleistung des Verbrauchers finanziert, oder im Falle der Finanzierung durch einen Dritten, wenn sich der Darlehensgeber bei der Vorbereitung oder dem Abschluss des Darlehensvertrags der Mitwirkung des Unternehmers bedient. Bei einem finanzierten Erwerb eines Grundstücks oder eines grundstücksgleichen Rechts ist eine wirtschaftliche Einheit nur anzunehmen, wenn der Darlehensgeber selbst das Grundstück oder das grundstücksgleiche Recht verschafft oder wenn er über die Zurverfügungstellung von Darlehen hinaus den Erwerb des Grundstücks oder grundstücksgleichen Rechts durch Zusammenwirken mit dem Unternehmer fördert, indem er sich dessen Veräußerungsinteressen ganz oder teilweise zu Eigen macht, bei der Planung, Werbung oder Durchführung des Projekts Funktionen des Veräußerers übernimmt oder den Veräußerer einseitig begünstigt. (4) § 357 gilt für den verbundenen Vertrag entsprechend; § 312e gilt entsprechend, wenn für den verbundenen Vertrag ein Widerrufsrecht gemäß § 312d besteht oder bestand. Im Falle

BGB nF	BGB aF
Vertrags, die §§ 357 bis 357b entsprechend anzuwenden. Ist der verbundene Vertrag ein Vertrag über die Lieferung von nicht auf einem körperlichen Datenträger befindlichen digitalen Inhalten und hat der Unternehmer dem Verbraucher eine Abschrift oder Bestätigung des Vertrags nach § 312f zur Verfügung gestellt, hat der Verbraucher abweichend von § 357 Absatz 9 unter den Voraussetzungen des § 356 Absatz 5 zweiter und dritter Halbsatz Wertersatz für die bis zum Widerruf gelieferten digitalen Inhalte zu leisten. Ist der verbundene Vertrag ein im Fernabsatz oder außerhalb von Geschäftsräumen geschlossener Ratenlieferungsvertrag, ist neben § 355 Absatz 3 auch § 357 entsprechend anzuwenden; im Übrigen gelten für verbundene Ratenlieferungsverträge § 355 Absatz 3 und § 357c entsprechend. Im Falle des Absatzes 1 sind jedoch Ansprüche auf Zahlung von Zinsen und Kosten aus der Rückabwicklung des Darlehensvertrags gegen den Verbraucher ausgeschlossen. Der Darlehensgeber tritt im Verhältnis zum Verbraucher hinsichtlich der Rechtsfolgen des Widerrufs in die Rechte und Pflichten des Unternehmers aus dem verbundenen Vertrag ein, wenn das Darlehen dem Unternehmer bei Wirksamwerden des Widerrufs bereits zugeflossen ist. (5) Die Absätze 2 und 4 sind nicht anzuwenden auf Darlehensverträge, die der Finanzierung des Erwerbs von Finanzinstrumenten dienen.	des Absatzes 1 sind jedoch Ansprüche auf Zahlung von Zinsen und Kosten aus der Rückabwicklung des Darlehensvertrags gegen den Verbraucher ausgeschlossen. Der Darlehensgeber tritt im Verhältnis zum Verbraucher hinsichtlich der Rechtsfolgen des Widerrufs oder der Rückgabe in die Rechte und Pflichten des Unternehmers aus dem verbundenen Vertrag ein, wenn das Darlehen dem Unternehmer bei Wirksamwerden des Widerrufs oder der Rückgabe bereits zugeflossen ist. (5) Die erforderliche Belehrung über das Widerrufs- oder Rückgaberecht muss auf die Rechtsfolgen nach den Absätzen 1 und 2 hinweisen.

Synopse

BGB nF	BGB aF

§ 359 Einwendungen bei verbundenen Verträgen

(1) Der Verbraucher kann die Rückzahlung des Darlehens verweigern, soweit Einwendungen aus dem verbundenen Vertrag ihn gegenüber dem Unternehmer, mit dem er den verbundenen Vertrag geschlossen hat, zur Verweigerung seiner Leistung berechtigen würden. Dies gilt nicht bei Einwendungen, die auf einer zwischen diesem Unternehmer und dem Verbraucher nach Abschluss des Verbraucherdarlehensvertrags vereinbarten Vertragsänderung beruhen. Kann der Verbraucher Nacherfüllung verlangen, so kann er die Rückzahlung des Darlehens erst verweigern, wenn die Nacherfüllung fehlgeschlagen ist.

(2) Absatz 1 ist nicht anzuwenden auf Darlehensverträge, die der Finanzierung des Erwerbs von Finanzinstrumenten dienen, oder wenn das finanzierte Entgelt weniger als 200 Euro beträgt.

§ 359 Einwendungen bei verbundenen Verträgen

Der Verbraucher kann die Rückzahlung des Darlehens verweigern, soweit Einwendungen aus dem verbundenen Vertrag ihn gegenüber dem Unternehmer, mit dem er den verbundenen Vertrag geschlossen hat, zur Verweigerung seiner Leistung berechtigen würden. Dies gilt nicht bei Einwendungen, die auf einer zwischen diesem Unternehmer und dem Verbraucher nach Abschluss des Verbraucherdarlehensvertrags vereinbarten Vertragsänderung beruhen. Kann der Verbraucher Nacherfüllung verlangen, so kann er die Rückzahlung des Darlehens erst verweigern, wenn die Nacherfüllung fehlgeschlagen ist.

§ 359a Anwendungsbereich

(1) Liegen die Voraussetzungen für ein verbundenes Geschäft nicht vor, ist § 358 Abs. 1 und 4 entsprechend anzuwenden, wenn die Ware oder die Leistung des Unternehmers aus dem widerrufenen Vertrag in einem Verbraucherdarlehensvertrag genau angegeben ist.

(2) Liegen die Voraussetzungen für ein verbundenes Geschäft nicht vor, ist § 358 Absatz 2 und 4 entsprechend auf Verträge über Zusatzleistungen anzuwenden, die der Verbraucher in unmittelbarem Zusammenhang mit dem Verbraucherdarlehensvertrag geschlossen hat.

BGB nF	BGB aF
	(3) § 358 Abs. 2, 4 und 5 sowie § 359 sind nicht anzuwenden auf Darlehensverträge, die der Finanzierung des Erwerbs von Finanzinstrumenten dienen.

(4) § 359 ist nicht anzuwenden, wenn das finanzierte Entgelt weniger als 200 Euro beträgt. |
| **§ 360 Zusammenhängende Verträge**

(1) Hat der Verbraucher seine auf den Abschluss eines Vertrags gerichtete Willenserklärung wirksam widerrufen und liegen die Voraussetzungen für einen verbundenen Vertrag nicht vor, so ist er auch an seine auf den Abschluss eines damit zusammenhängenden Vertrags gerichtete Willenserklärung nicht mehr gebunden. Auf die Rückabwicklung des zusammenhängenden Vertrags ist § 358 Absatz 4 Satz 1 bis 3 entsprechend anzuwenden. Widerruft der Verbraucher einen Teilzeit-Wohnrechtevertrag oder einen Vertrag über ein langfristiges Urlaubsprodukt, hat er auch für den zusammenhängenden Vertrag keine Kosten zu tragen; § 357b Absatz 1 Satz 2 und 3 gilt entsprechend.

(2) Ein zusammenhängender Vertrag liegt vor, wenn er einen Bezug zu dem widerrufenen Vertrag aufweist und eine Leistung betrifft, die von dem Unternehmer des widerrufenen Vertrags oder einem Dritten auf der Grundlage einer Vereinbarung zwischen dem Dritten und dem Unternehmer des widerrufenen Vertrags erbracht wird. Ein Verbraucherdarlehensvertrag ist auch dann ein zusammenhängender Vertrag, wenn das Darlehen ausschließlich der Finanzierung des wi- | **§ 360 Widerrufs- und Rückgabebelehrung**

(1) Die Widerrufsbelehrung muss deutlich gestaltet sein und dem Verbraucher entsprechend den Erfordernissen des eingesetzten Kommunikationsmittels seine wesentlichen Rechte deutlich machen. Sie muss Folgendes enthalten:

1. einen Hinweis auf das Recht zum Widerruf,

2. einen Hinweis darauf, dass der Widerruf keiner Begründung bedarf und in Textform oder durch Rücksendung der Sache innerhalb der Widerrufsfrist erklärt werden kann,

3. den Namen und die ladungsfähige Anschrift desjenigen, gegenüber dem der Widerruf zu erklären ist, und

4. einen Hinweis auf Dauer und Beginn der Widerrufsfrist sowie darauf, dass zur Fristwahrung die rechtzeitige Absendung der Widerrufserklärung oder der Sache genügt.

(2) Auf die Rückgabebelehrung ist Absatz 1 Satz 1 entsprechend anzuwenden. Sie muss Folgendes enthalten:

1. einen Hinweis auf das Recht zur Rückgabe, |

BGB nF	BGB aF
derrufenen Vertrags dient und die Leistung des Unternehmers aus dem widerrufenen Vertrag in dem Verbraucherdarlehensvertrag genau angegeben ist.	2. einen Hinweis darauf, dass die Ausübung des Rückgaberechts keiner Begründung bedarf, 3. einen Hinweis darauf, dass das Rückgaberecht nur durch Rücksendung der Sache oder, wenn die Sache nicht als Paket versandt werden kann, durch Rücknahmeverlangen in Textform innerhalb der Rückgabefrist ausgeübt werden kann, 4. den Namen und die ladungsfähige Anschrift desjenigen, an den die Rückgabe zu erfolgen hat oder gegenüber dem das Rücknahmeverlangen zu erklären ist, und 5. einen Hinweis auf Dauer und Beginn der Rückgabefrist sowie darauf, dass zur Fristwahrung die rechtzeitige Absendung der Sache oder des Rücknahmeverlangens genügt. (3) Die dem Verbraucher gemäß § 355 Abs. 3 Satz 1 mitzuteilende Widerrufsbelehrung genügt den Anforderungen des Absatzes 1 und den diesen ergänzenden Vorschriften dieses Gesetzes, wenn das Muster der Anlage 1 zum Einführungsgesetz zum Bürgerlichen Gesetzbuche in Textform verwendet wird. Die dem Verbraucher gemäß § 356 Abs. 2 Satz 2 in Verbindung mit § 355 Abs. 3 Satz 1 mitzuteilende Rückgabebelehrung genügt den Anforderungen des Absatzes 2 und den diesen ergänzenden Vorschriften dieses Gesetzes, wenn das Muster der Anlage 2 zum Einführungsgesetz zum Bürgerlichen Gesetzbuche in Textform verwendet wird. Der Unternehmer darf unter Beachtung von Absatz 1 Satz 1 in Format und Schriftgröße von den Mustern abweichen und Zusätze wie die

BGB nF	BGB aF
	Firma oder ein Kennzeichen des Unternehmers anbringen.
§ 361 Weitere Ansprüche, abweichende Vereinbarungen und Beweislast	
(1) Über die Vorschriften dieses Untertitels hinaus bestehen keine weiteren Ansprüche gegen den Verbraucher infolge des Widerrufs.	
(2) Von den Vorschriften dieses Untertitels darf, soweit nicht ein anderes bestimmt ist, nicht zum Nachteil des Verbrauchers abgewichen werden. Die Vorschriften dieses Untertitels finden, soweit nichts anderes bestimmt ist, auch Anwendung, wenn sie durch anderweitige Gestaltungen umgangen werden.	
(3) Ist der Beginn der Widerrufsfrist streitig, so trifft die Beweislast den Unternehmer.	
§ 443 Garantie	**§ 443 Beschaffenheits- und Haltbarkeitsgarantie**
(1) Geht der Verkäufer, der Hersteller oder ein sonstiger Dritter in einer Erklärung oder einschlägigen Werbung, die vor oder bei Abschluss des Kaufvertrags verfügbar war, zusätzlich zu der gesetzlichen Mängelhaftung insbesondere die Verpflichtung ein, den Kaufpreis zu erstatten, die Sache auszutauschen, nachzubessern oder in ihrem Zusammenhang Dienstleistungen zu erbringen, falls die Sache nicht diejenige Beschaffenheit aufweist oder andere als die Mängelfreiheit betreffende Anforderungen nicht erfüllt, die in der Erklärung oder einschlägigen Werbung beschrieben sind (Garantie), stehen dem Käufer im Garantiefall unbeschadet der gesetzlichen	(1) Übernimmt der Verkäufer oder ein Dritter eine Garantie für die Beschaffenheit der Sache oder dafür, dass die Sache für eine bestimmte Dauer eine bestimmte Beschaffenheit behält (Haltbarkeitsgarantie), so stehen dem Käufer im Garantiefall unbeschadet der gesetzlichen Ansprüche die Rechte aus der Garantie zu den in der Garantieerklärung und der einschlägigen Werbung angegebenen Bedingungen gegenüber demjenigen zu, der die Garantie eingeräumt hat.
	(2) Soweit eine Haltbarkeitsgarantie übernommen worden ist, wird vermutet, dass ein während ihrer Geltungsdauer auftretender Sachmangel

BGB nF	BGB aF
Ansprüche die Rechte aus der Garantie gegenüber demjenigen zu, der die Garantie gegeben hat (Garantiegeber).	die Rechte aus der Garantie begründet.
(2) Soweit der Garantiegeber eine Garantie dafür übernommen hat, dass die Sache für eine bestimmte Dauer eine bestimmte Beschaffenheit behält (Haltbarkeitsgarantie), wird vermutet, dass ein während ihrer Geltungsdauer auftretender Sachmangel die Rechte aus der Garantie begründet.	
§ 474 Begriff des Verbrauchsgüterkaufs; anwendbare Vorschriften	**§ 474 Begriff des Verbrauchsgüterkaufs**
(1) Verbrauchsgüterkäufe sind Verträge, durch die ein Verbraucher von einem Unternehmer eine bewegliche Sache kauft. Um einen Verbrauchsgüterkauf handelt es sich auch bei einem Vertrag, der neben dem Verkauf einer beweglichen Sache die Erbringung einer Dienstleistung durch den Unternehmer zum Gegenstand hat.	(1) Kauft ein Verbraucher von einem Unternehmer eine bewegliche Sache (Verbrauchsgüterkauf), gelten ergänzend die folgenden Vorschriften. Dies gilt nicht für gebrauchte Sachen, die in einer öffentlichen Versteigerung verkauft werden, an der der Verbraucher persönlich teilnehmen kann.
(2) Für den Verbrauchsgüterkauf gelten ergänzend die folgenden Vorschriften dieses Untertitels. Dies gilt nicht für gebrauchte Sachen, die in einer öffentlich zugänglichen Versteigerung verkauft werden, an der der Verbraucher persönlich teilnehmen kann.	(2) Auf die in diesem Untertitel geregelten Kaufverträge ist § 439 Abs. 4 mit der Maßgabe anzuwenden, dass Nutzungen nicht herauszugeben oder durch ihren Wert zu ersetzen sind. Die §§ 445 und 447 sind nicht anzuwenden.
(3) Ist eine Zeit für die nach § 433 zu erbringenden Leistungen weder bestimmt noch aus den Umständen zu entnehmen, so kann der Gläubiger diese Leistungen abweichend von § 271 Absatz 1 nur unverzüglich verlangen. Der Unternehmer muss die Sache in diesem Fall spätestens 30 Tage nach Vertragsschluss übergeben. Die Vertragsparteien können die Leistungen sofort bewirken.	

BGB nF

(4) § 447 Absatz 1 gilt mit der Maßgabe, dass die Gefahr des zufälligen Untergangs und der zufälligen Verschlechterung nur dann auf den Käufer übergeht, wenn der Käufer den Spediteur, den Frachtführer oder die sonst zur Ausführung der Versendung bestimmte Person oder Anstalt mit der Ausführung beauftragt hat und der Unternehmer dem Käufer diese Person oder Anstalt nicht zuvor benannt hat.

(5) Auf die in diesem Untertitel geregelten Kaufverträge ist § 439 Absatz 4 mit der Maßgabe anzuwenden, dass Nutzungen nicht herauszugeben oder durch ihren Wert zu ersetzen sind. Die §§ 445 und 447 Absatz 2 sind nicht anzuwenden.

§ 485 Widerrufsrecht

Dem Verbraucher steht bei einem Teilzeit-Wohnrechtevertrag, einem Vertrag über ein langfristiges Urlaubsprodukt, einem Vermittlungsvertrag oder einem Tauschsystemvertrag ein Widerrufsrecht nach § 355 zu.

BGB aF

§ 485 Widerrufsrecht

(1) Dem Verbraucher steht bei einem Teilzeit-Wohnrechtevertrag, einem Vertrag über ein langfristiges Urlaubsprodukt, einem Vermittlungsvertrag oder einem Tauschsystemvertrag ein Widerrufsrecht nach § 355 zu.

(2) Der Verbraucher hat im Falle des Widerrufs keine Kosten zu tragen. Die Kosten des Vertrags, seiner Durchführung und seiner Rückabwicklung hat der Unternehmer dem Verbraucher zu erstatten. Eine Vergütung für geleistete Dienste sowie für die Überlassung von Wohngebäuden zur Nutzung ist abweichend von § 357 Absatz 1 und 3 ausgeschlossen.

(3) Hat der Verbraucher einen Teilzeit-Wohnrechtevertrag oder einen Vertrag über ein langfristiges Urlaubsprodukt wirksam widerrufen, ist er an seine Willenserklärung zum Ab-

BGB nF	BGB aF
	schluss eines Tauschsystemvertrags, der sich auf diesen Vertrag bezieht, nicht mehr gebunden. Satz 1 gilt entsprechend für Willenserklärungen des Verbrauchers zum Abschluss von Verträgen, welche Leistungen an den Verbraucher im Zusammenhang mit einem Teilzeit-Wohnrechtevertrag oder einem Vertrag über ein langfristiges Urlaubsprodukt zum Gegenstand haben, die von dem Unternehmer oder auf Grund eines Vertrags des Unternehmers mit einem Dritten erbracht werden. § 357 gilt entsprechend. Der Verbraucher hat jedoch keine Kosten auf Grund der fehlenden Bindung an seine Willenserklärung zu tragen.
§ 485a (aufgehoben)	**§ 485a Widerrufsfrist** (1) Abweichend von § 355 Absatz 3 beginnt die Widerrufsfrist mit dem Zeitpunkt des Vertragsschlusses oder des Abschlusses eines Vorvertrags. Erhält der Verbraucher die Vertragsurkunde oder die Abschrift des Vertrags erst nach Vertragsschluss, beginnt die Widerrufsfrist mit dem Zeitpunkt des Erhalts. (2) Sind dem Verbraucher die in § 482 Absatz 1 bezeichneten vorvertraglichen Informationen oder das in Artikel 242 § 1 Absatz 2 des Einführungsgesetzes zum Bürgerlichen Gesetzbuche bezeichnete Formblatt vor Vertragsschluss nicht, nicht vollständig oder nicht in der in § 483 Absatz 1 vorgeschriebenen Sprache überlassen worden, so beginnt die Widerrufsfrist abweichend von Absatz 1 erst mit dem vollständigen Erhalt der vorvertraglichen Informationen und des Formblatts in der vorgeschriebenen Sprache. Das Widerrufsrecht erlischt abweichend von § 355 Absatz 4 spä-

BGB nF	BGB aF
	testens drei Monate und zwei Wochen nach dem in Absatz 1 genannten Zeitpunkt.
	(3) Ist dem Verbraucher die in § 482a bezeichnete Widerrufsbelehrung vor Vertragsschluss nicht, nicht vollständig oder nicht in der in § 483 Absatz 1 vorgeschriebenen Sprache überlassen worden, so beginnt die Widerrufsfrist abweichend von Absatz 1 erst mit dem vollständigen Erhalt der Widerrufsbelehrung in der vorgeschriebenen Sprache. Das Widerrufsrecht erlischt abweichend von § 355 Absatz 4 sowie gegebenenfalls abweichend von Absatz 2 Satz 2 spätestens ein Jahr und zwei Wochen nach dem in Absatz 1 genannten Zeitpunkt.
	(4) Hat der Verbraucher einen Teilzeit-Wohnrechtevertrag und einen Tauschsystemvertrag abgeschlossen und sind ihm diese zum gleichen Zeitpunkt angeboten worden, so beginnt die Widerrufsfrist für beide Verträge mit dem nach Absatz 1 für den Teilzeit-Wohnrechtevertrag geltenden Zeitpunkt. Die Absätze 2 und 3 gelten entsprechend.
§ 491 Verbraucherdarlehensvertrag	**§ 491 Verbraucherdarlehensvertrag**
(1) Die Vorschriften dieses Kapitels gelten für entgeltliche Darlehensverträge zwischen einem Unternehmer als Darlehensgeber und einem Verbraucher als Darlehensnehmer (Verbraucherdarlehensvertrag), soweit in den Absätzen 2 oder 3 oder in den §§ 503 bis 505 nichts anderes bestimmt ist.	(1) Die Vorschriften dieses Kapitels gelten für entgeltliche Darlehensverträge zwischen einem Unternehmer als Darlehensgeber und einem Verbraucher als Darlehensnehmer (Verbraucherdarlehensvertrag), soweit in den Absätzen 2 oder 3 oder in den §§ 503 bis 505 nichts anderes bestimmt ist.
(2) Keine Verbraucherdarlehensverträge sind Verträge,	(2) Keine Verbraucherdarlehensverträge sind Verträge,

Synopse

BGB nF	BGB aF
1. bei denen der Nettodarlehensbetrag (Artikel 247 § 3 Abs. 2 des Einführungsgesetzes zum Bürgerlichen Gesetzbuche) weniger als 200 Euro beträgt,	1. bei denen der Nettodarlehensbetrag (Artikel 247 § 3 Abs. 2 des Einführungsgesetzes zum Bürgerlichen Gesetzbuche) weniger als 200 Euro beträgt,
2. bei denen sich die Haftung des Darlehensnehmers auf eine dem Darlehensgeber zum Pfand übergebene Sache beschränkt,	2. bei denen sich die Haftung des Darlehensnehmers auf eine dem Darlehensgeber zum Pfand übergebene Sache beschränkt,
3. bei denen der Darlehensnehmer das Darlehen binnen drei Monaten zurückzuzahlen hat und nur geringe Kosten vereinbart sind,	3. bei denen der Darlehensnehmer das Darlehen binnen drei Monaten zurückzuzahlen hat und nur geringe Kosten vereinbart sind,
4. die von Arbeitgebern mit ihren Arbeitnehmern als Nebenleistung zum Arbeitsvertrag zu einem niedrigeren als dem marktüblichen effektiven Jahreszins (§ 6 der Preisangabenverordnung) abgeschlossen werden und anderen Personen nicht angeboten werden,	4. die von Arbeitgebern mit ihren Arbeitnehmern als Nebenleistung zum Arbeitsvertrag zu einem niedrigeren als dem marktüblichen effektiven Jahreszins (§ 6 der Preisangabenverordnung) abgeschlossen werden und anderen Personen nicht angeboten werden,
5. die nur mit einem begrenzten Personenkreis auf Grund von Rechtsvorschriften in öffentlichem Interesse abgeschlossen werden, wenn im Vertrag für den Darlehensnehmer günstigere als marktübliche Bedingungen und höchstens der marktübliche Sollzinssatz vereinbart sind.	5. die nur mit einem begrenzten Personenkreis auf Grund von Rechtsvorschriften in öffentlichem Interesse abgeschlossen werden, wenn im Vertrag für den Darlehensnehmer günstigere als marktübliche Bedingungen und höchstens der marktübliche Sollzinssatz vereinbart sind.
(3) § 358 Abs. 2 und 4 sowie die §§ 491a bis 495 sind nicht auf Darlehensverträge anzuwenden, die in ein nach den Vorschriften der Zivilprozessordnung errichtetes gerichtliches Protokoll aufgenommen oder durch einen gerichtlichen Beschluss über das Zustandekommen und den Inhalt eines zwischen den Parteien geschlossenen Vergleichs festgestellt sind, wenn in das Protokoll oder den Beschluss der Sollzinssatz, die bei Abschluss des Vertrags in Rechnung ge-	(3) § 358 Abs. 2, 4 und 5 sowie die §§ 491a bis 495 sind nicht auf Darlehensverträge anzuwenden, die in ein nach den Vorschriften der Zivilprozessordnung errichtetes gerichtliches Protokoll aufgenommen oder durch einen gerichtlichen Beschluss über das Zustandekommen und den Inhalt eines zwischen den Parteien geschlossenen Vergleichs festgestellt sind, wenn in das Protokoll oder den Beschluss der Sollzinssatz, die bei Abschluss des Vertrags in Rechnung ge-

BGB nF	BGB aF
stellten Kosten des Darlehens sowie die Voraussetzungen aufgenommen worden sind, unter denen der Sollzinssatz oder die Kosten angepasst werden können.	stellten Kosten des Darlehens sowie die Voraussetzungen aufgenommen worden sind, unter denen der Sollzinssatz oder die Kosten angepasst werden können.
§ 492 Schriftform, Vertragsinhalt (1) Verbraucherdarlehensverträge sind, soweit nicht eine strengere Form vorgeschrieben ist, schriftlich abzuschließen. Der Schriftform ist genügt, wenn Antrag und Annahme durch die Vertragsparteien jeweils getrennt schriftlich erklärt werden. Die Erklärung des Darlehensgebers bedarf keiner Unterzeichnung, wenn sie mit Hilfe einer automatischen Einrichtung erstellt wird. (2) Der Vertrag muss die für den Verbraucherdarlehensvertrag vorgeschriebenen Angaben nach Artikel 247 §§ 6 bis 13 des Einführungsgesetzes zum Bürgerlichen Gesetzbuche enthalten. (3) Nach Vertragsschluss stellt der Darlehensgeber dem Darlehensnehmer eine Abschrift des Vertrags zur Verfügung. Ist ein Zeitpunkt für die Rückzahlung des Darlehens bestimmt, kann der Darlehensnehmer vom Darlehensgeber jederzeit einen Tilgungsplan nach Artikel 247 § 14 des Einführungsgesetzes zum Bürgerlichen Gesetzbuche verlangen. (4) Die Absätze 1 und 2 gelten auch für die Vollmacht, die ein Darlehensnehmer zum Abschluss eines Verbraucherdarlehensvertrags erteilt. Satz 1 gilt nicht für die Prozessvollmacht und eine Vollmacht, die notariell beurkundet ist. (5) Erklärungen des Darlehensgebers, die dem Darlehensnehmer gegenüber nach Vertragsabschluss abzugeben	**§ 492 Schriftform, Vertragsinhalt** (1) Verbraucherdarlehensverträge sind, soweit nicht eine strengere Form vorgeschrieben ist, schriftlich abzuschließen. Der Schriftform ist genügt, wenn Antrag und Annahme durch die Vertragsparteien jeweils getrennt schriftlich erklärt werden. Die Erklärung des Darlehensgebers bedarf keiner Unterzeichnung, wenn sie mit Hilfe einer automatischen Einrichtung erstellt wird. (2) Der Vertrag muss die für den Verbraucherdarlehensvertrag vorgeschriebenen Angaben nach Artikel 247 §§ 6 bis 13 des Einführungsgesetzes zum Bürgerlichen Gesetzbuche enthalten. (3) Nach Vertragsschluss stellt der Darlehensgeber dem Darlehensnehmer eine Abschrift des Vertrags zur Verfügung. Ist ein Zeitpunkt für die Rückzahlung des Darlehens bestimmt, kann der Darlehensnehmer vom Darlehensgeber jederzeit einen Tilgungsplan nach Artikel 247 § 14 des Einführungsgesetzes zum Bürgerlichen Gesetzbuche verlangen. (4) Die Absätze 1 und 2 gelten auch für die Vollmacht, die ein Darlehensnehmer zum Abschluss eines Verbraucherdarlehensvertrags erteilt. Satz 1 gilt nicht für die Prozessvollmacht und eine Vollmacht, die notariell beurkundet ist. (5) Erklärungen des Darlehensgebers, die dem Darlehensnehmer gegenüber

Synopse

BGB nF	BGB aF

sind, müssen auf einem dauerhaften Datenträger erfolgen.

(6) Enthält der Vertrag die Angaben nach Absatz 2 nicht oder nicht vollständig, können sie nach wirksamem Vertragsschluss oder in den Fällen des § 494 Absatz 2 Satz 1 nach Gültigwerden des Vertrags auf einem dauerhaften Datenträger nachgeholt werden. Hat das Fehlen von Angaben nach Absatz 2 zu Änderungen der Vertragsbedingungen gemäß § 494 Absatz 2 Satz 2 bis Absatz 6 geführt, kann die Nachholung der Angaben nur dadurch erfolgen, dass der Darlehensnehmer die nach § 494 Absatz 7 erforderliche Abschrift des Vertrags erhält. In den sonstigen Fällen muss der Darlehensnehmer spätestens im Zeitpunkt der Nachholung der Angaben eine der in § 356b Absatz 1 genannten Unterlagen erhalten. Mit der Nachholung der Angaben nach Absatz 2 ist der Darlehensnehmer auf einem dauerhaften Datenträger darauf hinzuweisen, dass die Widerrufsfrist von einem Monat nach Erhalt der nachgeholten Angaben beginnt.

nach Vertragsabschluss abzugeben sind, bedürfen der Textform.

(6) Enthält der Vertrag die Angaben nach Absatz 2 nicht oder nicht vollständig, können sie nach wirksamem Vertragsschluss oder in den Fällen des § 494 Absatz 2 Satz 1 nach Gültigwerden des Vertrags in Textform nachgeholt werden. Hat das Fehlen von Angaben nach Absatz 2 zu Änderungen der Vertragsbedingungen gemäß § 494 Absatz 2 Satz 2 bis Absatz 6 geführt, kann die Nachholung der Angaben nur dadurch erfolgen, dass der Darlehensnehmer die nach § 494 Absatz 7 erforderliche Abschrift des Vertrags erhält. In den sonstigen Fällen muss der Darlehensnehmer spätestens im Zeitpunkt der Nachholung der Angaben eine der in § 355 Absatz 3 Satz 2 genannten Unterlagen erhalten. Werden Angaben nach diesem Absatz nachgeholt, beträgt die Widerrufsfrist abweichend von § 495 einen Monat. Mit der Nachholung der Angaben nach Absatz 2 ist der Darlehensnehmer in Textform darauf hinzuweisen, dass die Widerrufsfrist von einem Monat nach Erhalt der nachgeholten Angaben beginnt.

§ 494 Rechtsfolgen von Formmängeln

(1) Der Verbraucherdarlehensvertrag und die auf Abschluss eines solchen Vertrags vom Verbraucher erteilte Vollmacht sind nichtig, wenn die Schriftform insgesamt nicht eingehalten ist oder wenn eine der in Artikel 247 §§ 6 und 9 bis 13 des Einführungsgesetzes zum Bürgerlichen Gesetzbuche für den Verbraucherdarlehensvertrag vorgeschriebenen Angaben fehlt.

§ 494 Rechtsfolgen von Formmängeln

(1) Der Verbraucherdarlehensvertrag und die auf Abschluss eines solchen Vertrags vom Verbraucher erteilte Vollmacht sind nichtig, wenn die Schriftform insgesamt nicht eingehalten ist oder wenn eine der in Artikel 247 §§ 6 und 9 bis 13 des Einführungsgesetzes zum Bürgerlichen Gesetzbuche für den Verbraucherdarlehensvertrag vorgeschriebenen Angaben fehlt.

BGB nF	BGB aF
(2) Ungeachtet eines Mangels nach Absatz 1 wird der Verbraucherdarlehensvertrag gültig, soweit der Darlehensnehmer das Darlehen empfängt oder in Anspruch nimmt. Jedoch ermäßigt sich der dem Verbraucherdarlehensvertrag zugrunde gelegte Sollzinssatz auf den gesetzlichen Zinssatz, wenn die Angabe des Sollzinssatzes, des effektiven Jahreszinses oder des Gesamtbetrags fehlt.	(2) Ungeachtet eines Mangels nach Absatz 1 wird der Verbraucherdarlehensvertrag gültig, soweit der Darlehensnehmer das Darlehen empfängt oder in Anspruch nimmt. Jedoch ermäßigt sich der dem Verbraucherdarlehensvertrag zugrunde gelegte Sollzinssatz auf den gesetzlichen Zinssatz, wenn die Angabe des Sollzinssatzes, des effektiven Jahreszinses oder des Gesamtbetrags fehlt.
(3) Ist der effektive Jahreszins zu niedrig angegeben, so vermindert sich der dem Verbraucherdarlehensvertrag zugrunde gelegte Sollzinssatz um den Prozentsatz, um den der effektive Jahreszins zu niedrig angegeben ist.	(3) Ist der effektive Jahreszins zu niedrig angegeben, so vermindert sich der dem Verbraucherdarlehensvertrag zugrunde gelegte Sollzinssatz um den Prozentsatz, um den der effektive Jahreszins zu niedrig angegeben ist.
(4) Nicht angegebene Kosten werden vom Darlehensnehmer nicht geschuldet. Ist im Vertrag nicht angegeben, unter welchen Voraussetzungen Kosten oder Zinsen angepasst werden können, so entfällt die Möglichkeit, diese zum Nachteil des Darlehensnehmers anzupassen.	(4) Nicht angegebene Kosten werden vom Darlehensnehmer nicht geschuldet. Ist im Vertrag nicht angegeben, unter welchen Voraussetzungen Kosten oder Zinsen angepasst werden können, so entfällt die Möglichkeit, diese zum Nachteil des Darlehensnehmers anzupassen.
(5) Wurden Teilzahlungen vereinbart, ist deren Höhe vom Darlehensgeber unter Berücksichtigung der verminderten Zinsen oder Kosten neu zu berechnen.	(5) Wurden Teilzahlungen vereinbart, ist deren Höhe vom Darlehensgeber unter Berücksichtigung der verminderten Zinsen oder Kosten neu zu berechnen.
(6) Fehlen im Vertrag Angaben zur Laufzeit oder zum Kündigungsrecht, ist der Darlehensnehmer jederzeit zur Kündigung berechtigt. Fehlen Angaben zu Sicherheiten, können sie nicht gefordert werden. Satz 2 gilt nicht, wenn der Nettodarlehensbetrag 75 000 Euro übersteigt.	(6) Fehlen im Vertrag Angaben zur Laufzeit oder zum Kündigungsrecht, ist der Darlehensnehmer jederzeit zur Kündigung berechtigt. Fehlen Angaben zu Sicherheiten, können sie nicht gefordert werden. Satz 2 gilt nicht, wenn der Nettodarlehensbetrag 75 000 Euro übersteigt.
(7) Der Darlehensgeber stellt dem Darlehensnehmer eine Abschrift des Vertrags zur Verfügung, in der die Vertragsänderungen berücksichtigt sind,	(7) Der Darlehensgeber stellt dem Darlehensnehmer eine Abschrift des Vertrags zur Verfügung, in der die Vertragsänderungen berücksichtigt sind, die sich aus den Absätzen 2 bis 6 erge-

BGB nF	BGB aF
die sich aus den Absätzen 2 bis 6 ergeben.	ben. Abweichend von § 495 beginnt die Widerrufsfrist in diesem Fall, wenn der Darlehensnehmer diese Abschrift des Vertrags erhalten hat.
§ 495 Widerrufsrecht	**§ 495 Widerrufsrecht**
(1) Dem Darlehensnehmer steht bei einem Verbraucherdarlehensvertrag ein Widerrufsrecht nach § 355 zu.	(1) Dem Darlehensnehmer steht bei einem Verbraucherdarlehensvertrag ein Widerrufsrecht nach § 355 zu.
(2) Ein Widerrufsrecht besteht nicht bei Darlehensverträgen,	(2) Die §§ 355 bis 359a gelten mit der Maßgabe, dass
1. die einen Darlehensvertrag, zu dessen Kündigung der Darlehensgeber wegen Zahlungsverzugs des Darlehensnehmers berechtigt ist, durch Rückzahlungsvereinbarungen ergänzen oder ersetzen, wenn dadurch ein gerichtliches Verfahren vermieden wird und wenn der Gesamtbetrag (Artikel 247 § 3 des Einführungsgesetzes zum Bürgerlichen Gesetzbuche) geringer ist als die Restschuld des ursprünglichen Vertrags,	1. an die Stelle der Widerrufsbelehrung die Pflichtangaben nach Artikel 247 § 6 Absatz 2 des Einführungsgesetzes zum Bürgerlichen Gesetzbuche treten,
	2. die Widerrufsfrist auch nicht beginnt
	a) vor Vertragsschluss und
	b) bevor der Darlehensnehmer die Pflichtangaben nach § 492 Absatz 2 erhält, und
2. die notariell zu beurkunden sind, wenn der Notar bestätigt, dass die Rechte des Darlehensnehmers aus den §§ 491a und 492 gewahrt sind, oder	3. der Darlehensnehmer abweichend von § 346 Absatz 1 dem Darlehensgeber auch die Aufwendungen zu ersetzen hat, die der Darlehensgeber an öffentliche Stellen erbracht hat und nicht zurückverlangen kann; § 346 Absatz 2 Satz 2 zweiter Halbsatz ist nur anzuwenden, wenn das Darlehen durch ein Grundpfandrecht gesichert ist.
3. die § 504 Abs. 2 oder § 505 entsprechen.	§ 355 Absatz 2 Satz 3 und Absatz 4 ist nicht anzuwenden.
	(3) Ein Widerrufsrecht besteht nicht bei Darlehensverträgen,
	1. die einen Darlehensvertrag, zu dessen Kündigung der Darlehensgeber wegen Zahlungsverzugs des Darlehensnehmers berechtigt ist, durch Rückzahlungsvereinbarungen ergänzen oder ersetzen, wenn da-

BGB nF	BGB aF
	durch ein gerichtliches Verfahren vermieden wird und wenn der Gesamtbetrag (Artikel 247 § 3 des Einführungsgesetzes zum Bürgerlichen Gesetzbuche) geringer ist als die Restschuld des ursprünglichen Vertrags,
	2. die notariell zu beurkunden sind, wenn der Notar bestätigt, dass die Rechte des Darlehensnehmers aus den §§ 491a und 492 gewahrt sind, oder
	3. die § 504 Abs. 2 oder § 505 entsprechen.
§ 496 Einwendungsverzicht, Wechsel- und Scheckverbot	**§ 496 Einwendungsverzicht, Wechsel- und Scheckverbot**
(1) Eine Vereinbarung, durch die der Darlehensnehmer auf das Recht verzichtet, Einwendungen, die ihm gegenüber dem Darlehensgeber zustehen, gemäß § 404 einem Abtretungsgläubiger entgegenzusetzen oder eine ihm gegen den Darlehensgeber zustehende Forderung gemäß § 406 auch dem Abtretungsgläubiger gegenüber aufzurechnen, ist unwirksam.	(1) Eine Vereinbarung, durch die der Darlehensnehmer auf das Recht verzichtet, Einwendungen, die ihm gegenüber dem Darlehensgeber zustehen, gemäß § 404 einem Abtretungsgläubiger entgegenzusetzen oder eine ihm gegen den Darlehensgeber zustehende Forderung gemäß § 406 auch dem Abtretungsgläubiger gegenüber aufzurechnen, ist unwirksam.
(2) Wird eine Forderung des Darlehensgebers aus einem Darlehensvertrag an einen Dritten abgetreten oder findet in der Person des Darlehensgebers ein Wechsel statt, ist der Darlehensnehmer unverzüglich darüber sowie über die Kontaktdaten des neuen Gläubigers nach Artikel 246b § 1 Absatz 1 Nummer 1, 3 und 4 des Einführungsgesetzes zum Bürgerlichen Gesetzbuche zu unterrichten. Die Unterrichtung ist bei Abtretungen entbehrlich, wenn der bisherige Darlehensgeber mit dem neuen Gläubiger vereinbart hat, dass im Verhältnis zum Darlehensnehmer weiterhin al-	(2) Wird eine Forderung des Darlehensgebers aus einem Darlehensvertrag an einen Dritten abgetreten oder findet in der Person des Darlehensgebers ein Wechsel statt, ist der Darlehensnehmer unverzüglich darüber sowie über die Kontaktdaten des neuen Gläubigers nach Artikel 246 § 1 Abs. 1 Nr. 1 bis 3 des Einführungsgesetzes zum Bürgerlichen Gesetzbuche zu unterrichten. Die Unterrichtung ist bei Abtretungen entbehrlich, wenn der bisherige Darlehensgeber mit dem neuen Gläubiger vereinbart hat, dass im Verhältnis zum Darlehensnehmer weiterhin al-

BGB nF	BGB aF
lein der bisherige Darlehensgeber auftritt. Fallen die Voraussetzungen des Satzes 2 fort, ist die Unterrichtung unverzüglich nachzuholen.	lein der bisherige Darlehensgeber auftritt. Fallen die Voraussetzungen des Satzes 2 fort, ist die Unterrichtung unverzüglich nachzuholen.
(3) Der Darlehensnehmer darf nicht verpflichtet werden, für die Ansprüche des Darlehensgebers aus dem Verbraucherdarlehensvertrag eine Wechselverbindlichkeit einzugehen. Der Darlehensgeber darf vom Darlehensnehmer zur Sicherung seiner Ansprüche aus dem Verbraucherdarlehensvertrag einen Scheck nicht entgegennehmen. Der Darlehensnehmer kann vom Darlehensgeber jederzeit die Herausgabe eines Wechsels oder Schecks, der entgegen Satz 1 oder 2 begeben worden ist, verlangen. Der Darlehensgeber haftet für jeden Schaden, der dem Darlehensnehmer aus einer solchen Wechsel- oder Scheckbegebung entsteht.	(3) Der Darlehensnehmer darf nicht verpflichtet werden, für die Ansprüche des Darlehensgebers aus dem Verbraucherdarlehensvertrag eine Wechselverbindlichkeit einzugehen. Der Darlehensgeber darf vom Darlehensnehmer zur Sicherung seiner Ansprüche aus dem Verbraucherdarlehensvertrag einen Scheck nicht entgegennehmen. Der Darlehensnehmer kann vom Darlehensgeber jederzeit die Herausgabe eines Wechsels oder Schecks, der entgegen Satz 1 oder 2 begeben worden ist, verlangen. Der Darlehensgeber haftet für jeden Schaden, der dem Darlehensnehmer aus einer solchen Wechsel- oder Scheckbegebung entsteht.
§ 504 Eingeräumte Überziehungsmöglichkeit	**§ 504 Eingeräumte Überziehungsmöglichkeit**
(1) Ist ein Verbraucherdarlehen in der Weise gewährt, dass der Darlehensgeber in einem Vertragsverhältnis über ein laufendes Konto dem Darlehensnehmer das Recht einräumt, sein Konto in bestimmter Höhe zu überziehen (Überziehungsmöglichkeit), hat der Darlehensgeber den Darlehensnehmer in regelmäßigen Zeitabständen über die Angaben zu unterrichten, die sich aus Artikel 247 § 16 des Einführungsgesetzes zum Bürgerlichen Gesetzbuche ergeben. Ein Anspruch auf Vorfälligkeitsentschädigung aus § 502 ist ausgeschlossen. § 493 Abs. 3 ist nur bei einer Erhöhung des Sollzinssatzes anzuwenden und gilt entsprechend bei einer Erhöhung der vereinbarten sonstigen Kos-	(1) Ist ein Verbraucherdarlehen in der Weise gewährt, dass der Darlehensgeber in einem Vertragsverhältnis über ein laufendes Konto dem Darlehensnehmer das Recht einräumt, sein Konto in bestimmter Höhe zu überziehen (Überziehungsmöglichkeit), hat der Darlehensgeber den Darlehensnehmer in regelmäßigen Zeitabständen über die Angaben zu unterrichten, die sich aus Artikel 247 § 16 des Einführungsgesetzes zum Bürgerlichen Gesetzbuche ergeben. Ein Anspruch auf Vorfälligkeitsentschädigung aus § 502 ist ausgeschlossen. § 493 Abs. 3 ist nur bei einer Erhöhung des Sollzinssatzes anzuwenden und gilt entsprechend bei einer Erhöhung der vereinbarten sonstigen Kos-

BGB nF	BGB aF
ten. § 499 Abs. 1 ist nicht anzuwenden. (2) Ist in einer Überziehungsmöglichkeit vereinbart, dass nach der Auszahlung die Laufzeit höchstens drei Monate beträgt oder der Darlehensgeber kündigen kann, ohne eine Frist einzuhalten, sind § 491a Abs. 3, die §§ 495, 499 Abs. 2 und § 500 Abs. 1 Satz 2 nicht anzuwenden. § 492 Abs. 1 ist nicht anzuwenden, wenn außer den Sollzinsen keine weiteren laufenden Kosten vereinbart sind, die Sollzinsen nicht in kürzeren Zeiträumen als drei Monaten fällig werden und der Darlehensgeber dem Darlehensnehmer den Vertragsinhalt spätestens unverzüglich nach Vertragsabschluss auf einem dauerhaften Datenträger mitteilt.	ten. § 499 Abs. 1 ist nicht anzuwenden. (2) Ist in einer Überziehungsmöglichkeit vereinbart, dass nach der Auszahlung die Laufzeit höchstens drei Monate beträgt oder der Darlehensgeber kündigen kann, ohne eine Frist einzuhalten, sind § 491a Abs. 3, die §§ 495, 499 Abs. 2 und § 500 Abs. 1 Satz 2 nicht anzuwenden. § 492 Abs. 1 ist nicht anzuwenden, wenn außer den Sollzinsen keine weiteren laufenden Kosten vereinbart sind, die Sollzinsen nicht in kürzeren Zeiträumen als drei Monaten fällig werden und der Darlehensgeber dem Darlehensnehmer den Vertragsinhalt spätestens unverzüglich nach Vertragsabschluss in Textform mitteilt.
§ 505 Geduldete Überziehung (1) Vereinbart ein Unternehmer in einem Vertrag mit einem Verbraucher über ein laufendes Konto ohne eingeräumte Überziehungsmöglichkeit ein Entgelt für den Fall, dass er eine Überziehung des Kontos duldet, müssen in diesem Vertrag die Angaben nach Artikel 247 § 17 Abs. 1 des Einführungsgesetzes zum Bürgerlichen Gesetzbuche auf einem dauerhaften Datenträger enthalten sein und dem Verbraucher in regelmäßigen Zeitabständen auf einem dauerhaften Datenträger mitgeteilt werden. Satz 1 gilt entsprechend, wenn ein Darlehensgeber mit einem Darlehensnehmer in einem Vertrag über ein laufendes Konto mit eingeräumter Überziehungsmöglichkeit ein Entgelt für den Fall vereinbart, dass er eine Überziehung des Kontos über die ver-	**§ 505 Geduldete Überziehung** (1) Vereinbart ein Unternehmer in einem Vertrag mit einem Verbraucher über ein laufendes Konto ohne eingeräumte Überziehungsmöglichkeit ein Entgelt für den Fall, dass er eine Überziehung des Kontos duldet, müssen in diesem Vertrag die Angaben nach Artikel 247 § 17 Abs. 1 des Einführungsgesetzes zum Bürgerlichen Gesetzbuche in Textform enthalten sein und dem Verbraucher in regelmäßigen Zeitabständen in Textform mitgeteilt werden. Satz 1 gilt entsprechend, wenn ein Darlehensgeber mit einem Darlehensnehmer in einem Vertrag über ein laufendes Konto mit eingeräumter Überziehungsmöglichkeit ein Entgelt für den Fall vereinbart, dass er eine Überziehung des Kontos über die vertraglich bestimmte Höhe hinaus duldet.

BGB nF	BGB aF
traglich bestimmte Höhe hinaus duldet. (2) Kommt es im Fall des Absatzes 1 zu einer erheblichen Überziehung von mehr als einem Monat, unterrichtet der Darlehensgeber den Darlehensnehmer unverzüglich auf einem dauerhaften Datenträger über die sich aus Artikel 247 § 17 Abs. 2 des Einführungsgesetzes zum Bürgerlichen Gesetzbuche ergebenden Einzelheiten. (3) Verstößt der Unternehmer gegen Absatz 1 oder Absatz 2, kann der Darlehensgeber über die Rückzahlung des Darlehens hinaus Kosten und Zinsen nicht verlangen. (4) Die §§ 491a bis 496 und 499 bis 502 sind auf Verbraucherdarlehensverträge, die unter den in Absatz 1 genannten Voraussetzungen zustande kommen, nicht anzuwenden.	(2) Kommt es im Fall des Absatzes 1 zu einer erheblichen Überziehung von mehr als einem Monat, unterrichtet der Darlehensgeber den Darlehensnehmer unverzüglich in Textform über die sich aus Artikel 247 § 17 Abs. 2 des Einführungsgesetzes zum Bürgerlichen Gesetzbuche ergebenden Einzelheiten. (3) Verstößt der Unternehmer gegen Absatz 1 oder Absatz 2, kann der Darlehensgeber über die Rückzahlung des Darlehens hinaus Kosten und Zinsen nicht verlangen. (4) Die §§ 491a bis 496 und 499 bis 502 sind auf Verbraucherdarlehensverträge, die unter den in Absatz 1 genannten Voraussetzungen zustande kommen, nicht anzuwenden.
§ 506 Zahlungsaufschub, sonstige Finanzierungshilfe (1) Die Vorschriften der §§ 358 bis 360 und 491a bis 502 sind mit Ausnahme des § 492 Abs. 4 und vorbehaltlich der Absätze 3 und 4 auf Verträge entsprechend anzuwenden, durch die ein Unternehmer einem Verbraucher einen entgeltlichen Zahlungsaufschub oder eine sonstige entgeltliche Finanzierungshilfe gewährt. (2) Verträge zwischen einem Unternehmer und einem Verbraucher über die entgeltliche Nutzung eines Gegenstandes gelten als entgeltliche Finanzierungshilfe, wenn vereinbart ist, dass 1. der Verbraucher zum Erwerb des Gegenstandes verpflichtet ist,	**§ 506 Zahlungsaufschub, sonstige Finanzierungshilfe** (1) Die Vorschriften der §§ 358 bis 359a und 491a bis 502 sind mit Ausnahme des § 492 Abs. 4 und vorbehaltlich der Absätze 3 und 4 auf Verträge entsprechend anzuwenden, durch die ein Unternehmer einem Verbraucher einen entgeltlichen Zahlungsaufschub oder eine sonstige entgeltliche Finanzierungshilfe gewährt. (2) Verträge zwischen einem Unternehmer und einem Verbraucher über die entgeltliche Nutzung eines Gegenstandes gelten als entgeltliche Finanzierungshilfe, wenn vereinbart ist, dass 1. der Verbraucher zum Erwerb des Gegenstandes verpflichtet ist,

BGB nF	BGB aF
2. der Unternehmer vom Verbraucher den Erwerb des Gegenstandes verlangen kann oder 3. der Verbraucher bei Beendigung des Vertrags für einen bestimmten Wert des Gegenstandes einzustehen hat. Auf Verträge gemäß Satz 1 Nr. 3 sind § 500 Abs. 2 und § 502 nicht anzuwenden. (3) Für Verträge, die die Lieferung einer bestimmten Sache oder die Erbringung einer bestimmten anderen Leistung gegen Teilzahlungen zum Gegenstand haben (Teilzahlungsgeschäfte), gelten vorbehaltlich des Absatzes 4 zusätzlich die in den §§ 507 und 508 geregelten Besonderheiten. (4) Die Vorschriften dieses Untertitels sind in dem in § 491 Abs. 2 und 3 bestimmten Umfang nicht anzuwenden. Soweit nach der Vertragsart ein Nettodarlehensbetrag (§ 491 Abs. 2 Nr. 1) nicht vorhanden ist, tritt an seine Stelle der Barzahlungspreis oder, wenn der Unternehmer den Gegenstand für den Verbraucher erworben hat, der Anschaffungspreis. **§ 507 Teilzahlungsgeschäfte** (1) § 494 Abs. 1 bis 3 und 6 Satz 3 ist auf Teilzahlungsgeschäfte nicht anzuwenden. Gibt der Verbraucher sein Angebot zum Vertragsabschluss im Fernabsatz auf Grund eines Verkaufsprospekts oder eines vergleichbaren elektronischen Mediums ab, aus dem der Barzahlungspreis, der Sollzinssatz, der effektive Jahreszins, ein Tilgungsplan anhand beispielhafter Gesamtbeträge sowie die zu stellenden Sicherheiten und Versicherungen	2. der Unternehmer vom Verbraucher den Erwerb des Gegenstandes verlangen kann oder 3. der Verbraucher bei Beendigung des Vertrags für einen bestimmten Wert des Gegenstandes einzustehen hat. Auf Verträge gemäß Satz 1 Nr. 3 sind § 500 Abs. 2 und § 502 nicht anzuwenden. (3) Für Verträge, die die Lieferung einer bestimmten Sache oder die Erbringung einer bestimmten anderen Leistung gegen Teilzahlungen zum Gegenstand haben (Teilzahlungsgeschäfte), gelten vorbehaltlich des Absatzes 4 zusätzlich die in den §§ 507 und 508 geregelten Besonderheiten. (4) Die Vorschriften dieses Untertitels sind in dem in § 491 Abs. 2 und 3 bestimmten Umfang nicht anzuwenden. Soweit nach der Vertragsart ein Nettodarlehensbetrag (§ 491 Abs. 2 Nr. 1) nicht vorhanden ist, tritt an seine Stelle der Barzahlungspreis oder, wenn der Unternehmer den Gegenstand für den Verbraucher erworben hat, der Anschaffungspreis. **§ 507 Teilzahlungsgeschäfte** (1) § 494 Abs. 1 bis 3 und 6 Satz 3 ist auf Teilzahlungsgeschäfte nicht anzuwenden. Gibt der Verbraucher sein Angebot zum Vertragsabschluss im Fernabsatz auf Grund eines Verkaufsprospekts oder eines vergleichbaren elektronischen Mediums ab, aus dem der Barzahlungspreis, der Sollzinssatz, der effektive Jahreszins, ein Tilgungsplan anhand beispielhafter Gesamtbeträge sowie die zu stellenden Sicherheiten und Versicherungen

Synopse

BGB nF	BGB aF
ersichtlich sind, ist auch § 492 Abs. 1 nicht anzuwenden, wenn der Unternehmer dem Verbraucher den Vertragsinhalt spätestens unverzüglich nach Vertragsabschluss auf einem dauerhaften Datenträger mitteilt. (2) Das Teilzahlungsgeschäft ist nichtig, wenn die vorgeschriebene Schriftform des § 492 Abs. 1 nicht eingehalten ist oder im Vertrag eine der in Artikel 247 §§ 6, 12 und 13 des Einführungsgesetzes zum Bürgerlichen Gesetzbuche vorgeschriebenen Angaben fehlt. Ungeachtet eines Mangels nach Satz 1 wird das Teilzahlungsgeschäft gültig, wenn dem Verbraucher die Sache übergeben oder die Leistung erbracht wird. Jedoch ist der Barzahlungspreis höchstens mit dem gesetzlichen Zinssatz zu verzinsen, wenn die Angabe des Gesamtbetrags oder des effektiven Jahreszinses fehlt. Ist ein Barzahlungspreis nicht genannt, so gilt im Zweifel der Marktpreis als Barzahlungspreis. Ist der effektive Jahreszins zu niedrig angegeben, so vermindert sich der Gesamtbetrag um den Prozentsatz, um den der effektive Jahreszins zu niedrig angegeben ist. (3) Abweichend von den §§ 491a und 492 Abs. 2 dieses Gesetzes und von Artikel 247 §§ 3, 6 und 12 des Einführungsgesetzes zum Bürgerlichen Gesetzbuche müssen in der vorvertraglichen Information und im Vertrag der Barzahlungspreis und der effektive Jahreszins nicht angegeben werden, wenn der Unternehmer nur gegen Teilzahlungen Sachen liefert oder Leistungen erbringt. Im Fall des § 501 ist der Berechnung der Kostenermäßigung der gesetzliche Zinssatz (§ 246) zugrunde zu legen. Ein An-	ersichtlich sind, ist auch § 492 Abs. 1 nicht anzuwenden, wenn der Unternehmer dem Verbraucher den Vertragsinhalt spätestens unverzüglich nach Vertragsabschluss in Textform mitteilt. (2) Das Teilzahlungsgeschäft ist nichtig, wenn die vorgeschriebene Schriftform des § 492 Abs. 1 nicht eingehalten ist oder im Vertrag eine der in Artikel 247 §§ 6, 12 und 13 des Einführungsgesetzes zum Bürgerlichen Gesetzbuche vorgeschriebenen Angaben fehlt. Ungeachtet eines Mangels nach Satz 1 wird das Teilzahlungsgeschäft gültig, wenn dem Verbraucher die Sache übergeben oder die Leistung erbracht wird. Jedoch ist der Barzahlungspreis höchstens mit dem gesetzlichen Zinssatz zu verzinsen, wenn die Angabe des Gesamtbetrags oder des effektiven Jahreszinses fehlt. Ist ein Barzahlungspreis nicht genannt, so gilt im Zweifel der Marktpreis als Barzahlungspreis. Ist der effektive Jahreszins zu niedrig angegeben, so vermindert sich der Gesamtbetrag um den Prozentsatz, um den der effektive Jahreszins zu niedrig angegeben ist. (3) Abweichend von den §§ 491a und 492 Abs. 2 dieses Gesetzes und von Artikel 247 §§ 3, 6 und 12 des Einführungsgesetzes zum Bürgerlichen Gesetzbuche müssen in der vorvertraglichen Information und im Vertrag der Barzahlungspreis und der effektive Jahreszins nicht angegeben werden, wenn der Unternehmer nur gegen Teilzahlungen Sachen liefert oder Leistungen erbringt. Im Fall des § 501 ist der Berechnung der Kostenermäßigung der gesetzliche Zinssatz (§ 246) zugrunde zu legen. Ein An-

BGB nF	BGB aF
spruch auf Vorfälligkeitsentschädigung ist ausgeschlossen.	spruch auf Vorfälligkeitsentschädigung ist ausgeschlossen.

BGB nF

§ 508 Rücktritt bei Teilzahlungsgeschäften

Der Unternehmer kann von einem Teilzahlungsgeschäft wegen Zahlungsverzugs des Verbrauchers nur unter den in § 498 Satz 1 bezeichneten Voraussetzungen zurücktreten. Dem Nennbetrag entspricht der Gesamtbetrag. Der Verbraucher hat dem Unternehmer auch die infolge des Vertrags gemachten Aufwendungen zu ersetzen. Bei der Bemessung der Vergütung von Nutzungen einer zurückzugewährenden Sache ist auf die inzwischen eingetretene Wertminderung Rücksicht zu nehmen. Nimmt der Unternehmer die auf Grund des Teilzahlungsgeschäfts gelieferte Sache wieder an sich, gilt dies als Ausübung des Rücktrittsrechts, es sei denn, der Unternehmer einigt sich mit dem Verbraucher, diesem den gewöhnlichen Verkaufswert der Sache im Zeitpunkt der Wegnahme zu vergüten. Satz 5 gilt entsprechend, wenn ein Vertrag über die Lieferung einer Sache mit einem Verbraucherdarlehensvertrag verbunden ist (§ 358 Absatz 3) und wenn der Darlehensgeber die Sache an sich nimmt; im Fall des Rücktritts bestimmt sich das Rechtsverhältnis zwischen dem Darlehensgeber und dem Verbraucher nach den Sätzen 3 und 4.

BGB aF

§ 508 Rückgaberecht, Rücktritt bei Teilzahlungsgeschäften

(1) Anstelle des dem Verbraucher gemäß § 495 Abs. 1 zustehenden Widerrufsrechts kann dem Verbraucher bei Verträgen über die Lieferung einer bestimmten Sache ein Rückgaberecht nach § 356 eingeräumt werden. § 495 Abs. 2 gilt für das Rückgaberecht entsprechend.

(2) Der Unternehmer kann von einem Teilzahlungsgeschäft wegen Zahlungsverzugs des Verbrauchers nur unter den in § 498 Satz 1 bezeichneten Voraussetzungen zurücktreten. Dem Nennbetrag entspricht der Gesamtbetrag. Der Verbraucher hat dem Unternehmer auch die infolge des Vertrags gemachten Aufwendungen zu ersetzen. Bei der Bemessung der Vergütung von Nutzungen einer zurückzugewährenden Sache ist auf die inzwischen eingetretene Wertminderung Rücksicht zu nehmen. Nimmt der Unternehmer die auf Grund des Teilzahlungsgeschäfts gelieferte Sache wieder an sich, gilt dies als Ausübung des Rücktrittsrechts, es sei denn, der Unternehmer einigt sich mit dem Verbraucher, diesem den gewöhnlichen Verkaufswert der Sache im Zeitpunkt der Wegnahme zu vergüten. Satz 5 gilt entsprechend, wenn ein Vertrag über die Lieferung einer Sache mit einem Verbraucherdarlehensvertrag verbunden ist (§ 358 Absatz 3) und wenn der Darlehensgeber die Sache an sich nimmt; im Fall des Rücktritts bestimmt sich das Rechtsverhältnis zwischen dem Darlehensgeber und dem Verbraucher nach den Sätzen 3 und 4.

Synopse

BGB nF	BGB aF

§ 510 Ratenlieferungsverträge

(1) Der Vertrag zwischen einem Verbraucher und einem Unternehmer bedarf der schriftlichen Form, wenn der Vertrag

1. die Lieferung mehrerer als zusammengehörend verkaufter Sachen in Teilleistungen zum Gegenstand hat und das Entgelt für die Gesamtheit der Sachen in Teilzahlungen zu entrichten ist,
2. die regelmäßige Lieferung von Sachen gleicher Art zum Gegenstand hat oder
3. die Verpflichtung zum wiederkehrenden Erwerb oder Bezug von Sachen zum Gegenstand hat.

Dies gilt nicht, wenn dem Verbraucher die Möglichkeit verschafft wird, die Vertragsbestimmungen einschließlich der Allgemeinen Geschäftsbedingungen bei Vertragsschluss abzurufen und in wiedergabefähiger Form zu speichern. Der Unternehmer hat dem Verbraucher den Vertragsinhalt in Textform mitzuteilen.

(2) Dem Verbraucher steht vorbehaltlich des Absatzes 3 bei Verträgen nach Absatz 1, die weder im Fernabsatz noch außerhalb von Geschäftsräumen geschlossen werden, ein Widerrufsrecht nach § 355 zu.

(3) Das Widerrufsrecht nach Absatz 2 gilt nicht in dem in § 491 Absatz 2 und 3 bestimmten Umfang. Dem in § 491 Absatz 2 Nummer 1 genannten Nettodarlehensbetrag entspricht die Summe aller vom Verbraucher bis zum frühestmöglichen Kündigungszeitpunkt zu entrichtenden Teilzahlungen.

§ 510 Ratenlieferungsverträge

(1) Dem Verbraucher steht vorbehaltlich des Satzes 2 bei Verträgen mit einem Unternehmer, in denen die Willenserklärung des Verbrauchers auf den Abschluss eines Vertrags gerichtet ist, der

1. die Lieferung mehrerer als zusammengehörend verkaufter Sachen in Teilleistungen zum Gegenstand hat und bei dem das Entgelt für die Gesamtheit der Sachen in Teilzahlungen zu entrichten ist oder
2. die regelmäßige Lieferung von Sachen gleicher Art zum Gegenstand hat oder
3. die Verpflichtung zum wiederkehrenden Erwerb oder Bezug von Sachen zum Gegenstand hat,

ein Widerrufsrecht gemäß § 355 zu. Dies gilt nicht in dem in § 491 Abs. 2 und 3 bestimmten Umfang. Dem in § 491 Abs. 2 Nr. 1 genannten Nettodarlehensbetrag entspricht die Summe aller vom Verbraucher bis zum frühestmöglichen Kündigungszeitpunkt zu entrichtenden Teilzahlungen.

(2) Der Ratenlieferungsvertrag nach Absatz 1 bedarf der schriftlichen Form. Satz 1 gilt nicht, wenn dem Verbraucher die Möglichkeit verschafft wird, die Vertragsbestimmungen einschließlich der Allgemeinen Geschäftsbedingungen bei Vertragsschluss abzurufen und in wiedergabefähiger Form zu speichern. Der Unternehmer hat dem Verbraucher den Vertragsinhalt in Textform mitzuteilen.

EGBGB nF	EGBGB aF
Art. 46b Verbraucherschutz für besondere Gebiete	**Art. 46b Verbraucherschutz für besondere Gebiete**
(1) Unterliegt ein Vertrag auf Grund einer Rechtswahl nicht dem Recht eines Mitgliedstaats der Europäischen Union oder eines anderen Vertragsstaats des Abkommens über den Europäischen Wirtschaftsraum, weist der Vertrag jedoch einen engen Zusammenhang mit dem Gebiet eines dieser Staaten auf, so sind die im Gebiet dieses Staates geltenden Bestimmungen zur Umsetzung der Verbraucherschutzrichtlinien gleichwohl anzuwenden.	(1) Unterliegt ein Vertrag auf Grund einer Rechtswahl nicht dem Recht eines Mitgliedstaats der Europäischen Union oder eines anderen Vertragsstaats des Abkommens über den Europäischen Wirtschaftsraum, weist der Vertrag jedoch einen engen Zusammenhang mit dem Gebiet eines dieser Staaten auf, so sind die im Gebiet dieses Staates geltenden Bestimmungen zur Umsetzung der Verbraucherschutzrichtlinien gleichwohl anzuwenden.
(2) Ein enger Zusammenhang ist insbesondere anzunehmen, wenn der Unternehmer 1. in dem Mitgliedstaat der Europäischen Union oder einem anderen Vertragsstaat des Abkommens über den Europäischen Wirtschaftsraum, in dem der Verbraucher seinen gewöhnlichen Aufenthalt hat, eine berufliche oder gewerbliche Tätigkeit ausübt oder 2. eine solche Tätigkeit auf irgendeinem Wege auf diesen Mitgliedstaat der Europäischen Union oder einen anderen Vertragsstaat des Abkommens über den Europäischen Wirtschaftsraum oder auf mehrere Staaten, einschließlich dieses Staates, ausrichtet und der Vertrag in den Bereich dieser Tätigkeit fällt.	(2) Ein enger Zusammenhang ist insbesondere anzunehmen, wenn der Unternehmer 1. in dem Mitgliedstaat der Europäischen Union oder einem anderen Vertragsstaat des Abkommens über den Europäischen Wirtschaftsraum, in dem der Verbraucher seinen gewöhnlichen Aufenthalt hat, eine berufliche oder gewerbliche Tätigkeit ausübt oder 2. eine solche Tätigkeit auf irgendeinem Wege auf diesen Mitgliedstaat der Europäischen Union oder einen anderen Vertragsstaat des Abkommens über den Europäischen Wirtschaftsraum oder auf mehrere Staaten, einschließlich dieses Staates, ausrichtet und der Vertrag in den Bereich dieser Tätigkeit fällt.
(3) Verbraucherschutzrichtlinien im Sinne dieser Vorschrift sind in ihrer jeweils geltenden Fassung: 1. die Richtlinie 93/13/EWG des Rates vom 5. April 1993 über missbräuchliche Klauseln in Verbrau-	(3) Verbraucherschutzrichtlinien im Sinne dieser Vorschrift sind in ihrer jeweils geltenden Fassung: 1. die Richtlinie 93/13/EWG des Rates vom 5. April 1993 über missbräuchliche Klauseln in Verbrau-

EGBGB nF	EGBGB aF
cherverträgen (ABl. L 95 vom 21.4.1993, S. 29);	cherverträgen (ABl. L 95 vom 21.4.1993, S. 29);
2. die Richtlinie 1999/44/EG des Europäischen Parlaments und des Rates vom 25. Mai 1999 zu bestimmten Aspekten des Verbrauchsgüterkaufs und der Garantien für Verbrauchsgüter (ABl. L 171 vom 7.7.1999, S. 12);	2. die Richtlinie 97/7/EG des Europäischen Parlaments und des Rates vom 20. Mai 1997 über den Verbraucherschutz bei Vertragsabschlüssen im Fernabsatz (ABl. L 144 vom 4.6.1997, S. 19);
3. die Richtlinie 2002/65/EG des Europäischen Parlaments und des Rates vom 23. September 2002 über den Fernabsatz von Finanzdienstleistungen an Verbraucher und zur Änderung der Richtlinie 90/619/EWG des Rates und der Richtlinien 97/7/EG und 98/27/EG (ABl. L 271 vom 9.10.2002, S. 16);	3. die Richtlinie 1999/44/EG des Europäischen Parlaments und des Rates vom 25. Mai 1999 zu bestimmten Aspekten des Verbrauchsgüterkaufs und der Garantien für Verbrauchsgüter (ABl. L 171 vom 7.7.1999, S. 12);
4. die Richtlinie 2008/48/EG des Europäischen Parlaments und des Rates vom 23. April 2008 über Verbraucherkreditverträge und zur Aufhebung der Richtlinie 87/102/EWG des Rates (ABl. L 133 vom 22.5.2008, S. 66).	4. die Richtlinie 2002/65/EG des Europäischen Parlaments und des Rates vom 23. September 2002 über den Fernabsatz von Finanzdienstleistungen an Verbraucher und zur Änderung der Richtlinie 90/619/EWG des Rates und der Richtlinien 97/7/EG und 98/27/EG (ABl. L 271 vom 9.10.2002, S. 16);
	5. die Richtlinie 2008/48/EG des Europäischen Parlaments und des Rates vom 23. April 2008 über Verbraucherkreditverträge und zur Aufhebung der Richtlinie 87/102/EWG des Rates (ABl. L 133 vom 22.5.2008, S. 66).
(4) Unterliegt ein Teilzeitnutzungsvertrag, ein Vertrag über ein langfristiges Urlaubsprodukt, ein Wiederverkaufsvertrag oder ein Tauschvertrag im Sinne von Artikel 2 Absatz 1 Buchstabe a bis d der Richtlinie 2008/122/EG des Europäischen Parlaments und des Rates vom 14. Januar 2009 über den Schutz der Verbraucher im Hinblick auf bestimmte Aspekte von Teilzeitnutzungsverträgen, Verträgen über langfristige Urlaubsprodukte sowie Wiederverkaufs- und Tauschverträgen (ABl. L 33 vom 3.2.2009, S. 10) nicht dem Recht eines Mitgliedstaats der Europäischen Union oder eines anderen Vertragsstaats des Abkommens über den Europäischen Wirtschaftsraum, so darf Ver-	(4) Unterliegt ein Teilzeitnutzungsvertrag, ein Vertrag über ein langfristiges Urlaubsprodukt, ein Wiederverkaufsvertrag oder ein Tauschvertrag im Sinne von Artikel 2 Absatz 1 Buchstabe a bis d der Richtlinie 2008/122/EG des Europäischen Parlaments und des Rates vom 14. Januar 2009 über den Schutz der Verbraucher im Hinblick auf bestimmte Aspekte von Teilzeitnutzungsverträgen, Verträgen über langfristige Urlaubspro-

EGBGB nF

brauchern der in Umsetzung dieser Richtlinie gewährte Schutz nicht vorenthalten werden, wenn

1. eine der betroffenen Immobilien im Hoheitsgebiet eines Mitgliedstaats der Europäischen Union oder eines anderen Vertragsstaats des Abkommens über den Europäischen Wirtschaftsraum belegen ist oder

2. im Falle eines Vertrags, der sich nicht unmittelbar auf eine Immobilie bezieht, der Unternehmer eine gewerbliche oder berufliche Tätigkeit in einem Mitgliedstaat der Europäischen Union oder einem anderen Vertragsstaat des Abkommens über den Europäischen Wirtschaftsraum ausübt oder diese Tätigkeit auf irgendeine Weise auf einen solchen Staat ausrichtet und der Vertrag in den Bereich dieser Tätigkeit fällt.

Art. 229 § 32 Übergangsvorschrift zum Gesetz zur Umsetzung der Verbraucherrechterichtlinie und zur Änderung des Gesetzes zur Regelung der Wohnungsvermittlung

(1) Auf einen vor dem 13. Juni 2014 abgeschlossenen Verbrauchervertrag sind die Vorschriften dieses Gesetzes, des Bürgerlichen Gesetzbuchs, des Fernunterrichtsschutzgesetzes, der

EGBGB aF

dukte sowie Wiederverkaufs- und Tauschverträgen (ABl. L 33 vom 3.2.2009, S. 10) nicht dem Recht eines Mitgliedstaats der Europäischen Union oder eines anderen Vertragsstaats des Abkommens über den Europäischen Wirtschaftsraum, so darf Verbrauchern der in Umsetzung dieser Richtlinie gewährte Schutz nicht vorenthalten werden, wenn

1. eine der betroffenen Immobilien im Hoheitsgebiet eines Mitgliedstaats der Europäischen Union oder eines anderen Vertragsstaats des Abkommens über den Europäischen Wirtschaftsraum belegen ist oder

2. im Falle eines Vertrags, der sich nicht unmittelbar auf eine Immobilie bezieht, der Unternehmer eine gewerbliche oder berufliche Tätigkeit in einem Mitgliedstaat der Europäischen Union oder einem anderen Vertragsstaat des Abkommens über den Europäischen Wirtschaftsraum ausübt oder diese Tätigkeit auf irgendeine Weise auf einen solchen Staat ausrichtet und der Vertrag in den Bereich dieser Tätigkeit fällt.

EGBGB nF	EGBGB aF
Zivilprozessordnung, des Gesetzes zur Regelung der Wohnungsvermittlung, des Gesetzes gegen unlauteren Wettbewerb, des Vermögensanlagengesetzes, der Wertpapierdienstleistungs-Verhaltens- und Organisationsverordnung, des Wertpapierprospektgesetzes, der Preisangabenverordnung, des Kapitalanlagegesetzbuchs, des Versicherungsvertragsgesetzes und des Unterlassungsklagengesetzes in der bis zu diesem Tag geltenden Fassung anzuwenden.	
(2) Solange der Verbraucher bei einem Fernabsatzvertrag, der vor dem 13. Juni 2014 geschlossen wurde, nicht oder nicht entsprechend den zum Zeitpunkt des Vertragsschlusses geltenden gesetzlichen Anforderungen des Bürgerlichen Gesetzbuchs über sein Widerrufsrecht belehrt worden ist und solange das Widerrufsrecht aus diesem Grunde nicht erloschen ist, erlischt das Widerrufsrecht	
1. bei der Lieferung von Waren: zwölf Monate und 14 Tage nach Eingang der Waren beim Empfänger, jedoch nicht vor Ablauf des 27. Juni 2015,	
2. bei der wiederkehrenden Lieferung gleichartiger Waren: zwölf Monate und 14 Tage nach Eingang der ersten Teillieferung, jedoch nicht vor Ablauf des 27. Juni 2015,	
3. bei Dienstleistungen: mit Ablauf des 27. Juni 2015.	
(3) Solange der Verbraucher bei einem Haustürgeschäft, das vor dem 13. Juni 2014 geschlossen wurde, nicht oder nicht entsprechend den zum Zeitpunkt des Vertragsschlusses geltenden Anforderungen des Bürgerlichen Gesetzbuchs über sein Widerrufsrecht belehrt worden ist und solange das	

EGBGB nF	EGBGB aF
Widerrufsrecht aus diesem Grunde nicht erloschen ist, erlischt das Widerrufsrecht zwölf Monate und 14 Tage nach vollständiger Erbringung der beiderseitigen Leistungen aus dem Vertrag, nicht jedoch vor Ablauf des 27. Juni 2015. (4) Die Absätze 2 und 3 sind nicht anwendbar auf Verträge über Finanzdienstleistungen. Solange der Verbraucher bei einem Haustürgeschäft, durch das der Unternehmer dem Verbraucher eine entgeltliche Finanzierungshilfe gewährt und das vor dem 11. Juni 2010 geschlossen wurde, nicht oder nicht entsprechend den zum Zeitpunkt des Vertragsschlusses geltenden Anforderungen des Bürgerlichen Gesetzbuchs über sein Widerrufsrecht belehrt worden ist und solange das Widerrufsrecht aus diesem Grunde nicht erloschen ist, erlischt das Widerrufsrecht zwölf Monate und 14 Tage nach vollständiger Erbringung der beiderseitigen Leistungen aus dem Vertrag, nicht jedoch vor Ablauf des 27. Juni 2015.	
Art. 245 (aufgehoben)	**Art. 245 Belehrung über Widerrufs- und Rückgaberecht** Das Bundesministerium der Justiz wird ermächtigt, durch Rechtsverordnung, die der Zustimmung des Bundesrates nicht bedarf, 1. Inhalt und Gestaltung der dem Verbraucher gemäß § 355 Abs. 3 Satz 1, § 356 Abs. 2 Satz 2 und den diese ergänzenden Vorschriften des Bürgerlichen Gesetzbuchs mitzuteilenden Belehrung über das Widerrufs- und Rückgaberecht festzulegen und

Synopse

EGBGB nF	EGBGB aF
	2. zu bestimmen, wie diese Belehrung mit den auf Grund der Artikel 240 bis 242 zu erteilenden Informationen zu verbinden ist.

Art. 246 Informationspflichten beim Verbrauchervertrag

(1) Der Unternehmer ist, sofern sich diese Informationen nicht aus den Umständen ergeben, nach § 312a Absatz 2 des Bürgerlichen Gesetzbuchs verpflichtet, dem Verbraucher vor Abgabe von dessen Vertragserklärung folgende Informationen in klarer und verständlicher Weise zur Verfügung zu stellen:

1. die wesentlichen Eigenschaften der Waren oder Dienstleistungen in dem für den Datenträger und die Waren oder Dienstleistungen angemessenen Umfang,
2. seine Identität, beispielsweise seinen Handelsnamen und die Anschrift des Ortes, an dem er niedergelassen ist, sowie seine Telefonnummer,
3. den Gesamtpreis der Waren und Dienstleistungen einschließlich aller Steuern und Abgaben oder in den Fällen, in denen der Preis auf Grund der Beschaffenheit der Ware oder Dienstleistung vernünftigerweise nicht im Voraus berechnet werden kann, die Art der Preisberechnung sowie gegebenenfalls alle zusätzlichen Fracht-, Liefer- oder Versandkosten oder in den Fällen, in denen diese Kosten vernünftigerweise nicht im Voraus berechnet werden können, die Tatsache, dass solche zusätzlichen Kosten anfallen können,

Art. 246 Informationspflichten bei besonderen Vertriebsformen

§ 1 Informationspflichten bei Fernabsatzverträgen

(1) Bei Fernabsatzverträgen muss der Unternehmer dem Verbraucher rechtzeitig vor Abgabe von dessen Vertragserklärung folgende Informationen in einer dem eingesetzten Fernkommunikationsmittel entsprechenden Weise klar und verständlich und unter Angabe des geschäftlichen Zwecks zur Verfügung stellen:

1. seine Identität, anzugeben ist auch das öffentliche Unternehmensregister, bei dem der Rechtsträger eingetragen ist, und die zugehörige Registernummer oder gleichwertige Kennung,
2. die Identität eines Vertreters des Unternehmers in dem Mitgliedstaat, in dem der Verbraucher seinen Wohnsitz hat, wenn es einen solchen Vertreter gibt, oder die Identität einer anderen gewerblich tätigen Person als dem Anbieter, wenn der Verbraucher mit dieser geschäftlich zu tun hat, und die Eigenschaft, in der diese Person gegenüber dem Verbraucher tätig wird,
3. die ladungsfähige Anschrift des Unternehmers und jede andere Anschrift, die für die Geschäftsbeziehung zwischen diesem, seinem Vertreter oder einer anderen ge-

EGBGB nF	EGBGB aF
4. gegebenenfalls die Zahlungs-, Liefer- und Leistungsbedingungen, den Termin, bis zu dem sich der Unternehmer verpflichtet hat, die Waren zu liefern oder die Dienstleistungen zu erbringen, sowie das Verfahren des Unternehmers zum Umgang mit Beschwerden, 5. das Bestehen eines gesetzlichen Mängelhaftungsrechts für die Waren und gegebenenfalls das Bestehen und die Bedingungen von Kundendienstleistungen und Garantien, 6. gegebenenfalls die Laufzeit des Vertrags oder die Bedingungen der Kündigung unbefristeter Verträge oder sich automatisch verlängernder Verträge, 7. gegebenenfalls die Funktionsweise digitaler Inhalte, einschließlich anwendbarer technischer Schutzmaßnahmen für solche Inhalte, und 8. gegebenenfalls, soweit wesentlich, Beschränkungen der Interoperabilität und der Kompatibilität digitaler Inhalte mit Hard- und Software, soweit diese Beschränkungen dem Unternehmer bekannt sind oder bekannt sein müssen. (2) Absatz 1 ist nicht anzuwenden auf Verträge, die Geschäfte des täglichen Lebens zum Gegenstand haben und bei Vertragsschluss sofort erfüllt werden. (3) Steht dem Verbraucher ein Widerrufsrecht zu, ist der Unternehmer verpflichtet, den Verbraucher in Textform über sein Widerrufsrecht zu belehren. Die Widerrufsbelehrung muss deutlich gestaltet sein und dem Verbraucher seine wesentlichen Rechte in einer dem benutzten Kommunika-	werblich tätigen Person gemäß Nummer 2 und dem Verbraucher maßgeblich ist, bei juristischen Personen, Personenvereinigungen oder Personengruppen auch den Namen eines Vertretungsberechtigten, 4. die wesentlichen Merkmale der Ware oder Dienstleistung sowie Informationen darüber, wie der Vertrag zustande kommt, 5. die Mindestlaufzeit des Vertrags, wenn dieser eine dauernde oder regelmäßig wiederkehrende Leistung zum Inhalt hat, 6. einen Vorbehalt, eine in Qualität und Preis gleichwertige Leistung (Ware oder Dienstleistung) zu erbringen, und einen Vorbehalt, die versprochene Leistung im Fall ihrer Nichtverfügbarkeit nicht zu erbringen, 7. den Gesamtpreis der Ware oder Dienstleistung einschließlich aller damit verbundenen Preisbestandteile sowie alle über den Unternehmer abgeführten Steuern oder, wenn kein genauer Preis angegeben werden kann, seine Berechnungsgrundlage, die dem Verbraucher eine Überprüfung des Preises ermöglicht, 8. gegebenenfalls zusätzlich anfallende Liefer- und Versandkosten sowie einen Hinweis auf mögliche weitere Steuern oder Kosten, die nicht über den Unternehmer abgeführt oder von ihm in Rechnung gestellt werden, 9. die Einzelheiten hinsichtlich der Zahlung und der Lieferung oder Erfüllung,

Synopse

EGBGB nF	EGBGB aF
tionsmittel angepassten Weise deutlich machen. Sie muss Folgendes enthalten: 1. einen Hinweis auf das Recht zum Widerruf, 2. einen Hinweis darauf, dass der Widerruf durch Erklärung gegenüber dem Unternehmer erfolgt und keiner Begründung bedarf, 3. den Namen und die ladungsfähige Anschrift desjenigen, gegenüber dem der Widerruf zu erklären ist, und 4. einen Hinweis auf Dauer und Beginn der Widerrufsfrist sowie darauf, dass zur Fristwahrung die rechtzeitige Absendung der Widerrufserklärung genügt.	10. das Bestehen oder Nichtbestehen eines Widerrufs- oder Rückgaberechts sowie die Bedingungen, Einzelheiten der Ausübung, insbesondere den Namen und die Anschrift desjenigen, gegenüber dem der Widerruf zu erklären ist, und die Rechtsfolgen des Widerrufs oder der Rückgabe einschließlich Informationen über den Betrag, den der Verbraucher im Fall des Widerrufs oder der Rückgabe gemäß § 357 Abs. 1 des Bürgerlichen Gesetzbuchs für die erbrachte Dienstleistung zu zahlen hat, 11. alle spezifischen zusätzlichen Kosten, die der Verbraucher für die Benutzung des Fernkommunikationsmittels zu tragen hat, wenn solche zusätzlichen Kosten durch den Unternehmer in Rechnung gestellt werden, und 12. eine Befristung der Gültigkeitsdauer der zur Verfügung gestellten Informationen, beispielsweise die Gültigkeitsdauer befristeter Angebote, insbesondere hinsichtlich des Preises. (2) Bei Fernabsatzverträgen über Finanzdienstleistungen muss der Unternehmer dem Verbraucher rechtzeitig vor Abgabe von dessen Vertragserklärung ferner folgende Informationen in der in Absatz 1 genannten Art und Weise zur Verfügung stellen: 1. die Hauptgeschäftstätigkeit des Unternehmers und die für seine Zulassung zuständige Aufsichtsbehörde, 2. gegebenenfalls den Hinweis, dass sich die Finanzdienstleistung auf Finanzinstrumente bezieht, die we-

EGBGB nF	EGBGB aF
	gen ihrer spezifischen Merkmale oder der durchzuführenden Vorgänge mit speziellen Risiken behaftet sind oder deren Preis Schwankungen auf dem Finanzmarkt unterliegt, auf die der Unternehmer keinen Einfluss hat, und dass in der Vergangenheit erwirtschaftete Erträge kein Indikator für künftige Erträge sind,
	3. die vertraglichen Kündigungsbedingungen einschließlich etwaiger Vertragsstrafen,
	4. die Mitgliedstaaten der Europäischen Union, deren Recht der Unternehmer der Aufnahme von Beziehungen zum Verbraucher vor Abschluss des Fernabsatzvertrags zugrunde legt,
	5. eine Vertragsklausel über das auf den Fernabsatzvertrag anwendbare Recht oder über das zuständige Gericht,
	6. die Sprachen, in welchen die Vertragsbedingungen und die in dieser Vorschrift genannten Vorabinformationen mitgeteilt werden, sowie die Sprachen, in welchen sich der Unternehmer verpflichtet, mit Zustimmung des Verbrauchers die Kommunikation während der Laufzeit dieses Vertrags zu führen,
	7. einen möglichen Zugang des Verbrauchers zu einem außergerichtlichen Beschwerde- und Rechtsbehelfsverfahren und gegebenenfalls die Voraussetzungen für diesen Zugang und
	8. das Bestehen eines Garantiefonds oder anderer Entschädigungsregelungen, die nicht unter die Richtlinie 94/19/EG des Europäischen Parlaments und des Rates

EGBGB nF	EGBGB aF
	vom 30. Mai 1994 über Einlagensicherungssysteme (ABl. EG Nr. L 135 S. 5) und die Richtlinie 97/9/EG des Europäischen Parlaments und des Rates vom 3. März 1997 über Systeme für die Entschädigung der Anleger (ABl. EG Nr. L 84 S. 22) fallen.
	(3) Bei Telefongesprächen hat der Unternehmer dem Verbraucher nur Informationen nach Absatz 1 zur Verfügung zu stellen, wobei eine Angabe gemäß Absatz 1 Nr. 3 nur erforderlich ist, wenn der Verbraucher eine Vorauszahlung zu leisten hat. Satz 1 gilt nur, wenn der Unternehmer den Verbraucher darüber informiert hat, dass auf Wunsch weitere Informationen übermittelt werden können und welcher Art diese Informationen sind, und der Verbraucher ausdrücklich auf die Übermittlung der weiteren Informationen vor Abgabe seiner Vertragserklärung verzichtet hat.
	Art. 246 Weitere Informations- **§ 2 pflichten bei Fernabsatzverträgen**
	(1) Der Unternehmer hat dem Verbraucher ferner die in Satz 2 bestimmten Informationen in Textform mitzuteilen, und zwar bei
	1. Finanzdienstleistungen rechtzeitig vor Abgabe von dessen Vertragserklärung oder, wenn auf Verlangen des Verbrauchers der Vertrag telefonisch oder unter Verwendung eines anderen Fernkommunikationsmittels geschlossen wird, das die Mitteilung in Textform vor Vertragsschluss nicht gestattet, unverzüglich nach Abschluss des Fernabsatzvertrags,

EGBGB nF	EGBGB aF
	2. sonstigen Dienstleistungen und bei der Lieferung von Waren alsbald, spätestens bis zur vollständigen Erfüllung des Vertrags, bei Waren spätestens bis zur Lieferung an den Verbraucher.

Der Unternehmer hat dem Verbraucher gemäß Satz 1 mitzuteilen:

1. die Vertragsbestimmungen einschließlich der Allgemeinen Geschäftsbedingungen,
2. die in § 1 Abs. 1 genannten Informationen,
3. bei Finanzdienstleistungen auch die in § 1 Abs. 2 genannten Informationen und
4. bei der Lieferung von Waren und sonstigen Dienstleistungen ferner
   a) die in § 1 Abs. 2 Nr. 3 genannten Informationen bei Verträgen, die ein Dauerschuldverhältnis betreffen und für eine längere Zeit als ein Jahr oder für unbestimmte Zeit geschlossen sind, sowie
   b) Informationen über Kundendienst und geltende Gewährleistungs- und Garantiebedingungen.

(2) Eine Mitteilung nach Absatz 1 Satz 1 Nr. 2 in Verbindung mit Absatz 1 Satz 2 ist entbehrlich bei Dienstleistungen, die unmittelbar durch Einsatz von Fernkommunikationsmitteln erbracht werden, sofern diese Leistungen in einem Mal erfolgen und über den Betreiber der Fernkommunikationsmittel abgerechnet werden. Der Verbraucher muss sich in diesem Fall aber über die Anschrift der Niederlassung des Unternehmers informieren können, bei der er Beanstandungen vorbringen kann. |

EGBGB nF	EGBGB aF
	(3) Zur Erfüllung seiner Informationspflicht gemäß Absatz 1 Satz 2 Nr. 2 in Verbindung mit § 1 Abs. 1 Nr. 10 über das Bestehen eines Widerrufs- oder Rückgaberechts kann der Unternehmer die in den Anlagen 1 und 2 für die Belehrung über das Widerrufs- oder Rückgaberecht vorgesehenen Muster in Textform verwenden. Soweit die nach Absatz 1 Satz 2 Nr. 2 in Verbindung mit § 1 Abs. 1 Nr. 3 und 10, nach Absatz 1 Satz 2 Nr. 3 in Verbindung mit § 1 Abs. 2 Nr. 3 und nach Absatz 1 Satz 2 Nr. 4 Buchstabe b mitzuteilenden Informationen in den Vertragsbestimmungen einschließlich der Allgemeinen Geschäftsbedingungen enthalten sind, bedürfen sie einer hervorgehobenen und deutlich gestalteten Form.
	Art. 246 Informationspflichten bei § 3 Verträgen im elektronischen Geschäftsverkehr Bei Verträgen im elektronischen Geschäftsverkehr muss der Unternehmer den Kunden unterrichten 1. über die einzelnen technischen Schritte, die zu einem Vertragsschluss führen, 2. darüber, ob der Vertragstext nach dem Vertragsschluss von dem Unternehmer gespeichert wird und ob er dem Kunden zugänglich ist, 3. darüber, wie er mit den gemäß § 312g Absatz 1 Satz 1 Nummer 1 des Bürgerlichen Gesetzbuchs zur Verfügung gestellten technischen Mitteln Eingabefehler vor Abgabe der Vertragserklärung erkennen und berichtigen kann,

EGBGB nF	EGBGB aF
	4. über die für den Vertragsschluss zur Verfügung stehenden Sprachen und
	5. über sämtliche einschlägigen Verhaltenskodizes, denen sich der Unternehmer unterwirft, sowie über die Möglichkeit eines elektronischen Zugangs zu diesen Regelwerken.

**Art. 246a § 1
Informationspflichten bei außerhalb von Geschäftsräumen geschlossenen Verträgen und Fernabsatzverträgen mit Ausnahme von Verträgen über Finanzdienstleistungen**

(1) Der Unternehmer ist nach § 312d Absatz 1 des Bürgerlichen Gesetzbuchs verpflichtet, dem Verbraucher folgende Informationen zur Verfügung zu stellen:

1. die wesentlichen Eigenschaften der Waren oder Dienstleistungen in dem für das Kommunikationsmittel und für die Waren und Dienstleistungen angemessenen Umfang,

2. seine Identität, beispielsweise seinen Handelsnamen sowie die Anschrift des Ortes, an dem er niedergelassen ist, seine Telefonnummer und gegebenenfalls seine Telefaxnummer und E-Mail-Adresse sowie gegebenenfalls die Anschrift und die Identität des Unternehmers, in dessen Auftrag er handelt,

3. zusätzlich zu den Angaben gemäß Nummer 2 die Geschäftsanschrift des Unternehmers und gegebenenfalls die Anschrift des Unternehmers, in dessen Auftrag er

EGBGB nF	EGBGB aF

handelt, an die sich der Verbraucher mit jeder Beschwerde wenden kann, falls diese Anschrift von der Anschrift unter Nummer 2 abweicht,

4. den Gesamtpreis der Waren oder Dienstleistungen einschließlich aller Steuern und Abgaben, oder in den Fällen, in denen der Preis auf Grund der Beschaffenheit der Waren oder Dienstleistungen vernünftigerweise nicht im Voraus berechnet werden kann, die Art der Preisberechnung sowie gegebenenfalls alle zusätzlichen Fracht-, Liefer- oder Versandkosten und alle sonstigen Kosten, oder in den Fällen, in denen diese Kosten vernünftigerweise nicht im Voraus berechnet werden können, die Tatsache, dass solche zusätzlichen Kosten anfallen können,

5. im Falle eines unbefristeten Vertrags oder eines Abonnement-Vertrags den Gesamtpreis; dieser umfasst die pro Abrechnungszeitraum anfallenden Gesamtkosten und, wenn für einen solchen Vertrag Festbeträge in Rechnung gestellt werden, ebenfalls die monatlichen Gesamtkosten; wenn die Gesamtkosten vernünftigerweise nicht im Voraus berechnet werden können, ist die Art der Preisberechnung anzugeben,

6. die Kosten für den Einsatz des für den Vertragsabschluss genutzten Fernkommunikationsmittels, sofern dem Verbraucher Kosten berechnet werden, die über die Kosten für die bloße Nutzung des Fernkommunikationsmittels hinausgehen,

EGBGB nF	EGBGB aF
7. die Zahlungs-, Liefer- und Leistungsbedingungen, den Termin, bis zu dem der Unternehmer die Waren liefern oder die Dienstleistung erbringen muss, und gegebenenfalls das Verfahren des Unternehmers zum Umgang mit Beschwerden,	
8. das Bestehen eines gesetzlichen Mängelhaftungsrechts für die Waren,	
9. gegebenenfalls das Bestehen und die Bedingungen von Kundendienst, Kundendienstleistungen und Garantien,	
10. gegebenenfalls bestehende einschlägige Verhaltenskodizes gemäß Artikel 2 Buchstabe f der Richtlinie 2005/29/EG des Europäischen Parlaments und des Rates vom 11. Mai 2005 über unlautere Geschäftspraktiken im binnenmarktinternen Geschäftsverkehr zwischen Unternehmen und Verbrauchern und zur Änderung der Richtlinie 84/450/EWG des Rates, der Richtlinien 97/7/EG, 98/27/EG und 2002/65/EG des Europäischen Parlaments und des Rates sowie der Verordnung (EG) Nr. 2006/2004 des Europäischen Parlaments und des Rates (ABl. L 149 vom 11.6.2005, S. 22) und wie Exemplare davon erhalten werden können,	
11. gegebenenfalls die Laufzeit des Vertrags oder die Bedingungen der Kündigung unbefristeter Verträge oder sich automatisch verlängernder Verträge,	
12. gegebenenfalls die Mindestdauer der Verpflichtungen, die der Verbraucher mit dem Vertrag eingeht,	

EGBGB nF	EGBGB aF

13. gegebenenfalls die Tatsache, dass der Unternehmer vom Verbraucher die Stellung einer Kaution oder die Leistung anderer finanzieller Sicherheiten verlangen kann, sowie deren Bedingungen,

14. gegebenenfalls die Funktionsweise digitaler Inhalte, einschließlich anwendbarer technischer Schutzmaßnahmen für solche Inhalte,

15. gegebenenfalls, soweit wesentlich, Beschränkungen der Interoperabilität und der Kompatibilität digitaler Inhalte mit Hard- und Software, soweit diese Beschränkungen dem Unternehmer bekannt sind oder bekannt sein müssen, und

16. gegebenenfalls, dass der Verbraucher ein außergerichtliches Beschwerde- und Rechtsbehelfsverfahren, dem der Unternehmer unterworfen ist, nutzen kann, und dessen Zugangsvoraussetzungen.

Wird der Vertrag im Rahmen einer öffentlich zugänglichen Versteigerung geschlossen, können anstelle der Angaben nach Satz 1 Nummer 2 und 3 die entsprechenden Angaben des Versteigerers zur Verfügung gestellt werden.

(2) Steht dem Verbraucher ein Widerrufsrecht nach § 312g Absatz 1 des Bürgerlichen Gesetzbuchs zu, ist der Unternehmer verpflichtet, den Verbraucher zu informieren

1. über die Bedingungen, die Fristen und das Verfahren für die Ausübung des Widerrufsrechts nach § 355 Absatz 1 des Bürgerlichen Gesetzbuchs sowie das Muster-Widerrufsformular in der Anlage 2,

EGBGB nF

2. gegebenenfalls darüber, dass der Verbraucher im Widerrufsfall die Kosten für die Rücksendung der Waren zu tragen hat, und bei Fernabsatzverträgen zusätzlich über die Kosten für die Rücksendung der Waren, wenn die Waren auf Grund ihrer Beschaffenheit nicht auf dem normalen Postweg zurückgesendet werden können, und

3. darüber, dass der Verbraucher dem Unternehmer bei einem Vertrag über die Erbringung von Dienstleistungen oder über die nicht in einem bestimmten Volumen oder in einer bestimmten Menge vereinbarte Lieferung von Wasser, Gas, Strom oder die Lieferung von Fernwärme einen angemessenen Betrag nach § 357 Absatz 8 des Bürgerlichen Gesetzbuchs für die vom Unternehmer erbrachte Leistung schuldet, wenn der Verbraucher das Widerrufsrecht ausübt, nachdem er auf Aufforderung des Unternehmers von diesem ausdrücklich den Beginn der Leistung vor Ablauf der Widerrufsfrist verlangt hat.

Der Unternehmer kann diese Informationspflichten dadurch erfüllen, dass er das in der Anlage 1 vorgesehene Muster für die Widerrufsbelehrung zutreffend ausgefüllt in Textform übermittelt.

(3) Der Unternehmer hat den Verbraucher auch zu informieren, wenn

1. dem Verbraucher nach § 312g Absatz 2 Satz 1 Nummer 1, 2, 5 und 7 bis 13 des Bürgerlichen Gesetzbuchs ein Widerrufsrecht nicht zusteht, dass der Verbraucher seine Willenserklärung nicht widerrufen kann, oder

EGBGB aF

EGBGB nF	EGBGB aF
2. das Widerrufsrecht des Verbrauchers nach § 312g Absatz 2 Satz 1 Nummer 3, 4 und 6 sowie § 356 Absatz 4 und 5 des Bürgerlichen Gesetzbuchs vorzeitig erlöschen kann, über die Umstände, unter denen der Verbraucher ein zunächst bestehendes Widerrufsrecht verliert.	
§ 2 Erleichterte Informationspflichten bei Reparatur- und Instandhaltungsarbeiten	
(1) Hat der Verbraucher bei einem Vertrag über Reparatur- und Instandhaltungsarbeiten, der außerhalb von Geschäftsräumen geschlossen wird, bei dem die beiderseitigen Leistungen sofort erfüllt werden und die vom Verbraucher zu leistende Vergütung 200 Euro nicht übersteigt, ausdrücklich die Dienste des Unternehmers angefordert, muss der Unternehmer dem Verbraucher lediglich folgende Informationen zur Verfügung stellen:	
1. die Angaben nach § 1 Absatz 1 Satz 1 Nummer 2 und	
2. den Preis oder die Art der Preisberechnung zusammen mit einem Kostenvoranschlag über die Gesamtkosten.	
(2) Ferner hat der Unternehmer dem Verbraucher folgende Informationen zur Verfügung zu stellen:	
1. die wesentlichen Eigenschaften der Waren oder Dienstleistungen in dem für das Kommunikationsmittel und die Waren oder Dienstleistungen angemessenen Umfang,	
2. gegebenenfalls die Bedingungen, die Fristen und das Verfahren für die Ausübung des Widerrufsrechts sowie das Muster-Widerrufsformular in der Anlage 2 und	

EGBGB nF	EGBGB aF

3. gegebenenfalls die Information, dass der Verbraucher seine Willenserklärung nicht widerrufen kann, oder die Umstände, unter denen der Verbraucher ein zunächst bestehendes Widerrufsrecht vorzeitig verliert.

(3) Eine vom Unternehmer zur Verfügung gestellte Abschrift oder Bestätigung des Vertrags nach § 312f Absatz 1 des Bürgerlichen Gesetzbuchs muss alle nach § 1 zu erteilenden Informationen enthalten.

§ 3 Erleichterte Informationspflichten bei begrenzter Darstellungsmöglichkeit

Soll ein Fernabsatzvertrag mittels eines Fernkommunikationsmittels geschlossen werden, das nur begrenzten Raum oder begrenzte Zeit für die dem Verbraucher zu erteilenden Informationen bietet, ist der Unternehmer verpflichtet, dem Verbraucher mittels dieses Fernkommunikationsmittels zumindest folgende Informationen zur Verfügung zu stellen:

1. die wesentlichen Eigenschaften der Waren oder Dienstleistungen,
2. die Identität des Unternehmers,
3. den Gesamtpreis oder in den Fällen, in denen der Preis auf Grund der Beschaffenheit der Waren oder Dienstleistungen vernünftigerweise nicht im Voraus berechnet werden kann, die Art der Preisberechnung,
4. gegebenenfalls das Bestehen eines Widerrufsrechts und
5. gegebenenfalls die Vertragslaufzeit und die Bedingungen für die Kündigung eines Dauerschuldverhältnisses.

EGBGB nF	EGBGB aF

Die weiteren Angaben nach § 1 hat der Unternehmer dem Verbraucher in geeigneter Weise unter Beachtung von § 4 Absatz 3 zugänglich zu machen.

§ 4 Formale Anforderungen an die Erfüllung der Informationspflichten

(1) Der Unternehmer muss dem Verbraucher die Informationen nach den §§ 1 bis 3 vor Abgabe von dessen Vertragserklärung in klarer und verständlicher Weise zur Verfügung stellen.

(2) Bei einem außerhalb von Geschäftsräumen geschlossenen Vertrag muss der Unternehmer die Informationen auf Papier oder, wenn der Verbraucher zustimmt, auf einem anderen dauerhaften Datenträger zur Verfügung stellen. Die Informationen müssen lesbar sein. Die Person des erklärenden Unternehmers muss genannt sein. Der Unternehmer kann die Informationen nach § 2 Absatz 2 in anderer Form zur Verfügung stellen, wenn sich der Verbraucher hiermit ausdrücklich einverstanden erklärt hat.

(3) Bei einem Fernabsatzvertrag muss der Unternehmer dem Verbraucher die Informationen in einer den benutzten Fernkommunikationsmitteln angepassten Weise zur Verfügung stellen. Soweit die Informationen auf einem dauerhaften Datenträger zur Verfügung gestellt werden, müssen sie lesbar sein, und die Person des erklärenden Unternehmers muss genannt sein. Abweichend von Satz 1 kann der Unternehmer dem Verbraucher die in § 3 Satz 2 genannten Informationen in geeigneter Weise zugänglich machen.

EGBGB nF	EGBGB aF

Art. 246b Informationspflichten bei außerhalb von Geschäftsräumen geschlossenen Verträgen und Fernabsatzverträgen über Finanzdienstleistungen

§ 1 Informationspflichten

(1) Der Unternehmer ist nach § 312d Absatz 2 des Bürgerlichen Gesetzbuchs verpflichtet, dem Verbraucher rechtzeitig vor Abgabe von dessen Vertragserklärung klar und verständlich und unter Angabe des geschäftlichen Zwecks, bei Fernabsatzverträgen in einer dem benutzten Fernkommunikationsmittel angepassten Weise, folgende Informationen zur Verfügung zu stellen:

1. seine Identität, anzugeben ist auch das öffentliche Unternehmensregister, bei dem der Rechtsträger eingetragen ist, und die zugehörige Registernummer oder gleichwertige Kennung,
2. die Hauptgeschäftstätigkeit des Unternehmers und die für seine Zulassung zuständige Aufsichtsbehörde,
3. die Identität des Vertreters des Unternehmers in dem Mitgliedstaat, in dem der Verbraucher seinen Wohnsitz hat, wenn es einen solchen Vertreter gibt, oder die Identität einer anderen gewerblich tätigen Person als dem Anbieter, wenn der Verbraucher mit dieser Person geschäftlich zu tun hat, und die Eigenschaft, in der diese Person gegenüber dem Verbraucher tätig wird,
4. die ladungsfähige Anschrift des Unternehmers und jede andere Anschrift, die für die Geschäfts-

EGBGB nF	EGBGB aF
beziehung zwischen diesem, seinem Vertreter oder einer anderen gewerblich tätigen Person nach Nummer 3 und dem Verbraucher maßgeblich ist, bei juristischen Personen, Personenvereinigungen oder Personengruppen auch den Namen des Vertretungsberechtigten,	
5. die wesentlichen Merkmale der Finanzdienstleistung sowie Informationen darüber, wie der Vertrag zustande kommt,	
6. den Gesamtpreis der Finanzdienstleistung einschließlich aller damit verbundenen Preisbestandteile sowie alle über den Unternehmer abgeführten Steuern oder, wenn kein genauer Preis angegeben werden kann, seine Berechnungsgrundlage, die dem Verbraucher eine Überprüfung des Preises ermöglicht,	
7. gegebenenfalls zusätzlich anfallende Kosten sowie einen Hinweis auf mögliche weitere Steuern oder Kosten, die nicht über den Unternehmer abgeführt oder von ihm in Rechnung gestellt werden,	
8. gegebenenfalls den Hinweis, dass sich die Finanzdienstleistung auf Finanzinstrumente bezieht, die wegen ihrer spezifischen Merkmale oder der durchzuführenden Vorgänge mit speziellen Risiken behaftet sind oder deren Preis Schwankungen auf dem Finanzmarkt unterliegt, auf die der Unternehmer keinen Einfluss hat, und dass in der Vergangenheit erwirtschaftete Erträge kein Indikator für künftige Erträge sind,	

EGBGB nF	EGBGB aF

9. eine Befristung der Gültigkeitsdauer der zur Verfügung gestellten Informationen, beispielsweise die Gültigkeitsdauer befristeter Angebote, insbesondere hinsichtlich des Preises,

10. Einzelheiten hinsichtlich der Zahlung und der Erfüllung,

11. alle spezifischen zusätzlichen Kosten, die der Verbraucher für die Benutzung des Fernkommunikationsmittels zu tragen hat, wenn solche zusätzlichen Kosten durch den Unternehmer in Rechnung gestellt werden,

12. das Bestehen oder Nichtbestehen eines Widerrufsrechts sowie die Bedingungen, Einzelheiten der Ausübung, insbesondere Name und Anschrift desjenigen, gegenüber dem der Widerruf zu erklären ist, und die Rechtsfolgen des Widerrufs einschließlich Informationen über den Betrag, den der Verbraucher im Falle des Widerrufs nach § 357a des Bürgerlichen Gesetzbuchs für die erbrachte Leistung zu zahlen hat,

13. die Mindestlaufzeit des Vertrags, wenn dieser eine dauernde oder regelmäßig wiederkehrende Leistung zum Inhalt hat,

14. die vertraglichen Kündigungsbedingungen einschließlich etwaiger Vertragsstrafen,

15. die Mitgliedstaaten der Europäischen Union, deren Recht der Unternehmer der Aufnahme von Beziehungen zum Verbraucher vor Abschluss des Vertrags zugrunde legt,

Synopse

EGBGB nF	EGBGB aF

16. eine Vertragsklausel über das auf den Vertrag anwendbare Recht oder über das zuständige Gericht,

17. die Sprachen, in welchen die Vertragsbedingungen und die in dieser Vorschrift genannten Vorabinformationen mitgeteilt werden, sowie die Sprachen, in welchen sich der Unternehmer verpflichtet, mit Zustimmung des Verbrauchers die Kommunikation während der Laufzeit dieses Vertrags zu führen,

18. gegebenenfalls, dass der Verbraucher ein außergerichtliches Beschwerde- und Rechtsbehelfsverfahren, dem der Unternehmer unterworfen ist, nutzen kann, und dessen Zugangsvoraussetzungen und

19. das Bestehen eines Garantiefonds oder anderer Entschädigungsregelungen, die weder unter die Richtlinie 94/19/EG des Europäischen Parlaments und des Rates vom 30. Mai 1994 über Einlagensicherungssysteme (ABl. L 135 vom 31.5.1994, S. 5) noch unter die Richtlinie 97/9/EG des Europäischen Parlaments und des Rates vom 3. März 1997 über Systeme für die Entschädigung der Anleger (ABl. L 84 vom 26.3.1997, S. 22) fallen.

(2) Bei Telefongesprächen hat der Unternehmer nur folgende Informationen zur Verfügung zu stellen:

1. die Identität der Kontaktperson des Verbrauchers und deren Verbindung zum Unternehmer,

2. die Beschreibung der Hauptmerkmale der Finanzdienstleistung,

EGBGB nF	EGBGB aF

3. den Gesamtpreis, den der Verbraucher dem Unternehmer für die Finanzdienstleistung schuldet, einschließlich aller über den Unternehmer abgeführten Steuern, oder, wenn kein genauer Preis angegeben werden kann, die Grundlage für die Berechnung des Preises, die dem Verbraucher eine Überprüfung des Preises ermöglicht,

4. mögliche weitere Steuern und Kosten, die nicht über den Unternehmer abgeführt oder von ihm in Rechnung gestellt werden, und

5. das Bestehen oder Nichtbestehen eines Widerrufsrechts sowie für den Fall, dass ein Widerrufsrecht besteht, auch die Widerrufsfrist und die Bedingungen, Einzelheiten der Ausübung und die Rechtsfolgen des Widerrufs einschließlich Informationen über den Betrag, den der Verbraucher im Falle des Widerrufs nach § 357a des Bürgerlichen Gesetzbuchs für die erbrachte Leistung zu zahlen hat.

Satz 1 gilt nur, wenn der Unternehmer den Verbraucher darüber informiert hat, dass auf Wunsch weitere Informationen übermittelt werden können und welcher Art diese Informationen sind, und der Verbraucher ausdrücklich auf die Übermittlung der weiteren Informationen vor Abgabe seiner Vertragserklärung verzichtet hat.

§ 2 Weitere Informationspflichten

(1) Der Unternehmer hat dem Verbraucher rechtzeitig vor Abgabe von dessen Vertragserklärung die folgen-

EGBGB nF	EGBGB aF

den Informationen auf einem dauerhaften Datenträger mitzuteilen:

1. die Vertragsbestimmungen einschließlich der Allgemeinen Geschäftsbedingungen und

2. die in § 1 Absatz 1 genannten Informationen.

Wird der Vertrag auf Verlangen des Verbrauchers telefonisch oder unter Verwendung eines anderen Fernkommunikationsmittels geschlossen, das die Mitteilung auf einem dauerhaften Datenträger vor Vertragsschluss nicht gestattet, hat der Unternehmer dem Verbraucher abweichend von Satz 1 die Informationen unverzüglich nach Abschluss des Fernabsatzvertrags zu übermitteln.

(2) Der Verbraucher kann während der Laufzeit des Vertrags vom Unternehmer jederzeit verlangen, dass dieser ihm die Vertragsbedingungen einschließlich der Allgemeinen Geschäftsbedingungen in Papierform zur Verfügung stellt.

(3) Zur Erfüllung seiner Informationspflicht nach Absatz 1 Satz 1 Nummer 2 in Verbindung mit § 1 Absatz 1 Nummer 12 über das Bestehen eines Widerrufsrechts kann der Unternehmer dem Verbraucher das in der Anlage 3 vorgesehene Muster für die Widerrufsbelehrung bei Finanzdienstleistungsverträgen zutreffend ausgefüllt in Textform übermitteln.

Art. 246c Informationspflichten bei Verträgen im elektronischen Geschäftsverkehr

Bei Verträgen im elektronischen Geschäftsverkehr muss der Unternehmer den Kunden unterrichten

EGBGB nF	EGBGB aF

1. über die einzelnen technischen Schritte, die zu einem Vertragsschluss führen,
2. darüber, ob der Vertragstext nach dem Vertragsschluss von dem Unternehmer gespeichert wird und ob er dem Kunden zugänglich ist,
3. darüber, wie er mit den nach § 312i Absatz 1 Satz 1 Nummer 1 des Bürgerlichen Gesetzbuchs zur Verfügung gestellten technischen Mitteln Eingabefehler vor Abgabe der Vertragserklärung erkennen und berichtigen kann,
4. über die für den Vertragsschluss zur Verfügung stehenden Sprachen und
5. über sämtliche einschlägigen Verhaltenskodizes, denen sich der Unternehmer unterwirft, sowie über die Möglichkeit eines elektronischen Zugangs zu diesen Regelwerken.

Art. 247 Informationspflichten bei Verbraucherverträgen, entgeltlichen Finanzierungshilfen und Darlehensvermittlungsverträgen	**Art. 247 Informationspflichten bei Verbraucherverträgen, entgeltlichen Finanzierungshilfen und Darlehensvermittlungsverträgen**
§ 2 Muster	**§ 2 Muster**
(1) Die Unterrichtung hat unter Verwendung der Europäischen Standardinformation für Verbraucherkredite gemäß dem Muster in Anlage 4 zu erfolgen, wenn nicht ein Vertrag gemäß § 495 Absatz 2 Nummer 1, § 503 oder § 504 Abs. 2 des Bürgerlichen Gesetzbuchs abgeschlossen werden soll.	(1) Die Unterrichtung hat unter Verwendung der Europäischen Standardinformation für Verbraucherkredite gemäß dem Muster in Anlage 3 zu erfolgen, wenn nicht ein Vertrag gemäß § 495 Abs. 3 Nr. 1, § 503 oder § 504 Abs. 2 des Bürgerlichen Gesetzbuchs abgeschlossen werden soll.
(2) Soll ein Vertrag der in § 495 Absatz 2 Nummer 1 oder § 504 Abs. 2	(2) Soll ein Vertrag der in § 495 Abs. 3 Nr. 1 oder § 504 Abs. 2 des Bürgerli-

EGBGB nF	EGBGB aF
des Bürgerlichen Gesetzbuchs bezeichneten Art abgeschlossen werden, kann der Darlehensgeber zur Unterrichtung die Europäische Verbraucherkreditinformation gemäß dem Muster in Anlage 5 verwenden. Bei Verträgen gemäß § 503 des Bürgerlichen Gesetzbuchs kann der Darlehensgeber das Europäische Standardisierte Merkblatt gemäß dem Muster in Anlage 6 verwenden. Verwendet der Darlehensgeber die Muster nicht, hat er bei der Unterrichtung alle nach den §§ 3 bis 5 und 8 bis 13 erforderlichen Angaben gleichartig zu gestalten und hervorzuheben. (3) Die Verpflichtung zur Unterrichtung nach § 491a Abs. 1 des Bürgerlichen Gesetzbuchs gilt als erfüllt, wenn der Darlehensgeber dem Darlehensnehmer das ordnungsgemäß ausgefüllte Muster in Textform übermittelt hat. Ist der Darlehensvertrag zugleich ein Fernabsatzvertrag oder ein außerhalb von Geschäftsräumen geschlossener Vertrag, gelten mit der Übermittlung des entsprechenden Musters auch die Anforderungen des § 312d Absatz 2 des Bürgerlichen Gesetzbuchs als erfüllt. Die in diesem Absatz genannten Verpflichtungen gelten bis 31. Dezember 2010 auch bei Übermittlung des Musters in den Anlagen 4 und 5 in der Fassung des Gesetzes zur Umsetzung der Verbraucherkreditrichtlinie, des zivilrechtlichen Teils der Zahlungsdiensterichtlinie sowie zur Neuordnung der Vorschriften über das Widerrufs- und Rückgaberecht vom 29. Juli 2009 (BGBl. I S. 2355) als erfüllt.	chen Gesetzbuchs bezeichneten Art abgeschlossen werden, kann der Darlehensgeber zur Unterrichtung die Europäische Verbraucherkreditinformation gemäß dem Muster in Anlage 4 verwenden. Bei Verträgen gemäß § 503 des Bürgerlichen Gesetzbuchs kann der Darlehensgeber das Europäische Standardisierte Merkblatt gemäß dem Muster in Anlage 5 verwenden. Verwendet der Darlehensgeber die Muster nicht, hat er bei der Unterrichtung alle nach den §§ 3 bis 5 und 8 bis 13 erforderlichen Angaben gleichartig zu gestalten und hervorzuheben. (3) Die Verpflichtung zur Unterrichtung nach § 491a Abs. 1 des Bürgerlichen Gesetzbuchs gilt als erfüllt, wenn der Darlehensgeber dem Darlehensnehmer das ordnungsgemäß ausgefüllte Muster in Textform übermittelt hat. Ist der Darlehensvertrag zugleich ein Fernabsatzvertrag, gelten mit der Übermittlung des entsprechenden Musters auch die Anforderungen des § 312c Abs. 1 des Bürgerlichen Gesetzbuchs als erfüllt. Die in diesem Absatz genannten Verpflichtungen gelten bis 31. Dezember 2010 auch bei Übermittlung des Musters in Anlage 3 und 4 in der Fassung des Gesetzes zur Umsetzung der Verbraucherkreditrichtlinie, des zivilrechtlichen Teils der Zahlungsdiensterichtlinie sowie zur Neuordnung der Vorschriften über das Widerrufs- und Rückgaberecht vom 29. Juli 2009 (BGBl. I S. 2355) als erfüllt.

EGBGB nF	EGBGB aF
§ 5 Information bei besonderen Kommunikationsmitteln	**§ 5 Information bei besonderen Kommunikationsmitteln**
Wählt der Darlehensnehmer für die Vertragsanbahnung Kommunikationsmittel, die die Übermittlung der vorstehenden Informationen in der in den §§ 1 und 2 vorgesehenen Form nicht gestatten, ist die vollständige Unterrichtung nach § 1 unverzüglich nachzuholen. Bei Telefongesprächen muss die Beschreibung der wesentlichen Merkmale nach Artikel 246b § 1 Absatz 1 Nummer 5 zumindest die Angaben nach § 3 Abs. 1 Nr. 3 bis 9, Abs. 3 und 4 enthalten.	Wählt der Darlehensnehmer für die Vertragsanbahnung Kommunikationsmittel, die die Übermittlung der vorstehenden Informationen in der in den §§ 1 und 2 vorgesehenen Form nicht gestatten, ist die vollständige Unterrichtung nach § 1 unverzüglich nachzuholen. Bei Telefongesprächen muss die Beschreibung der wesentlichen Merkmale nach Artikel 246 § 1 Abs. 1 Nr. 4 zumindest die Angaben nach § 3 Abs. 1 Nr. 3 bis 9, Abs. 3 und 4 enthalten.
§ 6 Vertragsinhalt	**§ 6 Vertragsinhalt**
(1) Der Verbraucherdarlehensvertrag muss klar und verständlich folgende Angaben enthalten:	(1) Der Verbraucherdarlehensvertrag muss klar und verständlich folgende Angaben enthalten:
1. die in § 3 Abs. 1 Nr. 1 bis 14 und Abs. 4 genannten Angaben,	1. die in § 3 Abs. 1 Nr. 1 bis 14 und Abs. 4 genannten Angaben,
2. den Namen und die Anschrift des Darlehensnehmers,	2. den Namen und die Anschrift des Darlehensnehmers,
3. die für den Darlehensgeber zuständige Aufsichtsbehörde,	3. die für den Darlehensgeber zuständige Aufsichtsbehörde,
4. einen Hinweis auf den Anspruch des Darlehensnehmers auf einen Tilgungsplan nach § 492 Abs. 3 Satz 2 des Bürgerlichen Gesetzbuchs,	4. einen Hinweis auf den Anspruch des Darlehensnehmers auf einen Tilgungsplan nach § 492 Abs. 3 Satz 2 des Bürgerlichen Gesetzbuchs,
5. das einzuhaltende Verfahren bei der Kündigung des Vertrags,	5. das einzuhaltende Verfahren bei der Kündigung des Vertrags,
6. sämtliche weitere Vertragsbedingungen.	6. sämtliche weitere Vertragsbedingungen.
(2) Besteht ein Widerrufsrecht nach § 495 des Bürgerlichen Gesetzbuchs, müssen im Vertrag Angaben zur Frist und zu anderen Umständen für die Erklärung des Widerrufs sowie ein Hinweis auf die Verpflichtung des Darlehensnehmers enthalten sein, ein	(2) Besteht ein Widerrufsrecht nach § 495 des Bürgerlichen Gesetzbuchs, müssen im Vertrag Angaben zur Frist und zu anderen Umständen für die Erklärung des Widerrufs sowie ein Hinweis auf die Verpflichtung des Darlehensnehmers enthalten sein, ein

Synopse

EGBGB nF	EGBGB aF
bereits ausbezahltes Darlehen zurückzuzahlen und Zinsen zu vergüten. Der pro Tag zu zahlende Zinsbetrag ist anzugeben. Enthält der Verbraucherdarlehensvertrag eine Vertragsklausel in hervorgehobener und deutlich gestalteter Form, die dem Muster in Anlage 7 entspricht, genügt diese den Anforderungen der Sätze 1 und 2. Dies gilt bis zum Ablauf des 4. November 2011 auch bei entsprechender Verwendung dieses Musters in der Fassung des Gesetzes zur Einführung einer Musterwiderrufsinformation für Verbraucherdarlehensverträge, zur Änderung der Vorschriften über das Widerrufsrecht bei Verbraucherdarlehensverträgen und zur Änderung des Darlehensvermittlungsrechts vom 24. Juli 2010 (BGBl. I S. 977). Der Darlehensgeber darf unter Beachtung von Satz 3 in Format und Schriftgröße jeweils von dem Muster abweichen.	bereits ausbezahltes Darlehen zurückzuzahlen und Zinsen zu vergüten. Der pro Tag zu zahlende Zinsbetrag ist anzugeben. Enthält der Verbraucherdarlehensvertrag eine Vertragsklausel in hervorgehobener und deutlich gestalteter Form, die dem Muster in Anlage 6 entspricht, genügt diese den Anforderungen der Sätze 1 und 2. Dies gilt bis zum Ablauf des 4. November 2011 auch bei entsprechender Verwendung dieses Musters in der Fassung des Gesetzes zur Einführung einer Musterwiderrufsinformation für Verbraucherdarlehensverträge, zur Änderung der Vorschriften über das Widerrufsrecht bei Verbraucherdarlehensverträgen und zur Änderung des Darlehensvermittlungsrechts vom 24. Juli 2010 (BGBl. I S. 977). Der Darlehensgeber darf unter Beachtung von Satz 3 in Format und Schriftgröße jeweils von dem Muster abweichen.
(3) Die Angabe des Gesamtbetrags und des effektiven Jahreszinses hat unter Angabe der Annahmen zu erfolgen, die zum Zeitpunkt des Abschlusses des Vertrags bekannt sind und die in die Berechnung des effektiven Jahreszinses einfließen.	(3) Die Angabe des Gesamtbetrags und des effektiven Jahreszinses hat unter Angabe der Annahmen zu erfolgen, die zum Zeitpunkt des Abschlusses des Vertrags bekannt sind und die in die Berechnung des effektiven Jahreszinses einfließen.
§ 10 Abweichende Mitteilungspflichten bei Überziehungsmöglichkeiten gemäß § 504 Abs. 2 des Bürgerlichen Gesetzbuchs	**§ 10 Abweichende Mitteilungspflichten bei Überziehungsmöglichkeiten gemäß § 504 Abs. 2 des Bürgerlichen Gesetzbuchs**
(1) Bei Überziehungsmöglichkeiten im Sinne des § 504 Abs. 2 des Bürgerlichen Gesetzbuchs sind abweichend von den §§ 3, 4 und 6 nur anzugeben:	(1) Bei Überziehungsmöglichkeiten im Sinne des § 504 Abs. 2 des Bürgerlichen Gesetzbuchs sind abweichend von den §§ 3, 4 und 6 nur anzugeben:

EGBGB nF	EGBGB aF

1. in der vorvertraglichen Information
   a) die Angaben nach § 3 Absatz 1 Nummer 1 bis 6, 10, 11 und 16, Absatz 3 und 4 sowie gegebenenfalls nach § 4 Abs. 1 Nr. 4,
   b) die Bedingungen zur Beendigung des Darlehensverhältnisses und
   c) der Hinweis, dass der Darlehensnehmer jederzeit zur Rückzahlung des gesamten Darlehensbetrags aufgefordert werden kann, falls ein entsprechendes Kündigungsrecht für den Darlehensgeber vereinbart werden soll;
2. im Vertrag
   a) die Angaben nach § 6 Abs. 1 Nr. 1 in Verbindung mit § 3 Abs. 1 Nr. 1 bis 6, 9 und 10, Abs. 4,
   b) die Angaben nach § 6 Abs. 1 Nr. 2 und 5,
   c) die Gesamtkosten sowie
   d) gegebenenfalls der Hinweis nach Nummer 1 Buchstabe c.
 	
(2) In den Fällen des § 5 muss die Beschreibung der wesentlichen Merkmale nach Artikel 246b § 1 Absatz 1 Nummer 5 zumindest die Angaben nach § 3 Absatz 1 Nummer 3 bis 5, 10, Absatz 3 und 4 sowie nach Absatz 1 Nr. 1 Buchstabe c enthalten.
 	
(3) Die Angabe des effektiven Jahreszinses ist entbehrlich, wenn der Darlehensgeber außer den Sollzinsen keine weiteren Kosten verlangt und die Sollzinsen nicht in kürzeren Zeiträumen als drei Monaten fällig werden.
	1. in der vorvertraglichen Information
	   a) die Angaben nach § 3 Absatz 1 Nummer 1 bis 6, 10, 11 und 16, Absatz 3 und 4 sowie gegebenenfalls nach § 4 Abs. 1 Nr. 4,
	   b) die Bedingungen zur Beendigung des Darlehensverhältnisses und
	   c) der Hinweis, dass der Darlehensnehmer jederzeit zur Rückzahlung des gesamten Darlehensbetrags aufgefordert werden kann, falls ein entsprechendes Kündigungsrecht für den Darlehensgeber vereinbart werden soll;
	2. im Vertrag
	   a) die Angaben nach § 6 Abs. 1 Nr. 1 in Verbindung mit § 3 Abs. 1 Nr. 1 bis 6, 9 und 10, Abs. 4,
	   b) die Angaben nach § 6 Abs. 1 Nr. 2 und 5,
	   c) die Gesamtkosten sowie
	   d) gegebenenfalls der Hinweis nach Nummer 1 Buchstabe c.
	
	(2) In den Fällen des § 5 muss die Beschreibung der wesentlichen Merkmale nach Artikel 246 § 1 Abs. 1 Nr. 4 zumindest die Angaben nach § 3 Absatz 1 Nummer 3 bis 5, 10, Absatz 3 und 4 sowie nach Absatz 1 Nr. 1 Buchstabe c enthalten.
	
	(3) Die Angabe des effektiven Jahreszinses ist entbehrlich, wenn der Darlehensgeber außer den Sollzinsen keine weiteren Kosten verlangt und die Sollzinsen nicht in kürzeren Zeiträumen als drei Monaten fällig werden.

EGBGB nF	EGBGB aF
§ 11 Abweichende Mitteilungspflichten bei Umschuldungen gemäß § 495 Absatz 2 Nummer 1 des Bürgerlichen Gesetzbuchs	**§ 11 Abweichende Mitteilungspflichten bei Umschuldungen gemäß § 495 Abs. 3 Nr. 1 des Bürgerlichen Gesetzbuchs**
(1) Bei Umschuldungen gemäß § 495 Absatz 2 Nummer 1 des Bürgerlichen Gesetzbuchs sind abweichend von den §§ 3, 4 und 6 nur anzugeben:	(1) Bei Umschuldungen gemäß § 495 Abs. 3 Nr. 1 des Bürgerlichen Gesetzbuchs sind abweichend von den §§ 3, 4 und 6 nur anzugeben:
1. in der vorvertraglichen Information	1. in der vorvertraglichen Information
a) die Angaben nach § 3 Abs. 1 Nr. 1 bis 7, 10, 11, 14 und 16, Abs. 3 und 4,	a) die Angaben nach § 3 Abs. 1 Nr. 1 bis 7, 10, 11, 14 und 16, Abs. 3 und 4,
b) die Angaben nach § 4 Abs. 1 Nr. 3,	b) die Angaben nach § 4 Abs. 1 Nr. 3,
c) die Angaben nach § 10 Abs. 1 Nr. 1 Buchstabe b sowie	c) die Angaben nach § 10 Abs. 1 Nr. 1 Buchstabe b sowie
d) gegebenenfalls die Angaben nach § 4 Abs. 1 Nr. 4;	d) gegebenenfalls die Angaben nach § 4 Abs. 1 Nr. 4;
2. im Vertrag	2. im Vertrag
a) die Angaben nach § 6 Abs. 1 Nr. 1 in Verbindung mit § 3 Abs. 1 Nr. 1 bis 9, 11 und 14, Abs. 3 und 4 sowie	a) die Angaben nach § 6 Abs. 1 Nr. 1 in Verbindung mit § 3 Abs. 1 Nr. 1 bis 9, 11 und 14, Abs. 3 und 4 sowie
b) die Angaben nach § 6 Abs. 1 Nr. 2 bis 4 und 6.	b) die Angaben nach § 6 Abs. 1 Nr. 2 bis 4 und 6.
(2) In den Fällen des § 5 muss die Beschreibung der wesentlichen Merkmale nach Artikel 246b § 1 Absatz 1 Nummer 5 zumindest die Angaben nach § 3 Abs. 1 Nr. 3 bis 6, 10 sowie Abs. 3 und 4 enthalten.	(2) In den Fällen des § 5 muss die Beschreibung der wesentlichen Merkmale nach Artikel 246 § 1 Abs. 1 Nr. 4 zumindest die Angaben nach § 3 Abs. 1 Nr. 3 bis 6, 10 sowie Abs. 3 und 4 enthalten.
(3) Wird ein Verbraucherdarlehensvertrag gemäß § 495 Absatz 2 Nummer 1 des Bürgerlichen Gesetzbuchs als Überziehungsmöglichkeit im Sinne des § 504 Abs. 2 Satz 1 des Bürgerlichen Gesetzbuchs abgeschlossen, gilt § 10. Die Absätze 1 und 2 sind nicht anzuwenden.	(3) Wird ein Verbraucherdarlehensvertrag gemäß § 495 Abs. 3 Nr. 1 des Bürgerlichen Gesetzbuchs als Überziehungsmöglichkeit im Sinne des § 504 Abs. 2 Satz 1 des Bürgerlichen Gesetzbuchs abgeschlossen, gilt § 10. Die Absätze 1 und 2 sind nicht anzuwenden.

EGBGB nF	EGBGB aF
§ 12 Verbundene Verträge und entgeltliche Finanzierungshilfen	**§ 12 Verbundene Verträge und entgeltliche Finanzierungshilfen**
(1) Die §§ 1 bis 11 gelten entsprechend für die in § 506 Absatz 1 des Bürgerlichen Gesetzbuchs bezeichneten Verträge über entgeltliche Finanzierungshilfen. Bei diesen Verträgen oder Verbraucherdarlehensverträgen, die mit einem anderen Vertrag gemäß § 358 des Bürgerlichen Gesetzbuchs verbunden sind oder in denen eine Ware oder Leistung gemäß § 360 Absatz 2 Satz 2 des Bürgerlichen Gesetzbuchs angegeben ist, muss enthalten:	(1) Die §§ 1 bis 11 gelten entsprechend für die in § 506 Absatz 1 des Bürgerlichen Gesetzbuchs bezeichneten Verträge über entgeltliche Finanzierungshilfen. Bei diesen Verträgen oder Verbraucherdarlehensverträgen, die mit einem anderen Vertrag gemäß § 358 des Bürgerlichen Gesetzbuchs verbunden sind oder in denen eine Ware oder Leistung gemäß § 359a Absatz 1 des Bürgerlichen Gesetzbuchs angegeben ist, muss enthalten:
1. die vorvertragliche Information, auch in den Fällen des § 5, den Gegenstand und den Barzahlungspreis,	1. die vorvertragliche Information, auch in den Fällen des § 5, den Gegenstand und den Barzahlungspreis,
2. der Vertrag	2. der Vertrag
a) den Gegenstand und den Barzahlungspreis sowie	a) den Gegenstand und den Barzahlungspreis sowie
b) Informationen über die sich aus den §§ 358 und 359 oder § 360 des Bürgerlichen Gesetzbuchs ergebenden Rechte und über die Bedingungen für die Ausübung dieser Rechte.	b) Informationen über die sich aus den §§ 358 und 359 des Bürgerlichen Gesetzbuchs ergebenden Rechte und über die Bedingungen für die Ausübung dieser Rechte.
Enthält der Verbraucherdarlehensvertrag eine Vertragsklausel in hervorgehobener und deutlich gestalteter Form, die dem Muster in Anlage 7 entspricht, genügt diese bei verbundenen Verträgen sowie Geschäften gemäß § 360 Absatz 2 Satz 2 des Bürgerlichen Gesetzbuchs den in Satz 2 Nummer 2 Buchstabe b gestellten Anforderungen. Dies gilt bis zum Ablauf des 4. November 2011 auch bei entsprechender Verwendung dieses Musters in der Fassung des Gesetzes zur Einführung einer Musterwiderrufsinformation für Verbraucherdarlehensverträge, zur Änderung der Vorschriften über das Widerrufsrecht bei	Enthält der Verbraucherdarlehensvertrag eine Vertragsklausel in hervorgehobener und deutlich gestalteter Form, die dem Muster in Anlage 6 entspricht, genügt diese bei verbundenen Verträgen sowie Geschäften gemäß § 359a Absatz 1 des Bürgerlichen Gesetzbuchs den in Satz 2 Nummer 2 Buchstabe b gestellten Anforderungen. Dies gilt bis zum Ablauf des 4. November 2011 auch bei entsprechender Verwendung dieses Musters in der Fassung des Gesetzes zur Einführung einer Musterwiderrufsinformation für Verbraucherdarlehensverträge, zur Änderung der Vorschriften über das Widerrufsrecht bei Verbraucherdarlehensverträgen und zur Än-

Synopse

EGBGB nF	EGBGB aF
Verbraucherdarlehensverträgen und zur Änderung des Darlehensvermittlungsrechts vom 24. Juli 2010 (BGBl. I S. 977). Bei Verträgen über eine entgeltliche Finanzierungshilfe treten diese Rechtsfolgen nur ein, wenn die Informationen dem im Einzelfall vorliegenden Vertragstyp angepasst sind. Der Darlehensgeber darf unter Beachtung von Satz 3 in Format und Schriftgröße von dem Muster abweichen. (2) Bei Verträgen gemäß § 506 Abs. 2 Nr. 3 des Bürgerlichen Gesetzbuchs sind die Angaben nach § 3 Abs. 1 Nr. 14, § 4 Abs. 1 Nr. 3 und § 7 Nummer 3 entbehrlich. § 14 Abs. 1 Satz 2 ist nicht anzuwenden. Hat der Unternehmer den Gegenstand für den Verbraucher erworben, tritt an die Stelle des Barzahlungspreises der Anschaffungspreis.	derung des Darlehensvermittlungsrechts vom 24. Juli 2010 (BGBl. I S. 977). Bei Verträgen über eine entgeltliche Finanzierungshilfe treten diese Rechtsfolgen nur ein, wenn die Informationen dem im Einzelfall vorliegenden Vertragstyp angepasst sind. Der Darlehensgeber darf unter Beachtung von Satz 3 in Format und Schriftgröße von dem Muster abweichen. (2) Bei Verträgen gemäß § 506 Abs. 2 Nr. 3 des Bürgerlichen Gesetzbuchs sind die Angaben nach § 3 Abs. 1 Nr. 14, § 4 Abs. 1 Nr. 3 und § 7 Nummer 3 entbehrlich. § 14 Abs. 1 Satz 2 ist nicht anzuwenden. Hat der Unternehmer den Gegenstand für den Verbraucher erworben, tritt an die Stelle des Barzahlungspreises der Anschaffungspreis. **§ 13 Darlehensvermittler** (1) Ist bei der Anbahnung oder beim Abschluss eines Verbraucherdarlehensvertrags oder eines Vertrags über eine entgeltliche Finanzierungshilfe ein Darlehensvermittler beteiligt, so ist die Angabe nach § 3 Abs. 1 Nr. 1 und der Vertragsinhalt nach § 6 Abs. 1 um den Namen und die Anschrift des beteiligten Darlehensvermittlers zu ergänzen. (2) Wird der Darlehensvermittlungsvertrag im Sinne des § 655a des Bürgerlichen Gesetzbuchs mit einem Verbraucher abgeschlossen, so hat der Darlehensvermittler den Verbraucher rechtzeitig vor Abschluss des Darlehensvermittlungsvertrags in Textform zu unterrichten über

EGBGB nF	EGBGB aF
	1. die Höhe einer vom Verbraucher verlangten Vergütung,
	2. die Tatsache, ob er für die Vermittlung von einem Dritten ein Entgelt erhält, sowie gegebenenfalls dessen Höhe,
	3. den Umfang seiner Befugnisse, insbesondere, ob er ausschließlich für einen oder mehrere bestimmte Darlehensgeber oder unabhängig tätig wird, und
	4. gegebenenfalls weitere vom Verbraucher verlangte Nebenentgelte sowie deren Höhe, soweit diese zum Zeitpunkt der Unterrichtung bekannt ist, andernfalls einen Höchstbetrag.
	Wird der Darlehensvermittlungsvertrag im Sinne des § 655a des Bürgerlichen Gesetzbuchs ausschließlich mit einem Dritten abgeschlossen, so hat der Darlehensvermittler den Verbraucher rechtzeitig vor Abschluss eines vermittelten Vertrags im Sinne von Absatz 1 in Textform über die Einzelheiten gemäß Satz 1 Nummer 2 und 3 zu unterrichten.
	(3) Der Darlehensvermittler hat dem Darlehensgeber die Höhe der von ihm verlangten Vergütung vor der Annahme des Auftrags mitzuteilen. Darlehensvermittler und Darlehensgeber haben sicherzustellen, dass die andere Partei eine Abschrift des Vertrags im Sinne von Absatz 1 erhält.
	(4) Wirbt der Darlehensvermittler gegenüber einem Verbraucher für den Abschluss eines Verbraucherdarlehensvertrags oder eines Vertrags über eine entgeltliche Finanzierungshilfe, so hat er hierbei die Angaben nach Absatz 2 Satz 1 Nummer 3 einzubeziehen.

Synopse

EGBGB nF	EGBGB aF

§ 14 Tilgungsplan

(1) Verlangt der Darlehensnehmer nach § 492 Abs. 3 Satz 2 des Bürgerlichen Gesetzbuchs einen Tilgungsplan, muss aus diesem hervorgehen, welche Zahlungen in welchen Zeitabständen zu leisten sind und welche Bedingungen für diese Zahlungen gelten. Dabei ist aufzuschlüsseln, in welcher Höhe die Teilzahlungen auf das Darlehen, die nach dem Sollzinssatz berechneten Zinsen und die sonstigen Kosten angerechnet werden.

(2) Ist der Sollzinssatz nicht gebunden oder können die sonstigen Kosten angepasst werden, ist in dem Tilgungsplan in klarer und verständlicher Form anzugeben, dass die Daten des Tilgungsplans nur bis zur nächsten Anpassung des Sollzinssatzes oder der sonstigen Kosten gelten.

(3) Der Tilgungsplan ist dem Darlehensnehmer auf einem dauerhaften Datenträger zur Verfügung zu stellen. Der Anspruch erlischt nicht, solange das Vertragsverhältnis besteht.

Art. 248 Informationspflichten bei der Erbringung von Zahlungsdienstleistungen

§ 1 Konkurrierende Informationspflichten

Ist der Zahlungsdienstevertrag zugleich ein Fernabsatzvertrag oder ein außerhalb von Geschäftsräumen geschlossener Vertrag, so werden die Informationspflichten nach Artikel 246b § 1 Absatz 1 durch die Informationspflichten nach den §§ 2 bis 16 ersetzt. Dies gilt bei Fernabsatzverträgen nicht für die in Artikel 246b § 1

---

§ 14 Tilgungsplan

(1) Verlangt der Darlehensnehmer nach § 492 Abs. 3 Satz 2 des Bürgerlichen Gesetzbuchs einen Tilgungsplan, muss aus diesem hervorgehen, welche Zahlungen in welchen Zeitabständen zu leisten sind und welche Bedingungen für diese Zahlungen gelten. Dabei ist aufzuschlüsseln, in welcher Höhe die Teilzahlungen auf das Darlehen, die nach dem Sollzinssatz berechneten Zinsen und die sonstigen Kosten angerechnet werden.

(2) Ist der Sollzinssatz nicht gebunden oder können die sonstigen Kosten angepasst werden, ist in dem Tilgungsplan in klarer und verständlicher Form anzugeben, dass die Daten des Tilgungsplans nur bis zur nächsten Anpassung des Sollzinssatzes oder der sonstigen Kosten gelten.

(3) Der Tilgungsplan ist dem Darlehensnehmer in Textform zur Verfügung zu stellen. Der Anspruch erlischt nicht, solange das Vertragsverhältnis besteht.

Art. 248 Informationspflichten bei der Erbringung von Zahlungsdienstleistungen

§ 1 Konkurrierende Informationspflichten im Fernabsatz

Ist der Zahlungsdienstevertrag zugleich ein Fernabsatzvertrag, so werden die Informationspflichten gemäß Artikel 246 § 1 Abs. 1 und 2 durch die Informationspflichten gemäß den §§ 2 bis 16 ersetzt; dies gilt nicht für die in Artikel 246 § 1 Abs. 1 Nr. 8 bis 12 und Abs. 2 Nr. 2, 4 und 8 genannten Informationspflichten.

EGBGB nF	EGBGB aF

Absatz 1 Nummer 7 bis 12, 15 und 19 und bei außerhalb von Geschäftsräumen geschlossenen Verträgen nicht für die in Artikel 246b § 1 Absatz 1 Nummer 12 genannten Informationspflichten.

§ 3 Besondere Form

Bei Zahlungsdiensterahmenverträgen (§ 675f Abs. 2 des Bürgerlichen Gesetzbuchs) hat der Zahlungsdienstleister dem Zahlungsdienstnutzer die in den §§ 4 bis 9 genannten Informationen und Vertragsbedingungen auf einem dauerhaften Datenträger mitzuteilen.

§ 4 Vorvertragliche Informationen

(1) Die folgenden vorvertraglichen Informationen und Vertragsbedingungen müssen rechtzeitig vor Abgabe der Vertragserklärung des Zahlungsdienstnutzers mitgeteilt werden:

1. zum Zahlungsdienstleister

   a) den Namen, die ladungsfähige Anschrift seiner Hauptverwaltung und gegebenenfalls seines Agenten oder seiner Zweigniederlassung in dem Mitgliedstaat, in dem der Zahlungsdienst angeboten wird, sowie alle anderen Anschriften einschließlich E-Mail-Adresse, die für die Kommunikation mit dem Zahlungsdienstleister von Belang sind, und

   b) die für den Zahlungsdienstleister zuständigen Aufsichtsbehörden und das bei der Bundesanstalt für Finanzdienstleistungsaufsicht geführte Register oder jedes andere relevante öffentliche Register,

§ 3 Besondere Form

Bei Zahlungsdiensterahmenverträgen (§ 675f Abs. 2 des Bürgerlichen Gesetzbuchs) hat der Zahlungsdienstleister dem Zahlungsdienstnutzer die in den §§ 4 bis 9 genannten Informationen und Vertragsbedingungen in Textform mitzuteilen.

§ 4 Vorvertragliche Informationen

(1) Die folgenden vorvertraglichen Informationen und Vertragsbedingungen müssen rechtzeitig vor Abgabe der Vertragserklärung des Zahlungsdienstnutzers mitgeteilt werden:

1. zum Zahlungsdienstleister

   a) den Namen, die ladungsfähige Anschrift seiner Hauptverwaltung und gegebenenfalls seines Agenten oder seiner Zweigniederlassung in dem Mitgliedstaat, in dem der Zahlungsdienst angeboten wird, sowie alle anderen Anschriften einschließlich E-Mail-Adresse, die für die Kommunikation mit dem Zahlungsdienstleister von Belang sind, und

   b) die für den Zahlungsdienstleister zuständigen Aufsichtsbehörden und das bei der Bundesanstalt für Finanzdienstleistungsaufsicht geführte Register oder jedes andere relevante öffentliche Register,

EGBGB nF	**EGBGB aF**
in das der Zahlungsdienstleister als zugelassen eingetragen ist, sowie seine Registernummer oder eine gleichwertige in diesem Register verwendete Kennung,	in das der Zahlungsdienstleister als zugelassen eingetragen ist, sowie seine Registernummer oder eine gleichwertige in diesem Register verwendete Kennung,
2. zur Nutzung des Zahlungsdienstes a) eine Beschreibung der wesentlichen Merkmale des zu erbringenden Zahlungsdienstes, b) Informationen oder Kundenkennungen, die für die ordnungsgemäße Ausführung eines Zahlungsauftrags erforderlich sind, c) die Art und Weise der Zustimmung zur Ausführung eines Zahlungsvorgangs und des Widerrufs eines Zahlungsauftrags gemäß den §§ 675j und 675p des Bürgerlichen Gesetzbuchs, d) den Zeitpunkt, ab dem ein Zahlungsauftrag gemäß § 675n Abs. 1 des Bürgerlichen Gesetzbuchs als zugegangen gilt, und gegebenenfalls den vom Zahlungsdienstleister gemäß § 675n Abs. 1 Satz 3 festgelegten Zeitpunkt, e) die maximale Ausführungsfrist für die zu erbringenden Zahlungsdienste und f) die Angabe, ob die Möglichkeit besteht, Betragsobergrenzen für die Nutzung eines Zahlungsauthentifizierungsinstruments gemäß § 675k Abs. 1 des Bürgerlichen Gesetzbuchs zu vereinbaren, 3. zu Entgelten, Zinsen und Wechselkursen a) alle Entgelte, die der Zahlungsdienstnutzer an den Zahlungsdienstleister zu entrichten hat,	2. zur Nutzung des Zahlungsdienstes a) eine Beschreibung der wesentlichen Merkmale des zu erbringenden Zahlungsdienstes, b) Informationen oder Kundenkennungen, die für die ordnungsgemäße Ausführung eines Zahlungsauftrags erforderlich sind, c) die Art und Weise der Zustimmung zur Ausführung eines Zahlungsvorgangs und des Widerrufs eines Zahlungsauftrags gemäß den §§ 675j und 675p des Bürgerlichen Gesetzbuchs, d) den Zeitpunkt, ab dem ein Zahlungsauftrag gemäß § 675n Abs. 1 des Bürgerlichen Gesetzbuchs als zugegangen gilt, und gegebenenfalls den vom Zahlungsdienstleister gemäß § 675n Abs. 1 Satz 3 festgelegten Zeitpunkt, e) die maximale Ausführungsfrist für die zu erbringenden Zahlungsdienste und f) die Angabe, ob die Möglichkeit besteht, Betragsobergrenzen für die Nutzung eines Zahlungsauthentifizierungsinstruments gemäß § 675k Abs. 1 des Bürgerlichen Gesetzbuchs zu vereinbaren, 3. zu Entgelten, Zinsen und Wechselkursen a) alle Entgelte, die der Zahlungsdienstnutzer an den Zahlungsdienstleister zu entrichten hat,

EGBGB nF	EGBGB aF
und gegebenenfalls deren Aufschlüsselung,	und gegebenenfalls deren Aufschlüsselung,
b) gegebenenfalls die zugrunde gelegten Zinssätze und Wechselkurse oder, bei Anwendung von Referenzzinssätzen und -wechselkursen, die Methode für die Berechnung der tatsächlichen Zinsen sowie der maßgebliche Stichtag und der Index oder die Grundlage für die Bestimmung des Referenzzinssatzes oder -wechselkurses, und	b) gegebenenfalls die zugrunde gelegten Zinssätze und Wechselkurse oder, bei Anwendung von Referenzzinssätzen und -wechselkursen, die Methode für die Berechnung der tatsächlichen Zinsen sowie der maßgebliche Stichtag und der Index oder die Grundlage für die Bestimmung des Referenzzinssatzes oder -wechselkurses, und
c) soweit vereinbart, das unmittelbare Wirksamwerden von Änderungen des Referenzzinssatzes oder -wechselkurses gemäß § 675g Absatz 3 des Bürgerlichen Gesetzbuchs,	c) soweit vereinbart, das unmittelbare Wirksamwerden von Änderungen des Referenzzinssatzes oder -wechselkurses gemäß § 675g Absatz 3 des Bürgerlichen Gesetzbuchs,
4. zur Kommunikation	4. zur Kommunikation
a) die Kommunikationsmittel, sofern sie zwischen den Parteien für die Informationsübermittlung und Anzeigepflichten vereinbart werden, einschließlich ihrer Anforderungen an die technische Ausstattung des Zahlungsdienstnutzers,	a) die Kommunikationsmittel, sofern sie zwischen den Parteien für die Informationsübermittlung und Anzeigepflichten vereinbart werden, einschließlich ihrer Anforderungen an die technische Ausstattung des Zahlungsdienstnutzers,
b) Angaben dazu, wie und wie oft die nach diesem Artikel geforderten Informationen mitzuteilen oder zugänglich zu machen sind,	b) Angaben dazu, wie und wie oft die nach diesem Artikel geforderten Informationen mitzuteilen oder zugänglich zu machen sind,
c) die Sprache oder Sprachen, in der oder in denen der Vertrag zu schließen ist und in der oder in denen die Kommunikation für die Dauer des Vertragsverhältnisses erfolgen soll, und	c) die Sprache oder Sprachen, in der oder in denen der Vertrag zu schließen ist und in der oder in denen die Kommunikation für die Dauer des Vertragsverhältnisses erfolgen soll, und
d) einen Hinweis auf das Recht des Zahlungsdienstnutzers gemäß § 5, Informationen und Vertragsbedingungen in einer Urkunde zu erhalten,	d) einen Hinweis auf das Recht des Zahlungsdienstnutzers gemäß § 5, Informationen und Vertragsbedingungen in einer Urkunde zu erhalten,

EGBGB nF	EGBGB aF
5. zu den Schutz- und Abhilfemaßnahmen a) gegebenenfalls eine Beschreibung, wie der Zahlungsdienstnutzer ein Zahlungsauthentifizierungsinstrument sicher verwahrt und wie er seine Anzeigepflicht gegenüber dem Zahlungsdienstleister gemäß § 675l Satz 2 des Bürgerlichen Gesetzbuchs erfüllt, b) soweit vereinbart, die Bedingungen, unter denen sich der Zahlungsdienstleister das Recht vorbehält, ein Zahlungsauthentifizierungsinstrument gemäß § 675k Abs. 2 des Bürgerlichen Gesetzbuchs zu sperren, c) Informationen zur Haftung des Zahlers gemäß § 675v des Bürgerlichen Gesetzbuchs einschließlich Angaben zum Höchstbetrag, d) Angaben dazu, wie und innerhalb welcher Frist der Zahlungsdienstnutzer dem Zahlungsdienstleister nicht autorisierte oder fehlerhaft ausgeführte Zahlungsvorgänge gemäß § 676b des Bürgerlichen Gesetzbuchs anzeigen muss, sowie Informationen über die Haftung des Zahlungsdienstleisters bei nicht autorisierten Zahlungsvorgängen gemäß § 675u des Bürgerlichen Gesetzbuchs, e) Informationen über die Haftung des Zahlungsdienstleisters bei der Ausführung von Zahlungsvorgängen gemäß § 675y des Bürgerlichen Gesetzbuchs und	5. zu den Schutz- und Abhilfemaßnahmen a) gegebenenfalls eine Beschreibung, wie der Zahlungsdienstnutzer ein Zahlungsauthentifizierungsinstrument sicher verwahrt und wie er seine Anzeigepflicht gegenüber dem Zahlungsdienstleister gemäß § 675l Satz 2 des Bürgerlichen Gesetzbuchs erfüllt, b) soweit vereinbart, die Bedingungen, unter denen sich der Zahlungsdienstleister das Recht vorbehält, ein Zahlungsauthentifizierungsinstrument gemäß § 675k Abs. 2 des Bürgerlichen Gesetzbuchs zu sperren, c) Informationen zur Haftung des Zahlers gemäß § 675v des Bürgerlichen Gesetzbuchs einschließlich Angaben zum Höchstbetrag, d) Angaben dazu, wie und innerhalb welcher Frist der Zahlungsdienstnutzer dem Zahlungsdienstleister nicht autorisierte oder fehlerhaft ausgeführte Zahlungsvorgänge gemäß § 676b des Bürgerlichen Gesetzbuchs anzeigen muss, sowie Informationen über die Haftung des Zahlungsdienstleisters bei nicht autorisierten Zahlungsvorgängen gemäß § 675u des Bürgerlichen Gesetzbuchs, e) Informationen über die Haftung des Zahlungsdienstleisters bei der Ausführung von Zahlungsvorgängen gemäß § 675y des Bürgerlichen Gesetzbuchs und

EGBGB nF	EGBGB aF
f) die Bedingungen für Erstattungen gemäß § 675x des Bürgerlichen Gesetzbuchs,	f) die Bedingungen für Erstattungen gemäß § 675x des Bürgerlichen Gesetzbuchs,
6. zu Änderungen der Bedingungen und Kündigung des Zahlungsdiensterahmenvertrags	6. zu Änderungen der Bedingungen und Kündigung des Zahlungsdiensterahmenvertrags
a) soweit vereinbart, die Angabe, dass die Zustimmung des Zahlungsdienstnutzers zu einer Änderung der Bedingungen gemäß § 675g des Bürgerlichen Gesetzbuchs als erteilt gilt, wenn er dem Zahlungsdienstleister seine Ablehnung nicht vor dem Zeitpunkt angezeigt hat, zu dem die geänderten Bedingungen in Kraft treten sollen,	a) soweit vereinbart, die Angabe, dass die Zustimmung des Zahlungsdienstnutzers zu einer Änderung der Bedingungen gemäß § 675g des Bürgerlichen Gesetzbuchs als erteilt gilt, wenn er dem Zahlungsdienstleister seine Ablehnung nicht vor dem Zeitpunkt angezeigt hat, zu dem die geänderten Bedingungen in Kraft treten sollen,
b) die Vertragslaufzeit und	b) die Vertragslaufzeit und
c) einen Hinweis auf das Recht des Zahlungsdienstnutzers, den Vertrag zu kündigen, sowie auf sonstige kündigungsrelevante Vereinbarungen gemäß § 675g Abs. 2 und § 675h des Bürgerlichen Gesetzbuchs,	c) einen Hinweis auf das Recht des Zahlungsdienstnutzers, den Vertrag zu kündigen, sowie auf sonstige kündigungsrelevante Vereinbarungen gemäß § 675g Abs. 2 und § 675h des Bürgerlichen Gesetzbuchs,
7. die Vertragsklauseln über das auf den Zahlungsdiensterahmenvertrag anwendbare Recht oder über das zuständige Gericht und	7. die Vertragsklauseln über das auf den Zahlungsdiensterahmenvertrag anwendbare Recht oder über das zuständige Gericht und
8. einen Hinweis auf das Beschwerdeverfahren gemäß § 28 des Zahlungsdiensteaufsichtsgesetzes sowie auf das außergerichtliche Rechtsbehelfsverfahren nach § 14 des Unterlassungsklagegesetzes.	8. einen Hinweis auf das Beschwerdeverfahren gemäß § 28 des Zahlungsdiensteaufsichtsgesetzes sowie auf das außergerichtliche Rechtsbehelfsverfahren nach § 14 des Unterlassungsklagegesetzes.
(2) Wenn auf Verlangen des Zahlungsdienstnutzers der Zahlungsdiensterahmenvertrag unter Verwendung eines Fernkommunikationsmittels geschlossen wird, das dem Zahlungsdienstleister die Mitteilung der in Absatz 1 bestimmten Informationen und Vertragsbedingungen auf einem dau-	(2) Wenn auf Verlangen des Zahlungsdienstnutzers der Zahlungsdiensterahmenvertrag unter Verwendung eines Fernkommunikationsmittels geschlossen wird, das dem Zahlungsdienstleister die Mitteilung der in Absatz 1 bestimmten Informationen und Vertragsbedingungen in Textform

EGBGB nF	EGBGB aF
erhaften Datenträger nicht gestattet, hat der Zahlungsdienstleister dem Zahlungsdienstnutzer diese unverzüglich nach Abschluss des Vertrags in der in den §§ 2 und 3 vorgesehenen Form mitzuteilen.	nicht gestattet, hat der Zahlungsdienstleister dem Zahlungsdienstnutzer diese unverzüglich nach Abschluss des Vertrags in der in den §§ 2 und 3 vorgesehenen Form mitzuteilen.
(3) Die Pflichten gemäß Absatz 1 können auch erfüllt werden, indem eine Abschrift des Vertragsentwurfs übermittelt wird, die die nach Absatz 1 erforderlichen Informationen und Vertragsbedingungen enthält.	(3) Die Pflichten gemäß Absatz 1 können auch erfüllt werden, indem eine Abschrift des Vertragsentwurfs übermittelt wird, die die nach Absatz 1 erforderlichen Informationen und Vertragsbedingungen enthält.
§ 5 Zugang zu Vertragsbedingungen und vorvertraglichen Informationen während der Vertragslaufzeit	**§ 5 Zugang zu Vertragsbedingungen und vorvertraglichen Informationen während der Vertragslaufzeit**
Während der Vertragslaufzeit kann der Zahlungsdienstnutzer jederzeit die Übermittlung der Vertragsbedingungen sowie der in § 4 genannten Informationen in Papierform oder auf einem anderen dauerhaften Datenträger verlangen.	Während der Vertragslaufzeit kann der Zahlungsdienstnutzer jederzeit die Übermittlung der Vertragsbedingungen sowie der in § 4 genannten Informationen in Textform verlangen.
§ 12 Besondere Form	**§ 12 Besondere Form**
Bei einem Einzelzahlungsvertrag, der nicht Gegenstand eines Zahlungsdiensterahmenvertrags ist, hat der Zahlungsdienstleister dem Zahlungsdienstnutzer die in § 13 genannten Informationen und Vertragsbedingungen in leicht zugänglicher Form zur Verfügung zu stellen. Auf Verlangen des Zahlungsdienstnutzers stellt ihm der Zahlungsdienstleister die Informationen und Vertragsbedingungen in Papierform oder auf einem anderen dauerhaften Datenträger zur Verfügung.	Bei einem Einzelzahlungsvertrag, der nicht Gegenstand eines Zahlungsdiensterahmenvertrags ist, hat der Zahlungsdienstleister dem Zahlungsdienstnutzer die in § 13 genannten Informationen und Vertragsbedingungen in leicht zugänglicher Form zur Verfügung zu stellen. Auf Verlangen des Zahlungsdienstnutzers stellt ihm der Zahlungsdienstleister die Informationen und Vertragsbedingungen in Textform zur Verfügung.

Anlage 1 (zu Artikel 246a § 1 Absatz 2 Satz 2)*
Muster für die Widerrufsbelehrung bei außerhalb von Geschäftsräumen geschlossenen Verträgen und bei Fernabsatzverträgen mit Ausnahme von Verträgen über Finanzdienstleistungen

Widerrufsbelehrung

Widerrufsrecht

Sie haben das Recht, binnen vierzehn Tagen ohne Angabe von Gründen diesen Vertrag zu widerrufen.

Die Widerrufsfrist beträgt vierzehn Tage ab dem Tag [1].

Um Ihr Widerrufsrecht auszuüben, müssen Sie uns ([2]) mittels einer eindeutigen Erklärung (z.B. ein mit der Post versandter Brief, Telefax oder E-Mail) über Ihren Entschluss, diesen Vertrag zu widerrufen, informieren. Sie können dafür das beigefügte Muster-Widerrufsformular verwenden, das jedoch nicht vorgeschrieben ist. [3]

Zur Wahrung der Widerrufsfrist reicht es aus, dass Sie die Mitteilung über die Ausübung des Widerrufsrechts vor Ablauf der Widerrufsfrist absenden.

Folgen des Widerrufs

Wenn Sie diesen Vertrag widerrufen, haben wir Ihnen alle Zahlungen, die wir von Ihnen erhalten haben, einschließlich der Lieferkosten (mit Ausnahme der zusätzlichen Kosten, die sich daraus ergeben, dass Sie eine andere Art der Lieferung als die von uns angebotene, günstigste Standardlieferung gewählt haben), unverzüglich und spätestens binnen vierzehn Tagen ab dem Tag zurückzuzahlen, an dem die Mitteilung über Ihren Widerruf dieses Vertrags bei uns eingegangen ist. Für diese Rückzahlung verwenden wir dasselbe Zahlungsmittel, das Sie bei der ursprünglichen Transaktion eingesetzt haben, es sei denn, mit Ihnen wurde ausdrücklich etwas anderes vereinbart; in keinem Fall werden Ihnen wegen dieser Rückzahlung Entgelte berechnet. [4]
[5]
[6]

Gestaltungshinweise:

[1] Fügen Sie einen der folgenden in Anführungszeichen gesetzten Textbausteine ein:
  a) im Falle eines Dienstleistungsvertrags oder eines Vertrags über die Lieferung von Wasser, Gas oder Strom, wenn sie nicht in einem begrenzten Volumen oder in einer bestimmten Menge zum Verkauf angeboten werden, von Fernwärme oder von digitalen Inhalten, die nicht auf einem körperlichen Datenträger geliefert werden: „des Vertragsabschlusses.";

---

* Vom Abdruck der alten Fassungen der Anl. 1 und 2 wird abgesehen.

b) im Falle eines Kaufvertrags: „‚‚ an dem Sie oder ein von Ihnen benannter Dritter, der nicht der Beförderer ist, die Waren in Besitz genommen haben bzw. hat.";

c) im Falle eines Vertrags über mehrere Waren, die der Verbraucher im Rahmen einer einheitlichen Bestellung bestellt hat und die getrennt geliefert werden: „‚‚ an dem Sie oder ein von Ihnen benannter Dritter, der nicht der Beförderer ist, die letzte Ware in Besitz genommen haben bzw. hat.";

d) im Falle eines Vertrags über die Lieferung einer Ware in mehreren Teilsendungen oder Stücken: „‚‚ an dem Sie oder ein von Ihnen benannter Dritter, der nicht der Beförderer ist, die letzte Teilsendung oder das letzte Stück in Besitz genommen haben bzw. hat.";

e) im Falle eines Vertrags zur regelmäßigen Lieferung von Waren über einen festgelegten Zeitraum hinweg: „‚‚ an dem Sie oder ein von Ihnen benannter Dritter, der nicht der Beförderer ist, die erste Ware in Besitz genommen haben bzw. hat."

[2] Fügen Sie Ihren Namen, Ihre Anschrift und, soweit verfügbar, Ihre Telefonnummer, Telefaxnummer und E-Mail-Adresse ein.

[3] Wenn Sie dem Verbraucher die Wahl einräumen, die Information über seinen Widerruf des Vertrags auf Ihrer Webseite elektronisch auszufüllen und zu übermitteln, fügen Sie Folgendes ein: „Sie können das Muster-Widerrufsformular oder eine andere eindeutige Erklärung auch auf unserer Webseite [Internet-Adresse einfügen] elektronisch ausfüllen und übermitteln. Machen Sie von dieser Möglichkeit Gebrauch, so werden wir Ihnen unverzüglich (z.B. per E-Mail) eine Bestätigung über den Eingang eines solchen Widerrufs übermitteln."

[4] Im Falle von Kaufverträgen, in denen Sie nicht angeboten haben, im Falle des Widerrufs die Waren selbst abzuholen, fügen Sie Folgendes ein: „Wir können die Rückzahlung verweigern, bis wir die Waren wieder zurückerhalten haben oder bis Sie den Nachweis erbracht haben, dass Sie die Waren zurückgesandt haben, je nachdem, welches der frühere Zeitpunkt ist."

[5] Wenn der Verbraucher Waren im Zusammenhang mit dem Vertrag erhalten hat:
  a) Fügen Sie ein:
   – „Wir holen die Waren ab." oder
   – „Sie haben die Waren unverzüglich und in jedem Fall spätestens binnen vierzehn Tagen ab dem Tag, an dem Sie uns über den Widerruf dieses Vertrags unterrichten, an … uns oder an [hier sind gegebenenfalls der Name und die Anschrift der von Ihnen zur Entgegennahme der Waren ermächtigten Person einzufügen] zurückzusenden oder zu übergeben. Die Frist ist gewahrt, wenn Sie die Waren vor Ablauf der Frist von vierzehn Tagen absenden."
  b) fügen Sie ein:
   – „Wir tragen die Kosten der Rücksendung der Waren.";
   – „Sie tragen die unmittelbaren Kosten der Rücksendung der Waren.";

– Wenn Sie bei einem Fernabsatzvertrag nicht anbieten, die Kosten der Rücksendung der Waren zu tragen, und die Waren aufgrund ihrer Beschaffenheit nicht normal mit der Post zurückgesandt werden können: „Sie tragen die unmittelbaren Kosten der Rücksendung der Waren in Höhe von ... EUR [Betrag einfügen].", oder, wenn die Kosten vernünftigerweise nicht im Voraus berechnet werden können: „Sie tragen die unmittelbaren Kosten der Rücksendung der Waren. Die Kosten werden auf höchstens etwa ... EUR [Betrag einfügen] geschätzt. „oder

– Wenn die Waren bei einem außerhalb von Geschäftsräumen geschlossenen Vertrag aufgrund ihrer Beschaffenheit nicht normal mit der Post zurückgesandt werden können und zum Zeitpunkt des Vertragsschlusses zur Wohnung des Verbrauchers geliefert worden sind: „Wir holen die Waren auf unsere Kosten ab." und

c) fügen Sie ein: „Sie müssen für einen etwaigen Wertverlust der Waren nur aufkommen, wenn dieser Wertverlust auf einen zur Prüfung der Beschaffenheit, Eigenschaften und Funktionsweise der Waren nicht notwendigen Umgang mit ihnen zurückzuführen ist."

6 Im Falle eines Vertrags zur Erbringung von Dienstleistungen oder der Lieferung von Wasser, Gas oder Strom, wenn sie nicht in einem begrenzten Volumen oder in einer bestimmten Menge zum Verkauf angeboten werden, oder von Fernwärme fügen Sie Folgendes ein: „Haben Sie verlangt, dass die Dienstleistungen oder Lieferung von Wasser/Gas/Strom/Fernwärme [Unzutreffendes streichen] während der Widerrufsfrist beginnen soll, so haben Sie uns einen angemessenen Betrag zu zahlen, der dem Anteil der bis zu dem Zeitpunkt, zu dem Sie uns von der Ausübung des Widerrufsrechts hinsichtlich dieses Vertrags unterrichten, bereits erbrachten Dienstleistungen im Vergleich zum Gesamtumfang der im Vertrag vorgesehenen Dienstleistungen entspricht."

Anlage 2 (zu Artikel 246a § 1 Absatz 2 Satz 1 Nummer 1 und § 2 Absatz 2 Nummer 2)
Muster für das Widerrufsformular

Muster-Widerrufsformular
(Wenn Sie den Vertrag widerrufen wollen, dann füllen Sie bitte dieses Formular aus und senden Sie es zurück.)
– An [hier ist der Name, die Anschrift und gegebenenfalls die Telefaxnummer und E-Mail-Adresse des Unternehmers durch den Unternehmer einzufügen]:
– Hiermit widerrufe(n) ich/wir (*) den von mir/uns (*) abgeschlossenen Vertrag über den Kauf der folgenden Waren (*)/die Erbringung der folgenden Dienstleistung (*)
– Bestellt am (*)/erhalten am (*)
– Name des/der Verbraucher(s)

- Anschrift des/der Verbraucher(s)
- Unterschrift des/der Verbraucher(s) (nur bei Mitteilung auf Papier)
- Datum

(*) Unzutreffendes streichen.

Anlage 3 (zu Artikel 246b § 2 Absatz 3)*

Muster für die Widerrufsbelehrung bei außerhalb von Geschäftsräumen geschlossenen Verträgen und bei Fernabsatzverträgen über Finanzdienstleistungen

Widerrufsbelehrung

Widerrufsrecht

Sie können Ihre Vertragserklärung innerhalb von 14 Tagen ohne Angabe von Gründen mittels einer eindeutigen Erklärung widerrufen. Die Frist beginnt nach Erhalt dieser Belehrung auf einem dauerhaften Datenträger [1]. Zur Wahrung der Widerrufsfrist genügt die rechtzeitige Absendung des Widerrufs, wenn die Erklärung auf einem dauerhaften Datenträger (z.B. Brief, Telefax, E-Mail) erfolgt. Der Widerruf ist zu richten an: [2]

Widerrufsfolgen [3]

Im Falle eines wirksamen Widerrufs sind die beiderseits empfangenen Leistungen zurückzugewähren. [4] Sie sind zur Zahlung von Wertersatz für die bis zum Widerruf erbrachte Dienstleistung verpflichtet, wenn Sie vor Abgabe Ihrer Vertragserklärung auf diese Rechtsfolge hingewiesen wurden und ausdrücklich zugestimmt haben, dass wir vor dem Ende der Widerrufsfrist mit der Ausführung der Gegenleistung beginnen. Besteht eine Verpflichtung zur Zahlung von Wertersatz, kann dies dazu führen, dass Sie die vertraglichen Zahlungsverpflichtungen für den Zeitraum bis zum Widerruf dennoch erfüllen müssen. Ihr Widerrufsrecht erlischt vorzeitig, wenn der Vertrag von beiden Seiten auf Ihren ausdrücklichen Wunsch vollständig erfüllt ist, bevor Sie Ihr Widerrufsrecht ausgeübt haben. Verpflichtungen zur Erstattung von Zahlungen müssen innerhalb von 30 Tagen erfüllt werden. Die Frist beginnt für Sie mit der Absendung Ihrer Widerrufserklärung, für uns mit deren Empfang.
[5]

Besondere Hinweise
[6]
[7]

(Ort), (Datum), (Unterschrift des Verbrauchers)

---

* Neu eingefügt durch Gesetz vom 20.9.2013, BGBl. I S. 3642.

Gestaltungshinweise:

[1] Bei einem der nachstehenden Sonderfälle ist Folgendes einzufügen:

a) Bei der Erbringung von Finanzdienstleistungen außer Zahlungsdiensten: „, jedoch nicht vor Vertragsschluss und auch nicht vor Erfüllung unserer Informationspflichten gemäß Artikel 246b § 2 Absatz 1 in Verbindung mit Artikel 246b § 1 Absatz 1 EGBGB";

b) Bei Abschluss von Verträgen über die Erbringung von Zahlungsdiensten im Fernabsatz:

aa) bei Zahlungsdiensterahmenverträgen: „, jedoch nicht vor Vertragsschluss und auch nicht vor Erfüllung unserer Informationspflichten gemäß Artikel 246b § 2 Absatz 1 in Verbindung mit § 1 Absatz 1 Nummer 7 bis 12, 15 und 19 sowie Artikel 248 § 4 Absatz 1 EGBGB";

bb) bei Kleinbetragsinstrumenten im Sinne des § 675i Absatz 1 BGB: „, jedoch nicht vor Vertragsschluss und auch nicht vor Erfüllung unserer Informationspflichten gemäß Artikel 246b § 2 Absatz 1 in Verbindung mit § 1 Absatz 1 Nummer 7 bis 12, 15 und 19 sowie Artikel 248 § 11 Absatz 1 EGBGB";

cc) bei Einzelzahlungsverträgen: „, jedoch nicht vor Vertragsschluss und auch nicht vor Erfüllung unserer Informationspflichten gemäß Artikel 246b § 2 Absatz 1 in Verbindung mit § 1 Absatz 1 Nummer 7 bis 12, 15 und 19 sowie Artikel 248 § 13 Absatz 1 EGBGB".

c) Bei Abschluss von Verträgen über die Erbringung von Zahlungsdiensten außerhalb von Geschäftsräumen:

aa) bei Zahlungsdiensterahmenverträgen: „, jedoch nicht vor Vertragsschluss und auch nicht vor Erfüllung unserer Informationspflichten gemäß Artikel 246b § 2 in Verbindung mit § 1 Absatz 1 Nummer 12 sowie Artikel 248 § 4 Absatz 1 EGBGB";

bb) bei Kleinbetragsinstrumenten im Sinne des § 675i Absatz 1 BGB: „, jedoch nicht vor Vertragsschluss und auch nicht vor Erfüllung unserer Informationspflichten gemäß Artikel 246b § 2 in Verbindung mit § 1 Absatz 1 Nummer 12 sowie Artikel 248 § 11 Absatz 1 EGBGB";

cc) bei Einzelzahlungsverträgen: „, jedoch nicht vor Vertragsschluss und auch nicht vor Erfüllung unserer Informationspflichten gemäß Artikel 246b § 2 in Verbindung mit § 1 Absatz 1 Nummer 12 sowie Artikel 248 § 13 Absatz 1 EGBGB".

Wird für einen Vertrag belehrt, der unter mehrere der vorstehenden Sonderfälle fällt, sind die jeweils zutreffenden Ergänzungen zu kombinieren. Soweit zu kombinierende Ergänzungen sprachlich identisch sind, sind Wiederholungen des Wortlauts nicht erforderlich.

[2] Einsetzen: Namen/Firma und ladungsfähige Anschrift des Widerrufsadressaten.

Zusätzlich können angegeben werden: Telefaxnummer, E-Mail-Adresse und/ oder, wenn der Verbraucher eine Bestätigung seiner Widerrufserklärung an den Unternehmer erhält, auch eine Internetadresse.

[3] Dieser Absatz kann entfallen, wenn die beiderseitigen Leistungen erst nach Ablauf der Widerrufsfrist erbracht werden. Dasselbe gilt, wenn eine Rückabwicklung nicht in Betracht kommt (z.B. Hereinnahme einer Bürgschaft).

[4] Bei der Vereinbarung eines Entgelts für die Duldung einer Überziehung im Sinne des § 505 BGB ist hier Folgendes einzufügen:

„Überziehen Sie Ihr Konto ohne eingeräumte Überziehungsmöglichkeit oder überschreiten Sie die Ihnen eingeräumte Überziehungsmöglichkeit, können wir von Ihnen über die Rückzahlung des Betrags der Überziehung oder Überschreitung hinaus weder Kosten noch Zinsen verlangen, wenn wir Sie nicht ordnungsgemäß über die Bedingungen und Folgen der Überziehung oder Überschreitung (z.B. anwendbarer Sollzinssatz, Kosten) informiert haben."

[5] Bei einem Vertrag über eine entgeltliche Finanzierungshilfe, der von der Ausnahme des § 506 Absatz 4 BGB erfasst ist, gilt Folgendes:

 a) Ist Vertragsgegenstand die Überlassung einer Sache mit Ausnahme der Lieferung von Wasser, Gas oder Strom, die nicht in einem begrenzten Volumen oder in einer bestimmten Menge zum Verkauf angeboten werden, sind hier die konkreten Hinweise entsprechend Gestaltungshinweis [5] Buchstabe a bis c der Anlage 1 zu Artikel 246a § 1 Absatz 2 Satz 2 EGBGB zu geben.

 b) Ist Vertragsgegenstand die Erbringung einer Dienstleistung, die nicht in der Überlassung einer Sache gemäß Buchstabe a oder in einer Finanzdienstleistung besteht, oder die Lieferung von Wasser, Gas oder Strom, wenn sie nicht in einem begrenzten Volumen oder in einer bestimmten Menge zum Verkauf angeboten werden, oder die Lieferung von Fernwärme, sind hier die konkreten Hinweise entsprechend Gestaltungshinweis [6] der Anlage 1 zu Artikel 246a § 1 Absatz 2 Satz 2 EGBGB zu geben.

 c) Ist Vertragsgegenstand die Lieferung von nicht auf einem körperlichen Datenträger befindlichen digitalen Inhalten, ist hier folgender Hinweis zu geben:

„Sie sind zur Zahlung von Wertersatz für die bis zum Widerruf gelieferten digitalen Inhalte verpflichtet, wenn Sie vor Abgabe Ihrer Vertragserklärung auf diese Rechtsfolge hingewiesen wurden und ausdrücklich zugestimmt haben, dass wir vor dem Ende der Widerrufsfrist mit der Lieferung der digitalen Inhalte beginnen."

[6] Der nachfolgende Hinweis für finanzierte Geschäfte kann entfallen, wenn kein verbundenes Geschäft vorliegt:

„Wenn Sie diesen Vertrag durch ein Darlehen finanzieren und ihn später widerrufen, sind Sie auch an den Darlehensvertrag nicht mehr gebunden, sofern beide Verträge eine wirtschaftliche Einheit bilden. Dies ist insbesondere dann anzunehmen, wenn wir gleichzeitig Ihr Darlehensgeber sind oder wenn sich

Ihr Darlehensgeber im Hinblick auf die Finanzierung unserer Mitwirkung bedient. Wenn uns das Darlehen bei Wirksamwerden des Widerrufs oder bei der Rückgabe der Ware bereits zugeflossen ist, tritt Ihr Darlehensgeber im Verhältnis zu Ihnen hinsichtlich der Rechtsfolgen des Widerrufs oder der Rückgabe in unsere Rechte und Pflichten aus dem finanzierten Vertrag ein. Letzteres gilt nicht, wenn der vorliegende Vertrag den Erwerb von Finanzinstrumenten (z.B. von Wertpapieren, Devisen oder Derivaten) zum Gegenstand hat.

Wollen Sie eine vertragliche Bindung so weitgehend wie möglich vermeiden, machen Sie von Ihrem Widerrufsrecht Gebrauch und widerrufen Sie zudem den Darlehensvertrag, wenn Ihnen auch dafür ein Widerrufsrecht zusteht."

Bei einem finanzierten Erwerb eines Grundstücks oder eines grundstücksgleichen Rechts ist Satz 2 des vorstehenden Hinweises wie folgt zu ändern:

„Dies ist nur anzunehmen, wenn die Vertragspartner in beiden Verträgen identisch sind oder wenn der Darlehensgeber über die Zurverfügungstellung von Darlehen hinaus Ihr Grundstücksgeschäft durch Zusammenwirken mit dem Veräußerer fördert, indem er sich dessen Veräußerungsinteressen ganz oder teilweise zu eigen macht, bei der Planung, Werbung oder Durchführung des Projekts Funktionen des Veräußerers übernimmt oder den Veräußerer einseitig begünstigt."

[7] Der nachfolgende Hinweis kann entfallen, wenn kein zusammenhängender Vertrag vorliegt:

„Bei Widerruf dieses Vertrags sind Sie auch an einen mit diesem Vertrag zusammenhängenden Vertrag nicht mehr gebunden, wenn der zusammenhängende Vertrag eine Leistung betrifft, die von uns oder einem Dritten auf der Grundlage einer Vereinbarung zwischen uns und dem Dritten erbracht wird."

[8] Ort, Datum und Unterschriftsleiste können entfallen. In diesem Fall sind diese Angaben entweder durch die Wörter „Ende der Widerrufsbelehrung" oder durch die Wörter „Ihr(e) (einsetzen: Firma des Unternehmers)" zu ersetzen.

Anlage 4 (zu Artikel 247 § 2)*
Europäische Standardinformationen für Verbraucherkredite

3. Kreditkosten

Sollzinssatz oder gegebenenfalls die verschiedenen Sollzinssätze, die für den Kreditvertrag gelten	[% – gebunden oder – veränderlich (mit dem Index oder Referenzzinssatz für den anfänglichen Sollzinssatz) – Zeiträume]
Effektiver Jahreszins Gesamtkosten ausgedrückt als jährlicher Prozentsatz des Gesamtkreditbetrags	[% Repräsentatives Beispiel unter Angabe sämtlicher in die Berechnung des Jahreszinses einfließender Annahmen]
Diese Angabe hilft Ihnen dabei, unterschiedliche Angebote zu vergleichen.	
Ist – der Abschluss einer Kreditversicherung oder – die Inanspruchnahme einer anderen mit dem Kreditvertrag zusammenhängenden Nebenleistung zwingende Voraussetzung dafür, dass der Kredit überhaupt oder nach den vorgesehenen Vertragsbedingungen gewährt wird? Falls der Kreditgeber die Kosten dieser Dienstleistungen nicht kennt, sind sie nicht im effektiven Jahreszins enthalten.	Ja/Nein [Falls ja, Art der Versicherung:] Ja/Nein [Falls ja, Art der Nebenleistung:]
Kosten im Zusammenhang mit dem Kredit	

---

* Bislang Anlage 3 zu Artikel 247 § 2; vom Abdruck der Nrn. 1, 2, 4 und 5 der Anlage wird (da unverändert) abgesehen.

(falls zutreffend) Die Führung eines oder mehrerer Konten ist für die Buchung der Zahlungsvorgänge und der in Anspruch genommenen Kreditbeträge erforderlich.	
(falls zutreffend) Höhe der Kosten für die Verwendung eines bestimmten Zahlungsmittels (z.B. einer Kreditkarte)	
(falls zutreffend) Sonstige Kosten im Zusammenhang mit dem Kreditvertrag	
(falls zutreffend) Bedingungen, unter denen die vorstehend genannten Kosten im Zusammenhang mit dem Kreditvertrag geändert werden können	
(falls zutreffend) Verpflichtung zur Zahlung von Notarkosten	
Kosten bei Zahlungsverzug Ausbleibende Zahlungen können schwer wiegende Folgen für Sie haben (z.B. Zwangsverkauf) und die Erlangung eines Kredits erschweren.	Bei Zahlungsverzug wird Ihnen [… (anwendbarer Zinssatz und Regelungen für seine Anpassung sowie gegebenenfalls Verzugskosten)] berechnet.

Anlage 5 (zu Artikel 247 § 2)*
Europäische Verbraucherkreditinformationen bei
1. Überziehungskrediten
2. Umschuldungen

3. Kreditkosten

Sollzinssatz oder gegebenenfalls die verschiedenen Sollzinssätze, die für den Kreditvertrag gelten	[% – gebunden oder – veränderlich (mit dem Index oder Referenzzinssatz für den anfänglichen Sollzinssatz)]
(falls zutreffend) Effektiver Jahreszins*) Gesamtkosten ausgedrückt als jährlicher Prozentsatz des Gesamtkreditbetrags Diese Angabe hilft Ihnen dabei, unterschiedliche Angebote zu vergleichen.	[%. Repräsentatives Beispiel unter Angabe sämtlicher in die Berechnung des Jahreszinses einfließender Annahmen]
(falls zutreffend) Kosten (falls zutreffend) Bedingungen, unter denen diese Kosten geändert werden können	[Sämtliche vom Zeitpunkt des Vertragsabschlusses des Kreditvertrags an zu zahlende Kosten]
Kosten bei Zahlungsverzug	Bei Zahlungsverzug wird Ihnen [... (anwendbarer Zinssatz und Regelungen für seine Anpassung sowie gegebenenfalls Verzugskosten)] berechnet.

---

*) **Amtl. Anm.:** Bei Überziehungsmöglichkeiten nach § 504 Abs. 2 des Bürgerlichen Gesetzbuchs, bei denen der Kredit jederzeit vom Kreditgeber gekündigt werden kann oder binnen drei Monaten zurückgezahlt werden muss, muss der effektive Jahreszins nicht angegeben werden, wenn der Kreditgeber außer den Sollzinsen keine weiteren Kosten verlangt.

---

* Bislang Anlage 4 zu Artikel 247 § 2; vom Abdruck der Nrn. 1, 2, 4–6 der Anlage wird (da unverändert) abgesehen.

EGBGB Anlage 7

Anlage 6 (zu Artikel 247 § 2) „Europäisches Standardisiertes Merkblatt"
entspricht – unverändert – der bisherigen Anlage 5; vom Abdruck wird abgesehen.

Anlage 7 (zu Artikel 247 § 6 Absatz 2 und § 12 Absatz 1)
Muster für eine Widerrufsinformation für Verbraucherdarlehensverträge

---

Widerrufsinformation

Widerrufsrecht

Der Darlehensnehmer* kann seine Vertragserklärung innerhalb von 14 Tagen ohne Angabe von Gründen widerrufen. Die Frist beginnt nach Abschluss des Vertrags, aber erst, nachdem der Darlehensnehmer alle Pflichtangaben nach § 492 Absatz 2 BGB (z.B. Angabe zur Art des Darlehens, Angabe zum Nettodarlehensbetrag, Angabe zur Vertragslaufzeit) erhalten hat. Der Darlehensnehmer hat alle Pflichtangaben erhalten, wenn sie in der für den Darlehensnehmer bestimmten Ausfertigung seines Antrags oder in der für den Darlehensnehmer bestimmten Ausfertigung der Vertragsurkunde oder in einer für den Darlehensnehmer bestimmten Abschrift seines Antrags oder der Vertragsurkunde enthalten sind und dem Darlehensnehmer eine solche Unterlage zur Verfügung gestellt worden ist. Über in den Vertragstext nicht aufgenommene Pflichtangaben kann der Darlehensnehmer nachträglich auf einem dauerhaften Datenträger informiert werden; die Widerrufsfrist beträgt dann einen Monat. Der Darlehensnehmer ist mit den nachgeholten Pflichtangaben nochmals auf den Beginn der Widerrufsfrist hinzuweisen. Zur Wahrung der Widerrufsfrist genügt die rechtzeitige Absendung des Widerrufs, wenn die Erklärung auf einem dauerhaften Datenträger (z.B. Brief, Telefax, E-Mail) erfolgt. Der Widerruf ist zu richten an: [1]
[2]
[2a]
[2b]
[2c]

Widerrufsfolgen

Soweit das Darlehen bereits ausbezahlt wurde, hat es der Darlehensnehmer spätestens innerhalb von 30 Tagen zurückzuzahlen und für den Zeitraum zwischen der Auszahlung und der Rückzahlung des Darlehens den vereinbarten Sollzins zu entrichten. Die Frist beginnt mit der Absendung der Widerrufserklärung. Für den Zeitraum zwischen Auszahlung und Rückzahlung ist bei vollständiger Inanspruchnahme des Darlehens pro Tag ein Zinsbetrag in Höhe von Euro zu zahlen. Dieser Betrag verringert sich entsprechend, wenn das Darlehen nur teilweise in Anspruch genommen wurde. [4] [5]
[6]
[6a]

Synopse

6b
6c
6d
6e
6f
6g

Gestaltungshinweise:

[1] Hier sind einzufügen: Name/Firma und ladungsfähige Anschrift des Widerrufsadressaten. Zusätzlich können angegeben werden: Telefaxnummer, E-Mail-Adresse und/oder, wenn der Darlehensnehmer eine Bestätigung seiner Widerrufserklärung an den Darlehensgeber erhält, auch eine Internet-Adresse.

[2] Bei Anwendung der Gestaltungshinweise, oder ist hier folgende Unterüberschrift einzufügen:

„Besonderheiten bei weiteren Verträgen".

[2a] Bei einem verbundenen Vertrag nach § 358 BGB ist hier einzufügen:

a) wenn der Vertrag nicht den Erwerb von Finanzinstrumenten zum Gegenstand hat:

„– Widerruft der Darlehensnehmer diesen Darlehensvertrag, so ist er auch an den [einsetzen: Bezeichnung des verbundenen Vertrags] (im Folgenden: verbundener Vertrag)** nicht mehr gebunden.

– Steht dem Darlehensnehmer in Bezug auf den [einsetzen***: verbundenen Vertrag] ein Widerrufsrecht zu, so ist er mit wirksamem Widerruf des [einsetzen***: verbundenen Vertrags] auch an den Darlehensvertrag nicht mehr gebunden. Für die Rechtsfolgen des Widerrufs sind die in dem [einsetzen***: verbundenen Vertrag] getroffenen Regelungen und die hierfür erteilte Widerrufsbelehrung maßgeblich. "

b) wenn der Vertrag den Erwerb von Finanzinstrumenten zum Gegenstand hat:

„– Widerruft der Darlehensnehmer den [einsetzen: Bezeichnung des verbundenen Vertrags], so ist er auch an den Darlehensvertrag nicht mehr gebunden. "

[2b] Bei einem Geschäft, dessen Vertragsgegenstand (die Leistung des Unternehmers) in dem Verbraucherdarlehensvertrag genau angegeben ist und das nicht gleichzeitig die Voraussetzungen eines verbundenen Vertrags gemäß § 358 BGB erfüllt, obwohl das Darlehen ausschließlich zu dessen Finanzierung dient (angegebenes Geschäft gemäß § 360 Absatz 2 Satz 2 BGB), ist hier Folgendes einzufügen:

„– Steht dem Darlehensnehmer in Bezug auf das [einsetzen: Bezeichnung des im Darlehensvertrag angegebenen Geschäfts] (im Folgenden: angegebenes Geschäft)** ein Widerrufsrecht zu, so ist er mit wirksamem Widerruf des angegebenen Geschäfts auch an diesen Darlehensvertrag nicht mehr gebunden. "

[2c] Bei einem mit einem Verbraucherdarlehensvertrag zusammenhängenden Vertrag (§ 360 BGB), der nicht gleichzeitig die Voraussetzungen eines verbundenen Vertrags gemäß § 358 BGB erfüllt, kann hier Folgendes eingefügt werden:

„– Steht dem Darlehensnehmer in Bezug auf diesen Darlehensvertrag ein Widerrufsrecht zu, so ist er mit wirksamem Widerruf des Darlehensvertrags auch an den [einsetzen: Bezeichnung des mit dem Darlehensvertrag zusammenhängenden Vertrags] (im Folgenden: zusammenhängender Vertrag)** nicht mehr gebunden. "

[3] Hier ist der genaue Zinsbetrag in Euro pro Tag einzufügen. Centbeträge sind als Dezimalstellen anzugeben.

[4] Ist das Darlehen durch ein Grundpfandrecht gesichert, ist hier Folgendes einzufügen:

„Wenn der Darlehensnehmer nachweist, dass der Wert seines Gebrauchsvorteils niedriger war als der Vertragszins, muss er nur den niedrigeren Betrag zahlen. Dies kann z.B. in Betracht kommen, wenn der marktübliche Zins geringer war als der Vertragszins. "

[5] Erbringt der Darlehensgeber gegenüber öffentlichen Stellen Aufwendungen gemäß § 357a Absatz 3 Satz 4 BGB und will er sich für den Fall des Widerrufs die Geltendmachung dieses Anspruchs vorbehalten, ist hier Folgendes einzufügen:

„– Der Darlehensnehmer hat dem Darlehensgeber auch die Aufwendungen zu ersetzen, die der Darlehensgeber gegenüber öffentlichen Stellen erbracht hat und nicht zurückverlangen kann."

[6] Bei Anwendung der Gestaltungshinweise [6a], [6b], [6c], [6d], [6e], [6f] oder [6g] ist hier als Unterüberschrift einzufügen:

„Besonderheiten bei weiteren Verträgen"

Dies gilt nicht, wenn bei einer entgeltlichen Finanzierungshilfe ausschließlich der Hinweis verwandt wird und weitere Verträge nicht vorliegen.

Liegen mehrere weitere Verträge nebeneinander vor, kann im Folgenden die Unterrichtung gemäß den anwendbaren Gestaltungshinweisen auch durch eine entsprechende, jeweils auf den konkreten Vertrag bezogene, wiederholte Nennung der Hinweise erfolgen.

[6a] Bei einem verbundenen Vertrag nach § 358 BGB, der nicht den Erwerb von Finanzinstrumenten zum Gegenstand hat, ist hier Folgendes einzufügen:

„– Steht dem Darlehensnehmer in Bezug auf [einsetzen***: den verbundenen Vertrag] ein Widerrufsrecht zu, sind im Falle des wirksamen Widerrufs [einsetzen***: des verbundenen Vertrags] Ansprüche des Darlehensgebers auf Zahlung von Zinsen und Kosten aus der Rückabwicklung des Darlehensvertrags gegen den Darlehensnehmer ausgeschlossen. "

6b Bei einem verbundenen Vertrag nach § 358 BGB, der nicht den Erwerb von Finanzinstrumenten zum Gegenstand hat, oder bei einem zusammenhängenden Vertrag, wenn von Gestaltungshinweis 2c Gebrauch gemacht wurde, ist hier Folgendes einzufügen:

„– Ist der Darlehensnehmer aufgrund des Widerrufs dieses Darlehensvertrags an [einsetzen***: den verbundenen Vertrag und/oder den zusammenhängenden Vertrag] nicht mehr gebunden, sind insoweit die beiderseits empfangenen Leistungen zurückzugewähren."

6c Bei einem verbundenen Vertrag nach § 358 BGB über die Überlassung einer Sache oder bei einem zusammenhängenden Vertrag, gerichtet auf die Überlassung einer Sache, wenn von Gestaltungshinweis 2c Gebrauch gemacht wurde, ist hier nachstehender Unterabsatz einzufügen:

„– Der Darlehensnehmer ist nicht verpflichtet, die Sache zurückzusenden, wenn der an [einsetzen***: dem verbundenen Vertrag oder dem zusammenhängenden Vertrag] beteiligte Unternehmer angeboten hat, die Sachen abzuholen. Grundsätzlich trägt der Darlehensnehmer die unmittelbaren Kosten der Rücksendung der Waren. Dies gilt nicht, wenn der an [einsetzen***: dem verbundenen Vertrag oder dem zusammenhängenden Vertrag] beteiligte Unternehmer sich bereit erklärt hat, diese Kosten zu tragen, oder er es unterlassen hat, den Verbraucher über die Pflicht, die unmittelbaren Kosten der Rücksendung zu tragen, zu unterrichten. Bei außerhalb von Geschäftsräumen geschlossenen Verträgen, bei denen die Waren zum Zeitpunkt des Vertragsschlusses zur Wohnung des Verbrauchers geliefert worden sind, ist der Unternehmer verpflichtet, die Waren auf eigene Kosten abzuholen, wenn die Waren so beschaffen sind, dass sie nicht per Post zurückgesandt werden können."

Der Unterabsatz kann wie folgt ergänzt werden:

„Wenn der Darlehensnehmer die aufgrund [einsetzen***: des verbundenen Vertrags oder des zusammenhängenden Vertrags] überlassene Sache nicht oder teilweise nicht oder nur in verschlechtertem Zustand zurückgewähren kann, hat er insoweit Wertersatz zu leisten. Dies kommt allerdings nur in Betracht, wenn der Wertverlust auf einen Umgang mit den Waren zurückzuführen ist, der zur Prüfung der Beschaffenheit, der Eigenschaften und der Funktionsweise der Waren nicht notwendig war."

6d Bei einem Vertrag über eine entgeltliche Finanzierungshilfe gilt Folgendes:

a) Ist Vertragsgegenstand die Überlassung einer Sache mit Ausnahme der Lieferung von Wasser, Gas oder Strom, die nicht in einem begrenzten Volumen oder in einer bestimmten Menge zum Verkauf angeboten werden, sind hier die konkreten Hinweise entsprechend Gestaltungshinweis Buchstabe a und b der Anlage 1 zu Artikel 246a § 1 Absatz 2 Satz 2 EGBGB zu geben.

Diese können durch die konkreten Hinweise entsprechend Gestaltungshinweis Buchstabe c der Anlage 1 zu Artikel 246a § 1 Absatz 2 Satz 2 EGBGB ergänzt werden.

b) Ist Vertragsgegenstand die Erbringung einer Finanzdienstleistung, kann hier folgender Hinweis gegeben werden:

„Der Darlehensnehmer ist zur Zahlung von Wertersatz für die bis zum Widerruf erbrachte Dienstleistung verpflichtet, wenn er ausdrücklich zugestimmt hat, dass vor dem Ende der Widerrufsfrist mit der Ausführung der Gegenleistung begonnen wird. Besteht eine Verpflichtung zur Zahlung von Wertersatz, kann dies dazu führen, dass der Darlehensnehmer die vertraglichen Zahlungsverpflichtungen für den Zeitraum bis zum Widerruf dennoch erfüllen muss. "

c) Ist Vertragsgegenstand die Erbringung einer Dienstleistung, die nicht in der Überlassung einer Sache gemäß Buchstabe a oder in einer Finanzdienstleistung besteht, oder die Lieferung von Wasser, Gas oder Strom, wenn sie nicht in einem begrenzten Volumen oder in einer bestimmten Menge zum Verkauf angeboten werden, oder die Lieferung von Fernwärme, können hier die konkreten Hinweise entsprechend Gestaltungshinweis der Anlage 1 zu Artikel 246a § 1 Absatz 2 Satz 2 EGBGB gegeben werden.

d) Ist Vertragsgegenstand die Lieferung von nicht auf einem körperlichen Datenträger befindlichen digitalen Inhalten, kann hier folgender Hinweis gegeben werden:

„Der Darlehensnehmer ist zur Zahlung von Wertersatz für die bis zum Widerruf gelieferten digitalen Inhalte verpflichtet, wenn er ausdrücklich zugestimmt hat, dass vor dem Ende der Widerrufsfrist mit der Lieferung der digitalen Inhalte begonnen wird. "

[6e] Bei einem angegebenen Geschäft nach § 360 Absatz 2 Satz 2 BGB ist hier Folgendes einzufügen:

„– Ist der Darlehensnehmer aufgrund des Widerrufs des [einsetzen***: angegebenen Geschäfts] an den Darlehensvertrag nicht mehr gebunden, führt das hinsichtlich des Darlehensvertrags zu den gleichen Folgen, die eintreten würden, wenn der Darlehensvertrag selbst widerrufen worden wäre (vgl. oben unter „Widerrufsfolgen")."

[6f] Bei einem verbundenen Vertrag nach § 358 BGB, der nicht den Erwerb von Finanzinstrumenten zum Gegenstand hat, ist hier Folgendes einzufügen:

„– Wenn der Darlehensnehmer infolge des Widerrufs des Darlehensvertrags nicht mehr an den weiteren Vertrag gebunden ist oder infolge des Widerrufs des weiteren Vertrags nicht mehr an den Darlehensvertrag gebunden ist, gilt ergänzend Folgendes: Ist das Darlehen bei Wirksamwerden des Widerrufs dem Vertragspartner des Darlehensnehmers aus [einsetzen***: dem verbundenen Vertrag] bereits zugeflossen, tritt der Darlehensgeber im Verhältnis zum Darlehensnehmer hinsichtlich der Rechtsfolgen des Widerrufs in die Rechte und Pflichten des Vertragspartners aus dem weiteren Vertrag ein. "

Dieser Hinweis entfällt, wenn der Darlehensgeber zugleich Vertragspartner des Darlehensnehmers aus dem weiteren Vertrag ist.

|6g| Bei einem verbundenen Vertrag nach § 358 BGB, der nicht den Erwerb von Finanzinstrumenten zum Gegenstand hat, sind hier folgende Überschrift und folgender Hinweis einzufügen:

„Einwendungen bei verbundenen Verträgen"

„Der Darlehensnehmer kann die Rückzahlung des Darlehens verweigern, soweit ihn Einwendungen berechtigen würden, seine Leistung gegenüber dem Vertragspartner aus dem verbundenen Vertrag zu verweigern. Dies gilt nicht, wenn das finanzierte Entgelt weniger als 200 Euro beträgt oder wenn der Rechtsgrund für die Einwendung auf einer Vereinbarung beruht, die zwischen dem Darlehensnehmer und dem anderen Vertragspartner nach dem Abschluss des Darlehensvertrags getroffen wurde. Kann der Darlehensnehmer von dem anderen Vertragspartner Nacherfüllung verlangen, so kann er die Rückzahlung des Darlehens erst verweigern, wenn die Nacherfüllung fehlgeschlagen ist. "

Dieser Hinweis und die Überschrift können entfallen, wenn der Darlehensgeber weiß, dass das finanzierte Entgelt weniger als 200 Euro beträgt.

* Die Vertragsparteien können auch direkt angesprochen werden (z.B. „Sie", „Wir"). Es kann auch die weibliche Form der jeweiligen Bezeichnung und/ oder die genaue Bezeichnung der Vertragsparteien verwendet werden. Es können auch die Bezeichnungen „Kreditnehmer" und „Kreditgeber" verwendet werden. Bei entgeltlichen Finanzierungshilfen sind die Bezeichnungen entsprechend anzupassen, beispielsweise mit „Leasinggeber" und „Leasingnehmer". Die weitergehende Anpassungspflicht für entgeltliche Finanzierungshilfen gemäß Artikel 247 § 12 Absatz 1 Satz 5 EGBGB bleibt unberührt.

** Dieser Klammerzusatz entfällt bei durchgängiger genauer Bezeichnung des Vertrags/Geschäfts.

*** Die Bezugnahme auf den betreffenden Vertrag/auf das betreffende Geschäft kann nach erstmaliger genauer Bezeichnung im Weiteren durch Verwendung der allgemeinen Bezeichnung des jeweiligen Vertrags/Geschäfts (verbundener Vertrag, angegebenes Geschäft, zusammenhängender Vertrag) erfolgen.

FernUSG nF

§ 2 Rechte und Pflichten der Vertragschließenden

(1) Durch den Fernunterrichtsvertrag verpflichtet sich der Veranstalter von Fernunterricht (Veranstalter), das Fernlehrmaterial einschließlich der vorgesehenen Arbeitsmittel in den vereinbarten Zeitabständen zu liefern, den Lernerfolg zu überwachen, insbesondere die eingesandten Arbeiten innerhalb angemessener Zeit sorgfältig zu korrigieren, und dem Teilnehmer am Fernunterricht (Teilnehmer) diejenigen Anleitungen zu geben, die er erkennbar benötigt.

(2) Der Teilnehmer ist verpflichtet, die vereinbarte Vergütung zu leisten. Die Vergütung ist in Teilleistungen jeweils für einen Zeitabschnitt von höchstens drei Monaten zu entrichten. Die einzelnen Teilleistungen dürfen den Teil der Vergütung nicht übersteigen, der im Verhältnis zur voraussichtlichen Dauer des Fernlehrgangs auf den Zeitabschnitt entfällt, für den die Teilleistung zu entrichten ist. Höhere Teilleistungen sowie Vorauszahlungen dürfen weder vereinbart noch gefordert werden.

(3) Von den Vorschriften des Absatzes 2 Satz 2 bis 4 kann abgewichen werden, soweit die Vergütung auf die Lieferung einer beweglichen Sache entfällt, die nicht Teil des schriftlichen oder audiovisuellen Fernlehrmaterials ist. Von den Vorschriften des Absatzes 2 Satz 3 kann abgewichen werden, soweit die Vertragsparteien vereinbart haben, dass auf Verlangen des Teilnehmers das Fernlehrmaterial in kürzeren oder längeren als den vereinbarten Zeitabständen zu liefern ist, der Teilnehmer die Lieferung in anderen als den verein-

FernUSG aF

§ 2 Rechte und Pflichten der Vertragschließenden

(1) Durch den Fernunterrichtsvertrag verpflichtet sich der Veranstalter von Fernunterricht (Veranstalter), das Fernlehrmaterial einschließlich der vorgesehenen Arbeitsmittel in den vereinbarten Zeitabständen zu liefern, den Lernerfolg zu überwachen, insbesondere die eingesandten Arbeiten innerhalb angemessener Zeit sorgfältig zu korrigieren, und dem Teilnehmer am Fernunterricht (Teilnehmer) diejenigen Anleitungen zu geben, die er erkennbar benötigt.

(2) Der Teilnehmer ist verpflichtet, die vereinbarte Vergütung zu leisten. Die Vergütung ist in Teilleistungen jeweils für einen Zeitabschnitt von höchstens drei Monaten zu entrichten. Die einzelnen Teilleistungen dürfen den Teil der Vergütung nicht übersteigen, der im Verhältnis zur voraussichtlichen Dauer des Fernlehrgangs (§ 3 Abs. 2 Nr. 2) auf den Zeitabschnitt entfällt, für den die Teilleistung zu entrichten ist. Höhere Teilleistungen sowie Vorauszahlungen dürfen weder vereinbart noch gefordert werden.

(3) Von den Vorschriften des Absatzes 2 Satz 2 bis 4 kann abgewichen werden, soweit die Vergütung auf die Lieferung einer beweglichen Sache entfällt, die nicht Teil des schriftlichen oder audiovisuellen Fernlehrmaterials ist. Von den Vorschriften des Absatzes 2 Satz 3 kann abgewichen werden, soweit die Vertragsparteien vereinbart haben, dass auf Verlangen des Teilnehmers das Fernlehrmaterial in kürzeren oder längeren als den vereinbarten Zeitabständen (§ 3 Abs. 2 Nr. 2) zu liefern ist, der Teilnehmer die Lieferung in ande-

Synopse

FernUSG nF	FernUSG aF
barten Zeitabständen verlangt und die Änderung der Teilleistungen wegen der Änderung der Zeitabstände angemessen ist.	ren als den vereinbarten Zeitabständen verlangt und die Änderung der Teilleistungen wegen der Änderung der Zeitabstände angemessen ist.
(4) Außer der vereinbarten Vergütung darf für Tätigkeiten, die mit dem Abschluss des Fernunterrichtsvertrags zusammenhängen, sowie für etwaige Nebenleistungen eine Vergütung irgendwelcher Art weder vereinbart noch gefordert oder angenommen werden. Dies gilt auch für Einschreibegebühren, Provisionen und Auslagenerstattungen.	(4) Außer der vereinbarten Vergütung darf für Tätigkeiten, die mit dem Abschluss des Fernunterrichtsvertrags zusammenhängen, sowie für etwaige Nebenleistungen eine Vergütung irgendwelcher Art weder vereinbart noch gefordert oder angenommen werden. Dies gilt auch für Einschreibegebühren, Provisionen und Auslagenerstattungen.
(5) Unwirksam sind Vereinbarungen zu Lasten des Teilnehmers über	(5) Unwirksam sind Vereinbarungen zu Lasten des Teilnehmers über
1. Vertragsstrafen,	1. Vertragsstrafen,
2. die Festsetzung der Höhe eines Schadensersatzes in Pauschbeträgen,	2. die Festsetzung der Höhe eines Schadensersatzes in Pauschbeträgen,
3. den Ausschluss oder die Beschränkung von Schadensersatzansprüchen,	3. den Ausschluss oder die Beschränkung von Schadensersatzansprüchen,
4. den Verzicht des Teilnehmers auf das Recht, im Falle der Abtretung der Ansprüche des Veranstalters an einen Dritten Einwendungen, die zur Zeit der Abtretung der Forderung gegen den Veranstalter begründet waren, dem neuen Gläubiger entgegenzusetzen.	4. den Verzicht des Teilnehmers auf das Recht, im Falle der Abtretung der Ansprüche des Veranstalters an einen Dritten Einwendungen, die zur Zeit der Abtretung der Forderung gegen den Veranstalter begründet waren, dem neuen Gläubiger entgegenzusetzen.
Ebenfalls unwirksam ist eine Vereinbarung, durch die sich der Teilnehmer im Zusammenhang mit dem Abschluss des Fernunterrichtsvertrags verpflichtet, Waren zu erwerben oder den Gebrauch von Sachen oder Dienst- oder Werkleistungen in Anspruch zu nehmen, deren Erwerb oder deren Inanspruchnahme nicht den Zielen des Fernunterrichtsvertrags dient.	Ebenfalls unwirksam ist eine Vereinbarung, durch die sich der Teilnehmer im Zusammenhang mit dem Abschluss des Fernunterrichtsvertrags verpflichtet, Waren zu erwerben oder den Gebrauch von Sachen oder Dienst- oder Werkleistungen in Anspruch zu nehmen, deren Erwerb oder deren Inanspruchnahme nicht den Zielen des Fernunterrichtsvertrags dient.

FernUSG nF

§ 3 Form und Inhalt des Fernunterrichtsvertrags

(1) Die auf den Vertragsschluss gerichtete Willenserklärung des Teilnehmers bedarf der schriftlichen Form.

(2) Bei einem Fernunterrichtsvertrag, der weder ein außerhalb von Geschäftsräumen geschlossener Vertrag nach § 312b des Bürgerlichen Gesetzbuchs noch ein Fernabsatzvertrag nach § 312c des Bürgerlichen Gesetzbuchs ist, gelten die Informationspflichten des § 312d Absatz 1 des Bürgerlichen Gesetzbuchs in Verbindung mit Artikel 246a des Einführungsgesetzes zum Bürgerlichen Gesetzbuche entsprechend.

(3) Bei einem Fernunterrichtsvertrag gehören zu den wesentlichen Eigenschaften, über die der Unternehmer den Verbraucher nach Artikel 246a § 1 Absatz 1 Satz 1 Nummer 1 des Einführungsgesetzes zum Bürgerlichen Gesetzbuche zu informieren hat, in der Regel insbesondere

1. die Art und Geltung des Lehrgangsabschlusses,
2. Ort, Dauer und Häufigkeit des begleitenden Unterrichts,
3. Angaben über die vereinbarten Zeitabstände für die Lieferung des Fernlehrmaterials,
4. wenn der Fernunterrichtsvertrag die Vorbereitung auf eine öffentlich-rechtliche oder sonstige externe Prüfung umfasst, auch die Angaben zu Zulassungsvoraussetzungen.

FernUSG aF

§ 3 Form und Inhalt des Fernunterrichtsvertrags

(1) Die auf den Vertragsschluss gerichtete Willenserklärung des Teilnehmers bedarf der schriftlichen Form.

(2) Die Urkunde muss enthalten

1. Name und Anschrift des Veranstalters und des Teilnehmers,
2. die Angabe von Gegenstand, Ziel, Beginn und voraussichtlicher Dauer des Fernlehrgangs sowie von Art und Geltung des Lehrgangsabschlusses, Angaben über die vereinbarten Zeitabstände für die Lieferung des Fernlehrmaterials und Hinweise auf begleitenden Unterricht; dabei muss erkennbar sein, ob es sich um einen Abschluss des Veranstalters handelt oder ob und inwieweit der Fernlehrgang dazu vorgesehen ist, auf eine öffentlich-rechtliche oder eine sonstige bestimmte Prüfung vorzubereiten,
3. die Angabe des Gesamtbetrags der vom Teilnehmer zu entrichtenden Vergütung; hat der Fernunterrichtsvertrag die Lieferung einer beweglichen Sache zum Gegenstand, die nicht Teil des schriftlichen oder audiovisuellen Fernlehrmaterials ist, so muss erkennbar sein, welcher Teil der Vergütung auf die Lieferung dieser Sache entfällt,
4. einen Hinweis auf zusätzliche Kosten, die dem Teilnehmer durch die Nutzung von Fernkommunikationsmitteln im Rahmen des Fernlehrgangs entstehen, sofern sie über die üblichen Grundtarife, mit denen der Teilnehmer rechnen muss, hinausgehen,
5. die Angabe von Betrag, Zahl und Fälligkeit der auf die Vergütung zu

FernUSG nF	FernUSG aF
	entrichtenden Teilzahlungen und sonstigen Pflichten des Teilnehmers,
	6. eine drucktechnisch deutlich gestaltete Belehrung über das Recht des Teilnehmers zum Widerruf (§ 4) und dessen Bedingungen und Einzelheiten sowie Name und Anschrift des Widerrufsempfängers,
	7. die Mindestlaufzeit des Vertrages und die Kündigungsbedingungen.
	(3) Die Urkunde soll enthalten
	1. eine Gliederung des Fernlehrgangs sowie Angaben über Ort, Dauer und Häufigkcit des begleitenden Unterrichts,
	2. Angaben über die zusätzlich erforderlichen und nicht nur geringwertigen Arbeitsmittel, die nicht vom Veranstalter geliefert werden, einschließlich der Kosten, die dem Teilnehmer durch die Nutzung von Fernkommunikationsmitteln im Rahmen des Fernlehrgangs entstehen und die über die üblichen Grundtarife, mit denen der Teilnehmer rechnen muss, hinausgehen,
	3. die Angabe der Vorbildungsvoraussetzungen für die Teilnahme am Fernlehrgang sowie der Zulassungsvoraussetzungen für eine öffentlich-rechtliche oder sonstige Prüfung, wenn der Fernlehrgang zur Vorbereitung auf eine solche Prüfung vorgesehen ist,
	4. eine Darstellung der gesetzlichen Gerichtsstandsregelung,
	5. im Falle zulassungspflichtiger Fernlehrgänge nachprüfbare Hinweise auf die erteilte Zulassung; ist der Fernlehrgang nur vorläufig zu-

FernUSG nF	FernUSG aF
	gelassen, so ist darauf besonders hinzuweisen.
	(4) Dem Teilnehmer ist eine deutlich lesbare Abschrift der Urkunde auszuhändigen. Die Belehrung über das Widerrufsrecht ist vom Teilnehmer gesondert zu unterschreiben.
§ 4 Widerrufsrecht des Teilnehmers	**§ 4 Widerrufsrecht des Teilnehmers**
Bei einem Fernunterrichtsvertrag nach § 3 Absatz 2 steht dem Teilnehmer ein Widerrufsrecht nach § 355 des Bürgerlichen Gesetzbuchs zu. Die §§ 356 und 357 des Bürgerlichen Gesetzbuchs sind entsprechend anzuwenden. Für finanzierte Fernunterrichtsverträge ist § 358 des Bürgerlichen Gesetzbuchs entsprechend anzuwenden.	(1) Dem Teilnehmer steht ein Widerrufsrecht nach § 355 des Bürgerlichen Gesetzbuchs zu. Abweichend von § 355 Abs. 3 Satz 1 des Bürgerlichen Gesetzbuchs beginnt die Widerrufsfrist nicht vor Zugang der ersten Lieferung des Fernlehrmaterials. Für finanzierte Fernunterrichtsverträge gilt § 358 des Bürgerliche Gesetzbuchs entsprechend. (2) Das Widerrufsrecht erlischt in dem Zeitpunkt, in die Vertragsparteien den Fernunterrichtsvertrag vollständig erfüllt haben, spätestens jedoch mit Ablauf des ersten Halbjahres nach Eingang der ersten Lieferung. (3) Abweichend von § 346 Abs. 1 in Verbindung mit § 357 Abs. 1 des Bürgerlichen Gesetzbuchs ist der Wert der Überlassung des Gebrauchs oder der Benutzung der Sachen oder der Erteilung des Unterrichts bis zur Ausübung des Widerrufs nicht zu vergüten.
§ 6 Rechtsfolgen der Kündigung bei gemischten Verträgen	**§ 6 Rechtsfolgen der Kündigung bei gemischten Verträgen**
(1) Hat der Fernunterrichtsvertrag die Lieferung einer beweglichen Sache zum Gegenstand, die nicht Teil des schriftlichen oder audiovisuellen Fernlehrmaterials ist, so wird dieser	(1) Hat der Fernunterrichtsvertrag die Lieferung einer beweglichen Sache zum Gegenstand, die nicht Teil des schriftlichen oder audiovisuellen Fernlehrmaterials ist, so wird dieser

Synopse

FernUSG nF	FernUSG aF
Teil des Vertrags durch die Kündigung des Fernunterrichtsvertrags nicht berührt. Hat der Teilnehmer die Kündigung des Vertrags erklärt, so kann er jedoch innerhalb von zwei Wochen, nachdem die Kündigung wirksam geworden ist, durch schriftliche Erklärung gegenüber dem Veranstalter von diesem Teil des Vertrags zurücktreten, sofern die Lieferung der Sache infolge der Kündigung des Fernunterrichtsvertrags für ihn kein Interesse mehr hat. Zur Wahrung der Frist genügt die rechtzeitige Absendung der Rücktrittserklärung.	Teil des Vertrags durch die Kündigung des Fernunterrichtsvertrags nicht berührt. Hat der Teilnehmer die Kündigung des Vertrags erklärt, so kann er jedoch innerhalb von zwei Wochen, nachdem die Kündigung wirksam geworden ist, durch schriftliche Erklärung gegenüber dem Veranstalter von diesem Teil des Vertrags zurücktreten, sofern die Lieferung der Sache infolge der Kündigung des Fernunterrichtsvertrags für ihn kein Interesse mehr hat. Zur Wahrung der Frist genügt die rechtzeitige Absendung der Rücktrittserklärung.
(2) Der Lauf der Frist beginnt erst, wenn der Veranstalter nach Zugang der Kündigungserklärung den Teilnehmer schriftlich auf das Rücktrittsrechts nach Absatz 1 hingewiesen hat. Ist streitig, ob oder zu welchem Zeitpunkt der Teilnehmer auf das Rücktrittsrecht hingewiesen worden ist, so trifft die Beweislast den Veranstalter. Unterbleibt der Hinweis, so erlischt das Rücktrittsrecht zu dem Zeitpunkt, zu dem der Veranstalter die Sache geliefert und der Teilnehmer den auf die Lieferung der Sache entfallenden Teil der Vergütung vollständig entrichtet hat.	(2) Der Lauf der Frist beginnt erst, wenn der Veranstalter nach Zugang der Kündigungserklärung den Teilnehmer schriftlich auf das Rücktrittsrechts nach Absatz 1 hingewiesen hat. Ist streitig, ob oder zu welchem Zeitpunkt der Teilnehmer auf das Rücktrittsrecht hingewiesen worden ist, so trifft die Beweislast den Veranstalter. Unterbleibt der Hinweis, so erlischt das Rücktrittsrecht zu dem Zeitpunkt, zu dem der Veranstalter die Sache geliefert und der Teilnehmer den auf die Lieferung der Sache entfallenden Teil der Vergütung (§ 3 Abs. 2 Nr. 3 zweiter Halbsatz) vollständig entrichtet hat.
(3) Auf das Rücktrittsrecht finden die §§ 346 bis 348 und 351 des Bürgerlichen Gesetzbuchs entsprechende Anwendung.	(3) Auf das Rücktrittsrecht finden die §§ 346 bis 348 und 351 des Bürgerlichen Gesetzbuchs entsprechende Anwendung.
(4) Das Recht einer Vertragspartei, von dem Teil des Vertrags, der die Lieferung der Sache zum Gegenstand hat, wegen Nichterfüllung der der anderen Vertragspartei obliegenden Verpflichtungen zurückzutreten oder die Rückgängigmachung des Vertrags zu verlangen, bleibt unberührt. Für den Rücktritt des Veranstalters gelten die	(4) Das Recht einer Vertragspartei, von dem Teil des Vertrags, der die Lieferung der Sache zum Gegenstand hat, wegen Nichterfüllung der der anderen Vertragspartei obliegenden Verpflichtungen zurückzutreten oder die Rückgängigmachung des Vertrags zu verlangen, bleibt unberührt. Für den

FernUSG nF	FernUSG aF
§§ 498 und 508 des Bürgerlichen Gesetzbuchs entsprechend.	Rücktritt des Veranstalters gelten die §§ 498 und 508 Abs. 2 des Bürgerlichen Gesetzbuchs entsprechend.

§ 9 Widerrufsfrist bei Fernunterricht gegen Teilzahlungen

Wird der Fernunterricht gegen Teilzahlungen erbracht, bestimmt sich die Widerrufsfrist nach § 356b des Bürgerlichen Gesetzbuchs.

§ 9 Widerrufsfrist bei Fernunterricht gegen Teilzahlungen

Wird der Fernunterricht gegen Teilzahlungen erbracht, so beginnt der Lauf der Frist nach § 4 Abs. 1 dieses Gesetzes erst, wenn dem Teilnehmer eine Abschrift ausgehändigt wird, die auch die in § 492 Abs. 2 des Bürgerlichen Gesetzbuchs genannten Angaben enthält.

§ 16 Werbung mit Informationsmaterial

(1) Der Veranstalter hat bei geschäftlicher Werbung für Fernlehrgänge durch Übermittlung von Informationsmaterial einen vollständigen Überblick über die Vertragsbedingungen und die Anforderungen an den Teilnehmer zu geben. Das Informationsmaterial muss insbesondere einen vollständigen Überblick über die in Artikel 246a § 1 Absatz 1 Satz 1 Nummer 1, 4 bis 7 und 11 des Einführungsgesetzes zum Bürgerlichen Gesetzbuche genannten Angaben, über die Gültigkeitsdauer des Angebots und über das Widerrufsrecht des Teilnehmers enthalten.

(2) Ist ein Fernlehrgang nur vorläufig zugelassen, so muss dies in dem Informationsmaterial deutlich gekennzeichnet sein.

(3) Die Anerkennung eines unentgeltlichen berufsbildenden Fernlehrgangs nach § 15 Abs. 1 darf nicht zur geschäftlichen Werbung für Fernlehrgänge verwendet werden.

§ 16 Werbung mit Informationsmaterial

(1) Der Veranstalter hat bei geschäftlicher Werbung für Fernlehrgänge durch Übermittlung von Informationsmaterial einen vollständigen Überblick über die Vertragsbedingungen und die Anforderungen an den Teilnehmer zu geben. Das Informationsmaterial muss insbesondere einen vollständigen Überblick über die in § 3 Abs. 2 Nr. 2 bis 5 und 7 und Abs. 3 Nr. 1 bis 3 und 5 genannten Angaben, über die Gültigkeitsdauer des Angebots und über das Widerrufsrecht des Teilnehmers (§ 4) enthalten.

(2) Ist ein Fernlehrgang nur vorläufig zugelassen, so muss dies in dem Informationsmaterial deutlich gekennzeichnet sein.

(3) Die Anerkennung eines unentgeltlichen berufsbildenden Fernlehrgangs nach § 15 Abs. 1 darf nicht zur geschäftlichen Werbung für Fernlehrgänge verwendet werden.

Synopse

FernUSG nF	FernUSG aF

§ 17 Vertreter, Berater

Der Veranstalter oder seine Beauftragten dürfen zum Zweck der Werbung oder der Beratung über Fernlehrgänge des Veranstalters oder des Vertragsabschlusses Personen nur dann aufsuchen, wenn diese

1. vorher Informationsmaterial, das den Anforderungen des § 16 entspricht, erhalten und
2. nach Erhalt des Informationsmaterials schriftlich darum gebeten haben.

Für eine Beratung nach Satz 1 sollen der Veranstalter oder seine Beauftragten die erforderliche Eignung besitzen.

§ 17 Vertreter, Berater

(1) Der Veranstalter oder seine Beauftragten dürfen zum Zweck der Werbung oder der Beratung über Fernlehrgänge des Veranstalters oder des Vertragsabschlusses Personen nur dann aufsuchen, wenn diese

1. vorher Informationsmaterial, das den Anforderungen des § 16 entspricht, erhalten und
2. nach Erhalt des Informationsmaterials schriftlich darum gebeten haben.

Für eine Beratung nach Satz 1 sollen der Veranstalter oder seine Beauftragten die erforderliche Eignung besitzen.

(2) Verstoßen der Veranstalter oder sein Beauftragter gegen Absatz 1, beginnt die Widerrufsfrist nicht nach § 4 Abs. 1 zu laufen.

§ 21 Ordnungswidrigkeiten

(1) Ordnungswidrig handelt, wer vorsätzlich oder fahrlässig

1. als Veranstalter einen Fernlehrgang, der nicht nach § 12 Abs. 1 Satz 1 oder dessen wesentliche Änderung nicht nach § 12 Abs. 1 Satz 2 zugelassen ist, vertreibt oder vertreiben lässt,
2. entgegen § 12 Abs. 1 Satz 4 den Vertrieb eines Fernlehrgangs, der nach Inhalt und Ziel ausschließlich der Freizeitgestaltung oder der Unterhaltung dient, oder entgegen § 18 Satz 2 den Vertrieb eines ergänzenden Fernlehrgangs nach § 18 Satz 1 nicht anzeigt,
3. a) entgegen § 16 Abs. 1 als Veranstalter Informationsmaterial übermittelt, das keinen vollstän-

§ 21 Ordnungswidrigkeiten

(1) Ordnungswidrig handelt, wer vorsätzlich oder fahrlässig

1. als Veranstalter einen Fernlehrgang, der nicht nach § 12 Abs. 1 Satz 1 oder dessen wesentliche Änderung nicht nach § 12 Abs. 1 Satz 2 zugelassen ist, vertreibt oder vertreiben lässt,
2. entgegen § 12 Abs. 1 Satz 4 den Vertrieb eines Fernlehrgangs, der nach Inhalt und Ziel ausschließlich der Freizeitgestaltung oder der Unterhaltung dient, oder entgegen § 18 Satz 2 den Vertrieb eines ergänzenden Fernlehrgangs nach § 18 Satz 1 nicht anzeigt,
3. a) entgegen § 16 Abs. 1 als Veranstalter Informationsmaterial übermittelt, das keinen vollstän-

FernUSG nF	FernUSG aF
digen Überblick über die Vertragsbedingungen und die Anforderungen an den Teilnehmer gibt, b) entgegen § 16 Abs. 2 als Veranstalter in dem Informationsmaterial nicht deutlich kennzeichnet, dass der Fernlehrgang nur vorläufig zugelassen ist, c) entgegen § 16 Abs. 3 als Veranstalter die Anerkennung eines unentgeltlichen berufsbildenden Fernlehrgangs nach § 15 Abs. 1 zur geschäftlichen Werbung für Fernlehrgänge verwendet, 4. entgegen § 17 Satz 1 zum Zweck der Werbung, Beratung oder des Vertragsabschlusses Personen aufsucht, oder 5. entgegen § 20 Abs. 1 eine Auskunft nicht, nicht rechtzeitig, nicht richtig oder nicht vollständig erteilt, Unterlagen nicht, nicht rechtzeitig oder nicht vollständig vorlegt oder eine Besichtigung nicht duldet. (2) Die Ordnungswidrigkeit kann in den Fällen des Absatzes 1 Nr. 1, 3 und 4 mit einer Geldbuße bis zu 10 000 Euro, in den Fällen des Absatzes 1 Nr. 2 und 5 mit einer Geldbuße bis zu 1000 Euro geahndet werden.	digen Überblick über die Vertragsbedingungen und die Anforderungen an den Teilnehmer gibt, b) entgegen § 16 Abs. 2 als Veranstalter in dem Informationsmaterial nicht deutlich kennzeichnet, dass der Fernlehrgang nur vorläufig zugelassen ist, c) entgegen § 16 Abs. 3 als Veranstalter die Anerkennung eines unentgeltlichen berufsbildenden Fernlehrgangs nach § 15 Abs. 1 zur geschäftlichen Werbung für Fernlehrgänge verwendet, 4. entgegen § 17 Abs. 1 Satz 1 zum Zweck der Werbung, Beratung oder des Vertragsabschlusses Personen aufsucht, oder 5. entgegen § 20 Abs. 1 eine Auskunft nicht, nicht rechtzeitig, nicht richtig oder nicht vollständig erteilt, Unterlagen nicht, nicht rechtzeitig oder nicht vollständig vorlegt oder eine Besichtigung nicht duldet. (2) Die Ordnungswidrigkeit kann in den Fällen des Absatzes 1 Nr. 1, 3 und 4 mit einer Geldbuße bis zu 10 000 Euro, in den Fällen des Absatzes 1 Nr. 2 und 5 mit einer Geldbuße bis zu 1000 Euro geahndet werden.

Stichwortverzeichnis
Die Zahlen bezeichnen die Randziffern.

Abonnement 171
Alkoholische Getränke 203
Allgemeine Grundsätze, nationale Umsetzung
– abweichende Vereinbarungen 68
– Anbieterwechsel 67
– Beweislastregeln 69
– entgeltliche Nebenabreden 65
– Kosten der Zahlungsart 56 ff.
– kostenfreie telefonische Auskünfte 59 ff.
– kostenfreies Zahlungsmittel 56 ff.
– Kündigungsbevollmächtigung 67
– telefonische Kommunikation 55
Alltagsgeschäfte 142
Altverträge
– allgemeine Rechtslage 308
– Erlöschensregel bei Widerrufsrecht 309
– Übergangsvorschriften 308 ff.
Anbieterwechsel 67
Anhang Synopse 114 ff.

Bagatellverträge
– Bereichsausnahme 17, 195
– Direktvertrieb 52, 196
Bau- und Umbauverträge 17
Behandlungsverträge, medizinische 41
Bereichsausnahme
– Direktvertriebsgeschäfte bis 40 Euro 52
– Finanzdienstleistungsverträge 39 f.
– Lieferung von Gegenständen des täglichen Bedarfs 47
– medizinische Behandlungsverträge 41

– notariell beurkundete 50
– Pauschalreiseverträge im Direktvertrieb 38
– Personenbeförderungsverträge 39 ff.
– Rechteübertragung an Grundstücken 51
– Tauschsystemverträge 43
– Teilzeitwohnrechte-Verträge 43
– Unzumutbarkeit 46 ff.
– Verkauf im Wege der Zwangsvollstreckung 53
– Vermittlungsverträge 32
– Versicherungsverträge 41
– Verträge über Errichtung von Bauvorhaben 51
– Verträge über langfristige Urlaubsprojekte 43
– Verträge über soziale Dienstleistungen 44
– Verträge unter Verwendung von Telefonautomaten 49
– Verträge unter Verwendung von Warenautomaten 48
– Verträge zur Nutzung einzelner Telefon-, Internet- oder Telefaxverbindungen 42
– Wohnraummietverträge 45
Bestellbutton 138 ff.
– Buttonlösung bei individueller Kommunikation 140
Bestellte Besuche
– dringende Reparatur- und Instandhaltungsarbeiten 196
– gesetzliche Ausnahmen vom Widerrufsrecht 195
– Pauschalreiseverträge 196
Bestellung
– Abonnement 171
– Begriff 136
– Buttonlösung 138 ff.
– einheitliche 168 f.

243

– Teilsendungen 170
Bürgerliches Gesetzbuch
– alte u. neue Fassung 114 ff.

Call-by-Call-Dienstleistungen 42

Dauerhafter Datenträger
– Begriff 134
– Entsiegelung 204
– Vertragsbestätigung 122, 133 f.
DienstleistungsRL 17 f.
Dienstleistungsverträge
– vorzeitiges Erlöschen des Widerrufsrechts 231
– Wertersatz bei Widerruf 258
Dienstleistungsverträge, soziale
– Bereichsausnahme 17, 44
– Widerrufsfrist im Direktvertrieb/Fernabsatz 228
Digitale Inhalte
– Direktvertrieb/Fernabsatz 220
– Informationen zu Interoperabilität und Kompatibilität mit Hard- und Software 105
– Informationspflichten im stationären Handel 152
– Interoperabilität 105, 152
– verbundene Verträge 276
– vorzeitiges Erlöschen des Widerrufsrechts 232
– Wertersatz 268
Direktvertrieb
– Altverträge, Übergangsvorschriften 310 ff.
– Anwendungsbereich 8, 71 ff.
– Ausnahmekatalog 31, 195 ff.
– Bereichsausnahme, Erweiterung
  – Lieferung von Gegenständen des täglichen Lebens 47
  – Pauschalreise 38
  – Verträge unter Verwendung von Telefonautomaten 49
  – Verträge unter Verwendung von Warenautomaten 48

– Bestätigungen und Abschriften 130 f.
– bestellte Besuche 8
– bis 40 Euro 52
– Definition 11
– Gewährleistungs- und Garantiebedingungen 107
– Informationspflichten 92 ff.
  – auf dauerhaftem Datenträger 122
– Kaffeefahrten 77
– Liefer- und Versandkosten 110
– Mietvertrag ohne Besichtigung 16
– Muster-Widerrufsbelehrung 192
– nicht paketversandfähige Ware 183
– Pflicht zur Vertragsbestätigung 11
– Rücksendekostenlast 11
– sprachliche Anforderungen 17
– Transparenzgebot 121
– Vertragsschlüsse auf Märkten und Messen 73
– Widerrufsrecht 194
– Zahlungs- und Lieferbedingungen 111 ff.
Dual-use-Verträge 29

eBay-Auktionen 208
E-CommerceRL 17 f.
EGBGB
– alte u. neue Fassung Seite 176 ff.
Einzelhandel
– vertragliche Informationspflichten 11
Elektronischer Geschäftsverkehr
siehe auch Informationspflichten, elektronischer Geschäftsverkehr
– Bestellung, Begriff 136
– Definition 90 f.
– Fernabsatz mit Telemedien 135
– Informationspflichten 92 ff., 135 ff.

244

Stichwortverzeichnis

– Lieferbeschränkungen 137
– Zahlungsmittel 137
Entgeltliche Finanzierungshilfen
– Widerrufsfristbeginn, abweichender 220
Entgeltliche Nebenabreden 65 ff.
– pre-clicked-boxes 65
Europäische Verbraucherkreditinformationen 218
EU-VerbraucherrechteRL
– Ausblick 23 ff.
– Auslegung 19
– Bereichsausnahmen *siehe auch dort*
– Erwägungsgründe, Bedeutung 19 f.
– Konkurrenzen 18
– Leitlinien zur Umsetzung 176
– Muster-Widerrufsbelehrung 161 ff.
– Öffnungsklauseln 13 f.
– rechtstechnische Umsetzung 22
– Übergangsvorschriften 308 ff.
– Umsetzung in nationales Recht 54 ff.; *siehe auch Allgemeine Grundsätze, nationale Umsetzung*
– Unabdingbarkeit 21, 68
– Unternehmerbegriff 27
– Verbraucherbegriff 27 ff.
– Vollharmonisierung 13 ff.

Fernabsatz *siehe auch Fernabsatz/Direktvertrieb*
– Anwendungsbereich 80 ff.
– Ausnahmekatalog 31, 195 ff.
– Definition 79
– Fernkommunikationsmittel 87
– Gewährleistungs- und Garantiebedingungen 107
– mittels Hyperlink 133 f.
– Informationspflichten 92 ff.
– Liefer- und Versandkosten 110
– Mietvertrag ohne Besichtigung 16

– Muster-Widerrufsbelehrung 192
– nicht paketversandfähige Ware 183
– Pflicht zur Vertragsbestätigung 11
– Produktinformationen 104 ff.
– Rücksendekostenlast 11
– sprachliche Anforderungen 17
– mittels Telemedien 135
– Transparenzgebot 121
– Übergangsvorschriften für Altverträge 309
– vorvertragliche Informationserteilung 123 ff.
– Wett- und Lotteriedienstleistungen 210
– Widerrufsbelehrung 186
– Widerrufsrecht 194
– Zahlungs- und Lieferbedingungen 111 ff.

Fernabsatz, Direktvertrieb
– Informationspflichten 92 ff.
  – Beschwerdeumgang 101
  – Inhalt 96 ff.
  – Kundendienst 107
  – Mindestlaufzeit 106
  – Preise und Kosten 108 ff.
  – Produkt 104 ff.
  – Unternehmer 98 ff.
  – Verhaltenskodizes 102
  – vorvertragliche 120
– Widerrufsrecht 114 f.
  – regelmäßiges Erlöschen 230
  – vorzeitiges Erlöschen 231 ff.

Fernabsatzrichtlinie
– Wegfall durch EU-VerbraucherrechteRL 12

Fernabsatzvertrag
– Abschluss durch Annahme 86
– Bestätigungen und Abschriften 122
  – auf dauerhaftem Datenträger 133 f.

Fernkommunikationsmittel
– Begriff 87
– SMS 88

245

Fernunterrichtsverträge 34
– Direktvertrieb, Fernabsatz 303
– Fernunterrichtsgesetz
 – alte und neue Fassung Seite 225 ff.
– Änderung 303 ff.
– Schriftform 306
– gegen Teilzahlungen 305
– wesentliche Eigenschaften 304
– Widerrufsrecht 193
Fernwärmevertrag
– Wertersatz bei Widerruf 258
Finanzdienstleistungsverträge
– Bereichsausnahme 17, 35 f.
– Informationspflichten 92
Finanzierungshilfen, Verträge über
– Gebrauchsvorteil, Herausgabe 270
– Rückgewähr, Höchstfrist 264
– Wertersatz bei Widerruf 266 ff.
– Widerrufsausübung 238 ff.
Finanzmarktschwankungen, Verträge 206
Frachtkosten
– Sanktionsregelungen 156
Freizeitbetätigungen, Verträge über
– gesetzliche Ausnahmen vom Widerrufsrecht 207
– Informationspflichten 207

Garantie
– Garantierecht, neues 289 ff.
– Informationspflichten 107
– für zukünftige Umstände 289
Gebrauchsvorteil
– Herausgabe nach Widerruf 270
Gegenstände des täglichen Lebensbedarfs, Verträge über 47
Geschäftsräume
– Definition 72 ff.
Gesetzestexte
– BGB, alte u. neue Fassung Seite 114 ff.

– EGBGB, alte u. neue Fassung Seite 176 ff.
– FernUSG, alte u. neue Fassung Seite 225 ff.
Gesundheitsdienstleistung 17
Gesundheitsschutz 200
Gewährleistung 107
Grundtarif
– Begriff 59 ff.

Haustürwiderrufsrichtlinie
– Wegfall durch EU-VerbraucherrechteRL 12
Hinsendekosten 249
Hyperlink
– erleichterte Informationserteilung 128
– Widerrufsbelehrung 133 f.

Immobilienverträge 17
Informationserteilung
– besonders schutzwürdige Verbraucher 125 f.
– Bestätigung auf dauerhaftem Datenträger 122
– Form 120 ff.
– Transparenzgebot 121
– vorvertragliche 120
– Zeitpunkt 118 f.
Informationspflichten
– Änderungen 4 ff.
– Bereichsausnahmen 17
– bei bestellten Besuchen 11
– Dienstleistungen im Zusammenhang mit Freizeitbetätigungen 207
– DienstleistungsRL 17
– Direktvertrieb/Fernabsatz
 – einheitliche Regelung 92 ff.;
 siehe auch Informationspflichten, Fernabsatz, Direktvertrieb
– E-CommerceRL 17
– im elektronischen Geschäftsverkehr 135 ff.; *siehe auch In-*

formationspflichten/elektronischer Geschäftsverkehr
– erleichterte
  – bei begrenzter Darstellungsmöglichkeit 127 ff.
  – bei Reparatur- und Instandsetzungsarbeiten 117, 120
– Gültigkeitsdauer 116 ff.
– Liefer- und Versandkosten 110
– Preisangaben 108 ff.
– Reisevertrag im Direktvertrieb 207
– im stationären Handel 141 ff.; *siehe auch Informationspflichten/stationärer Handel*
– VerbraucherrechteRL 17
– Verletzung, Sanktionen 154 ff.; *siehe auch Informationspflichtverletzung*
– Verträge des täglichen Lebens 17
– Widerrufsrecht 114 f.
– Zahlungs- und Lieferbedingungen 111 ff.

Informationspflichten, elektronischer Geschäftsverkehr
– Anwendungsbereich 135 ff.
– Bestellbutton 138 ff.
– Form 136
– Zeitpunkt 137

Informationspflichten, Fernabsatz/Direktvertrieb 92 ff.
– Angabe zu bestimmten Verhaltenskodizes 102
– Beschwerdumgang 101
– zu digitalen Inhalten 105
– erleichterte
  – im M-Commerce 94
  – bei Reparatur- und Instandhaltungsarbeiten 94
– Form 120 ff.
– Inhalt 96 ff.
– Kundendienst 107
– Mindestlaufzeit 106
– Preise und Kosten 108 ff.
– Produkt 104 ff.

– zum Unternehmer 98 ff.
– Verhaltenskodizes 102
– vorvertragliche 120
– zum Widerrufsrecht 114 f.; *siehe auch Widerrufsbelehrung*
– Zeitpunkt der Informationserteilung 118 f.; *siehe auch Informationserteilung*

Informationspflichten, stationärer Handel
– Alltagsgeschäfte 142
– Anwendungsbereich 141 ff.
– Form 143
– Inhalt 144 ff.
– Widerrufsbelehrung 153

Informationspflichtverletzung
– partielle Unwirksamkeit des Vertrags 155 ff.
– Sanktionen 154 ff.
– Schadensersatzansprüche 160
– Unterlassungsansprüche 160
– Widerrufsfrist, Verlängerung 159

Instandsetzungsarbeiten, dringende
– bestellte Besuche 196
– erleichterte Informationspflichten 117
– gesetzliche Ausnahmen vom Widerrufsrecht 209

Internetverkauf
– Lieferhöchstfrist 9
– Schutzvorschriften für besondere Gefährdungslagen 9
– Zusatzkosten per pre-clicked-boxes 9

Kaufrecht
– Garantierecht, neues 289 ff.
– Verbrauchsgüterkaufrecht 289 ff.

Kreditkarte
– Zusatzkostenverbot 11, 56 ff.

Kunden-Hotline
– Auskunftserteilung, Zusatzkosten 59 ff., 158

– Grundtarif, Beschränkung auf 11
Kundendienst 107
Kundenspezifikation 198
Kündigungsvollmacht
– bei Anbieterwechsel 67
Langfristige Urlaubsprojekte, Verträge über
– Bereichsausnahme 43
– im Direktvertrieb/Fernabsatz
  – abweichender Widerrufsbeginn 220
– Widerruf, Konkurrenzen 214
– Widerrufsfolgen 272
– Widerrufsfristbeginn, abweichender 220
– Widerrufsrecht
  – Besonderheiten 234 ff.
– zusammenhängende Verträge 287
Lebensmittellieferverträge 17
Leitlinien zur Umsetzung der EU-VerbraucherrechteRL 176
Leitungsgebundene Lieferung von Gas, Wasser, Strom, Verträge über
– im Direktvertrieb/Fernabsatz
  – abweichender Widerrufsbeginn 220
– Wertersatz bei Widerruf 258
Lieferbeschränkungen
– im elektronischen Geschäftsverkehr 137
Lieferhöchstfrist 9, 11
Lieferkosten
– Sanktionsregelungen 156
Lieferung von Wasser und Energie, Verträge über
– Widerrufsfrist im Direktvertrieb/Fernabsatz 228

M-Commerce
– erleichterte Infomationspflichten 94, 127 ff.

Mietvertrag
– Widerruf bei fehlender Besichtigung 16
Muster-Widerrufsbelehrung
– Abonnement 171
– Abweichungen 162, 175
– Angaben zu Rücksendekosten 179 f.
– Angaben zum Fristbeginn 167
– Direktvertrieb, Fernabsatz Seite 211 ff.
– Finanzdienstleistungen Seite 214 ff.
– Direktvertrieb/Fernabsatz 186, 223
– einheitliche Bestellung 168 f.
– europaweite Einheitlichkeit 11, 161 ff.
– Gestaltungsmöglichkeiten 177
– mehrere 174
– Nachbelehrung 173
– Paketversand 181 ff.
– Teilsendungen 170
– Umrahmung 186
– Verbraucherverträge 192
Muster-Widerrufsformular Seite 213
Muster-Widerrufsinformationen für Verbraucherdarlehensverträge Seite 219

Nachbelehrung 173
Notariell beurkundete Verträge 50, 211
Nutzung einzelner Telefon-, Internet- oder Telefaxverbindungen 42
Nutzungsherausgabe
– Verbrauchsgüterkauf 298 f.

Öffentlich zugängliche Versteigerung
– Definition 208
– eBay-Auktionen 208
– gesetzliche Ausnahmen vom Widerrufsrecht 208

Stichwortverzeichnis

Öffnungsklauseln
- EU-VerbraucherrechteRL 13 f.

Paketversand
- Rücksendekosten 181 ff.

Pauschalreiseverträge 38
- Bereichsausnahme 17
- bestellte Besuche 196

Personenbeförderungsverträge 39 f.

pre-clicked-boxes
- entgeltliche Nebenabreden 65
- Zusatzkostenverbot 9, 11

PreisangabenVO
- E-Commerce 17

Produktinformationen
- Nennung wesentlicher Eigenschaften 104 ff.

Ratenlieferungsverträge
- verbundene Verträge 277
- Widerrufsausübung
  - Besonderheiten 242 f.
- Widerrufsfristbeginn 220
- Widerrufsrecht, gesetzliche Einräumung 193

Reisevertrag
- im Direktvertrieb 207

Reparaturarbeiten, dringende
- bestellte Besuche 196
- erleichterte Informationspflichten 117
- gesetzliche Ausnahmen vom Widerrufsrecht 209

Rückgewährfrist
- Direktvertrieb, Fernabsatz 246

Rücksendekosten
- Direktvertrieb, Fernabsatz 11, 252 ff.
- nicht paketversandfähige Ware 253 ff.
- Paketversand 181 ff.
- Widerrufsbelehrung 178 ff.

Rücksendung
- Gefahr der Rücksendung 245

Rücktrittsrecht
- Neugestaltung, Verbrauchsgüterkaufrecht 300 ff.

Sanktionsregelungen 156

Schadensersatzansprüche
- Informationspflichtverletzung 160

Schutzvorschriften
- Gefährdungslagen, besondere 9

Stationärer Handel
- digitale Inhalte 152
- Informationspflichten 141 ff.; *siehe auch Informationspflichten/stationärer Handel*
- Widerrufsbelehrung 153

Tauschsystemverträge
- Bereichsausnahme 17, 43
- Widerruf, Konkurrenzen 214
- Widerrufsfolgen 272
- Widerrufsfristbeginn, abweichender 220
- Widerrufsrecht
  - Besonderheiten 234 ff.
  - gesetzliche Einräumung 193

Teilzeit-Wohnrechteverträge
- Bereichsausnahme 17, 43
- Direktvertrieb/Fernabsatz 220
- gesetzliche Einräumung eines Widerrufsrechts 193
- Widerruf, Konkurrenzen 214
- Widerrufsfolgen 272
- Widerrufsfristbeginn, abweichender 220
- Widerrufsrecht, Besonderheiten 234 ff.
- zusammenhängende Verträge 287

Telefonauskünfte
- Grundtarif, Begriff 62
- kostenfreie für Kunden 59 ff.

Telefonische Kommunikation
- Informationspflichten 55
- kostenfreie telefonische Auskünfte für Kunden 59 ff.

Stichwortverzeichnis

- Verträge unter Verwendung von Telefonautomaten 49
- Werbeanrufe 55

Telemedien 88
- Fernabsatzvertrag 135

Textform
- Neudefinition 134

Transparenzgebot 121

Übergangsvorschriften
- Altverträge 308
- Erlöschensregel beim Widerrufsrecht 309

Umsetzungsgesetz zur EU-VerbraucherrechteRL
- allgemeine Grundsätze 54 ff.; siehe auch Allgemeine Grundsätze, nationale Umsetzung
- Bereichsausnahmen 31; siehe auch dort
- Informationspflichten
  - Direktvertrieb, Fernabsatz 92 ff.
  - im elektronischen Geschäftsverkehr 135 ff.
  - erleichterte im M-Commerce 94
  - erleichterte bei Reparatur-, Instandsetzungsarbeiten 94
  - Gültigkeitsdauer 116 ff.
  - Preise und Kosten 109 ff.
  - Produkt 104 ff.
  - Unternehmer 98 ff.
  - Widerrufsrecht 114 ff.
  - Zahlungs- und Lieferbedingungen 111 ff.
- Übergangsvorschriften 308 ff.
- Vertragstypen, erfasste 70; siehe auch Vertragstypen, Umgehungsgesetz
  - Direktvertriebsverträge 70 ff.
  - Fernabsatzverträge 79 ff.
  - Verträge im elektronischen Geschäftsverkehr 90 f.
  - Widerrufsbelehrung 94

Umstellungskosten
- Vertragsanpassungen 10

Unterlassungsansprüche
- bei 160

Unternehmer
- Definition 27
- Informationen zum 98 ff.

Verbraucher siehe auch Verbraucherbegriff
- besonders schutzwürdige 125 f.
- Beweislast 30
- Definition 27 ff.
- Dual-use-Verträge 29

Verbraucherbegriff
- deutscher Verbraucherbegriff 28
- gemischte Verwendung 8
- Neudefinition 8

Verbraucherdarlehnsverträge
- Gebrauchsvorteil, Herausgabe 270
- Rückgewähr, Höchstfrist 264
- Widerruf
  - verbundene Verträge 279
  - Wertersatz 266 ff.
  - zusammenhängende Verträge 285
- Widerrufsausübung, Besonderheiten 238 ff.
- Widerrufserklärung, formlose 218
- Widerrufsfristbeginn, abweichender 220
- Widerrufsrecht
  - Besonderheiten 234 ff.
  - gesetzliche Einräumung 193

Verbraucherschutzvorschriften Seite 114 ff.
- Regeln über digitale Inhalte 11
- Vereinheitlichung 11

Verbraucherverträge
- Abweichungen zu Lasten des Verbrauchers 68
- allgemeine Grundsätze 54 ff.
- Anwendungsbereich 26

- Bereichsausnahmen 31 ff.; siehe auch Bereichsausnahmen
  - Reichweite 32 f.
  - Schutz kraft besonderen Rechts 34 ff.
  - bei Unzumutbarkeit 46
- Beweislastregeln 69
- Definition 25
- Direktvertriebsgeschäfte bis 40 Euro 52
- Dual-use-Verträge 29
- elektronischer Geschäftsverkehr 135 ff.; siehe auch dort
- entgeltliche Leistung des Unternehmers 26
- entgeltliche Nebenabreden 64 ff.
- Fernunterrichtsverträge 34
- Finanzdienstleistungsverträge 35 f.
- kostenfreie telefonische Auskünfte für Kunden 59 ff.
- kostenfreies Zahlungsmittel 56 ff.
- Kündigungsbevollmächtigung 67
- langfristige Urlaubsprojekte 43
- Lieferung von Gegenständen des täglichen Bedarfs 47
- medizinische Behandlungsverträge 41
- Muster-Widerrufsbelehrung 161 ff.
- neues Recht 25 ff.
- notariell beurkundete 50
- Pauschalreiseverträge 38
- Personenbeförderungsverträge 39 f.
- pre-clicked-boxes 65
- Rechteübertragung an Grundstücken 51
- Tauschsystemverträge 43
- Teilzeitwohnrechte-Verträge 43
- Unternehmerbegriff 27
- Verbraucherbegriff 27 ff.
- Verkauf im Wege der Zwangsvollstreckung 53
- Vermittlungsverträge 43
- Versicherungs-, Versicherungsvermittlungsverträge 37
- Verträge über Errichtung von Bauvorhaben 51
- Verträge über soziale Dienstleistungen 44
- Verträge unter Verwendung von Telefonautomaten 49
- Verträge unter Verwendung von Warenautomaten 48
- Verträge zur Nutzung einzelner Telefon-, Internet- oder Telefaxverbindungen 42
- Widerrufsrecht 187 ff.
- Wohnraummietverträge 45

Verbrauchervertragsrecht
- Regeln über digitale Inhalte 11
- Vollharmonisierung 3
- wesentlicher Inhalt 3 ff.
- zukünftige Initiativen 24

Verbrauchsgüterkaufrecht
- anwendbare Vorschriften 294
- Begriff 293
- Dienstleistung als Nebenleistung 293
- im Direktvertrieb/Fernabsatz 220
- Erfüllbarkeit 296
- Fälligkeit der Leistungen 295
- Gefahr des zufälligen Untergangs/Verschlechterung 297
- Lieferungs- und Gefahrübergangsregelungen 12
- Nutzungsherausgabe, -entschädigung 298 f.
- Rücktrittsrecht 300
- Widerrufsfrist im Direktvertrieb/Fernabsatz 226
- Zurückbehaltungsrecht 250 f.

Verbundene Verträge
- Einwendungen 281
- Ratenlieferungsverträge 277

- Rechtsfolgen bei Widerruf 274 ff.
- Sonderregeln bei Verträge über nicht verkörperte digitale Inhalte 276
- Verbraucherdarlehnsvertrag 279

Verderbliche Waren 199
Verfallsdatum 100
Vermittlungsverträge
- Bereichsausnahme 43
- gesetzliche Einräumung eines Widerrufsrechts 193
- Widerruf, Konkurrenzen 214
- Widerrufsfolgen 272
- Widerrufsfristbeginn, abweichender 220
- Widerrufsrecht
  - Besonderheiten 234 ff.

Versandhandel 11
Versandkosten
- Sanktionsregelungen 156

Versicherungs-, Versicherungsvermittlungsverträge
- Bereichsausnahme 37, 195
- im Direktvertrieb 196

Versiegelte Waren
- gesetzliche Ausnahmen vom Widerrufsrecht 200

Verträge des täglichen Lebens
- Bereichsausnahme, Umsetzung 17

Vertragsanpassung
- Informationspflichtverletzung 160

Vertragstypen, Umsetzungsgesetz
- Direktvertriebsverträge 71 ff.
- Fernabsatzverträge 79 ff.
- Verträge im elektronischen Geschäftsverkehr 90 f.

Vollharmonisierung
- Öffnungsklauseln 13 f.

Werbeanrufe
- Rechtsgrundlage 55

Wertersatz
- Berechnung 269

- Finanzierungshilfe 267
- Verbraucherdarlehnsverträge 266 ff.
- Vertrag über Dienstleistung, Fernwärme, leitungsgebundene Lieferung von Gas, Wasser, Strom 258
- Verträge über nicht verkörperte digitale Inhalte 260, 268
- Vertrag über Waren 255 ff.
- Wertverlust 257
- zum Zeitpunkt der Rücksendung 257

Wett- und Lotteriedienstleistungen
- Bereichsausnahme, Umsetzung 17
- im Fernabsatz 210
- per Telefon 210

Widerruf
- abweichender Widerrufsbeginn 220
- Altverträge 309
- Ausübung 216 ff.; *siehe auch Widerrufsausübung*
- Besonderheiten 220 ff.
- Besonderheiten bei anderen Vertragstypen
  - Direktvertrieb, Fernabsatz 223 ff.
  - Ratenlieferungsverträge 242 f.
  - Teilzeit-Wohnrechteverträge, langfristige Urlaubsprojekte, Vermittlungsverträge, Tauschsysteme 234 ff.
  - Verbraucherdarlehnsverträge, Finanzierungshilfen 238 ff.
  - weitere Vertragstypen 234 ff.
- formlose Erklärung 216 ff.
- Fristbeginn 219 ff.
- Grundsatz 216 ff.
- Grundsatz bei Verbraucherverträgen 216 ff.
- kommentarlose Rücksendung 218
- Übergangsvorschriften 309

– Verbraucherhaftung 261 f.
– bei verspäteter Widerrufsbelehrung 220
– Widerrufsausübung 216 ff.
– Widerrufsfolgen 244 ff.; *siehe auch dort*
– Widerrufsfrist 221; *siehe auch dort*

Widerrufsbelehrung
– Anforderungen 94
– Angaben zu Rücksendekosten 178 ff.
– Form 186
– mittels Hyperlink 133 f.
– Mietvertrag ohne Besichtigung 16
– Muster-Widerrufsbelehrung 161 ff., 177; *siehe auch Widerrufsbelehrung, Widerrufsfolgen, Widerrufsfrist, Widerrufsrecht*
– Nachbelehrung 173
– Paketversand 181 ff.
– stationärer Handel 153
– Umrahmung 186
– verspätete 220

Widerrufsfolgen
– abweichende Vereinbarungen 288
– Besonderheiten
  – Direktvertrieb, Fernabsatz 246 ff.
  – Ratenlieferungsverträge 273
  – Teilzeit-Wohnrechteverträge, langfristige Urlaubsprojekte, Vermittlungsverträge, Tauschsysteme 272
  – Verbraucherdarlehnsverträge, Finanzierungshilfen 263
– empfangene Leistungen Rückgewähr 245
– Gebrauchsvorteil, Herausgabe 270
– Grundsatz 244 ff.
– Rücksendekosten 252
– Rücksendungsgefahr 245

– Umgehung 288
– Unabdingbarkeit 288
– verbundene Verträge 274
  – Einwendungen 281 ff.
– vertragliche Leistungspflichten, Erlöschen 244
– Wertersatz 255 ff.
– Zurückbehaltungsrecht 250 f.
– zusammenhängende Verträge 282 ff.

Widerrufsfrist
– Besonderheiten 234 ff.
– Direktvertrieb, Fernabsatz 223 ff.
– Finanzierungshilfen, Verträge über 238 ff.
– Fristbeginn 219 ff.
– Fristbeginn, abweichender 220
– Pflichtangaben, nachgeholte 240
– Verbraucherdarlehnsverträge 238 ff.
– Verlängerung 159
– bei verspäteter Widerrufsbelehrung 220

Widerrufsrecht
– Änderungen 7
– Ausübung 189
– Bereichsausnahmen 17, 195 ff.
– Besonderheiten bei anderen Vertragstypen 234 ff.; *siehe auch Widerruf, Besonderheiten*
– bei bestellten Besuchen 11
– Direktvertrieb; *siehe auch Widerruf, Widerrufsfolgen, Widerrufsrecht, Direktvertrieb/Fernabsatz*
– Direktvertrieb/Fernabsatz 194; *siehe auch dort*
– eBay-Auktionen 208
– Erlöschen 222
– gesetzliche Einräumung 187 ff., 193 ff.
– gewerbliche Vermietung von Wohnraum 45
– Informationspflichten 114 f.

- Musterbelehrung
  - einheitlich europaweit 5
- Muster-Widerrufsbelehrung 11, 192
- Ratenlieferungsverträge 215 ff.
- Rechtsfolgen 190
- regelmäßiges Erlöschen 230
- Regelungstechnik 187 ff.
- Reisevertrag im Direktvertrieb 207
- Verbraucherverträge 187 ff.; *siehe auch dort*
- verbundene Verträge 191
- Verlängerung 11
- Voraussetzungen 193 ff.
- vorzeitiges Erlöschen 231 ff.

Widerrufsrecht, Direktvertrieb/Fernabsatz
- Abweichungen vom Grundsatz 223 ff.
- Ausschluss, gesetzlicher
  - alkoholische Getränke 203
  - Ausnahmekatalog 198 ff.
  - Dienstleistungen im Zusammenhang mit Freizeitbetätigungen 207
  - Finanzmarktschwankungen 206
  - Gesundheitsschutz 200
  - Kundenspezifikation 198
  - öffentlich zugängliche Versteigerungen 208
  - untrennbare Vermischung 202
  - verderbliche Waren, Verfallsdatum 199
  - Versicherungsverträge 195
  - versiegelte Datenträger 204
  - versiegelte Waren 200 f.
  - Zeitungen, Zeitschriften 205
- Konkurrenzen 212 ff.
- Muster-Widerrufserklärung 223
- regelmäßiges Erlöschen 230 ff.
- vorzeitiges Erlöschen 231

- Widerrufserklärung 223 f.
- Widerrufsfrist 225 ff.

Widerrufsrecht, Fernabsatz/Direktvertrieb
- Hinsendekosten 249
- regelmäßiges Erlöschen 230
- Rückgewährfrist 246
- vorzeitiges Erlöschen 231 ff.
- Wertersatz 255 ff.; *siehe auch dort*
- Widerrufsfolgen, Besonderheiten 246 ff.
- Zahlungsmittel für Rückzahlung 247 f.

Wohnraummietverträge
- gewerblicher Vermieter 45

Wohnungsvermittlungsverträge
- Änderung der gesetzlichen Regelung 307

Zahlungsmittel
- Begriff 58, 248
- elektronischer Geschäftsverkehr 137
- Kosten der Zahlungsart 56 ff.
- bei Rückgewähr 247 f.
- Zusatzkostenverbot 11

Zeitungen, Zeitschriften 205

Zurückbehaltungsrecht
- Verbrauchsgüterkauf 250 f.

Zusammenhängende Verträge
- Auswirkungen des Widerrufs 282 ff.
- Rückabwicklung 287
- Teilzeit-Wohnrechtevertrag 287
- Verbraucherdarlehnsvertrag 285
- Voraussetzungen 283

Zusatzkosten
- ausdrückliche Vereinbarung 157
- Auskunftserteilung 158
- pre-clicked-boxes 10 f., 157

Zuschnitt auf persönliche Bedürfnisse 198